Anno Dederichs

# Kulturelle Differenzierung in Wirtschaftskooperationen

Deutsche und chinesische
Entsendenarrative und
diskursive Einflüsse

D1677177

 Springer VS

Anno Dederichs
Tübingen, Deutschland

Zugl. Dissertation Eberhard Karls Universität Tübingen, 2017

ISBN 978-3-658-20116-6        ISBN 978-3-658-20117-3    (eBook)
https://doi.org/10.1007/978-3-658-20117-3

Die Deutsche Nationalbibliothek verzeichnet diese Publikation in der Deutschen Nationalbibliografie; detaillierte bibliografische Daten sind im Internet über http://dnb.d-nb.de abrufbar.

Springer VS
© Springer Fachmedien Wiesbaden GmbH 2018

Gedruckt auf säurefreiem und chlorfrei gebleichtem Papier

Springer VS ist Teil von Springer Nature
Die eingetragene Gesellschaft ist Springer Fachmedien Wiesbaden GmbH
Die Anschrift der Gesellschaft ist: Abraham-Lincoln-Str. 46, 65189 Wiesbaden, Germany

# Danksagungen

Mein Dank gilt zuerst den Interviewteilnehmenden, die ihre Zeit in die Interviews investierten, um mir ihre Erfahrungen mitzuteilen. Außerdem bedanke ich mich bei all den Personen die so freundlich waren, die Kontakte für diese Gespräche herzustellen. Für die wissenschaftliche Begleitung, konstruktive Diskussionen, und dafür, dass er mir die Zeit gelassen hatte, die ich brauchte, danke ich Jörg Strübing ganz herzlich. Für hilfreiche Gespräche und zahlreiche Denkanstöße danke ich Boris Nieswand. Achim Mittag danke ich herzlich für die inspirierenden Gespräche und für seine tatkräftige Unterstützung im rechten Moment. Für die Diskussionen über Literatur und die vielen intensiven Auseinandersetzungen mit Memos und zahlreichen fertigen Kapiteln danke ich ganz besonders Michael Hutzler. Mit muttersprachlicher Expertise beim Umgang mit chinesisch-sprachigem Interviewmaterial unterstützte mich Liu Lingfang, wofür ich mich herzlich bedanke. Bei Almut Peukert, Anja Königseder und Ursula Offenberger bedanke ich mich für die gemeinsame Arbeit in Interpretationsgruppen und den Rückmeldungen zu verschiedenen Texten. Jaro danke ich für die Kopie des Burma-Bändchens, dass mich auf eine gute Idee brachte. Bei Heiko bedanke ich mich für seine ehrlichen Kommentare. Für die Auseinandersetzung mit zahlreichen Kapiteln und hilfreiche Gespräche und sonstige Unterstützung danke ich Heinrich und Annette. Ganz besonders danke ich Mariko, Tomoki, Emma und Milla für alles, insbesondere für ihre Geduld und ihre liebevolle Unterstützung.

# Inhaltsverzeichnis

# Abkürzungsverzeichnis

| | |
|---|---|
| AA | Auswärtiges Amt der Bundesrepublik Deutschland |
| ADI | Ausland Direktinvestitionen |
| AHK | Außenhandelskammer |
| CHKD | Die chinesische Handelskammer in Deutschland e.V |
| DAC | Development Assistance Committee |
| DGS | Deutsche Gesellschaft für Soziologie |
| DPA | Deutsche Presse Agentur |
| FIS | Foreign Service Institute |
| IHK | Industrie und Handelskammer |
| KPCh | Kommunistische Partei China |
| M&A | Merger und Akquise |
| NDRC | National Development and Reform Commission |
| OECD | Organisation for Economic Cooperation and Development |
| UNCTAD | United Nations Conference of Trade and Development |
| VR-China | Volksrepublik China |

# Einleitung 1

Seit 2010 sorgen chinesische Übernahmen mittelständischer deutscher Unternehmen durch Direktinvestitionen unter Schlagzeilen wie „China kauft ein" (Ankenbrand 2012) und „Übernahmen – Deutschlands Mittelstand verabschiedet sich nach China" (Mattheis 2012) für politische und mediale Aufregung. Chinas „Einkaufstour" unter den deutschen „Mittelstandsperlen" störte empfindlich das Bild eines Entwicklungslandes[1] China, das als „Werkbank der Welt" (DPA 2016) für niedrige Produktionskosten und einen riesigen Absatzmarkt stand. Solche Direktinvestitionen wurden und werden medial als direkte Bedrohung des deutschen Wirtschaftsstandortes (durch den Verlust von Arbeitsplätzen) gedeutet, und als illegitimes Mittel zum Transfer von Know-how und Innovationspotential (Bedrohung des geistigen Eigentums) empfunden. Dieser Bedrohungsdiskurs über China ist nicht neu. Alleine in den vergangenen zehn Jahren wird China in den deutschsprachigen Medien immer wieder als wirtschaftliche aber auch als politisch-ideologische Bedrohung dargestellt (z.B.: „Die gelben Spione" (Der Spiegel 27.08.2007); „Die Herren der Ringe" (Der Spiegel 07.04.2008))[2]. Solche Diskurse greifen auf etablierte Wahrnehmungsmuster zurück, in denen China als das absolut Fremde und kulturell Andere konzeptualisiert wird. Neu daran ist, dass mit den Unternehmensübernahmen der letzten Jahre die gewohnten wirtschaftlichen Hierarchieverhältnisse zwischen Deutschland und China umgedreht wurden.

---

[1]Nach dem Development Assistance Committee (DAC) der Organization for Economic Cooperation and Development (OECD) ist China ab 2014 als Entwicklungsland im Bereich „Upper Middle Income Countries" (OECD 2015) gelistet.

[2]Seit 2017 wird das Bedrohungspotential der Volksrepublik zunehmend in Bezug auf ihre Geopolitik (Stichwort: neue Seidenstraße) aber auch in Hinsicht auf die Thematik der E-Mobility diskutiert (z.B. Deuber u.a. 2017; Fahrion 2017).

© Springer Fachmedien Wiesbaden GmbH 2018
A. Dederichs, *Kulturelle Differenzierung in Wirtschaftskooperationen*,
https://doi.org/10.1007/978-3-658-20117-3_1

Parallel zu diesem Bedrohungsdiskurs lässt sich das Bestreben nach einer Intensivierung deutsch-chinesischer Wirtschaftsbeziehungen beobachten, das sich u.a. in den Bemühungen beider Regierungen um die wirtschaftliche Zusammenarbeit manifestiert, und sich auch in zahlreichen Diskursbeiträgen widerspiegelt (etwa: PwC 2013; CHKD 2014). Der mediale Euphorie-Diskurs ‚China als Chance' hebt beispielsweise die boomende chinesische Wirtschaft als Rettung in der Finanzkrise für den (wieder) „Exportweltmeister Deutschland" (Büschemann 2015) hervor und steht dem ‚Bedrohungsdiskurs' diametral gegenüber. Sowohl der Bedrohungs- als auch der Euphoriediskurs sind Bestandteil der Situation der deutsch-chinesischen Wirtschaftszusammenarbeit.

Der Hintergrund dieser Diskurse ist der wirtschaftliche Aufstieg der Volksrepublik China, der seit der Neuausrichtung der chinesischen Außenwirtschaftspolitik um die Jahrtausendwende Ausdruck in einer internationalen Expansion chinesischer Unternehmen findet. Seitdem das Konzept ‚China going Global' (*zou chuqu*)[3] im Jahr 2000 von der Kommunistischen Partei Chinas (KPCh) unter der Führung Jiang Zemins[4] erstmals in den 10. Fünfjahresplan aufgenommen wurde, ist es fester Bestandteil der volksrepublikanischen Wirtschaftspolitik (NDRC 2007). Die damit verbundene ‚Internationalisierungsstrategie' (*zou chuqu zhanlüe*) sieht auch eine Steigerung von Direktinvestitionen (ADI) chinesischer Unternehmen im Ausland und ausländischer Unternehmen im Inland vor. Damit soll das Niveau der chinesischen Wirtschaft insgesamt angehoben werden, und man will sich von der Rolle des Zulieferers für westliche Industrien emanzipieren. Ein wichtiger Meilenstein in dieser Entwicklung war auch der Beitritt Chinas zur Welthandelsorganisation (WTO) im Jahr 2001. Chinas Internationalisierungsstrategie wurde 2015 um das Konzept des ‚Made in China 2025' (*zhongguozhizao* 2025) erweitert das durch eine Restrukturierung der chinesischen Wirtschaftsstruktur den Aufstieg Chinas in der weltweiten Wertschöpfungskette weiter vorantreiben soll (Jungbluth 2016: 15f.).

---

[3]Um den Lesefluss in dieser (sinologisch informierten) Arbeit nicht zu stören, verzichte ich weitestgehend auf chinesische Schriftzeichen im Fließtext, und verwende zur Spezifizierung chinesischer Begriffe die *Pinyin*-Umschrift (zur Pinyin-Schreibung, vgl. Stoppok 2002; ausführlich zu Sprache und Umschrift, vgl. Kap. 4). Entsprechend der chinesischen Schreibweise stehen bei chinesischen Personennamen die Nachnamen zuerst.

[4]Jiang Zemin war von 1989 bis 2002 Generalsekretär der KPCh und (1993-2003) Staatspräsident der VR-China. Auf ihn folgte Hu Jintao (2002-2012 bzw. bis 2013) als Vorgänger des aktuell amtierenden Generalsekretärs und Staatspräsidenten Xi Jinping (seit 2012 bzw. 2013).

Wie stellt sich die Intensität der Wirtschaftsbeziehungen zwischen Deutschland und China nun quantitativ tatsächlich dar? Im Zeitraum von 2004 bis 2015 haben sich die ADI-Ströme von China nach Deutschland beinahe verfünffacht (Jungbluth 2016: 23). Im Jahr 2014 standen deutsche ADI[5] in China in Höhe von rund 40 Mrd. Euro chinesischen ADI in Deutschland in Höhe von rund 1,4 Mrd. Euro gegenüber (AA: 2016a).[6] Das „German Company Directory Greater China" (GCD) der deutschen Außenhandelskammer (AHK) verzeichnet über 5000 aktive deutsche Unternehmen in Greater China[7] (AHK 2017). Dem stehen über 900 Mitgliedsunternehmen im Verzeichnis der chinesischen Handelskammer in Deutschland (CHKD 2014) gegenüber. Die Wirtschaftsaktivitäten deutscher Unternehmen in China sind also immer noch deutlich umfangreicher als die Aktivitäten chinesischer Unternehmen in Deutschland.

Deutsche Unternehmen blicken bereits auf einige Erfahrung mit Investitionen in China zurück. So begann die Volkswagen AG nach dem Einsetzen der marktwirtschaftlichen Transformation Chinas 1978 (Taube 2014: 659) schon ab Mitte der 1980er Jahre als erster westlicher Hersteller mit einem sino-deutschen Joint-Venture die lokale Produktion von Fahrzeugen in China (Volkswagen AG 21.04.2016). Chinesisches Engagement in Deutschland ist dagegen ein vergleichsweise junges Phänomen. Der Wirtschaftsstandort Deutschland bringt für chinesische Investoren eine Reihe von Chancen mit sich. Beispielsweise erhoffe man sich durch die Merger und Akquise-Transaktionen (M&A) den Zugang zu Technologien und europäischen Vertriebswegen (Emons 2013). Dabei könnten für deutsche mittelständische Unternehmen chinesische Investoren sinnvoller sein

---

[5]Eine Verbreitete Definition für Auslands-Direktinvestitionen ist die der United Nations Conference of Trade and Development: „Foreign direct investment (FDI) is defined as an investment involving a long-term relationship and reflecting a lasting interest and control by a resident entity in one economy (foreign direct investor or parent enterprise) in an enterprise resident in an economy other than that of the foreign direct investor (FDI enterprise or affiliate enterprise or foreign affiliate). FDI implies that the investor exerts a significant degree of influence on the management of the enterprise resident in the other economy. Such investment involves both the initial transaction between the two entities and all subsequent transactions between them and among foreign affiliates, both incorporated and unincorporated. FDI may be undertaken by individuals as well as business entities" (UNCTAD 2008: 249).

[6]Zum Vergleich: Ersetzen durch: US-amerikanische ADI nach Deutschland betrugen im Jahr 2014 115,1 Mrd. $, Deutsche ADI nach USA 224,1 Mrd. $ (AA 2016b).

[7]Greater China umfasst hier die Volksrepublik, Hong Kong, Macau, Singapur und die Republik China (Taiwan).

als Finanzinvestoren aus anderen Ländern, weil sie zu größeren Zugeständnis-
sen – beispielsweise langjährige Standortgarantien (wie im Fall der Übernahme
des deutschen Unternehmens Putzmeister durch den chinesischen Konkurrenten
Sany) und operative Selbstständigkeit (wie im Fall von Midea/Kuka) – bereit
seien (Jungbluth 2016). Aus den Chancen für die chinesischen Investoren und
der Stärkung des Standortes Deutschland entstehe also eine „Win-Win-Situation"
(PwC 2013: 10).

Andererseits wird immer wieder betont, dass dieses chinesische Engagement
in Deutschland auch großen „Herausforderungen" begegne (Jungbluth 2016;
PwC 2013). Dazu gehören neben den politisch-rechtlichen und den betriebswirtschaftlichen auch die sprachlich-kulturellen Probleme (Pörner 2011: 50-54).
In den letzten Jahren wurden dazu bereits einige Studien vorgelegt (Schreiter
2015; Jungbluth 2014; Pörner 2011). In Hinsicht auf kulturelle Probleme fällt
vor allem anhand der öffentlichen Diskurse auf, dass sprachliche und kulturelle
Unterschiede zwischen Deutschland und China als besonders ernstzunehmende
Barriere betrachtet werden, was sich unter anderem in der tendenziösen Berichterstattung über China im Allgemeinen und der Berichterstattung über chinesische
Investitionen in Deutschland im Besonderen widerspiegelt (Bedrohungsdiskurs!).[8] Aber auch in china-affinen Beiträgen (z.B.: PwC 2013, 2016; Hanemann/
Huotari 2015) wird die kulturelle Differenz immer wieder betont, und die chinesischen Investoren werden von deutscher Seite aufgefordert, sich „vorab intensiv mit den Sitten und Gebräuchen des Gastlandes" (CHKD 2014) vertraut zu
machen. Dabei sei gegenseitiges Vertrauen genauso unverzichtbar wie ein wertfreier Umgang mit der Andersartigkeit des Partners (PwC 2013: 11).

In diese bilateralen Wirtschaftsbeziehungen sind Auslandsentsendungen von
Unternehmensmitarbeitern und Führungskräften als ein wesentlicher Bestandteil
der deutsch-chinesischen Wirtschaftszusammenarbeit eingebettet. An diese Entsandten sind zahlreiche zum Teil widersprüchliche Anforderungen gerichtet: Sie
sollen als interkulturelle Botschafter (Harvey/Novicevic 2002) zugleich „Missionare" und „Inspekteure" sein (Kotthoff 2000: 97), sie sollen Know-how-Transfer
leisten, Netzwerke aufbauen (Wagner 2006) und werden von wirtschaftsnaher

---

[8]In Forschungsarbeiten über die deutsche Chinaberichterstattung seit Ende der sechziger
Jahre wird immer wieder deren Verzerrung des Chinabildes kritisiert. Bieber (2011: 23-24)
listet dazu die folgenden zentralen Kritikpunkte auf: Übermäßige Personalisierung und
Übertreibung, Extreme zwischen Ablehnung und Faszination, Negativismus und Fokussierung auf Problemthemen, mangelnde Kontextualisierung, mangelhafte Quellenlage, mangelndes Chinawissen und mangelnde Reflexion bei Journalisten.

Managementforschung unter dem Stichwort des Globalmanager als transnationale Elite konzipiert (Mense-Petermann 2009). Dabei werden sie als Vertreter einer National- und einer Unternehmenskultur betrachtet. Situative (kulturelle) Auseinandersetzung finden dann zwischen Expatriates und lokalen Mitarbeitern des jeweiligen Gastlandes statt.

Kulturelle Aspekte der Zusammenarbeit deutscher und chinesischer Unternehmen waren bereits vor der internationalen wirtschaftlichen Expansion Chinas im Blickfeld der Forschung. Intensive Auseinandersetzungen mit der Thematik gab es insbesondere im Feld der interkulturellen Kommunikation sowie der internationalen Wirtschaftsforschung (vgl. Kap. 2.2, 2.3).

Kulturelle Unterschiede in der wirtschaftlichen Zusammenarbeit in Unternehmen wurden seit Beginn der 1980er Jahre zunehmend als erklärungsbedürftiges Phänomen wahrgenommen. Besonders einflussreich waren Studien in quantitativem Design, deren kulturtheoretisches Begriffsrepertoire, sozialtheoretische Grundannahmen und methodische Vorgehensweise einige Fallstricke bereithalten – wie noch gezeigt wird (vgl. Kap. 2). Kultur wird darin als ,Einflussfaktor' konzipiert, der sich determinierend auf das Handeln von Akteuren auswirkt und der zum Scheitern internationaler Projekte aufgrund der „nicht kompatiblen Verhaltensmustern der Beteiligten" (Reisach 2006: 384) führen könne. Um ,Kulturen' voneinander abzugrenzen, werden in solcher Forschung diverse Aspekte (z.B.: Werte und Einstellungen) quantitativ erfasst und ergeben kumuliert Ausprägungen in mehreren Kulturdimensionen (klassisch dazu: Hofstede 1980; auch: House et al. 2004), die zusammengenommen den typischen Charakter der jeweiligen Nationalstaaten bzw. ,Kulturen' ausmachen (vgl. Kap. 2.2).

Aufbauend auf dieser den Diskurs dominierenden Perspektive entstanden in verschiedenen Fachrichtungen zahlreiche Studien zur internationalen bzw. interkulturellen Zusammenarbeit von und in Unternehmen. Solche Studien erheben häufig den Anspruch, mit praktischen Handlungsempfehlungen eine als problematisch wahrgenommenen interkulturelle Interaktion anzuleiten und zu verbessern. Dazu wird auch eine Didaktisierung solcher Forschungsergebnisse in der Form von interkulturellen Trainings vorangetrieben, und es wird ,Rezeptwissen' zum Umgang mit den *Anderen* verbreitet. Geringer ist die Anzahl an Forschungsarbeiten, die sich speziell mit deutsch-chinesischer Zusammenarbeit auseinandersetzt.

Auf der Basis von Kulturdimensionen (Hofstede 1980) versucht beispielsweise Sebastian Kleist (2006) anhand von standardisierten Interviews (überwiegend Deutsche in geschäftsführender Funktion) in deutschen Textilunternehmen in Hongkong (!) einen „speziellen Typus kulturübergreifender Geschäftsbeziehungen" (ebd.: 7) zwischen deutschen und *chinesischen* Unternehmen herauszuarbeiten. Er kommt zu dem Ergebnis, dass sich „kulturübergreifende Geschäftsbeziehungen spürbar von intrakulturellen Geschäftsbeziehungen unterscheiden" (ebd.: 242), weshalb kulturelle Besonderheiten berücksichtigt werden, um „Handlungsfehler und Missverständnisse zu vermeiden" (ebd.: 244). Andere Studien sollen aus der Mikroperspektive zur Entwicklung interkultureller Kompetenzen von Expatriates beitragen. So versucht beispielsweise Thomas Wittkop (2006) anhand einer inhaltsanalytischen Analyse von leitfadengestützten Interviews mit deutschen Expatriates in China eine Modellentwicklung mit praktischen Empfehlungen für Entsendungen zu entwerfen.

Aus soziolinguistischer bzw. Konversationsanalytischer Perspektive (Cook-Gumperz/Gumperz 1976; Hymes 1979; Sacks 1992) wurden mehrere Studien zu kulturspezifischem Kommunikationsverhalten, Diskursstilen und Rezipientenverhalten von Deutschen und Chinesen durchgeführt (z.b.: Günthner 1993; Jin 1994; Shi 2003). Für deutsches Kommunikationsverhalten stünden Direktheit, Explizitheit und Sachorientiertheit während das chinesische Kommunikationsverhalten durch Indirektheit, Implizitheit und Personen- und Beziehungsorientiertheit gekennzeichnet seien (Shi 2003: 189). Neben der sprachlichen Barriere seien diese Unterschiede der Kommunikationsstile ein wesentlicher Grund für Missverständnisse.

Die obenstehenden Studien legen eine mit nationaler Zugehörigkeit verknüpfte Kultur als feststehende Differenzkategorie zugrunde und betrachten interkulturelle Kommunikation als das Aufeinandertreffen der Vertreter auf diese Weise abgegrenzter Kollektive. Demgegenüber berücksichtigen Studien aus der interkulturellen Kommunikationsforschung und der Soziologie der letzten Jahre zum Teil die neuere Debatte um den aus der Anthropologie bzw. Ethnologie stammenden Kulturbegriff und nehmen eine stärker prozess- und konstruktionsorientierte Perspektive auf interkulturelle Interaktionen ein.

So beschäftigt sich Jochen Dreher (2005) mit der Fusion der Konzerne Daimler-Benz und Chrysler zu DaimlerChrysler im Jahr 1998 und stellt in seiner wissenssoziologisch ausgerichteten Arbeit „eine ‚gewachsene', ‚gemeinsam entwickelte' interkulturelle *Arbeitswelt* im Zeichen zunehmender Gleichbehandlung" (Dreher 2005: 163) einer durch unausgeglichene Machtverhältnisse gekennzeichnete *Managementwelt* gegenüber, in der eine deutsch-amerikanische Differenz konstruiert wird (ebd.: 172). Dabei findet Dreher heraus, dass kulturelle Differenz im Unternehmen nicht nur in Diskursen produziert und reproduziert, sondern situativ und prozesshaft immer wieder neu hergestellt wird.

Aus ethnomethodologischer Perspektive betrachtet Anja Frohnen (2005) in ihrer ethnographischen Studie über Multinationalität und die Umsetzung des Diversity-Konzeptes der Firma Ford, wie sich Akteure nationale Mitgliedschaften im Handeln wechselseitig zuschreiben, bevor sie im Sinne der Firmenpolitik ein aktives „undoing-nationality" betreiben (vgl. Kap. 3). Frohnens ethnomethodologische Perspektive ermöglicht ihr eine Sichtweise, die Kultur und nationale Zugehörigkeit nicht a priori als relevante Einflussfaktoren konzeptualisiert.

Speziell zu deutsch-chinesischer Wirtschaftszusammenarbeit erschienen Studien aus interkultureller (Schreiter 2015) und aus sinologischer Perspektive (Feuser 2005). In Anlehnung an Bolten (2013) legt Schreiter (2015: 36ff) bei ihrer Betrachtung deutsch-chinesischer Arbeitswelten in Deutschland und China den *fuzzy culture*-Ansatz zugrunde. Im Sinne dieses Ansatzes bleiben totalitätsorientierte und konstruktivistische Kulturansätze nebeneinander bestehen. Die Konstruktion von Normalität anhand diverser Normalisierungsstrategien angesichts kultureller Unterschiede arbeitet Schreiter als wesentliche Kompetenz für den Umgang mit Differenzen heraus. Feuser (2005: 317) erarbeitet in seiner Studie über transkulturelle Interaktionsprozesse in der Zusammenarbeit von Deutschen und Chinesen in China ein Konzept der bi-kulturellen Interaktion als hybrider Raum heraus.

Das Problem von Akteuren, die als Vertreter von abgrenzbaren, in sich homogenen Kulturen konzipiert sind ist, dass sie zwangsläufig als Ausführende ihrer jeweiligen Kulturen betrachtet werden. Schwierigkeiten bei der Interaktion bzw. Kommunikation in der internationalen Zusammenarbeit müssen dann immer auf kulturelle Inkompatibilität zurückgeführt werden. Die Relevanz kultureller Unterschiede für die Interaktion wird als gegeben vorausgesetzt. Bezogen auf das vorliegende Forschungsfeld stellt sich aber die Frage, ob die auf diesem Kulturverständnis (vgl. Kap. 2) basierenden Ansätze die auftretenden Phänomene hinreichend erklären können. Skeptisch stimmt dabei erstens die Konzeption der Akteure als Ausführende kultureller Determinismen, die quasi völlig unsensibel für Unterschiede ihren jeweiligen kulturellen Handlungsskripten folgen. Demgegenüber steht zweitens die offenkundige Wahrnehmung und Benennung von Differenzen durch die Akteure im Feld, die aber spezifischen tradierten Wahrnehmungs- und Beschreibungsmustern folgt. Drittens bauen die Studien auf der Annahme der Relevanz von nationaler bzw. kultureller Zugehörigkeit auf, ohne die Konstruktionen der Relevanz dieser Kategorien zu berücksichtigen.

Die eigentlich soziologisch interessante situative Herstellung der Relevanz von Kultur als wichtige Differenzkategorie für die internationale Zusammenarbeit ist, wie die Diskussion des Forschungsstandes verdeutlicht, nur schwach ausgeleuchtet. Studien, die die Konstruktion kultureller Mitgliedschaften speziell für deutsch-chinesische Wirtschaftszusammenarbeit betrachten, liegen bislang noch nicht vor.

Das Forschungsinteresse dieser Arbeit richtet sich daher auf die Konstruktionen der Relevanz von Kultur bzw. kultureller Unterschiede anhand der Darstellung von

Kultur als relevanter Differenzkategorie in Entsendenarrativen. Der analytische Fokus verschiebt sich dadurch von kultureller Differenz auf die Differenzierung (vgl. Kap. 3). Dazu werden im Forschungsstil der Grounded Theory 20 Leitfadeninterviews mit chinesischen und deutschen Endsandten[9] in Deutschland und China als relevanter Bestandteil deutsch-chinesischer Wirtschaftszusammenarbeit ausgewertet. Dabei wird das etablierte Entsendungsmodell (Deutsche in China) dem vergleichsweise neuen Entsendungsmodell (Chinesen in Deutschland) gegenübergestellt. Wie werden in den Entsendenarrative Differenzen hergestellt? Welche Relevanz hat dabei Kultur als Differenzkategorie?

Die Darstellungen der Interaktionen zwischen den Angestellten deutscher und chinesischer Firmen nehmen dabei Bezug auf diskursiv vorhandene Wissensbestände, die medial kolportiert oder didaktisch aufbereitet als interkulturellen Trainings vermittelt werden, oder als (stereotypisiertes) Alltagswissen verfügbar sind. Wie sehen diese Diskurse aus und wie entstehen auf dieser Grundlage Deutungsfolien für den *Anderen*? Wie wird damit an die nationalen Mitgliedschaften der Akteure angeknüpft? Dies alles sind Fragen, zu deren Beantwortung diese Arbeit einen Beitrag leistet.

**Aufbau der Arbeit**

Dazu wird in Kapitel 2 zunächst die Entwicklung unterschiedlicher Perspektiven auf Kultur und deren Bedeutung für die Erforschung des ‚Interkulturellen' nachgezeichnet (2.1), die für den dominanten Kulturdiskurs innerhalb der Wirtschaftswissenschaften und der interkulturellen Kommunikationsforschung ausschlaggebend sind. Daran anschließend werden die Kulturalisierung der Managementforschung anhand einschlägiger Kulturkonzeptionen innerhalb der internationalen Managementforschung skizziert und die sich daraus ergebenden Probleme diskutiert (2.2). Anschließend werden aktuelle Diskussionen um den Kulturbegriff in der interkulturellen Kommunikationsforschung aufgezeigt (2.3). Die Übertragung des westlichen Kulturbegriffes ins Chinesische und dessen Bedeutung wird knapp angerissen (2.4).

Aus der Diskussion des Kulturbegriffes wird eine ethnomethodologische Perspektive auf Humankategorien und Harvey Sacks' (1992) *Membership categorization device* als sensibilisierendes Konzept vorgestellt (3.1). Die Konsequenzen der ethnomethodologischen Grundannahmen für die Analyse des Datenmaterials werden

---

[9]Es handelt sich um Entsandte deutscher Firmen in China und Entsandte chinesischer Firmen in Deutschland die der Lesbarkeit halber mitunter auch einfach als deutsche bzw. chinesische Mitarbeiter bezeichnet werden.

aufgezeigt (3.2) und die Fragestellung wird weiter in Hinsicht auf *kategoriale Differenzierung* präzisiert (3.3).

In Kapitel 4 wird das Forschungsdesign dieser Arbeit vorgestellt. Im Sinne einer offenen Herangehensweise an die empirische Untersuchung der Darstellung kategorialer Differenzierung in Entsendenarrativen deutscher und chinesischer Expatriates bieten sich dazu sinnverstehende, rekonstruktive Verfahren an, um die kategoriale Differenzierung und damit zusammenhängende Wahrnehmungs- bzw. Deutungsmuster nachzeichnen zu können. Die Arbeit stützt sich dabei im Wesentlichen auf Leitfadeninterviews (4.1). Dazu werden anschließend (4.2) auch Fragen der Transkription (4.2.1) und der Übersetzung (4.2.2) beim Umgang mit fremdsprachigem Interviewmaterial diskutiert. Danach (4.3) wird die konkrete Umsetzung des Forschungsstils der Grounded Theory in dieser Arbeit anhand zentraler Aspekte gezeigt und das der Arbeit zugrundeliegende Sample knapp vorgestellt.

Die Kapitel 5-7 umfassen die Diskussion der empirischen Ergebnisse dieser Arbeit: In Kapitel 5 werden zunächst entlang der Fallbeispiele von Frau Luise Schmitz (5.1) und Herrn Liu Er (5.2) exemplarisch Darstellungsweisen kultureller Differenzierung Entsandter eines deutschen Unternehmens herausgearbeitet und die Analysearbeit detailliert nachvollziehbar gemacht. Entlang der daraus entwickelten Schlüsselkategorie „Hierarchisierende und symmetrisierende Differenzierung" wird das übrige Material integriert und verschiedene Darstellungsmuster der Differenzbeschreibung werden aufgezeigt. Kapitel 5.4 zeigt relevante Entstehungskontexte für die Sichtweise der Entsendeten auf.

In Kapitel 6 werden aus diskursanalytischer Perspektive anhand des Beispiels des ‚chinesischen Gesichts' Quellen und Wurzeln von Begriffen, Wahrnehmungs- und Deutungsmustermustern als Beschreibung chinesischer Charakteristiken aufgezeigt. An diesen wird deutlich, wie tradierte Narrative zur Beschreibung der *Anderen* zwischen Differenzkategorien übertragen werden (6.1-6.2). Anhand des Interviewmaterials wird dann gezeigt, wie die Bedeutung solcher Begriffe und Narrative bei der Darstellung der *Anderen* jeweils situativ angepasst und zur Herstellung von Unterschieden verwendet wird (6.3).

Parallel zu Kapitel 5 werden in Kapitel 7 die Interviews mit Entsandten eines chinesischen Unternehmens vorgestellt. Entlang des Fallbeispiels von Herrn Li Si (7.1) werden die Spezifika dieses Falles herausgearbeitet bevor das übrige Material integriert wird (7.2-7.3). In Hinsicht auf die Schlüsselkategorie werden dabei zentrale Unterschiede bei den Darstellungsmustern der Differenzbeschreibung deutlich.

Abschließend (Kap. 8) werden die empirischen Ergebnisse in Hinsicht auf ihre Bedeutung für Kultur als Mitgliedschaftskategorie zusammengefasst.

# Der Kulturbegriff und internationale Zusammenarbeit in Unternehmen

Das Phänomen internationaler Wirtschaftskooperationen ist heute durchzogen von Diskursen[1] über ‚Kultur' als einem zentralen Einflussfaktor auf diese Zusammenarbeit und von Diskursen über das Verhältnis verschiedener ‚Kulturen' zueinander (vgl.: Bolten 2016; Busch 2013; Moosmüller 2007). Der Kulturbegriff wird dabei sowohl in wissenschaftlich-analytischer Absicht (von diversen Wissenschaftsdisziplinen) als auch alltagsprachlich zur Beschreibung unterschiedlicher Phänomene und in diversen, konträren Bedeutungen verwendet. Die Bedeutungs- und Definitionenvielfalt des Kulturbegriffes ergibt sich einerseits aus dem historischen Bedeutungswandel des Kulturbegriffes (Williams 1972) und andererseits aus den bestehenden und immer weiteren Definitionen von Kultur bzw. ‚Kulturen' als wissenschaftlichen Analysebegriffen in unterschiedlichen Disziplinen (Reckwitz 2000).

---

[1]Wie Clarke (2012) verwende ich den Diskursbegriff in zweifacher Hinsicht. Erstens aus sozialkonstruktivistischer Perspektive. Demnach beziehen sich „*Diskurse* [...] zunächst auf Konstruktionen von Bedeutungen – auf Sinnstiftung – durch die diejenigen, die in irgendeiner Weise an ihnen beteiligt sind. Sie beinhalten die Kommunikation dieser Bedeutung durch diskursive Darstellungen verschiedenster Art und damit auch die diskursive Konstitution des Bereichs des Möglichen" (Clarke 2012: 187). Zweitens nach Michel Foucault als Analytik der Macht mit Diskursen als „Wissensgebilden, die Sets von Praktiken sowie distinktive disziplinäre Ordnungen konstituieren, durch welche Macht/Wissen (Macht als Wissen/Wissen als Macht) wirkt" (ebd.: 187). Hilfreich war mir außerdem die Definition des Diskursbegriffes aus der wissenssoziologischen Diskursanalyse nach Keller (2005): „Als Diskurs bezeichne ich einen Komplex von Aussageereignissen und darin eingelassenen Praktiken, die über einen rekonstruierbaren Strukturzusammenhang miteinander verbunden sind und spezifische Wissensordnungen der Realität prozessieren" (Keller 2005: 235).

© Springer Fachmedien Wiesbaden GmbH 2018
A. Dederichs, *Kulturelle Differenzierung in Wirtschaftskooperationen*,
https://doi.org/10.1007/978-3-658-20117-3_2

Das ist für die Betrachtung von deutsch-chinesischer Zusammenarbeit in Unternehmen deswegen problematisch, weil sich sowohl die Forschungsliteratur als auch die Befragten im Feld eines historisch gewachsenen Kulturbegriffes bedienen, der ihre Perspektive auf diese Zusammenarbeit als eine *interkulturelle* maßgeblich bestimmt. Die Übernahme dieser alltagstheoretischen Perspektive ist für die Untersuchung des Feldes äußerst folgenreich.

Gleichzeitig kann man bei der Annäherung an den Bereich internationaler Zusammenarbeit aber kaum eine konzeptionelle *tabula rasa* Position des Kulturbegriffes beanspruchen – zu sehr durchsetzt sind die Sozial- und Kulturwissenschaften von der Auseinandersetzung um diesen Begriff.[2] Zu sehr miteinander verwachsen ist auch der von den Fachdisziplinen als analytisches Konzept gedachte Kulturbegriff und dessen Verwendung im alltäglichen Sprachgebrauch, in öffentlichen Debatten und in populärwissenschaftlicher Literatur. Denn die Begriffe mit denen Sozial- und Geisteswissenschaften ihre Gegenstände analysieren, „bleiben nicht separiert von jenen Semantiken, auf deren Grundlage sich diese Gegenstände jeweils selbst beschreiben" (Reckwitz 2009: 411). Im alltagspraktischen Gebrauch und nicht selten auch in wissenschaftlicher Literatur wird der analytische Begriff ‚Kultur' als real existierender Gegenstand betrachtet, das *Konzept* wird dann als *Objekt* in die Welt reifiziert und als Untersuchungsgegenstand vergegenständlicht.

Allerdings muss man ‚Kultur' auch nicht selbst reifizierend als Untersuchungsgegenstand einsetzen, man kann „[…] aber daran denken, den Begriff aus dem Operationsbereich der Beobachtung erster Ordnung in den Operationsbereich zweiter Ordnung zu verlagern. Dann ginge es nicht mehr um die Einteilung der Gegenstandswelt, sondern um das Beobachten von Beobachtern […]" (Luhmann 1995: 32). Daraus ergibt sich die Möglichkeit, vorhandene Konzepte und deren Verwendungsweisen zu ordnen. Die Frage ist dann nicht mehr: „Was ist Kultur?", sondern: „Wie und in welcher Absicht wird ‚Kultur' als Begriff verwendet?" Man kann dann diese Betrachtung historisch retrospektiv durchführen, man kann wissenschaftliche, massenmediale und andere Bereiche als Dispositive[3] von Kulturdiskursen beschreiben oder man kann empirisch einer emischen

---

[2]Zur aktuellen Diskussion des Kulturbegriffes siehe etwa: Reckwitz 2009, 2000; Lentz 2009; Busch 2013; Wimmer 2008, Bolten 2016a.

[3]Nach Keller (2011) sind Dispositive: „Die materielle und ideelle Infrastruktur, d.h. die Maßnahmenbündel, Regelwerke, Artefakte, durch die ein Diskurs (re-)produziert wird und Effekte erzeugt (z.B. Gesetze, Verhaltensanweisungen, Gebäude, Messgeräte)" (Keller 2011: 235).

Verwendung des Begriffes im Feld nachspüren. Diese drei hier künstlich getrennten Ebenen stehen in einer Wechselbeziehung miteinander, die bei der Betrachtung reflektiert werden muss.

Im Kontext der Zusammenarbeit in deutsch-chinesischen Wirtschaftskooperationen untersucht die vorliegende Arbeit insbesondere das Phänomen der Verwendung des Kulturbegriffes zur Kennzeichnung und Bezeichnung sozialer Kollektive und Zugehörigkeit zu diesen Kollektiven. Es geht um den Kulturbegriff in seiner Verwendungsweise „als bequemes Kürzel, wenn es darum geht, die Besonderheiten von Menschengruppen zu charakterisieren und Unterschiede zu markieren" (Moosmüller 2009: 13). ‚Kultur' interessiert also als Kategorie sozialer Klassifizierung (vgl. Kap. 3).

Für eine erste Annäherung an den Kulturbegriff und im Sinne einer Selbstpositionierung können dazu zunächst zwei Arten von Kulturverständnissen unterschieden werden: Solche, die ‚Kultur' bzw. ‚Kulturen' zur Differenzierung von menschlichen Kollektiven unter dem Gesichtspunkt der Konstruktion betrachten und solche, die das nicht tun. Die vorhandenen Kulturkonzepte lassen sich so in *primordialistische* und *konstruktivistische* Konzepte differenzieren:

> „Der Primordialismus geht davon aus, dass hinter der Bildung von ethnischen Gruppen und Nationen ‚ursprüngliche' (primordiale) Beziehungen stehen, die durch Geburt und durch das Aufwachsen in einer Gemeinschaft gestiftet werden, die das Individuum prägen, die dem rationalen und instrumentellen Handeln weitgehend entzogen sind und eine vordiskursive Realität darstellen." (Sökefeld 2007: 32)

Primordialistische Bindungen prägten außerdem die Basisidentitäten, indem sie ein rationalen Bindungen überlegenes Gemeinschaftsgefühl erzeugten (ebd.):

> „Primordialismus ist in der Regel mit Essentialismus verknüpft, der davon ausgeht, dass Gemeinschaften und Identitäten auf einer gemeinsamen ‚Wesenheit' basieren, auf einer ‚wirklichen', substantiellen Gemeinsamkeit, die durch primordiale Beziehungen angelegt ist. Damit verbunden ist die Ansicht, dass Gemeinschaften und Identitäten historische Kontinuität aufweisen und sich – wenn überhaupt – eher langsam verändern. Aus essentialistischer Perspektive sind Identitäten und Kategorisierungen keine Artefakte bestimmter Redeweisen oder Konzepte, sondern Konzepte und Diskurse bilden im Gegenteil eine gegebene Realität ab." (ebd.)

Die *primordialistische* Sichtweise geht also davon aus, dass die Kultur eines Kollektives das Handeln ihrer Mitglieder vorbewusst determiniert und deren Identität prägt. Dementsprechend ist Kultur ein substantieller Gegenstandsbereich, der abgegrenzt und untersucht werden kann. Außerdem stand und steht der Kulturbegriff in dieser Perspektive durch den Bezug zu Kollektiven von Vornherein in einem engen Verweisungszusammenhang zu anderen sozialen Kategorien wie ‚Rasse', Ethnizität und Nationalität (Brubaker 2007).[4]

Demgegenüber steht die *konstruktivistische* Annahme, „dass kollektive Identitäten Konstrukte sind, die aus Diskursen und sozialem Handeln hervorgehen" (Sökefeld 2007: 33). Trotz ihres konstruierten Charakters sind sie deshalb nicht weniger wirklich, sie entfalten eine eigene Wirkmächtigkeit in Diskursen und im Handeln.

Die Kritik der konstruktivistischen Perspektive an primordialistischen Ansätzen ist nun, dass diese wesentlich an der Konstruktion der Phänomene des Gegenstandsbereichs beteiligt sind, den sie zu untersuchen vorgeben (vgl. Barth 1969, Anderson 2005, Appadurai 1996). Anstatt also zu fragen, welchen Einfluss Kultur als vorab definierte Entität auf ein Phänomen, auf Interaktionen und Handlungen in einem Feld hat, rücken hier Konstruktionen von Kultur und Kollektivzugehörigkeit (‚Rasse', Ethnizität, Nationalität) in den Vordergrund, ohne dass ‚Kultur' als *Kategorie der Praxis* dabei unreflektiert als *Kategorie der Analyse* (Brubaker 2007: 20) übernommen wird (vgl. Kap. 3).

Seit der Kulturalisierung der internationalen Managementforschung in den 1980er Jahren wird ‚Kultur' in dieser Disziplin als wichtiger Einflussfaktor auf transnationale Unternehmungen betrachtet (vgl. Schugk 2014; Kutschker/Schmid 2011). Der Kulturdiskurs der internationalen Managementforschung ist dabei geprägt von einem holistischen, primordialen und reifizierenden Kulturverständnis. Dieses Verständnis von Kultur wird für die internationale Managementforschung aus der Kulturvergleichsforschung importiert. Aus diesem Verständnis heraus lässt sich das Zusammentreffen der Mitglieder verschiedener Nationen in internationaler Zusammenarbeit nur als Aufeinandertreffen von Vertretern in sich homogener und nach außen eindeutig abgrenzbarer Kulturen betrachten. Die Definition von differenten ‚Kulturen' wird erkenntnisleitend und bestimmt so, was bei der Betrachtung des Phänomens der internationalen Zusammenarbeit überhaupt gesehen werden kann und erzeugt dabei blinde Flecken (vgl. Kap. 2.2).

Da dieses Kulturverständnis für die Untersuchung des Phänomenbereiches internationaler Wirtschaftszusammenarbeit sehr einflussreich ist, stellt sich die

---

[4]Brubaker (2007) behandelt mit dem Konzept des Gruppismus die Kategorien Nationalität, Ethnizität und ‚Rasse' gemeinsam, da er sich für die Effekte einer Ethnoperspektive interessiert, die diese Kategorien gleichermaßen als substantielle Kollektive betrachtet. Aus der Mikroperspektive ist es sinnvoll, die Kategorien getrennt voneinander zu betrachten, um Unterschiede und Wechselwirkungen zwischen ihnen erfassen zu können.

Frage, wie mit der Forschungsperspektive auf Grundlage dieses Kulturverständnisses im Rahmen dieser Arbeit weiter verfahren werden kann. Welchen Stellenwert haben große Teile wirtschaftswissenschaftlicher Forschungsergebnisse, die mit Betrachtung von Kultur aus dieser Perspektive entstanden sind?

**Das Konzept dominanter und demotischer Diskurse**
Die Konzeptionen und Beschreibungsweisen von ‚Kulturen' – in den Disziplinen der kulturvergleichenden Forschung, der internationalen Managementforschung und zum Teil auch der interkulturellen Kommunikationsforschung sowie in den an sie anschließenden Didaktisierungen in interkulturellen Trainings, in Ratgeberliteratur aber auch in der medialen Öffentlichkeit – lassen sich mit Gerd Baumann (1996) als ‚dominante Diskurse' beschreiben.

In seiner ethnographischen Studie *Contesting Culture* (1996) untersucht Baumann den multi-ethnischen Stadtteil Southall in London. Aus konstruktivistischer Perspektive unterscheidet er dabei einen „dominanten" und einen „demotischen" Diskurs. Im dominanten Diskurs entspricht die soziale Zugehörigkeit der Einwohner von Southall der Gleichung „'Culture = community = ethnic identity = nature = culture'" (Baumann 1996: 17). Jeder Einwohner lässt sich damit eindeutig einer Gemeinschaft und damit einer Kultur zuordnen. Dieser Diskurs, so Baumann, sei in der politischen und öffentlichen Diskussion dominant. Tatsächlich betrachteten sich aber fast alle Einwohner als Mitglieder mehrerer Gemeinschaften zugleich (ebd.: 5). Dabei griffen die Einwohner durchaus auf die Unterscheidungen des dominanten Diskurses zurück, unterliefen und perpetuierten dabei aber dessen simplifizierende Gleichung, und konstruierten die Zugehörigkeiten zu und Grenzen von Gemeinschaften situations- und kontextabhängig. Die Grenzziehungen und (Selbst-)Zuschreibungen von kollektiven Identitäten gestaltet sich also um einiges komplexer, als der dominante Diskurs vermuten lässt. Diesen alternativen Diskurs bezeichnet Baumann als „demotisch" (ebd.: 10). Mit dieser Unterscheidung will Baumann keine Aussage über den Wahrheitsgehalt dieser Diskurse machen, schließlich verwendeten die Southallians beide Diskurse (ebd.: 11). Er kritisiert aber die Reifikation, d.h. die Verdinglichung des Kulturbegriffes als zentralen Stützpfeiler des dominanten Diskurses, der mit der falschen Annahme fixierter Grenzen einhergehe. Die Reifikation des Kulturbegriffes in Zusammenhang mit der oben genannten Gleichung des dominanten Diskurses führe zu der Auffassung, ‚Kultur' und ‚Ethnizität' seien feststehende Entitäten, die Menschen haben oder in denen sie Mitglieder sind. Diese angeblich natürlichen Grenzen werden in einem biologischen Reduktionismus als natürliche Gräben zwischen Menschen verschiedener Ethnien mit kulturellen Gräben assoziiert. Dem Kulturverständnis des dominanten Diskurses stellt Baumann einen Kulturbegriff gegenüber, wie er ihn verwenden möchte: Den Konsens der Ethnographen über den Gebrauch von Kultur als abstrakten und rein analytischen Begriff (ebd.: 12-16).

Baumann erwartet von einem dominanten Diskurs fünf charakteristische Merkmale: Er sollte (a) *konzeptionell ökonomisch* bzw. (sprachlich und inhaltlich) *einfach* sein, was (b) seiner *kommunikativen Monopolisierbarkeit* hilft (der Diskurs sollte annähernd Deutungshoheit haben), (c) die Schlüsselbegriffe des Diskurses sollten *flexibel anwendbar* sein, also unterschiedliche Auslegungen zulassen und damit (d) eine *große ideologische Spannweite* aufweisen, um eine breite Bezugnahme (z.b. durch unterschiedliche politische Lager) zuzulassen und letztendlich (e) *etablierte institutionalisierte Zwecke* zu *unterstützen* (ebd.: 22ff.).

Der demotische Diskurs existiert als Alternative zum, aber nicht unabhängig vom dominanten Diskurs. So nehmen sich die Einwohner Southalls die Freiheit der Bestimmung der Grenzen von Gemeinschaften, stützen sich dabei aber dennoch auf den dominanten Diskurs. Insbesondere der Begriff der *Kultur* sei weniger flexibel in seiner Bedeutung als beispielsweise *Gemeinschaft* (beides sind Schlüsselbegriffe des dominanten Diskurses) und es werde damit als ein stabiles Erbe gegenüber Veränderungsprozessen geltend gemacht. (ebd. 195ff.)

In der vorliegenden Arbeit wird Baumanns Konzept des dominanten und demotischen Diskurses als Heuristik verwendet, um erstens die Kulturkonzeptionen in verschiedenen wissenschaftlichen Disziplinen und im öffentlichen, medialen Diskurs begrifflich fassen zu können, und zweitens, um die Bezugnahme der Befragten auf den dominanten Diskurs in meinem Sample im Wechselspiel mit ‚eigenen' Beschreibungen der Interviewten darstellen zu können.

Um die Quellen und Wurzeln der von den Befragten im Interview verwendeten Begriffe, Diskurse und Muster nachvollziehen zu können ist es nützlich, sich zunächst mit der Entwicklung des Kulturbegriffes zu einem totalitäts- bzw. differenzorientierten[5] Kulturverständnis als einem Strang des „interkulturellen Paradigmas" (Haas 2009) auseinander zu setzen (Kap. 2.1). Dabei wird deutlich, wie insbesondere die amerikanische *cultural anthropology* – die den Kulturbegriff weit über die Grenzen des Faches populär machte – das Kulturverständnis prägte, auf dass auch der ‚dominante Diskurs' kultureller Differenz im Bereich der internationalen Managementforschung aufbaut (Kap. 2.2). Anschließend wird die

---

[5]In Anlehnung an Reckwitz (2000) kann man dieses klassische anthropologische Kulturverständnis auch als totalitätsorientiert bezeichnen. In dieser Arbeit wird es außerdem auch als differenzorientiert bezeichnet, um den Unterschied zu einer differenzierungsorientierten Perspektive zu verdeutlichen (vgl. Kap. 2).

aktuelle Entwicklung in der interkulturellen Kommunikationsforschung skizziert (Kap. 2.3) und die Rezeption des Kulturbegriffes in China angerissen (2.4), bevor im nächsten Kapitel (3) das Konzept kategorialer Differenzierung als Heuristik zur Betrachtung deutsch-chinesischer Zusammenarbeit vorgestellt wird.

## 2.1  Etappen der Entwicklung des Kulturbegriffs

In den verschiedenen Disziplinen, die sich mit den Kulturphänomenen auseinandersetzen (z.B. Ethnologie, Soziologie, Psychologie, Betriebswirtschaftslehre, Interkulturelle Kommunikationswissenschaften sowie Sprach- und Translationswissenschaften) sind mit teilweise sehr unterschiedlichen Vorstellungen von Kultur verschiedene Forschungsprogramme und Untersuchungsgegenstände verbunden. Das führt dazu, dass auch die Darstellungen der Entwicklung des Kulturbegriffes in der Regel mit bestimmten programmatischen Intentionen verbunden ist. Es ist daher nützlich, die grundlegenden Entwicklungen verschiedener Kulturverständnisse, und damit verbunden die Entwicklung diverser Forschungsgegenstände, zu skizzieren. In Bezug auf Diskurse in der internationalen Managementforschung ist dabei insbesondere die Entwicklung des darin dominanten klassischen anthropologischen Kulturbegriffes von Interesse, andere Entwicklungsstränge können nur angedeutet werden.

Seine Wurzeln hat der Kulturbegriff im Lateinischen. Cicero spricht von *cultura animi*, also der ‚Pflege des Geistes'. Der Begriff hat hier bereits eine selektive Funktion, um diejenigen, die sich um eine humanere Gestaltung des eigenen Ichs bemühen von den philosophisch Ungebildeten zu unterscheiden. Der Begriff ist außerdem hierarchisch angelegt, indem er es den Kulturbürgern der Antike ermöglichte, sich über die Kulturlosen, Barbaren diesseits und jenseits der Grenze zu erheben, die an der *cultura* keinen Anteil hatten. (Thurn 1976)

Daneben ist Kultur aber auch von *colere* (‚bewohnen', ‚kultivieren', ‚schützen', ‚pflegen') abgeleitet (vgl. Williams 1976). *Agricultura* bezeichnet daher die Naturbeherrschung, also Bestellung und Pflege des Ackers, den Anbau und die Bearbeitung von Feldern. Doch blieben diese Begriffe weitgehend auf das Verständnis von individueller, materieller wie auch ideeller Lebenssicherung beschränkt. Ein Bindeglied zwischen der charakterbildenden Pflege des Geistes *cultura animi* und der um die Naturbeherrschung ringenden *agricultura* stellt die Formulierung vom *cultus vitae* dar, der als Parallelbegriff zu *cultura* die Lebensbereiche bezeichnete, die durch Kulturalisierung erschlossen worden waren. Der Bedeutungsschwerpunkt des *cultus vitae* lag eher auf dem Praktischen, als

„Bezeichnung für das Ausmaß, indem ein Volk seine Lebensformen kulturell
selbst regelt […]" (Thurn 1976: 12).

Diese Begriffe durchlaufen einen Bedeutungswandel mit mehreren Zwischen-
stufen. Im Englischen bedeutet *culture* im späten 16. Jahrhundert etwa *worship*
(‚verehren'). Bei den englischen Philosophen Thomas Hobbes (1588-1679) und
Francis Bacon (1561-1626) findet der Begriff bereits metaphorisch als *culture of
minds* Verwendung und erhält die Bedeutung von ‚geistigem Geschmack' (*taste*),
dem gegenüber das Vernunftmäßige und Instrumentelle steht (Williams 1976:
77-78).

Der deutsche Philosoph Samuel von Pufendorf (1632-1694) bringt zu dem
Begriff Kultur an der Schwelle zur Aufklärung einen neuen Aspekt hinzu. In der
Erkenntnis, dass der Mensch seinem Bedürfnis, sich von den Naturmächten zu
befreien, nicht auf individueller Grundlage nachkommen könne, erkennt er die
Abhängigkeit des Menschen von sozialen Beziehungen. Daher bezeichnet Kultur
für ihn „die Fülle jener spezifisch anthropogenen Leistungen, die den Menschen
als Mitmenschen über das Stadium hinausführen, in dem seine sozialen Beziehungen noch ausschließlich der Fremdbestimmung durch die Naturmächte innerhalb und außerhalb unterliegen" (Thurn 1976: 13-14).

Imanuel Kant (1724-1804) konzipiert Kultur als gesellschaftliche Entwicklungsstufe. Die Menschheit – oder besser: bestimmte Gesellschaften – sind zwar
bereits zivilisiert und kultiviert. Es fehlt ihnen aber noch die Stufe der Moral, die
Fähigkeit, sich selbst für ihr Handeln gute Ziele zu setzen (Knoblauch 2007: 23).

Dieser *normativ* begründeten Differenz von Kultur und Zivilisation Kants
setzt Johann Gottfried Herder (1744-1803) die Perspektive des so genannten
Kugelmodells entgegen, nach der Kultur die durch historischen und natürlichen
Kontext bedingte Lebensweise von Völkern bzw. Nationen bezeichnet: „… jede
Nation hat ihren Mittelpunkt der Glückseligkeit in sich, wie jede Kugel ihren
Schwerpunkt!" (Herder 1967 [1774]: 44-45) Auf das als Einheit gedachte Men-
schengeschlecht wirken dabei vor allem Geographie und Klima ein, und prägen
so die verschiedenen Lebensweisen der Völker: „Man bildet nichts aus, als wozu
Zeit, Klima, Bedürfniß, Welt, Schicksal Anlaß gibt" (ebd.). Kultur wird hier also
raum-zeitlich abgrenzbar und ist gleichzeitig mit dem Gedanken der Nationalität
verbunden. Erst durch diese Abgrenzbarkeit ergibt sich die Möglichkeit, Kulturen zu vergleichen. Durch die Abgrenzbarkeit anhand ihres je charakteristischen
Komplexes spezifischer Lebensweise der Völker kennzeichnet ihr Verhältnis
zueinander eine „natürliche […] Fremdheit" (ebd.: 45). Erst damit ist der Begriff
als Wegbereiter der Anthropologie des 19. Jahrhunderts geprägt. Dieser „*totalitätsorientierte*" (Reckwitz 2001: 185) Kulturbegriff etabliert Kultur als Unterscheidungsmerkmal für (nationale) Kollektive, die nach Innen homogen eine

ganzheitlich geteilte Lebensweise praktizieren, anhand derer sie nach Außen eindeutig von den Lebensweisen anderer Völker unterscheidbar sind.

Beim Durchlaufen dieser Bedeutungsveränderungen wird der Begriff *cultura* als Ausdruck für mehr und mehr Lebensbereiche zuständig, bis Franz von Baader (1765-1841) 1813 feststellt, den beiden Begriffen *cultura* und *cultus* „komme nunmehr ‚dieselbe Bedeutung' im Sinne von ‚Lebenspflege' zu" (Thurn 1976: 12). Außerdem verliert der Begriff seiner Genetivattribute (*animi, vitae*) und konnte fortan als Ding an sich stehen.

### 2.1.1 Die Entwicklung des klassischen anthropologischen Kulturbegriffs als Grundlage der interkulturellen Kommunikationsforschung

In der von Herder geprägten Verwendungsweise wird der Kulturbegriff im späten 19. Jahrhundert dann auch in der britischen Anthropologie prominent. Der Begründer der *Social Anthropology* Edward Tylor (1832-1917) definiert 1871 in seinem Werk *Primitive Culture* (Deutsch zuerst 1873: *Die Anfänge der Kultur*) *Culture* oder *Civilization* ethnologisch als:

> „Culture or Civilization, taken in its wide ethnographic sense, is that complex whole which includes knowledge, belief, art, moral, law, custom, and any other capabilities and habits acquired by man as a member of society. The condition of culture among the various societies of mankind, in so far as it is capable of being investigated on general principles, is a subject apt for the study of laws of human thought and action." (Tylor 1889 [1871]: 1)

Tylor gibt mit seiner *holistischen* Definition eine Reihe von Aspekten an die Hand, die für das alltägliche Leben in einer Gesellschaft eine Rolle spielen: Wissen, Glauben, Kunst, Moral, Gesetze und Sitten, technische Fähigkeiten und Gewohnheiten aber auch ganz allgemein Normen und Werte, sie alle hängen nach Tylors Vorstellung zusammen und bilden ganzheitlich eine Kultur. Kultur wird damit zu einer Bezeichnung von Kollektiven verwendet. Sie wird nicht als natürlich gegeben, sondern als gesellschaftlich geschaffen betrachtet (Lentz 2009: 308).

Der holistische Kulturbegriff Tylors ist damit nicht normativ, er hierarchisiert nicht (wie noch zuvor Kultur gegenüber Zivilisation oder Natur). Er ist pluralistisch, weil Kultur jetzt immer in der Mehrzahl gedacht werden muss, nämlich als ‚Kulturen'. Dabei nehmen die sozialen Gemeinschaften sich und ihre gemeinsame Lebensform zugleich auch (kollektiv) selbst wahr, sie unterscheiden das

*‚Eigene'* und das *‚Fremde'.* Mit der eindeutigen Unterscheidbarkeit der kollektiven Lebensformen wird auch die eindeutige Zuordenbarkeit des Einzelnen zu einer dieser Lebensformen vorausgesetzt: Der Einzelne partizipiert nur an dem Sinnsystem seiner Gemeinschaft (Reckwitz 2001: 186). Kultur ist damit an Kollektive gekoppelt und eine Kultur endet an der Grenze ihres Kollektivs, woraus sich die Problematik ergibt, die Reichweite von Kulturen bzw. Kollektivgrenzen bestimmen zu müssen.[6] Mit diesem totalitätsorientierten Kulturbegriff soll die Diversität der „Totalitäten menschlicher Lebensweisen sichtbar gemacht werden" (Reckwitz 2004: 5).

Bereits seit dem 18. Jahrhundert wurde ‚Rasse' als wissenschaftlich begründete Dimension der Humandifferenzierung konstruiert und bot vermeintlich die Möglichkeit einer natürlichen Abgrenzung von Kollektiven (vgl. Müller 2003). Dabei wurden tatsächliche oder imaginierte physische Unterschiede zwischen menschlichen Kollektiven in Verbindung mit moralischer und intellektueller Differenz gebracht, und die ‚Rassen' wurden hierarchisiert.[7] Parallel zu dieser biologistischen Rassentheorie hatten sich mit dem Nationalismus bereits im 18. Jahrhundert auch Konzepte kollektiver Teilung zur Unterscheidung von Völkern entwickelt, die Differenzierungslinien zwischen Menschen anhand unterschiedlicher kultureller Merkmale festmachten.[8]

---

[6]Reckwitz bemerkt in diesem Zusammenhang, dass Kultur und Gesellschaft dabei miteinander identifiziert werden, die Grenzen einer Gesellschaft also die Grenzen einer Kultur sind (Reckwitz 2001: 186).

[7]Der Begriff der Rasse wurde bereits 1684 von dem französischen Arzt François Bernier (1625-1688) eingeführt, verbreitete sich als soziale Teilungsdimension aber erst im 18. Jahrhundert mit den Bemühungen Kants und verschiedener Anatomen (u.a.: George-Louis Leclerc de Buffon (1707-1788) und Johann Friedrich Blumenbach (1752-1840) – der ‚Erfinder' der Kategorie des ‚Kaukasiers'). Zur Entwicklung des Rassenbegriffs und der Konstruktion ‚natürlicher' Merkmale der Klassifizierung sowie der Etablierung einer ‚Totaldifferenz' zwischen Europa und dem ‚Rest der Welt', siehe: Müller (2003: 55ff.).

[8]Mit der Idee des Nationalismus im ausgehenden 18. Jahrhundert entwickelte sich ein liberaler Nationalismus (auch: Staatsbürgernationen) in Frankreich und USA. In Deutschland hingegen entstand ein ethnisch-kultureller Nationalismus (auch: Volksnation bzw. Kulturnation) (Lepsius 1990: 232ff.). Zur Vorstellung der Kulturnation trug Herder mit seinem Unterscheidungsmerkmal des „Volksgeistes" wesentlich bei. Nach Herders Vorstellung leitete sich aus dem „Volksgeist" die jeweilige Sprach, Sitte und Moral eines Volkes ab. Die deutsche Sprache wurde zu einem zentralen Element nationaler Identifikation und Integration der deutschen Romantiker, da ein einheitlicher Staatenverband oder gemeinsame Bürgerrechte in Deutschland fehlten. So wurde Sprache zu einem wesentlichen kulturellen Merkmal bei der Unterscheidung von Völkern. (Mosse 1990: 61ff.).

Eine Abgrenzung des Kulturbegriffs gegenüber dem Begriff ‚Rasse' nahm Franz Boas (1858-1942), der Begründer der *Cultural Anthropology*, 1911 in seinem Werk *The Mind of the Primitive Man* (Deutsch zuerst 1914: *Kultur und Rasse*) vor. Boas richtete sich explizit gegen eine Gleichsetzung von Rasse, Sprache und Kultur (Boas 1914 [1911]: 98ff.) und widersprach damit den Anhängern der Eugenik-Bewegung, die Kultur- und Umwelteinflüsse als nachrangig gegenüber Erbanlagen ansahen.[9] Den Rassentheoretikern warf er vor, mit ihren Klassifikationssystemen nach geographischen, anatomischen, morphologischen und sprachlichen Gesichtspunkten einen „Zustand heilloser Verwirrung und unüberwindlicher Widersprüche" erzeugt zu haben, „so daß wir zu der Überzeugung gedrängt werden, daß vermutlich morphologischer Typus, Sprache und Kultur gar nicht unlösbar miteinander verbunden sind" (Boas 1914 [1911]: 101).

Da der Rassebegriff bei Boas naturwissenschaftlich-biologisch geprägt war, grenzte er mit der Trennung von ‚Rasse' und Kultur – wie schon Tylor vor ihm – Kultur von Natur ab. Boas ging außerdem von einer „innigen Berührung" und „gegenseitigen Durchdringung" der Völker aus und lehnte eine Hierarchisierung unterschiedlicher Völker ab:

> „Da wir nicht einmal in der Lage gewesen sind, bei den Hauptrassen organische Unterschiede in der Begabung festzustellen, die im Vergleich zu den großen individuellen Unterschieden irgendwelche Bedeutung in Anspruch nehmen können; da wir ferner gesehen haben, daß die angeblich spezifischen Unterschiede zwischen Völkern verschiedener Kulturstufen auf gleichartige, geistige Eigenschaften zurückgeführt werden müssen: so dürfen wir ohne weiteres ein Eingehen auf angebliche erbliche geistige Eigenschaften der verschiedenen Zweige der weißen Rasse als unfruchtbar ablehnen." (Boas 1914 [1911]: 229)

Mit dieser expliziten Entkopplung von ‚Rasse' und Kultur sowie der Ablehnung der Hierarchisierung von Völkern entlang ihrer kulturellen Entwicklung legte Boas die Grundlage für den von seinen Schülern propagierten *Kulturrelativismus*. Boas' Kulturrelativismus wie auch seine partikularistische Auffassung von Kulturen als Ganzheiten sind auch als kritische Reaktion auf die Vorstellungen des unilinearen Evolutionismus mit Kulturen auf unterschiedlichen Entwicklungsstufen zu verstehen (Niekisch 2006: 112).

---

[9]Die Eugenik-Bewegung hatte in den USA der 1920er eine einflussreiche politische Lobby und setzte sich für Sterilisationsgesetze und eine selektive Fortpflanzungspolitik ein. 1924 konnten sie den diskriminierenden *Immigration Restrictive Act* durchsetzen. (Niekisch 2006: 112).

Man kann in den Ansätzen von Tylor und Boas die Spiegelung zweier europäischer Traditionsstränge der Kulturdiskussion sehen: Einerseits Kant und sein Fortschrittsprogramm einer universalen Zivilisation, andererseits Herder und seine Gesinnungsgenossen, die diese Fortschrittsvorstellung kritisieren, den Kulturbegriff als spezifische (Volks-)Kultur pluralisieren und von einer international höfischen Kultur abgrenzen. Dabei sei Herder nicht, wie später behauptet wird, von einer Abgeschlossenheit der ‚Kulturen' ausgegangen, lediglich von einer Einheit von Volk, Sprache und Kultur. (Lentz 2009: 308)

Deutliche Bezüge zu Herders Vorstellung eines „Volksgeistes" entwickelte der Boas-Schüler und Begründer der interdisziplinären *Culture and Personality* Schule Edward Sapir (1884-1939), der als Linguist und Ethnologe vor allem an den Beziehungen zwischen Sprache, Denken und Weltanschauungen interessiert war (Alsayad/Seyler 2006: 130; Haas 2009: 17ff.). In seinem Aufsatz „Culture, genuine and spurious" (1924) unterscheidet er drei gängige Verständnisse von Kultur: Erstens, Kultur als Begriff der Ethnologen und Kulturhistoriker zur Beschreibung eines Ensembles kultureller Techniken bzw. zivilisatorischer Fähigkeiten, wie die Jagdtechniken der Buschleute oder die Medizin der nordamerikanischen Indianer. Mit dieser Verwendungsweise gehe aber keine Bewertung im Sinne einer normativen Skala einher. Zweitens, Kultur als individuelle Kultiviertheit im Sinne einer Veredelung des Selbst (Sapir 1924: 402ff.). Drittens, und damit kommt Sapir zu dem Verständnis, wie er es für die Ethnologie für richtungsweisend hält, Kultur als „‚spirit' or ‚genius' of a people" (ebd.: 405), also zur Beschreibung der Eigenschaft eines Volkes. Wie sein Doktorvater Boas vor ihm, sieht auch Sapir die Gefahr eines biologischen Determinismus, der mit dieser Verwendungsweise des Begriffes Kultur einhergehen kann:

> „Evidently we are on peculiarly dangerous ground here. The current assumption that the so-called ‚genius' of a people is ultimately reducible to certain inherent hereditary traits of a biological and psychological nature does not, for the most part, bear very serious examination. Frequently enough what is assumed to be an innate racial characteristic turns out on closer study to be the resultant of purely historical causes." (Sapir 1924: 405-406)

Sapir lehnte also eine biologische Herleitung kultureller Unterschiede ab und sieht diese vielmehr historisch begründet. Wie schon im Titel seines Aufsatzes deutlich wird, entwickelte Sapir ein durchaus normatives Verständnis von Kultur und unterschied zwischen echter (*genuine*) und falscher (*spurious*) Kultur:

> „The genuine culture is not of necessity either high or low; it is merely inherently harmonious, balanced, self-satisfactory. It is the expression of a richly varied and yet somehow unified and consistent attitude toward life, an attitude which sees the

significance of anyone element of civilization in its relation to all others. It is, ideally speaking, a culture in which nothing is spiritually meaningless, in which no important part of the general functioning brings with it a sense of frustration, of misdirected or unsympathetic effort." (Sapir 1924: 410)

Sapirs ‚Kulturen' sind reich an Variation und dennoch konsistent und einend in Bezug auf die Lebensweise und zugleich nicht hierarchisierend. Das Verhältnis von Individuum und Kultur ist bei ihm durch gegenseitige Abhängigkeit geprägt. Eine „gesunde nationale Kultur" werde nicht nur passiv als Erbe empfangen, sie bedürfe auch der Kreativität des Individuums (ebd.: 417-418). Darin drückt sich eine Ambivalenz Sapirs gegenüber dem Kulturbegriff aus, der bei ihm einmal als Kollektivsubjekt auftritt, z.B. als „healthy national culture" (ebd.), andererseits aber auch auf den Akt individueller, aktiver Aneignung durch die Mitglieder einer Kultur angewiesen ist.[10]

Diese bei Sapir noch vorhandene Ambivalenz gegenüber Kultur geht bei Ruth Benedict (1887-1948) in einen Kulturbegriff über, der eindeutig determinierende und vereinheitlichende Tendenzen hat. In *Patterns of Culture* (1934) entwickelt sie ihre Konfigurationstheorie, in der sie die Relevanz des Studiums einer Kultur als ein *integriertes Ganzes*, eben als Konfiguration, ausführt (1934: 45ff.). Die Veröffentlichung dieses Werkes gilt als die Geburtsstunde der Nationalcharakterforschung. Benedict hatte schon zuvor den Hang der klassischen Anthropologen während der *„anecdotal period of ethnology"* (Benedict 1932: 1) kritisiert, über kulturelle Einzelheiten anstatt über ganzheitliche Kulturen zu berichten. Dies sei auf den Mangel an eigener Erfahrung der *„armchair students"* (Benedict 1934: 48) zurückzuführen, die nicht in direkten Kontakt zu den primitiven Völkern gekommen seien, sondern ihre Erkenntnisse aus den Berichten von Reisenden und Missionaren gewonnen hätten. Daher sei es ihnen nicht möglich gewesen, die Einbettung einzelner Details in die charakteristischen Kulturkonfigurationen einer kohärenten Kultur zu beschreiben. Sie sieht die Notwendigkeit der Umsetzung ihres ganzheitlichen Ansatzes als Forschungsprogramm der Ethnologie im Zuge der Entwicklung moderner (Natur-)Wissenschaften:

„The study of cultural behaviour, however, can no longer be handled by equating particular local arrangements with the generic primitive. Anthropologists are turning from the study of primitive culture to that of primitive cultures, and the implication

---

[10]Die umstrittene, von Sapirs Schüler Benjamin Lee Whorf (1897-1941) so benannte ‚Sapir-Whorf-Hypothese' (Whorf 1984 [1956]), nach der im ‚linguistischem Relativismus' die jeweilige Muttersprache das Denken auf entscheidende Art und Weise bestimmt, gilt als weitestgehend widerlegt (Malotki 1983: 6; Gumperz/Levinson 1996).

of this change from the singular to the plural are only just beginning to be evident. The importance of the study of the whole configuration as over against the continued analysis of its parts is stressed in field after field of modern science." (Benedict 1934: 50)

Benedict war dabei vor allem an konsistenten Denk-, Fühl- und Handlungsmustern interessiert und blendete real-ökonomische Aspekte der Subsistenzwirtschaft sowie Aspekte sozialer und politischer Organisation weitestgehend aus (Lentz 2009: 309). Während bei Boas und Sapir der Gedanke des Austauschs und der Wechselwirkung zwischen verschiedenen Kulturen bzw. Völkern immer noch mitgedacht wurde, betont Benedict im Gegensatz dazu deren Inkommensurabilität, ihre einzigartige Unvergleichbarkeit und ihre Distinktheit. Keine der Erkenntnisse der Ethnologie scheinen ihr wichtiger…

„[…] than this of fundamental and distinctive configurations in culture that so pattern existence and condition the emotional and cognitive reactions of its carriers that they become incommensurables, each specializing in certain selected types of behavior and each ruling out the behavior proper to its opposites." (Benedict 1932: 4)

Ihre prägende Kraft erhält Kultur nach Benedict dadurch, dass Individuen in sie hineingeboren und hineinsozialisiert werden, so dass Gesellschaften und ihre Individuen in ihrem Charakter im Wesentlichen übereinstimmen. Jede Kultur verfüge zwar über eine große Bandbreite an unterschiedlichen Temperament-Typen, allerdings erlaube jede Kultur nur einer begrenzten Anzahl dieser Typen zu gedeihen, und zwar jenen, die zu ihrer dominanten Konfiguration passen: „In other words, most individuals are plastic to the moulding force of the society into which they are born" (Benedict 1934: 196). Die von dieser „normalen" Mehrheit abweichenden Typen beschreibt Benedict als „deviant" (Singer 1961: 25). Benedict versteht Kultur als weitgehend persönlichkeitsdeterminierend, eine Sichtweise, die ihr auch die Kritik eines „recht naiven Kulturdeterminismus" (Lentz 2009: 309) eingebracht hat.

Benedict trug ihr Kulturkonzept in die Berichte zu Volks- und Nationalcharakteren, die sie im Laufe des 2. Weltkrieges für das *Office of War and Information* verfasste (zu Rumänien, Siam, Deutschland, Japan und Holland). Bekannt geworden ist vor allem ihre Japanstudie *The Chrysanthemum and the Sword* (1946). In Japan sah Benedict Amerikas „most alien enemy" (1946: 1) und in dieser Distanzstudie (vgl. Singer 1961) legte sie ihre Perspektive auf die „Patterns of Japanese Culture" (Benedict 1946: 1) dar, die sie überwiegend aus Interviews mit internierten japanischstämmigen Amerikanern in USA gewonnen hatte. Benedict hatte weder Japan jemals betreten noch war sie des Japanischen mächtig.

Eine weitere, nicht weniger erfolgreiche Schülerin Boas' war Margaret Mead (1901-1978). Mead erregte mit ihrem Vergleich samoanischer und US-amerikanischer Jugendlicher in der Adoleszenz in ihrer ersten Veröffentlichung *Coming of Age in Samoa* (1928) großes Aufsehen. Im Rahmen ihrer Arbeit für das *Committee for National Moral* und in Anschluss an die Nationalcharakterforschung portraitierte sie 1942 mit *And Keep Your Powder Dry*[11] in moralisch erbaulicher Manier den „demokratischen Charakter" (Mead 1946 [1942]: 270) des amerikanischen Volkes. Unter den stark eingeschränkten Forschungsmöglichkeiten des 2. Weltkrieges stützten sich sowohl Mead als auch Benedict auf den interdisziplinären Gedanken der *Culture and Personality School* Sapirs und ließen sich auch methodisch von der Vorgehensweise der Psychoanalyse inspirieren, um ihr begrenztes Datenmaterial zu ergänzen. Bei gleichzeitigem hohen Zeit- und Erfolgsdruck entstanden innerhalb der Nationalcharakterforschung Kulturbeschreibungen, in denen die Komplexität der Landeskulturen stark reduziert wurde. Aufgrund dessen wurde die Nationalcharakterforschung bereits in den 1940er Jahren als simplifizierend und der Charakter eines Landes als „mystical abstraction" (Hamilton 1940: 129) kritisiert (Haas 2009: 20ff.).

Nach dem 2. Weltkrieg sahen sich die USA zunehmend vor die Aufgabe einer internationalen Zusammenarbeit gestellt, und waren unter dem Präsidenten Harry S. Truman (Präsidentschaft 1945-1953) in der McCarthy-Ära (1947-1956) gleichzeitig darum bemüht, die befürchtete Ausbreitung des Kommunismus einzudämmen. Mit der ‚Pax Americana' sollten die eigenen Anschauungen verbreitet und die amerikanische Einflusssphäre vergrößert werden.[12] Dazu war es notwendig, Entwicklungshelfern und anderen Entsandten für ihre Auslandseinsätze kulturanthropologisches Wissen über die Zielländer verfügbar zu machen. So beauftragte das *Foreign Service Institute* (FSI) des *State Department* etliche Ethnologen mit der Entwicklung und Durchführung von entsprechenden Schulungsprogrammen. Im Rahmen dieser Programme führte Edward T. Hall (1924-2001) von 1951-1955

---

[11]Der Titel des Buches beruht auf der Maxime, die Oliver Cromwell zugeschrieben wird, und die zuerst in einem Gedicht des britischen Offiziers William Blacker erschien. Die letzte Zeile des Gedichtes mit dem Titel „Oliver's Advice" (1834) lautet: „Put your trust in god, my boys, and keep your powder dry".

[12]Eine literarische Verarbeitung hat diese Thematik 1958 in dem Tatsachenbericht in Romanform der beiden Journalisten William Lederer und Eugene Burdick *The Ugly American* gefunden. Nach Aussage der Autoren hat sich jedes der darin geschilderten Ereignisse tatsächlich zugetragen (Lederer/Burdick 1962 [1958]: 269). Der Roman beschreibt, wie die Amerikaner im Südostasien der 1950er Jahre durch ihr herrisches, großspuriges Auftreten ihr Prestige vertun und im Kampf gegen den Kommunismus Stück für Stück zurückfallen.

kulturelle Trainings durch, um Diplomaten und andere Entsandte auf potentielle
kulturelle Differenzen vorzubereiten. Hall stieß dabei auf das Problem, die kul-
turanthropologischen Erkenntnisse einem akademisch wenig interessierten und
auf den praktischen Nutzen fokussierten Publikum nahe bringen zu müssen (vgl.
Haas 2009).

Auch wenn Hall vielfach als „Gründervater" der *Interkulturellen Kommunikationswissenschaft*[13] gesehen wird (Moosmüller 2007), so sind durch die Arbeiten
Tylors, Boas und Sapirs, und vor allem durch die Nationalcharakterforschung
Benedicts und Meads die wesentlichen paradigmatischen Grundlagen gelegt, die
sich innerhalb dieser Disziplin implizit oder explizit kontinuierlich fortsetzten
(Haas 2009: 155ff.). Insofern nimmt Hall in Bezug auf das Kulturverständnis eher
die Rolle eines Mittlers zwischen der interkulturellen Kommunikationsforschung
und der Nationalcharakterforschung ein. Denn was Hall mit seiner Arbeit für das
FIS noch hinzufügte, war nicht ein grundlegend neues Kulturverständnis. Sein
Verdienst wird heute vielmehr darin gesehen, dass er das kulturanthropologische
Wissen über Nationalkulturen und Kommunikationsformen auch auf den Praxis-
bedarf bei den Auslandseinsätzen der Schulungsteilnehmer abstimmte (Moosmül-
ler 2007: 14). Darüber hinaus machte sich Hall auf die Suche nach universellen
Kulturdimensionen (z.B.: Hall 1989 [1976]) und ihren unterschiedlichen Aus-
prägungen in einzelnen Kulturen.[14] Dabei hat er auch auf die Notwendigkeit der
Reflexion der eigenkulturellen Prägung hingewiesen (Pörner 2009: 64ff.). Seine
Gradwanderung zwischen wissenschaftlichem Anspruch einerseits und griffiger
Präsentation für Praktiker andererseits brachte ihm aber außerdem den Vorwurf
ein, in seinen Ansätzen kulturelle Unterschiede als „simplifizierende Kulturpor-
traits" (Haas 2009: 66) mit dualistischem Charakter darzustellen. Und so setzt
sein Kulturverständnis und damit das der interkulturellen Kommunikationsforschung[15] bei einem totalitätsorientierten Kulturkonzept an. Für die Ethnologie

---

[13]Den Begriff *Intercultural Communication* führte Hall 1959 in seinem Werk *Silent Language* ein.

[14]Hall macht kulturell unterschiedliches kulturelles Verhalten gegenüber Kontext, Raum,
Zeit und Informationsgeschwindigkeit aus. Einen Anschluss an die Kulturanthropologie
fand Hall allerdings – auch mit seinen Arbeiten zur Proxemik (1974) – kaum (Moosmüller
2007: 17).

[15]Eine Institutionalisierung der interkulturellen Kommunikationsforschung in den USA
fand mit den Speech and Communication Studies im Verlauf der 1970er Jahre statt (Moosmüller 2007b: 17). Ebenfalls aus dieser Zeit ist das Standardlehrwerk *Intercultural Communication: A Reader* (Samovar/Porter 2009 [1972]).

begann solch ein totalitätsorientiere Kulturbegriff hingegen wieder problematisch zu werden, da es ihm als allumfassende Kategorie an analytischem Potential fehlte (Hahn 2014: 29).

## 2.1.2 Der Kulturbegriff zwischen Ethnologie und Soziologie

In der Ethnologie bzw. Anthropologie erfuhr der Kulturbegriff daher im Verlauf der 1950er Jahre auch eine definitorische Verengung in Zusammenhang mit einer disziplinären Arbeitsteilung zwischen Soziologie, Ethnologie und Psychologie, die sich auf die Zusammenarbeit zwischen Alfred L. Kroeber (1876-1960) und Clyde Kluckhohn (1905-1960) mit Talcott Parsons (1902-1979) zurückführen lässt. Kluckhohn hatte während des 2. Weltkrieges mit Ruth Benedict zusammen im Auftrag der Regierung über die japanische Kultur gearbeitet und anschließend zusammen mit Parsons und anderen ein interdisziplinäres Institut, das *Department for Social Relations*, gegründet (Alsayad/Seyler 2006: 78, 80). Der Boas Schüler Alfred Kroeber hatte bereits 1917 in dem Aufsatz *The Superorganic* die Theorie von Kultur als „Superorganismus" entwickelt, die den Menschen nur noch als Ausführenden ihn determinierender Kulturmuster sah. An dieses Konzept des „Superorganismus" knüpften Kroeber und Kluckhohn wieder an. In ihrem oft zitierten Werk *Culture* (1952) führen sie über 160 Kulturdefinitionen auf, wobei sie vor allem in Tylors Definition den Durchbruch zu einem ethnologisch-wissenschaftlichen Kulturverständnis sehen (Kroeber/Kluckhohn 1978 [1952]: 43ff.). Sie betonen jedoch (ähnlich wie Benedict) die Notwendigkeit, Kultur als integriertes Ganzes zu verstehen, und trennen darüber hinaus soziale Systeme von Kultur. Kultur sei als ein Verhalten anleitendes Symbolsystem zu verstehen:

> „Culture consists of patterns, explicit and implicit, of and for behavior acquired and transmitted by symbols, constituting the distinctive achievement of human groups, including their embodiments and artefacts; the essential core of culture consists of traditional (i.e. historically derived and selected) ideas and especially their attached values; culture systems may, on the one hand, be considered as products of action, on the other as conditioning elements of further action." (Kroeber/Kluckhohn 1978 [1952]: 181)

Damit ließen sich einzelne Handlungen immer als Bestandteile eines integrierten Ganzen darstellen: Handeln war ursächlich erklärt, wenn es auf den essentiellen kulturellen Kern traditioneller Ideen und damit verbundener Werte zurückgeführt werden konnte. Gleichzeitig konnten die Handelnden aber auch der Wirkung dieser impliziten und expliziten Muster als konditionierende Elemente nicht entkommen, ja, als *implizite* Muster waren sie ihnen nicht einmal kognitiv zugänglich. Andererseits sahen Kroeber und Kluckhohn aber auch den konstruktiven Bestandteil, den das Handeln an der Entstehung von Kultur als „product of action" hat.

Die Trennung sozialer Systemen von Kultur als symbolischem System stand ganz im Zeichen einer Arbeitsteilung zwischen den Disziplinen, wie Talcott Parsons sie im Sinn hatte. Parsons hatte 1951 in seinem zweiten Hauptwerk *The Social Systems* seine normativistische Handlungstheorie um eine umfassende normativ-funktionalistische Ordnungstheorie erweitert. Bereits in *Towards a general Theory of Action* (1951) hatte Parsons die analytische Unterscheidung zwischen dem „personality system", dem „social system" und dem „cultural system" getroffen (Parsons 1959 [1951]: 7). Parsons verstand darin Personen als Handlungssysteme, in denen kognitive (erkenntnismäßige) und kathektische (gefühlsmäßige) Handlungsorientierungen durch evaluative (an Wertmaßstäben orientierte) Orientierungen integriert werden. Die in den Erfahrungen und Lernprozessen der Sozialisation vermittelten Normen und Werte bilden so stabile Handlungsorientierungen und Handlungserwartungen aus, und zwar auf individueller Eben mit dem Persönlichkeitssystem und zwischen Akteuren als Sozialsystem. (Joas/Knöbl 2004: 96ff.)

Anders als im Persönlichkeitssystem und im Sozialsystem sieht Parsons im „cultural system" kein konkretes Handlungssystem:

> „Finally, systems of culture have their own forms and problems of integration which are not reducible to those of either personality or social system or both together. The cultural tradition in its significance both as an object of orientation and as an element of orientation of action must be articulated both conceptually and empirically with personalities and social systems. Apart from embodiment in the orientation systems of concrete actors, culture, though existing as a body of artifacts and as systems of symbols, is not in itself organized as a system of action. Therefore, culture as a system is on a different plane from personalities and social system." (Parsons 1959 [1951]: 7)

Vielmehr hätten die konkreten Handlungssysteme psychologische, soziale und kulturelle Aspekte, und die Werte des Kultursystems müssten in den beiden anderen Systemen verankert werden (ebd.). Kulturelle Muster würden in das Persönlichkeitssystem durch Internalisierung und in das Sozialsystem durch Institutionalisierung integriert (Parsons 1952 [1951]: 47).

Für die Übersetzung von kulturellen Werten und Normen in klare Regeln führt Parsons noch das Element der „sozialen Rolle" ein, denn: „Culture as a system is thus considered to be a body of artifacts and symbols, not as a set of theoretical principles for ordering action as such" (Parsons 1959 [1951]: 41). Soziale Rollen würden dabei helfen, als Verhaltensmuster und Bündel von Verhaltensvorschriften, Werte und Normen zu spezifizieren und institutionell zu verankern (Parsons 1952 [1951]: 42).

In *The Social System* formuliert Parsons aus dieser Dreiteilung heraus dann ein wissenschaftliches Programm, nach dem eine allgemeine Ordnungstheorie alle drei Systeme berücksichtigen müsste, wobei sich unterschiedliche wissenschaftliche Disziplinen mit unterschiedlichen Teilbereichen beschäftigen sollten: Die Psychologie mit dem Persönlichkeitssystem, die Kulturwissenschaften mit dem Kultursystem und die Soziologie mit dem Sozialsystem, wobei das Sozialsystem die Gesellschaft darstellt (Joas/Knöbl 2004: 100).

Für diese disziplinäre Arbeitsteilung ist nun eine engere Definition von Kultur, als bis dahin in der Ethnologie üblich, notwendig. Parsons definiert daher: „Cultural objects are symbolic elements of the cultural tradition, ideas or beliefs, expressive symbols or value patterns […]" (Parsons 1952 [1951]: 4). Mit dieser Engführung der Ethnologie auf die Erforschung von Symbolsystemen und Wertemustern wollten sich Kroeber und Kluckhohn zunächst nicht zufriedengeben, würden doch traditionelle Arbeitsgebiete der Ethnologie verlorengehen, wenn sie diesen Status als ‚Juniorpartner' der Soziologie akzeptieren würden (Lentz 2009: 311). Schließlich kamen sie wohl dennoch mit Parsons überein, denn in ihrem gemeinsamen Aufsatz „The Concept of Culture and of Social System" (1958) spitzten Kroeber und Parsons die Kulturdefinition noch einmal zu:

> „We suggest that it is useful to define the concept culture for most usages more narrowly than has been generally the case in the American anthropological tradition, restricting its reference to transmitted and created content and patterns of values, ideas, and other symbolic-meaningful systems as factors in the shaping of human behavior and the artifacts produced through behavior. On the other hand, we suggest that the term society — or more generally, social system — be used to designate the specifically relational system of interaction among individuals and collectivities. To speak of a 'member of a culture' should be understood as an ellipsis meaning a 'member of the society of culture Y.'" (Kroeber/Parsons 1958: 583)

Nachdem Sozialsystem und Kultursystem zuvor voneinander getrennt wurden, wird hier das Verhältnis von Individuen zu Kollektiven wieder geklärt: Individuen gehören zu Gesellschaften, die ihrerseits eine Kultur haben. Damit sind Individuen automatisch Mitglieder einer Kultur, deren Grenzen die Grenzen der Gesellschaft sind.

Insbesondere der formulierte Fokus auf Normen und Werte bot später der betriebswirtschaftlich orientierten Auseinandersetzung mit der Kulturthematik in der kulturvergleichenden Forschung einen Anhaltspunkt für ihren Forschungsgegenstand, dessen Operationalisierung und Quantifizierung (vgl. Kap. 2.2).

Zu einer kritischen Auseinandersetzung mit Parsons Ansatz kam es innerhalb der Soziologie vor allem bei den so genannten interpretativen Ansätzen, insbesondere auch durch einen Schüler Parsons, Harold Garfinkel (1917-2011), den Begründer Ethnomethodologie (z.B.: Garfinkel 1984 [1967]). Garfinkel wirft Parsons vor, dessen Akteure verhielten sich allzu problemlos entlang der internalisierten Normen, Werte und Ziele wie „cultural dopes" (Garfinkel 1984 [1967]: 68), ohne das dabei deutlich werde, wie sich Handelnde konkret auf solche Ziele und Werte beziehen. Handlungsmotive – wie internalisierte Normen und Werte – würden so bei Parsons bruchlos in Handlungsvollzüge umgesetzt. Anstatt die Wirksamkeit von Normen und Regeln vorauszusetzen, sei es die Aufgabe der Soziologie zu erklären, wie Akteure überhaupt in der Lage dazu sind, bestimmte Normen und Regeln als Bezugspunkte für Situationen ausfindig zu machen. Von festgelegten Zielen und Werten könne im Alltagshandeln dabei nicht die Rede sein, da häufig eben erst im Nachhinein die der Entscheidung zugrundeliegenden Werte und Ziele gesetzt würden, um so das Handeln *accountable* zu machen, es also zu begründen und zu legitimieren (Joas/Knöbl 2004: 223). Und in Bezug auf Parsons Vorstellungen von sozialer Ordnung weist Garfinkel darauf hin (und macht dies mit seinen Krisenexperimenten auch anschaulich), dass die grundlegenden Aspekte sozialer Ordnung nicht in der Stärke und Verbindlichkeit von Normen, Werten und Regeln zu suchen sind, sondern im Vertrauen der Akteure in die Normalität des Alltags und deren selbstverständlicher Geltung. Erst auf deren Grundlage würde dann auf Normen Bezug genommen (vgl. Garfinkel 1984 [1967]). Übertragen auf Kulturvergleiche zeigt Garfinkels Ansatz also auch die Problematik der Bestimmung von und Klassifizierung nach Werten als Kernelementen von ‚Kulturen' (vgl. Kap. 2.2), die das Verhalten der Akteure determinierten.

In der jüngeren Diskussion über den Umgang mit dem Kulturbegriff sieht Lentz (2009) in dieser gesellschaftsfreien Definition von Kultur den Todesstoß für eine soziologisch informierte Kulturanalyse und kritisiert Reckwitz, für den gerade diese Trennung vom „totalitätsorientierten" zum „bedeutungsorientierten" (Reckwitz 2004) Kulturbegriff einen Fortschritt in Richtung einer „Kontingenzperspektive der Kultur" (Reckwitz 2008) darstelle.[16]

---

[16]Reckwitz (2009) entgegnet, dass er im Sinne einer praxistheoretischen Beschreibungsform ‚das Kulturelle' und ‚das Soziale' als zwei Seiten einer Medaille betrachten wolle: „Das Soziale ist hier gerade nicht in jenem verkürzten, zugleich schon kulturalisierten Sinne von Normen, Werten, Intersubjektivität oder Kommunikation zu verstehen, sondern in den Effekten und einseitigen oder wechselseitigen Rückeffekten der Aktivitäten von menschlichen Körpern sowie von Artefakten: es ist materialisiert. Zugleich jedoch ist dieses Soziale ‚immer schon' als kulturalisiert zu verstehen […]" (Reckwitz 2009: 415).

### 2.1.3  Kritische Auseinandersetzung mit dem klassischen Kulturbegriff

Aber kehren wir noch einmal zurück zur ethnologischen Diskussion. Neben der arbeitsteiligen Verengung des Kulturbegriffes unter Kroeber, Kluckhohn und Parsons gab es sowohl innerhalb als auch außerhalb der USA noch andere Entwicklungen, die zur Abgrenzung von der Entwicklung eines totalitätsorientierten Kulturbegriffes skizziert werden sollen.

Alfred R. Radcliff-Brown (1881-1955), einer der Begründer des Strukturfunktionalismus in der modernen britischen Sozialanthropologie, setzte sich dafür ein, den Untersuchungsgegenstand der Ethnologie gesellschaftlich-historisch, nicht aber kulturell zu definieren: „We do not observe a 'culture', since that word denotes, not any concrete reality, but an abstraction, and as it is commonly used a vague abstraction" (Radcliff-Brown 1961 [1952]: 190).

Frederik Barth übte bereits 1969 Kritik an den partikularistischen Kulturkonzeptionen wie in der Culture and Personality School. Im einleitenden Aufsatz seiner Publikation *Ethnic Groups and Boundaries: The social Organization of Culture Difference* (1969) stellt er die Frage nach der Konstruktion ethnischer Gruppen und löste damit innerhalb der Ethnologie einen interaktions- und konstruktionstheoretischen Paradigmenwechsel aus. Barth behandelt Ethnizität nicht als Frage gemeinsamer Eigenschaften oder kultureller Gemeinsamkeiten, sondern als von Menschen vorgenommene Klassifizierungen und Kategorisierungen. Damit trennt Barth die Konzepte Ethnizität und Kultur voneinander und rückt gerade die Konstruktionsprozesse ethnischer Grenzen sowie kultureller und ethnischer Identitäten in Interaktionen und deren Rekonstruktion in den Fokus (Barth 1969). Barth kritisiert, dass die idealtypische Definition von ethnischen Gruppen zu seiner Zeit ungefähr der klassischen Annahme folge: „a race = a culture = a language and that a society = a unit which rejects or discriminates against others" (ebd.: 11). Dem setzt er entgegen, dass eine Eins-zu-eins-Beziehung zwischen ethnischen Einheiten und kulturellen Ähnlichkeiten bzw. Differenzen nicht vorausgesetzt werden dürften, selbst wenn ethnische Kategorien kulturelle Differenzen berücksichtigen (ebd.: 14). Sein Perspektivwechsel besteht nun darin, dass er, anstatt ethnische Gruppen anhand äußerer, ‚objektiver' Merkmale zu definieren, sich für die Frage der Entstehung und Aufrechterhaltung von ethnischen Gruppen und deren Grenzen interessiert:

„When defined as an ascriptive and exclusive group, the nature of continuity of ethnic units is clear: it depends on the maintenance of a boundary. The cultural features that signal the boundary may change [...] yet the fact of continuing dichotomization

between members and outsiders allows us to specify the nature of continuity, and
investigate the changing cultural form and content. […] The critical focus of inves-
tigation from this point of view becomes the ethnic *boundary* that defines the group,
not the cultural stuff that it encloses." (Barth 1969: 14-15)

Barth betrachtet ethnische Gruppen als Kategorien der Zuschreibung und Selbstidentifikation durch die Akteure, wodurch sie die Eigenschaft hätten, die Interaktion zwischen Menschen zu organisieren. Er untersucht dann die Dynamik von
Differenzierungsprozessen, d.h. situations- und kontextspezifische Ein- und Aus-
grenzungsprozesse, mit dem Ziel zu beschreiben, wie die Grenzen ethnischer
Gruppen generiert und aufrechterhalten werden (ebd.: 10).

Aus Barths konstruktivistischen Neujustierung des Erkenntnisinteresses entwickelte sich auch eine kritische Auseinandersetzung mit der klassischen anthropologischen Kulturkonzeption sowie mit ethnologischen Repräsentationsformen
fremder Kulturen im wissenschaftlichen Schreiben, die in die so genannte *Writing Culture*-Debatte (z.B.: Clifford/Markus 1986; Marcus/Fisher 1986; Abu-Lughod 1991) mündete.

Ein weiterer Auslöser der „Krise der ethnographischen Repräsentation" (vgl.
Berg/Fuchs 1993) waren die Texte Clifford Geertz (1926-2006). Geertz Überlegungen, Kultur als Text hermeneutisch zu interpretieren, wurden weit über die
Fachgrenzen hinaus bekannt und lieferte damit auch einen wichtigen Beitrag zum
*Cultural Turn* (Alexander 1988) in den 1980er Jahren. Insbesondere sein Aufsatz
„Thick description: toward an interpretative theory of culture" (1973) hat den
*cultural turn* in den Sozialwissenschaften angestoßen (Kumoll 2006). Als Schü-
ler von Kroeber und Parsons ging er mit deren arbeitsteiligem Konzept zunächst
durchaus mit. Auch wenn er sich später nicht explizit von seinem Frühwerk
abgrenzt, so wird spätestens mit seinem 1980 erschienenen Werk *Negara* seine
Entfernung zu Parsons' systemtheoretischer Synthese deutlich (Lentz 2009: 313).
Im Zuge der *Writing Culture*-Debatte entzündete sich heftige Kritik an Geertz'
Anspruch, die Ethnologie entwerfe autoritative Porträts fremder Kulturen durch
Herausarbeitung eines „native point of view" in der Interpretation (Crapanzano
1996: 185). Auch wird Geertz vorgeworfen, einen „kulturalistischen Determinis-
mus und ein Konzept kultureller Homogenität zu vertreten" (Kumoll 2006: 280).

Im Mittelpunkt der *Writing Culture*-Debatte stand eine radikale Auseinandersetzung mit dem ethnographischen Arbeiten und eine selbstkritische Reflexion
über die ethnographische Repräsentation sowie die Konstruktion von Fremdbildern im Schreibprozess. Diese Debatte führte zu einer reflexiven Wende und
einer Revision klassischer anthropologischer Kulturkonzepte in der Ethnologie.
Die Kritik wurde in einigen Fällen so radikal, dass sich in den 1990er Jahren im

Rahmen einer Diskussion um die Aufgaben der Ethnologie im Zuge der ‚Globalisierung' sowie den Umgang mit der ‚Kultur', einige Autoren ganz vom Kulturbegriff verabschieden wollten (etwa: Abu-Lughod 1991; Trouillot 2002; Lentz 2009). Rückblickend urteilt Wimmer (1996) über den „klassischen Kulturbegriff" der Ethnologie, dieser habe seit dem Ende des 19. Jahrhunderts ein Paradigma entwickelt, demzufolge:

> „jede Kultur eine unverwechselbare Einheit, ein historisch dauerhaftes und integriertes Ganzes darstellt. Eine Kultur umfasst von der Technik, über Sozialorganisation und die typischen Persönlichkeitsmerkmale bis zur Religion alle Aspekte der Lebensweise einer Gruppe von Menschen, welche nicht mit ihrer biologischen Natur in Zusammenhang stehen. Die verschiedenen Bereiche werden durch ein Ensemble von Normen und Werten integriert und dadurch zu einem zusammenhängenden, organischen Ganzen geformt." (Wimmer 1996: 402)

Wimmer sieht im klassischen Kulturbegriff den Auslöser für den Aufstieg des Kulturalimus in der Ethnologie zu Beginn des 20. Jahrhunderts. Implizit würden dabei die Annahmen mitgeführt, bei Kulturen handele es sich um topographisch eingrenzbare und im historischen Verlauf relativ stabile distinkte Einheiten. Kulturen seien dann in sich homogene „Container" (Beck 1997: 49f.). Wimmer selbst liefert einen Ansatz, der Kultur als „Prozess des Aushandelns von Bedeutungen" (1996: 413) versteht. Ethnische Grenzziehung sei dann in Anschluss an Barth (1969) ein Vorgang sozialer Abschließung (*boundary making*) und nicht Folge objektiver kultureller Differenzen (Wimmer 2008). Problematische Blindstellen des klassischen Kulturbegriffes seien vor allem die Beschreibung von Konflikten und Wandel innerhalb dieser Kulturen sowie die Beschreibung von Machtprozessen, die mit dieser Konzeption ausgeblendet würden (Lentz 2009: 315).

Außerhalb der Wissenschaft habe sich der ursprünglich antirassistisch intendierte Kulturbegriff außerdem zu einem bequemen Kürzel zur Beschreibung von Differenz entwickelt, um die Begriffe Nation, Ethnie und ‚Rasse' zu umgehen, und so sei der Kulturbegriff implizit „rassifiziert" (Trouillot 2002) worden. Ein Grund dafür liege in der Reifizierung des Begriffes, die verschiedentlich beschrieben würde und die aus einem analytischen Werkzeug ein Objekt mache (vgl.: Lutz/Abu-Lughod 1990; Baumann 1996; Trouillot 2002). Demzufolge gebe es in der Ethnologie zwar einen Konsens, Kultur als analytischen Begriff zu verwenden:

> „Ethnographers' uses of the word culture have established one essential point of consensus: culture is not a real thing, but an abstract and purely analytical notion. It does not cause behaviour, but summarizes an abstraction from it, and is thus neither normative nor predictive." (Baumann 1996: 11)

In öffentlichen und politischen Diskursen aber habe der Begriff den Status einer vergegenständlichten Entität angenommen, die einen festgelegten, substanziellen Gehalt habe, als etwas das Menschen ‚haben' oder von dem sie ‚ein Mitglied sind' (ebd.: 12). In diesem neuen Kontext könne der Begriff Kultur nicht mehr als rein analytische Abstraktion funktionieren, sondern „[…] it has to be filled with standardized meanings, that is, specified as a substantive heritage that is normative, predictive of individuals behaviour, and ultimately a cause of social action" (ebd.). In dem, was Baumann als ‚dominanten Diskurs' bezeichnet, werden Kulturen als Untersuchungseinheiten also vorausgesetzt.

Die amerikanisch-palästinensische Ethnologin Lila Abu-Lughod argumentierte in ihrem Aufsatz „Writing against culture" (1991) schon früh dafür, dass sich die Ethnologie vom Gebrauch des Kulturbegriffes trennen sollte. Kultur sei „the essential tool for making other" (1991: 143) und führe fast zwangsläufig zu einer hierarchisierenden und machtbesetzten Unterscheidung zwischen dem Eigenen und dem Fremden (Lentz 2009: 317). Letzten Endes trage die Verwendung des Kulturbegriffes bei der Beschreibung von Differenzen als Erklärungsgrundlage gesellschaftlicher Phänomene immer zur Konstruktion und Aufrechterhaltung genau dieser Phänomene bei (Abu-Lughod 1991: 146). Sie plädierte dafür, anstatt Unterschiede zwischen Großgruppen herauszuarbeiten, sollte die Beschreibung einer Vielzahl individueller Geschichten Verbindungen statt kultureller Grenzen aufzeigen. In solchen Beschreibungen könnten die Anderen als Individuen wahrgenommen werden, die ihr Leben lebten wie wir auch, anstatt als Ausführende kultureller Regeln (ebd.: 158).

Neben dieser Abwendung vom Kulturbegriff gab es aber auch Stimmen, die sich für eine Umformulierung und weitere Verwendung des Kulturbegriffs aussprachen. So vertritt Christoph Brumann in seinem Aufsatz „Writing for culture" (1999) die Ansicht, dass die Problematik der Essenzialisierung nicht im ‚klassischen Kulturbegriff' selbst angelegt sei, sondern in der Tradition des ethnographischen Schreibens begründet liege. Daher schlägt er vor, den Kulturbegriff als ein Cluster von Merkmalsbündeln, d.h. von klar identifizierbaren, nicht vererbten Routinen des Denkens, Fühlens und Handelns zu fassen, die Individuen mit anderen teilten: „In identifying a culture, we have to abstract such a set of items from observed instances of thought and behavior, selecting that which occurs repeatedly rather than that which is singular" (Brumann 1999: 4). Lentz kritisiert Brumanns positivistischen Ansatz aufgrund der „potentiellen Beliebigkeit und Unerschöpflichkeit der kulturellen Inventare, die zur Definition einer Kultur herangezogen werden können" (Lentz 2009: 318). Die Interpretationen der Mitglieder einer Kultur selbst würden nicht thematisiert, und so könne Brumanns Ansatz seinen eigenen Forderungen nach Berücksichtigung von Machtprozessen, sozialer

Reproduktion und Wandelbarkeit von Kultur, nach einer nicht deterministischen Sichtweise auf Kultur und nach der Trennung von ethnischen und kulturellen Grenzen in seinem „additiv-analytischen, quasi-statistischen Kultur-als-Merkmalscluster-Konzept" (ebd. 319) nicht gerecht werden.

**Zwischenfazit**

Von dieser kritischen Diskussion des klassischen anthropologischen Kulturbegriffes blieb die betriebswirtschaftliche Auseinandersetzung mit dem Kulturbegriff zunächst völlig unbeleckt. Dort orientiert man sich deutlich stärker an einem totalitätsorientierten Kulturverständnis, das Praxisnah zu einem geeigneten Umgang mit dem kulturell bestimmten Verhalten der ‚Anderen' anleiten soll. Die Bezüge zur Nationalcharakterforschung und zu den Konzepten E.T. Halls sind in dieser Disziplin daher viel stärker als diejenigen zur anhaltenden Debatte um den Kulturbegriff in der Anthropologie. Im Bereich der interkulturellen Kommunikation findet sich zwar inzwischen eine Auseinandersetzung mit der ethnologischen Debatte (vgl. Kap. 2.3), Auswirkungen auf den Bereich des internationalen Managements und die daran angeschlossene Didaktisierung von Forschungsergebnissen in interkulturellen Trainings und Ratgeberliteratur scheint dies aber nicht zu haben. Im Folgenden (Kap. 2.2) wird daher die Entwicklung und Verwendung des klassischen anthropologischen Kulturbegriffes als ‚dominanter Diskurs' in der internationalen Managementlehre nachgezeichnet.

Entlang der Kritik am klassischen Kulturbegriff und an Parsons normativ-funktionalistischer Ordnungstheorie (vor allem durch Garfinkel) zeichnen sich außerdem kontroverse Perspektiven über die Verwendung des Kulturbegriffes innerhalb der Soziologie ab, die in Kapitel 3 wieder aufgegriffen werden.

## 2.2   Der Kulturdiskurs in der interkulturellen Managementforschung

In der internationalen Managementforschung wird Kultur heute als wichtiger Einflussfaktor auf internationale Unternehmungen verstanden, der sich aus der Differenz distinkter kultureller Entitäten ergibt (z.B.: Aretz et al. 2015; Schugk 2014; Rothlauf 2012; Kutschker/Schmid 2011). Die daraus erwachsenden Phänomene wurden lange Zeit überwiegend in problematisierender Herangehensweise bearbeitet (vgl. Haas 2009). Mit der Verbreitung des Diversity-Managements werden kulturelle Differenzen allerdings zunehmend auch als wirtschaftliche Chancen aufgrund von Synergieeffekten diskutiert (z.B.: Boei 2014; Buche et al. 2013;

Adler/Gundersen 2008; Stüdlein 1997)[17]. Einige Autoren sind von der zentralen
Bedeutung von Kultur für das internationale Management überzeugt. So konstatiert Geert Hofstede (1994): „The business of international business is culture". In
der Betriebswirtschaftslehre stand aber keineswegs von vornherein fest, dass Kultur einen Einfluss auf internationale Unternehmungen haben müsse. Die Ansicht,
dass es sich dabei um einen wichtigen Einflussfaktor handelt, ist vielmehr das
Ergebnis eines sich seit Beginn der 1980er Jahre verbreitenden Diskurses innerhalb dieses Faches und angrenzender Disziplinen, in dessen Verlauf Kultur als
Einflussfaktor und Untersuchungsgegenstand etabliert wurde (2.2.1). Die Ansätze
zur Bearbeitung dieses Phänomens wurden und werden aus kulturvergleichenden Studien (z.B.: Hofstede 1980; Hall 1959) in die Betriebswirtschaft importiert
und bedienen dieses Feld mit zahlreichen Konzepten auf der Basis des klassischen anthropologischen Kulturverständnisses (2.2.2). In kulturvergleichenden
Studien für den Managementbereich nach Hofstede entwickelte sich der differenzorientierte, dominante Kulturdiskurs weiter und etablierte Kultur dort als
unverfängliche Differenzierungskategorie (2.2.3). In der aktuellen Debatte der
interkulturellen Kommunikationsforschung versuchen verschiedene Autoren, die
Kritik am klassischen Kulturbegriff und der damit verbundenen Forschung konst-
ruktiv neu zu konzeptualisieren (Kap. 2.4).

## 2.2.1  Die Karriere des Kulturbegriffes in der Betriebswirtschaftslehre

Noch zu Beginn der 1980er Jahre war es im deutschen Sprachraum durchaus
keine ausgemachte Sache, dass Kultur eine wichtige oder gar die zentrale Ein-
flussgröße auf internationale Unternehmungen darstellt. In der Betriebswirtschaftslehre suchte man auf der Basis der Annahme des (neo-)liberalen
Paradigmas ökonomischer Rationalität vielmehr nach universalen Gesetzmäßig-
keiten in und von wirtschaftlichen Unternehmungen (Kutschker/Schmid 2011:
671). Außerdem ging man mit der ‚Globalisierungsthese' (vgl. Levitt 1983) von
einer Angleichung der verschiedenen Länder im Sinne einer Verwestlichung und
Rationalisierung aus.

---

[17]Moosmüller (2014a) weist in diesem Zusammenhang auf den doppelt negativen Effekt
durch „die rhetorische Betonung kultureller Diversität bei gleichzeitiger Vernachlässigung
der Auseinandersetzung mit Interkulturalität" (2014a: 45) in Unternehmen hin, nämlich
durch mangelnde Wertschätzung kultureller Andersheit bei gleichzeitiger Anforderung
nach der Darstellung von interkultureller Kompetenz.

Die „kulturfreie Betriebswirtschaftslehre" verstand und versteht sich dabei selbst als „quasi Naturwissenschaft" (Meissner 1997: 2). In der Management-forschung suchte man daher nicht nach kulturellen Einflussfaktoren, falls eine Unternehmung scheiterte, sondern orientierte sich an einem eindimensionalen ‚Shareholder-Value-Konzept'[18] (ebd.). Bei der Untersuchung des Internationa-lisierungsverhaltens waren dann Aspekte wie Kosten- und Nutzenmaximierung oder die Verlagerung von Wertkettenaktivitäten als betriebswirtschaftlich rele-vante Faktoren Gegenstand des Interesses (z.B.: Bamberger/Evers 1994). In einer Dissertationsschrift von 1981 konnte so noch die Frage gestellt werden: „’Andere Länder, andere Sitten' heißt es. Gilt dies auch für die Methoden erfolgreicher Unternehmensführung?" (Von Keller 1981: Vorwort). Diese Frage wird heute selbstverständlich bejaht (etwa: Adler/Gundersen 2008: 9), und die Antwort trägt damit zur Legitimation der Forschungsarbeit bei. Diese Karriere des Kulturbegrif-fes lässt sich recht gut an Lehrbüchern und Sammelbänden der Disziplin nach-vollziehen.

Bereits seit den 1960er Jahren hatte man in der Betriebswirtschafts- und Managementlehre einen rapiden Anstieg internationaler Unternehmungen bemerkt. In Howe Martyns *International Business* (1964: V) heißt es dazu: „Today, interna-tional business is growing with incredible speed, growing both in size and oppor-tunities to win rewards and to serve". In diesem Zusammenhang hatte eine erste Annäherung an die Kulturthematik in der Managementlehre im englischen Sprach-raum mit ländervergleichenden Studien über unterschiedliche Management-Stile als Teil des *Comparative Managements* stattgefunden, allerdings lag Kultur dabei noch nicht im Fokus der Untersuchungen (Kutschker/Schmid 2011: 681). Entspre-chend rar sind in den Handbüchern zu internationalem Management dieser Zeit die Hinweise auf Kultur. Im *International Handbook of Management* (Ettinger 1965) beispielsweise werden kulturelle Einflüsse im Vorwort mit nur einem Satz abge-handelt: „Where great differences in culture and conditions exist the applicabi-lity of the experience of one country to another is sharply limited" (ebd.: vii). In den 1970er Jahren nahm die Anzahl quantitativer länder- bzw. kulturvergleichen-der Studien zu, allerdings weiterhin nicht im deutschen Sprachraum (Kutschker/ Schmid 2011: 681). Erst ab den 1980er Jahren erhielt Kultur – und zwar zunächst als Organisationskultur, nicht als Landeskultur – eine prominentere Stellung in der Betriebswirtschaftslehre, u.a. weil nach Erklärungsmodellen für den unerwarteten Erfolg japanischer Unternehmen gesucht wurde. Dieser Erfolg wurde auf kultu-relle Einflüsse zurückgeführt, die sich in der unternehmenskulturellen Orientierung

---

[18]Ein Konzept, welches das Unternehmensgeschehen aus der Perspektive von Zahlungs-flüssen beschreibt.

niedergeschlagen hätten, und führte zu einem „Kulturschock in der Betriebswirtschaftslehre" (Meissner 1997). Einflussreich in dieser Entwicklung war die Publikation von William Ouchis *Theory Z* (1981).[19] Darin stellt der Autor Merkmale
US-amerikanischer Organisationstypen denen japanischer Organisationstypen
gegenüber, wie z.b. *kurzfristige Beschäftigung/lebenslange Beschäftigung, häufige
Leistungsbewertung und Beförderung/seltene Leistungsbewertung und Beförde-
rung, spezialisierter Karriereweg/breiter Karriereweg* usw. (Ouchi 1981: 17-55).
Wichtiger als die Diskussion der einzelnen Organisationstypen ist dabei, dass die
spezielle Ausformung der Organisationstypen – die ihrerseits für den wirtschaftlichen Erfolg verantwortlich gemacht wurden – eben auf landeskulturelle Einflüsse
zurückgeführt werden, so dass man von einer Kulturalisierung der Perspektive
auf die Unternehmensorganisation sprechen kann.[20] Eine zunehmende Konkurrenz erlebten die westlichen Wirtschaftsmächte ebenfalls in den 1980ern von den
so genannten Tigerstaaten (Hong Kong, Taiwan, Südkorea und Singapur)[21], die
in kurzer Zeit von Entwicklungsländern zu Industrienationen aufstiegen und auch
*ohne* eine Anpassung an westliche Organisations- und Managementprinzipien in
bestimmten Wirtschaftsbereichen mit westlichen Unternehmen konkurrierten. So
ergab sich auch aus der „grenzübergreifenden Weltmarkt-Konkurrenz" (Beck 1998:
32) eine Verschiebung wirtschaftlicher Machtverhältnisse, und auch deshalb wurde
das Thema Kultur als Erfolgsfaktor für die Betriebswirtschaftslehre interessant.
    Auch auf den deutschen Sprachraum wirkte sich die neue Hochkonjunk-
tur aus, die der Kulturbegriff in der englischsprachigen Diskussion erlebte.
So nimmt Louis Perridon (1981)[22] Kultur bereits als Aspekt internationaler

---

[19]Fast zeitgleich erschien das ebenfalls einschlägige *The Art of Japanese Management*
(Pascale/Athos 1981).

[20]Richard Werner hält dem in seinem Buch *Princes of the Yen* (2003) entgegen, dass es
nicht die Managementformen, sondern die Geldpolitik der japanischen Zentralbank bzw.
des Finanzministeriums war, die den vorübergehenden wirtschaftlichen Erfolg Japans
ermöglichte und später eine Finanzblase verursachte.

[21]Die politischen Führer Singapurs und Malaysias argumentierten später selbst mit den
‚asiatischen Werten' als Ursache für den Erfolg ihrer Länder, und griffen dabei auf die
These des ‚konfuzianischen Kapitalismus' zurück, nach der behauptet wird, konfuzianische
Werte wie Fleiß, Disziplin, Loyalität, Sparsamkeit etc. seien das geheime Erfolgsrezept der
Tigerstaaten (vgl. Lee 2003b).

[22]Der Aufsatz erschien als Beitrag in der Festschrift *Internationale Unternehmensführung*
(Wacker et al. 1981). In keinem der darin enthaltenen Aufsätze ist Kultur die titelgebende
Thematik.

Unternehmungen wahr, allerdings in anderer Weise, als man es aus heutiger Perspektive gewohnt ist:

> „Das Phänomen ‚internationaler Unternehmung' hat in den letzten Jahren immer mehr das Interesse von Wissenschaftlern und Politikern geweckt. Allgemein ist man sich darüber einig, daß internationale Unternehmen auf wirtschaftliche und gesellschaftliche, mitunter auch auf politische Strukturen ihrer Gastländer einen erheblichen Einfluß auszuüben vermögen, besonders wenn es sich dabei um Entwicklungsländer handelt. Hinsichtlich der Bewertung ihrer Aktivitäten bestehen diametrale Gegensätze: Ihre Befürworter sehen in ihnen die Wegbereiter des nationalen Wohlstandes der Gastländer, während ihre Kritiker sie beschuldigen, bestehende *Kulturen zu vernichten*. Interessanterweise ähneln die vorgebrachten Argumente sehr denjenigen, die im Laufe der letzten dreihundert Jahre für und gegen den Kolonialismus angeführt wurden." (ebd.: 157)

Kulturen werden hier als durch internationale Unternehmungen bedrohtes Objekte betrachtet, weniger als Einflussfaktor auf diese Unternehmungen selbst. Auch in diesem Text wird die zunehmende Bedeutung „internationaler Unternehmungen" hervorgehoben.[23] Dabei steht der Einfluss der Unternehmen auf das Gastland im Vordergrund. Den (wertorientierten) Kulturbegriff handelt Perridon in einer Fußnote ab:

> „Unter Kultur soll hier die das Verhalten der Menschen beeinflussende Anwendung technologischer und wissenschaftlicher Errungenschaften auf der Grundlage der in einem bestimmten Raum vorherrschenden Wertvorstellung verstanden werden." (Perridon 1981: 159, FN)

Vergleichende Forschung solle, wenn sie international orientiert sei, „zum Verständnis für die Besonderheiten und Eigenarten fremder Kulturen führen und so zu einem besseren Völkerverständnis beitragen […]. Besonders für den international tätigen Manger […] ermöglichen [die Ergebnisse der vergleichenden Forschung] grundsätzlich, die Verhältnisse im Ausland richtig einzuschätzen" (Perridon 1981: 159). Das Kulturwissen über die ‚fremden Kulturen' wird hier offenbar auch als Anleitung für internationales Handeln verstanden, und die Nützlichkeit der Forschungsergebnisse über die ‚Eigenarten fremder Kulturen' dieses Bereiches werden sehr optimistisch eingeschätzt.

---

[23]Das Argument ‚zunehmender internationaler Vernetzung' ging in den 1990er Jahren im Begriff der Globalisierung auf (Beck 1998).

Seit Beginn der 1990er Jahre erschienen außerdem zahlreiche Beiträge zu einer kontrovers geführten Globalisierungsdebatte, bei der es im Kern um die Frage ging, inwiefern sich die Vorstellung „in geschlossenen und gegeneinander abgrenzbaren Nationalstaaten zu leben und zu handeln" (Beck 1998: 44) weiter aufrechterhalten lässt. Der Begriff der Globalisierung[24] steht demgegenüber für die zunehmende Durchlässigkeit von Grenzen und die Entstehung transnationaler Lebensformen (ebd.: 45). In der interkulturellen Managementforschung wurde der Begriff Globalisierung weitgehend ohne kritische Reflexion zur Legitimation des Forschungsfeldes herangezogen (Schlamelcher 2003: 14).

Gegen Ende der 1990er Jahre hatte sich das ‚kulturelle Paradigma' bereits weitestgehend durchgesetzt. Im Vorwort des Lehrbuchs *Internationales Personalmanagement* (1998) beispielsweise spricht Wolfgang Weber den Cross-Cultural-Management-Approach an. Gleich mehreren Autoren der „interkulturellen Vergleichsforschung" wird ein ganzes Kapitel gewidmet, in dem vor allem Geert Hofstedes (vgl. Kap. 2.2.2) Kulturdimensionen ausführlich diskutiert werden.

Der dabei zugrunde gelegte Kulturbegriff schließt an das Kulturverständnis von Kroeber, Kluckhohn und Parsons an, und die Vorgehensweise hat starke Ähnlichkeiten zur Nationalcharakterforschung. In Lehrbüchern zu interkulturellem Management wird heute zwar in der Regel darauf hingewiesen, dass die Definition des Kulturbegriffes umstritten ist und keine einheitliche Definition existiert (z.B.: Schugk 2014: 28). Die ausführlichen Debatten über den Kulturbegriff in der Ethnologie bzw. Anthropologie seit den 1980er Jahren finden aber kaum oder gar keine Berücksichtigung geschweige denn Eingang in die Perspektive dieser Texte.[25]

---

[24]Für die Wirtschaftswissenschaften hatte den Begriff der Globalisierung der Trendforscher John Naisbitt mit seinem Buch *Megatrends* (1982) populär gemacht, indem er die Funktionsweise der Globalisierung anhand der Automobilindustrie beschreibt. In der (Wirtschafts-)Wissenschaft wurde der Begriff durch Theodore Levitts ‚Globalisierungsthese' mit dem Aufsatz „The Globalization of Markets" (1983) bekannt.

[25]So reflektieren etwa Kutschker und Schmitd (2011: 674ff.) oder Rothlauf (2012: 32ff.) die anthropologische Kulturdebatte gar nicht und begnügen sich mit einer Auflistung primordialistischer Ansätze. Schugk (2014: 32) diskutiert immerhin einen „symbolischen Kulturbegriff" (er bezieht sich vor allem auf Geertz), bleibt aber einer primordialistischen Vorstellung distinkter ‚Kulturen' verhaftet.

Kutschker und Schmid etwa arbeiten in ihrem einschlägigen Lehrbuch (2011, 7. Aufl.) mit der folgenden Kulturdefinition:

> „Kultur ist die Gesamtheit der Grundannahmen, Werte, Normen, Einstellungen und Überzeugungen einer sozialen Einheit, die sich in einer Vielzahl von Verhaltensweisen und Artefakten ausdrückt und sich als Antwort auf die vielfältigen Anforderungen, die an diese soziale Einheit gestellt werden, im Laufe der Zeit entwickelt hat." (Kutschker/Schmid 2011: 674)

In dieser Kumulation verschiedener Kulturdefinitionen wird das Bestreben einer expliziten Ausformulierung des holistischen Grundgedankens deutlich. Der Kollektivgedanke geht in der Formulierung der „sozialen Einheit" auf, der Gedanke der Ausformung aufgrund von Umwelteinflüssen in den „vielfältigen Anforderungen".

Heute sei es unstrittig, dass sich interpersonale Kommunikation im interkulturellen Kontext schwieriger gestalte als im intrakulturellen Kontext (Schugk 2014: 2). Daher, so erklärte Rothlauf, liege das Ziel seines Buches *Interkulturelles Management* (2012) darin, „[…] Interessierte so vorzubereiten, daß sie handlungswirksame Merkmale des jeweils fremdkulturellen Orientierungssystems identifizieren und in das eigene Handlungsschema übernehmen können" (Rothlauf 2012: V). Man kann also für die internationale Managementlehre durchaus von einem Verständnis von Kulturen als kohärent homogenen, statischen und das Handeln weitgehend determinierenden Entitäten ausgehen. Doch wie kommt es, dass die wirtschaftswissenschaftliche Auseinandersetzung mit der Kulturthematik die Kritik, mit der die Nationalcharakterforschung bereits zur Zeit ihrer Entstehung konfrontiert wurde (vgl. Hamilton 1938; Mandelbaum 1953), sowie die Diskussion um den Kulturbegriff in der Kulturanthropologie, fast vollständig unberücksichtigt ließ und lässt? Die Antwort auf diese Frage ist sicherlich auch in einer Studie zu suchen, die 1980 publiziert wurde und die dem positivistischen Selbstverständnis der Disziplin mit ihrem Streben nach quantifizierbarer Operationalisierung des Untersuchungsgegenstandes und ‚objektiven' Forschungsergebnissen entgegenkam.

## 2.2.2   Kulturvergleichende Studien: Universale Kulturdimensionen

Die wahrscheinlich einflussreichste Publikation für die Entwicklung der frühen internationalen Managementforschung ist das von dem Niederländer Geert Hofstede 1980 veröffentlichte *Culture's Consequences* (Fang 2003: 347). Methodisch lehnt sich Hofstede dabei an die US-amerikanische Cross-Cultural-Psychology an,

deren Fokus auf der Identifizierung abstrakter Kategorien lag, die es ermöglichen
sollten, kulturelle Unterschiede quantitativ empirisch zu erfassen. In seinem Werk
entwickelte Hofstede auf der Grundlage seiner Erhebungen von Einstellungen mit
116.000 Fragebögen in 20 Sprachen unter IBM-Mitarbeitern in 40 Ländern zwischen 1967 und 1973 vier bzw. fünf weitgehend unabhängige, bipolare und universale Dimensionen von Nationalkulturen (!). Auf einer Skala von eins bis hundert
ließen sich so im Prinzip die Ausprägungen der Werteinstellungen jedes Landes
eintragen und so die Unterschiede zwischen den Angehörigen verschiedener Kulturen wissenschaftlich messbar und die Kulturen so vergleichbar machen (Hofstede
1980: 13). Die Begriffe bzw. Begriffspaare dieser Dimensionen lauten *Power distance* (‚Machtdistanz'), *Uncertainty avoidance* (‚Unsicherheitsvermeidung'),
*Individualism – Collectivism* (‚Individualismus – Kollektivismus') und *Masculinity* (‚Maskulinität') (vgl. Hofstede 1980b). In einer späteren Studie (Hofstede/
Bond 1988) kommt unter spezieller Berücksichtigung des asiatischen Raums die so
genannte *konfuzianische* Dimension (Langzeit-/Kurzzeitorientierung) hinzu.

    Kultur definiert Hofstede als „collective programming of the mind" (ebd.)
einer Gesellschaft.[26] Kleinere Gruppen innerhalb einer Gesellschaft bezeichnet
er als Subkulturen. Dabei bindet er Kulturen an staatliche Territorien zurück.[27]
Kulturelle Muster sind nach Hofstede in Wertesystemen des Hauptteils einer
Bevölkerung verwurzelt (ebd.). Werte definiert Hofstede in explizitem Bezug auf
Kluckhohn (1951) dabei als „a broad tendency to prefer certain states of affairs
over others" (Hofstede 1980: 19). Werte werden nach Hofstede schon früh im
Leben in die Individuen „einprogrammiert" und sind daher nicht rational (ebd.).
Sie wirken außerdem implizit, beeinflussen die Präferenzen der Befragten also
ohne dass ihnen dies bewusst wird. Hofstedes Angehörige einer Kultur sind also
nichts weiter als Träger und Ausführende dieser kulturellen Programme. Später
bezeichnet Hofstede (1998) seine Kategorien wie Werte, Ansichten und Kultur
als theoretische Konstrukte, die deswegen aber nicht weniger wirkungsvoll seien.
Und gerade weil es sich um Konstrukte handele, seien sie den Befragten eben
auch nicht bewusst und müssten daher aus ihren Antworten abgeleitet werden
(Hofstede 1998: 477f.).

---

[26]Moosmüller (2007b) weist auf Ähnlichkeit zwischen Bourdieus Habitus-Konzept und
Hofstedes Vorstellung des ‚software of the mind'-Konzeptes hin. Beide gingen von der
Existenz unbewusster, nationaler Verhaltensmodelle aus (Moosmüller 2007b: 30f.).

[27]Es handelt sich eigentlich nicht, wie Hofstede schreibt, um Nationalkulturen. So behandelt er beispielsweise Großbritannien, das aus mindestens drei Nationen besteht (England,
Schottland, Wales), als Einheit.

Hofstede entwickelte also zunächst vier universale Kulturdimensionen: Mit *Machtdistanz* meint Hofstede das Ausmaß, in welchem die Mitglieder einer Gesellschaft die Ungleichverteilung von Macht erwarten und akzeptieren. Eine hohe Machtdistanz bezeichnet dann eine hohe Akzeptanz von Ungleichverteilung (Hofstede 1980b: 45). Hofstede misst diese Machtdistanz an drei Bereichen: Zum einen an der Angst des Mitarbeiters gegenüber dem Vorgesetzten zu zeigen, dass er nicht seiner Meinung ist (ängstliche Arbeitnehmer), zum zweiten an der Wahrnehmung des Mitarbeiters, dass der Vorgesetzte Entscheidungen autokratisch oder patriarchisch trifft, und zum dritten am Wunsch des Mitarbeiters, dass der Vorgesetzte Entscheidungen autokratisch oder patriarchisch fällt. *Unsicherheitsvermeidung* zeigt nach Hofstede den Grad an, in welchem sich Mitglieder einer Kultur durch unbekannte Situationen bedroht fühlen (ebd.). Schwach ausgeprägte Unsicherheitsvermeidung zeige sich daran, dass die Menschen den Tag nehmen, wie er kommt, eher Risiken eingehen, andere Meinungen eher akzeptieren und nicht so hart arbeiten. Unternehmen im Bereich hoher Unsicherheitsvermeidung müssten eindeutig und präzise sein, abweichende Meinungen und Verhalten gelte es zu vermeiden. Hofstede bezeichnet solche Gesellschaften als *individualistisch*, in denen soziale Bindungen zwischen Einzelnen relativ locker sind und in denen jedes Individuum für sich und seine unmittelbare Familie sorgt. Demgegenüber stehen *kollektivistische* Gesellschaften, in denen nach Hofstede Individuen in sehr feste soziale Gefüge so genannte „in-groups" ein Leben lang integriert sind. Diesen „in-groups" gegenüber ist das Individuum sehr stark verpflichtet, wird aber zugleich auch von ihnen geschützt (ebd.). *Maskuline* Gesellschaften zeichnen sich nach Hofstede dadurch aus, dass Geschlechterrollen in ihnen stark voneinander abgegrenzt sind. Männer müssen bestimmt, hart und materiell orientiert sein, Frauen sind bescheiden, feinfühlig und an Lebensqualität orientiert. *Feminine* Gesellschaften lassen dahingegen Überschneidungen der Geschlechterrollen zu und schätzen feminine Werte nicht geringer als maskuline Werte, so Hofstede (ebd.: 46).

Vergleicht man dann etwa die Länder USA und Hong Kong in der Dimension Individualismus miteinander, so steht Hong Kong mit 25 Punkten für eine wenig individualistische Gesellschaft, während der Individualismus in USA mit 91 Punkten stark ausgeprägt ist (Hofstede 1980: 315).

In einer Folgestudie – dem ‚Chinese Value Survey' der *Chinese Culture Connection* – sollte die Stabilität der Dimensionen Hofstedes abgesichert werden (vgl. Hofstede/Bond 1988). Dazu wurde mit einem stark abgewandelten Fragebogen in 23 Ländern erneut eine Erhebung durchgeführt. Der neue Fragebogen sollte bewusst nicht von westlichem, sondern von östlichem Denken geprägt sein und wurde in einer englischen und einer chinesischen Variante erstellt und in acht weitere Sprachen übersetzt. Diese Studie ergab, dass die Dimension der

Unsicherheitsvermeidung irrelevant für die Bevölkerung Chinas sei. Daher wurde sie von einer universalen Dimension auf eine nationale Dimension herabgestuft. Als weitere Folge dieser Studie wurde die Dimension *Confucian dynamism* ermittelt, da die Verbreitung dieser Dimension direkt mit der Verbreitung der Lehre des Konfuzius korreliere (Hofstede/Bond 1988: 14ff.). Hofstede benannte die Dimension in „Lang-/Kurzfristorientierung" um, da ihm die Ausprägung der Pole als Ausdruck der Zukunfts- und Gegenwartsorientierung der Akteure beim Handeln erschien. Merkmale einer hohen Langfristorientierung sieht Hofstede z.B. in großer Ausdauer und Beharrlichkeit im Verfolgen von Zielen, in einer am Status orientierten Rangordnung und Respekt vor dieser Rangordnung und in einem ausgeprägten Schamgefühl. Merkmale hoher Kurzfristorientierung sollten persönliche Ausdauer und Stabilität, Wahrung des Gesichts, Respekt gegenüber Tradition, auf Gegenseitigkeit beruhende Grußformeln, Geschenke und Gefälligkeiten sein (ebd.: 14-19).

In den vielen Jahren der Weiterentwicklung dieses Ansatzes blieb Kritik an Hofstedes Modell nicht aus, und es wurde mehrfach auf die methodologischen und empirischen Schwächen seiner Studien hingewiesen (McSweeney 2002; Kirkman et al. 2006). So wurden etwa Hofstedes Homogenitätsvorstellungen und sein Anspruch auf Repräsentativität in Frage gestellt (vgl. McSeweeney 2002). Denn Hofstede führte seine Untersuchungen zwar ausschließlich mit Mitarbeitern einer bestimmten Hierarchieebene von IBM und überwiegend in Großstädten durch, beansprucht aber die Gültigkeit seiner Wertedimensionen für die ganze Kultur, d.h. in der Regel für ein ganzes Land. Diese ‚Nationalkultur' setzt Hofstede als statistischen Durchschnitt bei allen Individuen eines Landes voraus, während Kritiker solcher Ansätze Nationen als „imagined communities" (Anderson 1983) beschreiben. Auch variierte der Umfang der Samples für die einzelnen Länder dabei zwischen über 1000 Befragten und weniger als 200 Befragten (z.B. wurden für Hong Kong nur 88 Erhebungen durchgeführt). Außerdem weist Schwarz (1999) darauf hin, dass man mit anderen Fragen unter Umständen völlig andere Dimensionen ermittelt hätte.

Trotz dieser Mängel in Hofstedes Arbeiten ist der Einfluss von Hofstedes Ansatz im Bereich der interkulturellen Kommunikationswissenschaft, insbesondere aber für die internationale Managementlehre und die daran anschließende Praxis, kaum zu überschätzen und wird für „wegweisend" gehalten für alle, die „sich mit interkulturellen Fragen weltweit beschäftigen" (Rothlauf 2012: XI). Hofstede kommt mit seiner Arbeit sicherlich das Verdienst zu, auch für den wirtschaftlichen Bereich die Aufmerksamkeit auf die Relevanz kultureller Einflüsse auf Organisationen gelenkt zu haben. Auch war er der Erste, der auf einer breiten Datengrundlage die Vergleichbarkeit kultureller Aspekte der Menschen verschiedener Nationen möglich machte. Die Allgemeinverständlichkeit seines Modells und die einfache, ökonomische Operationalisierbarkeit der zuvor schwer zugänglichen kulturellen Differenzen dürften wesentlich zur Verbreitung und Popularität von Hofstedes Ansatz beigetragen haben. Mit seinem Modell ergaben sich zahlreiche Anwendungsmöglichkeiten auf einer scheinbar wissenschaftlich gesicherten, objektiven Grundlage. Auch außerhalb der Wissenschaft erfuhr die Thematik der Interkulturalität in Form solcher einfachen Schemata eine breite Popularisierung. So gibt es eine kaum zu überschauende Vielzahl interkultureller Trainingsangebote und eine wachsende Anzahl an populärwissenschaftlichen Ratgebern und Handbüchern, die sich auf die Ergebnisse von Hofstedes kulturvergleichender Forschung beziehen.[28]

Mit Hofstedes Modell setzte sich aber auch die von ihm vertretene mentalistische Kulturkonzeption (weiter) durch. So wird beispielsweise die Idee grundsätzlich bipolar ausgelegter Wertedimensionen auch in späteren Ansätzen und großangelegten Studien weiter mitgeführt (vgl.: Schwartz 1992; Trompenaars/ Hampden-Turner 1997; House et al. 2004) und transportiert damit differenzorientierte Kulturvorstellungen und dichotome Beschreibungsmuster über die Grenzen der Wissenschaft und Wirtschaft hinaus.

**Die GLOBE-Studie**
Die am breitesten angelegte ‚Folgestudie' zu Hofstedes Arbeit ist das zu Beginn der 1990er Jahre initiierte Forschungsprojekt mit dem Titel *Global Leadership and Organizational Behavior Effectiveness Research* Program, abgekürzt GLOBE (House et al. 2004; Chhokar et al. 2007). In expliziter Anknüpfung an das Forschungsprogramm Hofstedes wurde zwischen 1993 und 2003 zur kulturvergleichenden Erforschung von Führungsstilen quantitative (z.B. Fragebögen) und qualitative (z.B. Interviews) Daten von 17.000 Führungskräfte aus 951 Organisationen und 62 Gesellschaften generiert (House 2004: 3). Unter den neun kulturellen Attributen, die Effekte auf Führungsstile haben sollen, finden sich zahlreiche alte Bekannte, zum Teil mit neuem Namen: „Future Orientation, Gender Egalitarianism, Assertiveness, Humane Orientation, In-Group Collectivism, Institutional Collectivism, Performance Orientation, Power Concentration versus Decentralization [...], and Uncertainty Avoidance"[29] (ebd.). Die Studie erhob

---

[28]Eine Kritik solcher Landesspezifischen Etikette-Bücher (‚China-Knigge') und Ratgeber zum Bereich China legte Pörner (2009) vor.

[29]‚Assertiveness' entspricht etwa der Dimension ‚Masculinity' bei Hofstede (1980), ‚Power Concentration' etwa ‚Power Distance'.

mit Fragebögen sowohl die wahrgenommenen Ist-Zustände (aktuelle Praktiken) als auch die Soll-Zustände (Werte) in Bezug auf den Führungsstil (ebd.: 16). Im Unterschied zu Hofstede würden mit der GLOBE-Studie daher nicht Selbsteinschätzungen, sondern Fremdwahrnehmungen erhoben (Busch 2013: 226).

Das zuvor an Hofstedes Ansatz kritisierte Problem der Unterstellung der Homogenität von ‚Nationalkulturen' innerhalb von Landesgrenzen greift die GLOBE-Studie auf und berücksichtigt zum Teil Heterogenität innerhalb von Staaten:

> „A total of 62 societal cultures were included in the GLOBE sample. […] We use the term *societal culture* to recognize the complexity of the culture concept and because we occasionally sampled two subcultures from a single nation. It was recognized that national borders may not be an adequate way to demarcate cultural boundaries […]. It is impossible to obtain representative samples within each nation of such multicultural nations such as China, India, or the United States. […] For multicultural countries, whenever possible we sampled the subculture in which there is the greatest amount of commercial activity. We sampled two subcultures in South Africa, Switzerland, and Germany. These subcultures were indigenous and Caucasian subcultures in South Africa, French and German subcultures in Switzerland, and East and West subcultures in Germany." (House/Hanges 2004: 97)

Die GLOBE-Studie beschreitet also verschiedene Wege der Distinktion vorab definierter Gruppen gleichzeitig: Distinktion anhand von Sprachunterschieden, Distinktion anhand (ehemaliger) Staatsgrenzen und Distinktion anhand von ‚Rassen'.

Diese *societal cultures* wurden für einen holistischeren Ansatz dann nach regionalen sowie physikalischen und klimatischen Aspekten in zehn *regional clusters*[30] (‚Regionalcluster') zusammengefasst, unter anderem, weil Cluster einen nützlichen Rahmen für das Managen der Komplexität multikultureller Operationen böten (Gupta/Hanges 2004: 178f.). China beispielsweise fällt zusammen mit Singapur, Hong Kong, Taiwan, Süd-Korea und Japan in das *Confucian Asian Cluster*, weil ein starker historischer Einfluss konfuzianischer Ideologie in diesen Gebieten festgestellt worden sei (ebd.: 189). Aus den *societal cultures* werden also noch größere Entitäten geformt. Die diesen Entitäten unterstellte Homogenität wird dann auf eine gemeinsame ‚Kultur' zurückgeführt. Während sich bei

---

[30]Die zehn Cluster sind: *Anglo, Latin Europe, Nordic Europe Cluster, Germanic Europe Cluster, Eastern Europe Cluster, Latin America Cluster, Middle East Cluster, Sub-Saharan African Cluster, Southern Asia Cluster, Confucian Asia Cluster* (Gupta/Hanges 2004).

Hofstede die Bezugskategorien der Zugehörigkeit noch an nationalen bzw. staatlichen Grenzen orientierte, innerhalb derer dann ‚Kulturen' festgestellt wurden, hat sich in der GLOBE-Studie ‚Kultur' selbst als Differenzierungskategorie durchgesetzt! Für die Entwicklung einer Taxonomie der Kulturen wird aber wiederum auf andere Kategorien der Unterscheidung zurückgegriffen. So behilft man sich zur Benennung der *cultural cluster* mit Kategorienkomposita, also Zusammensetzungen wie *Confucian Asian Cluster* (verweist auf philosophisch-religiöse und topographische Kategorien) oder *Anglo*, *Latin Europe*, *Nordic Europe Cluster* (verweist auf sprachliche und topographische Kategorien) oder gar das *Sub-Saharan Africa Cluster* (verweist auf eine topographische Über-Kategorie).

Die Daten für China wurden für die GLOBE-Studie in der Stadt Shanghai erhoben. Die Entscheidung für Shanghai fiel aufgrund ihrer Größe, der raschen Entwicklung und der strategischen Position dieser Stadt in China. Die Auswertung basiert auf insgesamt 158 Erhebungen im mittleren Management aus der Finanz- und Lebensmittelbranche (Fu et al. 2007: 886). Detailinformationen bezüglich des Samples, der Fragebögen, Interviews oder Übersetzung gibt es leider nicht, wie die Autoren in einer Fußnote zugeben: „The detailed information on the sample is missing, because the demographic data of the project was lost in the mailing process" (ebd.).

Über die Beschreibung der Dimensionen hinaus importiert die GLOBE-Studie weitere Erklärungsansätze wie konfuzianische Einflüsse, die Konzepte *Guangxi*, *Renqing* und *Mianzi* und die historische Entwicklung des Landes (Fu et al. 2007: 878-886).

Die Erhebungen unter Managern in Unternehmen in einer der wohl am meisten ‚verwestlichten' Städte Chinas (Shanghai) als repräsentativ für die ganze *societal culture* Chinas zu bezeichnen, ist äußerst fragwürdig. Auch stellt sich die Frage, inwieweit die Klassifikation in Gesellschaftskulturen oder die noch gröberen Cluster in konkreten Handlungssituationen hilfreich sein kann. Dennoch ist die GLOBE-Studie weit verbreitet und wird als gelungene Aktualisierung und Verbesserung der Arbeiten Hofstedes in der Praxis verwendet.[31]

---

[31]Eine Personalmanagerin eines großen deutschen Mischkonzerns erzählte mir im Interview, dass sie für die interkulturelle Personalentwicklung die GLOBE-Studie als derzeit umfangreichste Studie verwende. Der Umfang der Studie und des ihr zugrundeliegenden Samples (17.370 Manager) kommt einerseits dem universalen Anspruch von transnationalen Konzernen entgegen und hilft gleichzeitig den Personalstrategen dieser Unternehmen, die Verwendung dieses Modells – und so ihre eigene Arbeit – zu legitimieren.

In ihrer Schlussfolgerung der Länderanalyse zu China schreiben die Autoren:

> „Though traditional values are still highly respected, and constantly pull back Chinese organizational leaders and urge them to conform to traditional values, their internal desires to become competitive and the external pressure to do so are all pushing them towards modern Western ideologies, encouraging them to challenge the norms." (Fu et al. 2007: 904)

In dieser Darstellung werden traditionelle Werte als Hindernisse eines modernitätsorientierten Fortschrittgedankens westlichen Ideologien gegenübergestellt. Eine Entwicklung zur Konkurrenzfähigkeit führt zwangsläufig über die Loslösung von traditionellen Werten. Diese Sichtweise steht in einer Linie eines historischen Entwicklungsnarratives, das Chinas Modernisierung seit dem 19. Jahrhundert ausschließlich als ‚Reaktion auf die westliche Herausforderung' begreift, Fortschritt mit Verwestlichung gleichsetzt und daran misst, in welchem Grade es gelungen ist, sich traditionaler ‚Beschränkungen' zu entledigen (vgl. Osterhammel 1989).[32]

So setzt die GLOBE-Studie den Trend einer klassischen anthropologischen Kulturperspektive wie bei Hofstede fort. Der Klassifizierungsdrang ist den kulturvergleichenden Studien dabei inhärent und leistet insgesamt einem schematischen Kulturverständnis und Stereotypenbildung Vorschub. Die GLOBE-Studie ersetzt dabei den „methodologischen Nationalismus" (Beck/Grande 2010) wie etwa bei Hofstede (1980) durch kulturelle Kategorien und Cluster, indem sie die Differenzierung nach Staaten auf die Differenzierung nach Kultur verschiebt. Die entwickelten Cluster sind Mega-Kategorien, die sich selbst wiederum zum Teil auf historisch entwickelte Vorstellungen regionaler Zusammengehörigkeit stützen (etwa: South-East-Asia).

**Kulturstandards**
Neben diesen Ansätzen mit der Tendenz, Kulturen mithilfe universaler, bipolarer Kulturdimensionen zu klassifizieren (Hofstede 1980; Schwartz 1992; Trompenaars/ Hampden-Turner 1997; House et al. 2004), gibt es aber noch eine zweite wichtige Vorgehensweise, die in der interkulturellen Managementforschung weite Verbreitung gefunden hat, nämlich die Beschreibung fremder Kulturen anhand der

---

[32]Schon Max Weber (1991: 193-208, insb. 193f.) nahm in der *Wirtschaftsethik der Weltreligionen* an, dass es asiatischen Ländern wie China an der innerweltlichen Qualitäten fehle, die zu einem rationalen Denken und letztendlich zu wirtschaftlichem Wohlstand führen.

Akkumulation kultureller Alleinstellungsmerkmale. In systematischer Form hat das Alexander Thomas (z.B.: 1993, 1996; Thomas et al. 2003a, 2003b) mit seinen Kulturstandards betrieben. Sein Ansatz zur Analyse interkultureller Interaktion beschränkt sich aber nicht auf das Thema interkulturelles Management (z.B.: Thomas et al. 2003a, 2003b; Thomas/Schenk 2001; Thomas/Hagemann 1992), sondern soll allgemeiner einen theoretischen Ansatz zur Analyse interkultureller Interaktionen darstellen (Thomas 1993). In seinen Studien zur interkulturellen Psychologie interessiert er sich für interkulturelle Überschneidungssituationen, „[…] in denen Personen aufeinandertreffen, die in verschiedenen Kulturen sozialisiert wurden, und die sich zunächst nur an den eigenkulturellen Werten, Normen und Bewertungsmaßstäben orientieren können" (Thomas 1996: 112). Thomas arbeitet dazu mit folgender Definition:

> „Kultur ist ein universelles, für eine Gesellschaft, Organisation und Gruppe aber sehr typisches Orientierungssystem. Dieses Orientierungssystem wird aus spezifischen Symbolen gebildet und in der jeweiligen Gesellschaft usw. tradiert. Es beeinflußt das Wahrnehmen, Denken, Werten und Handeln aller ihrer Mitglieder und definiert somit deren Zugehörigkeit zur Gesellschaft. Kultur als Orientierungssystem strukturiert ein für die sich der Gesellschaft zugehörig fühlenden Individuen spezifisches Handlungsfeld und schafft damit die Voraussetzungen zur Entwicklung eigenständiger Formen der Umweltbewältigung." (ebd.)

Mit dieser Definition von Kultur als Orientierungssystem setzt Thomas zwar Kulturen noch nicht mit Nationen gleich, in einer späteren Arbeit (Thomas et al. 2003a) wird diese Form der Grenzziehung dann aus praktischen Gründen aber indirekt doch eingeführt.

Für seinen Ansatz ergeben sich nach Thomas die Aufgaben handlungswirksame Merkmale des jeweiligen kulturspezifischen Orientierungssystems zu identifizieren, Unterschiede und Gemeinsamkeiten sowie Kompatibilitäten dieser Orientierungssysteme zu erfassen und Lernverfahren für die Übernahme fremdkultureller Orientierungssysteme zu entwickeln und zu erproben (Thomas 1996). Den Begriff der *Kulturstandards* führt Thomas ein, um die zentralen Merkmale der kulturspezifischen Orientierungssysteme zu beschreiben. Unter Kulturstandards versteht er „[…] alle Arten des Wahrnehmens, Denkens, Wertens und Handelns […], die von der Mehrzahl der Mitglieder einer bestimmten Kultur für sich persönlich und andere als normal, selbstverständlich, typisch und verbindlich angesehen werden" (ebd.: 112). Kulturstandards regulieren dabei weite Bereiche der Wahrnehmung, des Denkens, Wertens und Handelns, sind hierarchisch strukturiert und können in unterschiedlichen Abstraktionsgraden, von allgemeinen Werten bis zu konkreten Verhaltensvorschriften, auftreten. Diese Standards

geben den Angehörigen einer Kultur Orientierung bei der Bewertung von Verhalten mit Varianten innerhalb gewisser Toleranzbereiche als (in-)akzeptabel. Kulturstandards sind dabei implizit handlungsregulierend, da sie durch Sozialisation
vermittelt und für den Einzelnen innerhalb einer Kultur anschließend nicht mehr
bewusst erfahrbar sind. Nur beim Aufeinandertreffen mit fremdkulturellen Partnern könnten die Kulturstandards, oft in kritischen Interaktionserfahrungen, wieder bewusst wahrgenommen werden (ebd.).

Durch kontrastive Konfrontation zweier unterschiedlicher Kulturen lassen
sich so Kulturstandards voneinander abgrenzen. Mit diesen Kulturstandards zielt
Thomas' Ansatz von vornherein auf ‚das Spezifische' einer Kultur, obwohl die
Kulturstandards zum Teil auch eine gewisse universale Vergleichbarkeit haben.[33]
Anders als Hofstede setzt er seinen Ansatz methodisch nicht mit Fragebögen,
sondern mit teilstandardisierten Interviews um, in denen die Befragten (Menschen mit interkultureller Arbeitserfahrung) um die Schilderung von Situationen gebeten werden, in denen sich ihr ausländischer Interaktionspartner anders
verhalten hat, als erwartet – so genannte *critical incidents*. Er bittet gezielt um
Schilderungen, in denen das unerwartete Verhalten nach Ansicht der Befragten
prototypisch für die betreffende Landeskultur ist. Eine größere Anzahl solcher
Schilderungen wird dann von Experten (Personen mit kultureller Doppelmitgliedschaft) auf Kulturstandards hin analysiert. (Thomas 2003a: 29)

Aufgrund der Wirksamkeit der Kulturstandards als Orientierungssystem für
Wahrnehmung und Bewertung führten interkulturelle Begegnungssituationen
„zwangsläufig zu Fehlreaktionen und Mißverständnissen" (Thomas 1996: 114).[34]
Ohne eine entsprechende Sensibilisierung für kulturbedingte Unterschiede würden diese Missverständnisse und Fehlreaktionen oft gar nicht erkannt, da die

---

[33]Thomas verwendet beispielsweise auch solche Dimensionen wie Kontextorientierung
und Zeitverständnis, die als universale Kulturdimensionen schon von Edwart T. Hall (1989
[1976]; Hall/Hall 1990 [1983]) entwickelt wurden (Thomas 2003: 76ff.).

[34]Diese Sichtweise beruht auf dem von Harry C. Triandis (1975) entwickelten Konzept
*isomorpher Attribution*. Danach würden Personen in Handlungssituationen einem ständigen Attributionsprozess unterliegen, nach dem sie dem Gegenüber Verhaltensursachen
(Kausalattribution) und Ziele (Finalattribution) zuschreiben (Thomas 1996: 114). In interkulturellen Überschneidungssituationen komme es zu Attributionsfehlern, da der Einfluss
der (fremden) Kultur auf das Handeln nicht erkannt werde. Isomorphe Attribution ist die
Fähigkeit zu kulturspezifischer Attribution und der Interpretation des Verhaltens der Hand-
lungspartner auf Basis der fremdkulturellen Orientierungssysteme.

beteiligten Personen jeweils von der Überlegenheit ihres eigenen Orientierungssystems ausgingen. Nur mit Unterstützung für ein differenziertes, fremdkultu-
relles Verstehen sowie mit der individuellen Kompetenz zur Umsetzung solcher
Hilfe sei solchen Missverständnissen und damit einhergehenden Phänomenen
(etwa dem Abbruch der Zusammenarbeit) vorzubeugen.

Thomas' Ansatz weist gegenüber Hofstede ein differenzierteres Kulturverständnis auf. Sein methodisches Vorgehen ist prinzipiell dazu geeignet, situati-
onsbedingte Kontexte interkultureller Begegnungssituationen zu erfassen und
auf diese Weise tatsächlich interkulturelle Phänomene zu erforschen, anstatt wie
Hofstede (1980) Nationalkulturen anhand von Kulturdimensionen in Form von
Zahlenwerten miteinander zu vergleichen. Mit der Einführung weitgehend hand-
lungsdeterminierender, statischer Kulturstandards stellt sich jedoch auch Thomas'
Kulturverständnis als eher mechanistisch dar. Thomas konzipiert die Interaktionsteilnehmer als Ausführende ihrer impliziten kulturellen Orientierungssysteme.
Obwohl Thomas die Interaktionsteilnehmer auch *in* ihren Orientierungssystemen
offenbar für lernfähig hält (warum sonst sollte er interkulturelle Trainings konzi-
pieren), so gesteht er seinen Handelnden trotzdem nicht genug Reflexionsvermögen zu, um mögliche kulturelle Einflüsse in Begegnungssituationen selbstständig
(also ohne spezielles Training) als solche wahrzunehmen. Stattdessen wenden sie
ihre Orientierungssysteme mit einer gewissen Sturheit und Unfähigkeit zur situa-
tionsspezifischen Anpassung an.

Für die Perspektive auf interkulturelle Kommunikation ist dieses Verständnis
der Handelnden als passive Kulturträger äußerst folgenreich: Individuelle Hand-
lungsstrategien kommen darin genau so wenig vor wie differierende Interessen
oder Fragen nach der Machtverteilung innerhalb der Situation. Stattdessen werden Probleme bei interkulturellen Begegnungen monokausal auf kulturelle Ursachen zurückgeführt, und Konflikte damit kulturalisiert (vgl. Schlamelcher 2003).
Von vornherein fokussiert Thomas auf problematische Situationen, führt diese
Probleme aber immer auf inter*kulturelle*, nicht auf inter*personelle* Differenzen
zurück. In idealisierender Weise geht er dabei von Interaktionsteilnehmenden aus,
die an einer harmonischen Kommunikation und Kooperation interessiert sind und
gegenseitig etwas vom Anderen lernen und ihn verstehen wollen (Thomas 1996:
115). Zu Konflikten in Handlungssituationen kommen die Beteiligten dann wie
‚die Jungfrau zum Kinde', wenn sie unbewusst, d.h. unbeabsichtigt ihren Orientie-
rungsmustern folgen.

Thomas verfolgt einen praxisorientierten Ansatz, und das mag zum Teil die
Generalisierungen rechtfertigen, mit denen er arbeitet. Denn auch Thomas' Ansatz
geht von grundsätzlich in sich homogenen und nach Außen differenten kulturellen
Entitäten aus. In seinen Beispielen ist dann pauschal von den Kulturstandards „der

Deutschen" (ebd.) die Rede, weitere Differenzierungen (Hierarchieposition, Alter, Geschlecht, Profession etc.) entfallen. Die generalisierten Kulturstandards berücksichtigen situationsspezifische Besonderheiten und Kontexte, Machtverhältnisse und die Möglichkeit der Akteure, die Voraussetzungen der eigenen Perspektive zu reflektieren, eben gerade nicht.

Aufbauend auf dem so genannten *Cultural Assimilator* (Triandis 1975) entwickelte Thomas kulturelle Orientierungstrainings (z.B.: Thomas 2006, 2008; Thomas et al. 2003b). In dieser Ratgeberliteratur werden zunächst interkulturelle Konfliktsituationen geschildert, die dann jeweils anhand von zuvor erläuterten Kulturstandards vom Leser beurteilt werden sollen. Als erklärt gelten diese Situationen, wenn das darin geschilderte (stereotype) Verhalten der Protagonisten auf einen der zuvor diskutierten Kulturstandards zurückgeführt werden kann, die ihrerseits kulturhistorisch verankert werden (z.B.: Thomas/Schenk 2001: 59-77). Damit wird die Ursache des Handelns immer in den *Spezifika* der ‚anderen' Kultur gesucht, und durch die Beschränkung auf ihre kontrastiven Aspekte werden Kulturen exotisiert.

Um eine erste Annäherung an kulturelle Besonderheiten in ‚anderen' Ländern zu bieten, können Thomas' Orientierungstrainings sicherlich hilfreich sein. Ein ausreichendes Erklärungspotential für „interkulturelle Handlungssituationen" bietet sein Ansatz, der Kulturen gewissermaßen als ‚natürliche Rahmungen' (Goffmann 1977) definiert, hingegen nicht. Stattdessen besteht durch die Kulturstandards die Gefahr der Stereotypisierung und Exotisierung der ‚Anderen', und die Tendenz zu monokausalen, kulturalisierenden Erklärungen für Interaktionsprobleme. Kulturspezifische Verhaltensweisen werden den Interaktionsteilnehmern unterstellt, die Möglichkeit selbstreflexiver Benennung relevanter Erfahrungshintergründe oder (multipler) Kollektivzugehörigkeiten haben sie dabei nicht. Die kontrastive Darstellung durch die Kulturstandards unterstützt eine differenzorientierte Perspektive auf Kultur.

### 2.2.3  Der Import des klassischen anthropologischen Kulturverständnisses in die internationale Managementforschung

In der Debatte der interkulturellen Kommunikationsforschung stehen simplifizierende Konzepte von Landeskulturen bereits seit der Entstehung der Nationalcharakterforschung in der Kritik (z.B.: Hamilton 1940; Mandelbaum 1953). Umso erstaunlicher ist es, dass diese Kritiken von Seiten der internationalen Managementforschung kaum zur Kenntnis genommen werden. Denn obwohl man auch in der interkulturellen Kommunikationsforschung um alternative Konzeptualisierungen von Kultur bemüht ist (vgl. Bolten 2016), scheint sich das klassische anthropologische Kulturverständnis als Grundlage für interkulturelle Managementforschung zu halten.

Die Naivität der internationalen Managementforschung gegenüber der anthropologischen Kulturdebatte steht auch in Zusammenhang mit dem völlig fehlgeleiteten Verständnis dieser Debatte bei Hofstede (1997), der den Paradigmenwechsel innerhalb der Ethnologie überraschend kurz konstatiert: „Da derartige [national-kulturelle] Unterschiede bereits vor Jahrzehnten untersucht wurden, sind heute manche Anthropologen der Ansicht, sie gehörten einem veralteten Paradigma an" (Hofstede 1997: 359). Wie jedoch bereits deutlich geworden ist (vgl. Kap. 2.1), ist die klassische Kulturkonzeption der Anthropologie und sind die damit verbundenen Kulturunterschiede nicht deswegen kritisiert und verworfen worden, weil man sie für ausreichend erforscht gehalten hätte, sondern weil sie „[...] Kulturen als in sich homogene, statische und klar voneinander abgrenzbare Gebilde festschreibt und essentialisiert sowie Individuen nicht als handelnde AkteurInnen, sondern als passive, reproduzierende KulturträgerInnen definiert" (Schlamelcher 2003: 47).

Inwiefern handelt es sich bei dem Kulturverständnis in der internationalen Managementforschung nun um einen dominanten Diskurs im Sinne von Baumanns (1996) Definition anhand der fünf Kriterien?

Das totalitätsorientierte Kulturverständnis ist in seiner stark reduktionistischen Anlage von homogenen Landes- bzw. Nationalkulturen in messbaren Dimensionen oder kontrastiven Kulturstandards sicherlich *konzeptionell einfach*, was zugleich zu dessen enormer Verbreitung in der wissenschaftlichen, wirtschaftlichen und öffentlichen Diskussion beigetragen haben dürfte. Zumindest für den Bereich der Internationalen Managementforschung lässt sich wahrscheinlich von einer *Monopolstellung* dieses Diskurses sprechen.[35] Dieses Kulturverständnis ist sehr *flexibel anwendbar* und kann problematisierend auf kulturelle Unterschiede als Verursacher für Schwierigkeiten hinweisen oder positiv die synergetischen Effekte kultureller Diversität anpreisen; es funktioniert also für diverse Argumentationslinien. Insofern die internationale Ausweitung von Unternehmen auch eine politische Dimension beinhaltet, kann man auch von einer großen *ideologischen Spannweite* des Diskurses sprechen. Letztendlich unterstützen diese Argumentationslinien

---

[35]Bei meinem groben Überblick über die Entwicklung des Kulturverständnisses in der internationalen Managementforschung handelt es sich freilich nicht um eine vollständige Diskursanalyse, meine Verallgemeinerungen unterliegen also gewissen Einschränkungen.

aber das Aufrechterhalten und Reproduzieren etablierter *organisationaler Strukturen und Prozesse* (vgl. Kap. 5), etwa durch die Erklärung von Leistungsunterschieden, um Qualitätsmängel und Kommunikationsprobleme zu thematisieren oder bestimmte Vorgehensweisen und strukturelle Ungleichheiten zu legitimieren, zu erklären, zu reproduzieren oder zu beseitigen. Weder die Funktionsweise von Organisationen noch deren Zwecke werden dadurch in Frage gestellt. Man kann also durchaus von einem dominanten Diskurs im Sinne Baumanns sprechen, der dazu beiträgt, dass auch eine wissenschaftliche Disziplin mit einem ursprünglich ausschließlich naturwissenschaftlichen Selbstverständnis nun sozial- bzw. kulturwissenschaftliche Erklärungsmuster zulässt.

Die Kritik an den oben gezeigten Ansätzen und dem damit verbundenen Paradigma ist keineswegs neu (etwa: Haas 2009). Die Dominanz dieser Ansätze und der damit verbundenen „'klaren' zweiwertigen Denkmustern" (Bolten 2011) scheint aber ungebrochen. Nicht nur in den Lehrbüchern der internationalen Managementforschung, auch in den Personalentwicklungsabteilungen dominieren noch „Trainingsmaterialien alter Provenienz" (Bolten 2016: 75). Wie stark und in welcher Form diese Vorstellungen und Konzepte auch ‚im Feld' als Differenzierungsmuster, Begründungs- und Plausibilisierungsstrategien wirken, wird im empirischen Teil (Kap. 5-7) dieser Arbeit gezeigt.

## 2.3    Interkulturelle Kommunikationsforschung

Das totalitätsorientierte Kulturverständnis ist freilich nicht auf die internationale Managementforschung beschränkt, die es ja ihrerseits lediglich als Importgut vor allem aus der kulturvergleichenden Forschung bezog – es ist dort nur besonders dominant und persistent. Doch auch der Bereich der interkulturellen Kommunikation baute lange Zeit auf dem klassischen anthropologischen Kulturverständnis auf.[36]

---

[36]Haas (2009) hat in einer umfangreichen historiographischen Studie zu den Wurzeln und Ursprüngen interkultureller Kommunikation (vgl. Kap. 2.1) das so genannte „interkulturelle Paradigma" als eigenständige Grundlage dieser daher vollwertigen Disziplin ausgemacht (Haas 2009: 12). Sie unterstellt den „Interkulturalitätsforscher[n] unterschiedlicher fachlicher Provenienz" einen geteilten „Gegenstandsbereich und eine ihn definierende Theorie" (ebd.). Ihre gemeinsamen Prämissen beständen in der Praxisorientierung, Komplexitätsreduktion, der Annahme homogener Nationalkollektive sowie kultureller Charaktere und Werte, einem Kindheitsdeterminismus sowie der Annahme der Kohärenz und Statik von Kultur (Haas 2009). Busch (2013: 44) wirft Haas jedoch eine zu pauschalisierende Perspektive auf die interkulturelle Kommunikationswissenschaft und das Ausblenden darin enthaltener, konstruktivistischer Ansätze (z.B.: Hansen 2003; Bolten 2007) vor.

Aber bereits seit den 90er Jahren wurden die interkulturellen Denkmodelle der 60er bis 90er Jahre mit ihren nationengebundenen, homogenisierenden, primordialistischen Ansätzen auch in dieser Disziplin zunehmend kritisiert (Hannerz 1992; Cray/ Mallory 1998; Bolten 2001; Hansen 2003; Rathje 2003; McSweeny 2002; Kirkman et al. 2006; Ooi 2007). Der Paradigmenwechsel in der Ethnologie wurde zur Kenntnis genommen und hat sowohl zu einer Auseinandersetzung mit klassischen Kulturkonzeptionen als auch zu einer Berücksichtigung der konstruktivistischen Perspektive beigetragen (z.b.: Bolten 2007, 2009; Moosmüller 2007a, 2009a; Haas 2009; Busch 2013). Dementsprechend gibt es von dieser Seite in den letzten Jahren auch eine wachsende Kritik an den „unhinterfragten Denkschemata" (Gruber/ Rothfuß 2016: 119) in der interkulturellen Managementforschung. Diese habe zwar wichtige Erkenntnisse zur *Kulturspezifik* wirtschaftlichen Handelns beigetragen, es mangele ihr aber an Erklärungsansätzen, wie konkretes Handeln in Interaktionen zwischen Partnern aus unterschiedlichen Kulturen ablaufe (Bolten 2007: 188).

Trotz dieser Entwicklung konstatiert Moosmüller (2007b: 17), dass große Teile der Forschung zur interkulturellen Kommunikation eine konstruktivistische Wende nicht mitvollzogen haben, nachdem sie sich in den 70er Jahren von den Entwicklungen in der Kulturanthropologie ab- und der *speech communication* zugewandt haben. Auf Basis eines im Primordialismus verhafteten Kulturverständnisses sei es immer noch der „pädagogische Impetus" (ebd.: 39) des Interkulturalisten (so nennt Moosmüller die Forscher im Bereich interkultureller Kommunikation), den Ethnozentriker zum Ethnorelativisten zu erziehen. Dem Ziel einer derart gestalteten Beratungshandlung entsprechend sei es nicht überraschend, wenn in der interkulturellen Kommunikationsforschung weiterhin an einer differenzorientierten Problematisierung interkultureller Interaktionen festgehalten werde. Dabei spiele die Angemessenheit des Beratungsbedarfs und dessen Erfüllbarkeit für den Systemerhalt des Beratungswesens im Grunde keine Rolle, da er systemimmanent konstruiert sei. Grenzen der Beratbarkeit würden vom System nicht erkannt (Busch 2013: 25).

Ebenso wie der Kulturbegriff selbst ist auch der Begriff der ,Interkulturalität' in den letzten Jahren in die Kritik geraten. Mit seiner inflationären Verbreitung in wissenschaftlichen, politischen und öffentlichen Diskursen sowie auf dem Weiterbildungsmarkt hat sich der Begriff schließlich alltagssprachlich etabliert und scheint für Forschungskontexte zu unscharf und damit unbrauchbar geworden zu sein. Im Fokus postkolonialer und postmoderner Kritik steht dabei das Präfix *inter-*, das die Existenz von Kultur als raum-zeitliche Entitäten impliziere, denn nur dann könne von einem ,Dazwischen' (*inter*) ja überhaupt die Rede

sein (Von Helmolt 2016: 34).[37] Um die implizite sprachliche Konstruktion statischer Kollektive zu umgehen und gesellschaftlichen Wandel und Prozessualität
zum Ausdruck zu bringen, wurden alternative Komposita wie *Transkulturalität*,
*Hyperkulturalität* oder *Super-Diversity* vorgeschlagen (ebd.).

Innerhalb der Disziplin hat die Forderung nach Entgrenzung, Entessentialisie-
rung und Entstandardisierung von Kultur auch zu verschiedenen Versuchen der
Re-Konzeptualisierung des Kulturbegriffes für die interkulturelle Kommunikationsforschung geführt.[38] So entwirft Bolten (2011; 2013), aufbauend auf der aus
der Mathematik stammenden *fuzzy*-Logik (Zadeh 1973; Kosko 1992, 2001) und
ähnlich dem Gedanken der *fuzzy*-Struktur kollektiver Orientierungs- und Handlungsmuster von Spencer-Oatey (2000), das Konzept der *fuzzy culture*. Bolten
strebt damit eine Abkehr von bipolaren Mustern kultureller Räume und eine Hin-
wendung zu Mehrwertigkeit von *fuzzy cultures* an. Er argumentiert, dass Kulturen
mikroperspektivisch betrachtet äußerst heterogen erscheinen könnten, während
man aus einer Makroperspektive gleichzeitig von einem homogenen Kollektiv
sprechen könne. Dieses „Kohärenz-Paradox" soll der *fuzzy culture* Ansatz lösen,
indem er wie beim *zooming in* und *zooming out* einer digitalen Landkarte das
„Entweder-oder-Prinzip" mit dem „Sowohl-als-auch-Prinzip" von kultureller
Zugehörigkeit verbindet, um so den stetigen Wechsel zwischen Struktur- und Pro-
zessperspektiven zu ermöglichen (Bolten 2013: 6ff.). Stärker als um gegenüber-
liegende kulturelle Pole gehe es dann um „Zugehörigkeitsgrade" (Bolten 2011:
3) graduell gedachter Mitgliedschaften der Individuen in diversen Kollektiven,
die ihrerseits über die „Multikollektivität" (Hansen 2009: 20) der Individuen in
einem dynamisch-reziproken und identitätskonstituierenden Verhältnis miteinander vernetzt sind. Die Vernetzung der summierten Kollektive lässt sich wiederum
als „Polykollektivität" (Hansen 2009: 115) auch auf struktureller Ebene abbilden.
Boltens Ansatz hebt damit die Relevanz des Verständnisses von Kultur als mehr-
wertig und unbestimmbar hervor. Allerdings bleibt bei seinem Ansatz m.E. einerseits die Bedeutung des Aspektes der *Zuschreibung* von Mitgliedschaften, und
andererseits die Verwendung des Kulturbegriffes durch die Akteure selbst unter-
belichtet.

Dominic Busch (2013) betrachtet in einem umfangreichen Überblick interkulturelle Kommunikation als Dispositiv und stellt dabei die Frage, inwieweit die Perso-
nalunion aus „Fragenden, Betroffenen, Forschern und Erforschten" (Busch 2013: 13)

---

[37]Zur Diskussion um das ‚inter' siehe auch Matthes Aufsatz „'Zwischen' den Kulturen?" (1992).
[38]Für eine Auswahl aktueller Ansätze für die interkulturelle Kompetenzforschung, siehe
Henze (2016).

überhaupt transzendiert werden könnte, um zu einer übergeordneten Forscherperspektive zu gelangen. Seine Lösung besteht in einem diskurstheoretisch informierten Verständnis des Kulturbegriffes als Kulturthema innerhalb von Kultur.

Aktuell wird in der interkulturellen Kommunikationsforschung festgestellt, dass nach einer als hinreichend betrachteten Kritik der überkommenen Denkansätze nun neue, konstruktive und kreative Denkansätze gefordert seien, um die „Herausforderungen eines ‚sustainable glocal relationship building' aufzugreifen" (Bolten 2016a: 7). Offenbar werden die bisherigen ‚neuen' Denkansätze dazu nicht als hinreichend betrachtet und bis jetzt hat noch kein neues Denkmodel „die Nische des kokettierenden Alternativvorschlags" (Busch/Möller-Kiero 2016: 43) verlassen, geschweige denn, dass sich ein Ansatz durchgesetzt hätte, welcher der differenzorientierten Perspektive an Griffigkeit und Verbreitung (zumindest in der interkulturellen Managementforschung) auch nur annähernd gleichkommen würde. In den stark anwendungsorientierten Disziplinen wird der Grund dafür vor allem in der Notwendigkeit zur Komplexitätsreduktion für die Praxisanwendung gesehen (etwa: Henze 2016; Busch 213).

## 2.4    Einige Aspekte der Rezeption des Kulturbegriffes in China

Nachdem die Verbreitung des Kulturbegriffs im englischen und deutschsprachigen Raum diskutiert wurde, soll die chinesische Rezeption dieses Begriffes zumindest kurz angerissen werden. Der chinesische Begriff *wenhua* (文化 ‚Kultur') ergibt sich aus einer Zusammensetzung der Zeichen 文 (*wen*, heute: ‚Sprache', ‚Schrift', ‚Lehre') und 化 (*hua*, heute: ‚ändern', ‚reformieren', ‚transformieren'). Der Bestandteil *wen* wurde in China bereits früh zur positiven Charakterisierung des Eigenen im Gegensatz zur geringschätzenden Bezeichnung anderer Völker verwendet. Die Grundbedeutung des Begriffes lässt sich auf das Wortfeld ‚Zeichen' oder ‚Muster' zurückführen. In der Verwendung als ‚Sprache', ‚Literatur' und ‚geschriebenes Zeichen' ist der Begriff für die Zhou-Zeit (770-256 v. Chr.) belegt (Müller 1980: 48). Müller schließt daraus, dass die wesentliche kulturelle Unterscheidung daher zunächst über die Erfindung der Schrift und die Bildung der Bevölkerung vollzogen wurde (ebd.).

Der zusammengesetzte Begriff *wenhua* bezeichnet den westlichen Kulturbegriff, genauer gesagt das englische ‚culture' und die deutsche ‚Kultur'. Die Hereinnahme des westlichen Kulturbegriffes gegen Ende des 19. Jahrhunderts erfolgte (wie zu dieser Zeit häufig) über das Japanische, wo der Begriff *bunka*

(ぶん か/ 文化) während der Meiji-Ära in den 1890er Jahren bereits in Wörterbüchern erscheint (Shibata 2016).

Zu Beginn des 20. Jahrhunderts spielte der Kulturbegriff eine wichtige Rolle, als sich der chinesische Nationalismus als Reaktion auf den westlichen (und später den japanischen) Imperialismus entwickelte. Da sich in China, ähnlich wie in Deutschland, ein Liberaler- bzw. Staatbürgernationalismus nicht oder nur ansatzweise entwickeln konnte, wurden Sprache, Geschichte, Kultur und ethnische Homogenität zu wichtigen Bestandteilen einer nationalen Ideologie (Meissner 2003: 530). Während der weiteren Entwicklung vermischten sich ethnisches und kulturelles Überlegenheitsdenken zu einem ethnisch-kulturellen Nationalismus in China (ebd.).[39]

Nach der Gründung der Volksrepublik China 1949 wurden im Bemühen um die Schaffung des ‚neuen Menschen' alle alten Werte und traditionelle chinesische Kultur verworfen, was seinen Ausdruck zunächst in den Massenkampagnen der 1950er und 1960er und seinen Höhepunkt schließlich in der Kulturrevolution (1966-1976) fand. Seit den 1990er Jahren aber bemühte sich die Kommunistische Partei Chinas (KPCh) um eine Revitalisierung vor allem des konfuzianischen Erbes und nutzt dies und die ‚5000-jährige chinesische Kulturgeschichte' als Mittel nationaler Identitätsstiftung, nationaler Selbstbehauptung und politischer Stabilisierung der Volksrepublik mit ihren 55 von der Staatsregierung offiziell anerkannten Minderheiten (*shaoshu minzu)* (Sausmikat 2004: 338).

Die Betonung des gemeinsamen kulturellen Erbes dient dabei dazu, eine spezifisch chinesische, Raum und Zeit überdauernde ‚Kulturessenz' zu konstruieren, um als chinesischer Exzeptionalismus dezidiert chinesische Eigenschaften von selektiv wahrgenommenen Charakteristiken des westlichen Denkens und westlicher Ideen abgrenzen zu können und die Formung nationalistischer Identitätskonzepte voranzutreiben (Pörner 2011; Sausmikat 2004).[40] Bei dem Vergleich der jeweils homogen verstandenen, distinkten Kulturen Chinas und des

---

[39]Der Begriff der ‚Rasse' (*zhongzu* 种族) war bereits zum Ende des 19. Jahrhunderts aus dem Westen rezipiert und für eine rassisch motivierte Identitätsbildung verwendet worden (Dikötter 1997: 12).

[40]Besonders bekannt geworden sind in diesem Zusammenhang die auf das Betreiben der KPCh entstandenen China-kann-nein-sagen Bücher einiger nationalistisch orientierter chinesischer Intellektueller aus dem Jahr 1996, die einen Beitrag zu dieser Identitätspolitik liefern (Sausmikat 2004: 339).

‚Westens' (*xifang*) in der Diskussion der chinesischen Kulturwissenschaften geht es dabei um die Bestimmung von deren charakteristischen Merkmalen durch das Aufdecken grundlegender Differenzen im Wertesystem. Das geht häufig einher mit einer Fokussierung auf und der Zuschreibung von pejorativen Attributen (wie Individualismus und Materialismus) zum Westen, gegenüber einer positiven Perspektive auf die chinesische Kultur, in deren Zentrum neokonfuzianistische Positionen (wie Harmonie und Nachhaltigkeit) stehen (Pörner 2011: 94ff.).

Wenn in der Forschungs- und Ratgeberliteratur also konfuzianistische Tradition als Quelle einer kulturellen chinesischen Essenz und Ursache des alltäglichen Verhaltens ausgemacht wird, kommt diese Sichtweise vergangenen und aktuellen Retraditionalisierungsbemühungen der KPCh entgegen, die mit der Konstruktion eines konfuzianistischen kulturellen Erbes die Formung neuer essentialistischer und nationalistischer Identitätskonzepte vorantrieb bzw. vorantreibt (Sausmikat 2004: 339).[41]

Die Diskussionen um das kulturelle Erbe Chinas führten auch zu einer Kulturalisierung der Wirtschaftslehre in den 1990er Jahren in China, die u.a. mit der Einrichtung der Disziplin ‚chinesische Managementlehre' (*Zhongguo guanlixue*) institutionalisiert wurde (Pörner 2009). Seit dem Ende der 1990er Jahre sind in chinesischer Sprache auch eine sehr große Anzahl an Publikationen zur interkulturellen Kommunikation (*kuawenhua jiaoji*) entstanden, die ebenfalls ein „nationalstaatliches, reduktionistisches und deterministisches Kulturverständnis[...]" (Pörner 20011: 91) zugrunde legen. Auch gibt es den westlich-sprachigen Ratgebern vergleichbare Praxis-Ratgeber, die länderspezifisch Verhaltensweisen und Charaktereigenschaften auflisten und den Leser mit kulturellem Rezeptwissen auf ein korrektes Verhalten nach internationaler Etikette vorbereiten.[42]

Dazu gehören neben der Aufforderung, sich an die kulturellen Gepflogenheiten des jeweiligen Landes anzupassen, auch Hinweise zur körperlichen Hygiene und zum Erscheinungsbild sowie zu Verhaltenskonventionen in spezifischen

---

[41]Zum Diskurs um den Konfuzianismus: Pörner 2014; Meissner 2006; Sausmikat 2004; Lee 2003.

[42]Diese Veröffentlichungen sind auch als Konsequenz parteioffizieller Versuche zu verstehen, das ‚zivilisierte Verhalten' der Bevölkerung zu befördern, um beispielsweise vor dem Hintergrund von Großveranstaltungen wie den Olympischen Spielen 2008 aber auch der Weltausstellung in Shanghai 2010, international das Bild einer ebenso traditionsbewussten wie modernen und fortschrittlichen Kulturnation zu vermitteln (Pörner 2011: 97ff.).

Interaktionssituationen wie dem ersten Kennenlernen (Händedruck, Visitenkarten), Geschäftsessen oder Geschäftsverhandlungen.

Aktuell lässt sich für den chinesischen Sprachraum ein parteipolitisch propagierter dominanter Kulturdiskurs ausmachen, der einen kulturellen chinesischen Exzeptionalismus vertritt, in dem eine schwankende Zahl kultureller Eigenschaften mit der philosophischen Tradition Chinas verbunden werden (Pörner 2014).[43]

---

[43]Die Diskussion der chinesischen Rezeption des westlichen Kulturbegriffes kann hier nur angedeutet werden. Interessant wäre es, die Abgrenzung der Begriffe *wenhua* (文化 ‚Kultur') und *wenming* (文明 ‚Zivilisation/Kultur') im Chinesischen ab dem Ende 19. Jahrhunderts weiter zu verfolgen.

# Theoretische Sensibilisierung: Differenzierung nach Mitgliedschaftskategorien

**3**

Die beschriebenen Ansätze des dominanten Diskurses der internationalen Managementforschung und der kulturvergleichenden Forschung im Sinne des differenzorientierten Kulturverständnisses (vgl. Kap. 2) gehen von Individuen als Trägern von kulturellen Mustern (als Werte, Orientierungssysteme, Kulturstandards etc.) aus, die deren soziale Zugehörigkeit markieren, nach denen sie sich differenzieren und in spezifische (national-)kulturelle Kategorien klassifizieren lassen.

Solche Klassifizierungen finden nicht nur in der Forschung, sondern auch alltagsweltlich statt. Menschen treffen laufend Unterscheidungen, die sie als Merkmale für Klassifizierungen nutzen. Diese Unterscheidungen sind kontingent (Reckwitz 2008), also ergebnisoffen, da die für die Klassifizierung verwendeten Merkmale zunächst beliebig sind. Diese Unterscheidungen werden von Menschen gegenüber ihrer Umwelt laufend vorgenommen und auch auf Menschen angewendet, schließen also die Unterscheider mit ein. Man spricht dann von Humankategorien. Auf diese Weise werden unterschiedliche Arten von Menschen wahrgenommen (z.B. Männer, Frauen, Gläubige, Ungläubige, Deutsche, Chinesen, Alte, Kinder, Flüchtlinge, Neonazis). Als Resultat der Unterscheidung wird die Klassifikation als eindeutige individuelle Eigenschaft wahrgenommen (männlich, weiblich, christlich, heidnisch, deutsch usw.). In dieser Form treten dann gesellschaftlich erzeugte Kategorien den Gesellschaftsmitgliedern als objektive Tatsachen in der Form des Personals von Humankategorien[1] wieder entgegen

---

[1]Sacks (1992, Bd.1: 40ff.) unterscheidet Kategorien-Sets (z.B. ‚Rasse' und Geschlecht) von Kategorien innerhalb dieser Sets. Dementsprechend wären Beispiele für Kategorien des Kategorien-Set ‚Rasse' also *Asiate* und *Kaukasier*, Beispiele für das Set Geschlecht wären die Kategorien *Mann* und *Frau* (vgl. Kap. 3.1).

© Springer Fachmedien Wiesbaden GmbH 2018
A. Dederichs, *Kulturelle Differenzierung in Wirtschaftskooperationen,*
https://doi.org/10.1007/978-3-658-20117-3_3

(Mann, Frau, Christ, Heide, Deutscher usw.). Zu den einflussreichsten dieser Humankategorien gehören die demographischen, also Nationalität, ,Rasse', Ethnizität, Geschlecht, Alter, Religion.[2] Diese Humankategorien unterliegen zeitlichen Relevanzkonjunkturen. So gilt z.B. der Gebrauch der ,Rasse' als soziale Teilungsdimension zur Hierarchisierung von Menschen heute selbstverständlich als moralisch verwerflich und wird mit dem Vorwurf des Rassismus sanktioniert, während der Gebrauch der „kollektiven Fiktion" (Waquant 2001) ,Rasse' im 18. Jahrhundert als fortschrittliche naturwissenschaftliche Methode der Unterscheidung galt und verbreitet war (Müller 2014).

Solche Klassifikationen werden in der Soziologie auch als Mitgliedschaftskategorien (vgl. Sacks 1992) gefasst: Aufgrund von mit anderen geteilten Eigenschaften werden Menschen so zu Mitgliedern in sozialen Gebilden. Ebenso gut wie demographische Merkmale lassen sich auch funktionale Merkmale wie Profession, oder beliebige weitere Merkmale wie Leibesumfang, Haarfarbe, Musikgeschmack usw. als Mitgliedschaftskategorien verwenden, wenn sie sich auch in ihrer interaktiven Konstruktion und kategorialen Konfiguration unterscheiden.

In der sozial- und kulturwissenschaftlichen Forschung werden nun zum Teil diese alltagspraktischen und „vermeintlich entscheidungsfreien" (Hirschauer 2014: 172) Variablen als analytische Ressourcen der Kategorisierung genutzt.[3] In der kulturvergleichenden Forschung beispielsweise werden kulturelle Kollektive entlang nationalstaatlicher bzw. ethnischer Grenzen konzipiert (etwa: Hofstede 1980), und so wird nationale Mitgliedschaft ausschlaggebend für kulturelle Mitgliedschaft. Mit der Annahme von Individuen als Trägern kultureller Merkmale werden so alltagsweltliche Kategorien als soziale Eigenschaften reifiziert.

Für Forschung im Bereich internationaler Zusammenarbeit hat das schwerwiegende Konsequenzen. Aus einer primordialistischen Perspektive werden die Akteure stets als Vertreter ihrer in sich homogenen und nach außen abgrenzbaren ,Kulturen' und als potentielle Ausführende der diesen ,Kulturen' zugrundeliegenden Muster,

---

[2]Die Klassifikationen der Demographie haben seit dem 19. Jahrhundert in den Händen staatlicher Bürokratien stark zur Verdinglichung solcher Humankategorien beigetragen. Prominentes Beispiel ist hier die empirisch statistische Beschreibung Indiens durch die britischen Demographen, die zur ,realen' Verhärtung ihrer eigenen kategorialen Schemata, der Kasten, sowie zur Wahrnehmung der indischen Gesellschaft als *a priori* primär religiös geprägt, beigetragen hat. (Osterhammel 2010: 62).

[3]Die Soziologie selbst ist seit ihrer Entstehung eng mit dem Gedanken der Nationalstaaten verknüpft und konzipiert ihren Untersuchungsgegenstand in nationalstaatlichen Einzelgesellschaften (Beck 1997: 52).

die ihr Handeln weitestgehend determinieren, betrachtet. Diese Vorstellung der Wirkungsweise von Kultur führt zu jenem Bild von Akteuren, die Garfinkel (1967) in seiner Kritik des parsonianischen Strukturfunktionalismus als „cultural dopes" bzw. „judgemental dopes" (Garfinkel 1984 [1967]: 67-68) bezeichnete.[4] Damit benennt er die Akteure einer sozialtheoretischen Vorstellung, nach der deren Handeln vollständig von den Normen und Werten bzw. den Mustern einer Kultur gesteuert wird.[5]

Kultur hat sich seit den 1980er Jahren zunehmend als relevante Unterscheidungsdimension für die Erforschung internationaler Zusammenarbeit durchgesetzt (vgl. Kap. 2.2), da sie als besonders wichtiger ,Einflussfaktor' auf internationale Zusammenarbeit betrachtet wird. Kultur muss als Ursache für alle Handlungen in diesem Bereich stets in Betracht gezogen werden, da Kultur als total und implizit wirksam vorgestellt wird. Das Handeln des Ingenieurs aus China wird aus dieser Perspektive dann immer als *kulturell chinesisches Handeln* des ,Chinesen als Ingenieur' betrachtet werden müssen, anstatt es als *Ingenieurshandeln* des chinesischen Mitarbeiters zu betrachten. Kein Phänomen ist dann noch vor einer ursächlichen Erklärung durch ,kulturelle Differenz' sicher. Alle Probleme die bei internationaler Zusammenarbeit auftreten sind so immer schon durch kulturelle Unterschiede bedingt.

Um nun dem Problem der Reifizierung alltagsweltlicher Kategorien als soziale Eigenschaften zu entgehen, lässt sich die Kategorisierung selbst zum Gegenstand machen (Hirschauer 2014: 172). In der Anthropologie hat etwa Barth (1969) ethnische Grenzziehung beobachtet, Baumann (1996) hat die Konstruktion von Gemeinschaften in Southall untersucht (vgl. Kap. 2). Mikrosoziologisch hat Harvey Sacks solche Kategorisierungen als „membership categorization" (1992, Bd. 1: 40ff.) beschrieben. Sacks Ansatz lässt sich für die vorliegende Arbeit gut verwenden, die sich vor allem für die Differenzierungs- und Kategorisierungsprozesse der Teilnehmer deutsch-chinesischer Zusammenarbeit interessiert, um das ,relevant Machen' gegenüber einem ,relevant Sein' kategorialer Mitgliedschaften sichtbar zu machen. Daher werde ich Sacks Ansatz des *membership categorization device* (MCD) theoretische sensibilisierend nutzen, um die ,Beobachtung zweiter Ordnung' als Perspektive auf Kultur (vgl. Kap. 2) weiter zu systematisieren.

---

[4]Çağlar spricht zur Beschreibung dieses handlungsdeterministischen Kulturverständnisses auch von einem „Kultur-Konzept als Zwangsjacke" (Çağlar 1990).
[5]Zu Garfinkels Kritik an Parsons, vgl. Kap. 2.1.

## 3.1    Mitgliedschaftskategorien

Als klassisches Beispiel für die Differenzierung von Personen nach scheinbar objektiv gegeben Kategorien im Alltag wie auch in der Forschung kann die
Fallstudie über die Transsexuelle „Agnes" (Garfinkel 1984) gelten. Daran arbeitete Harold Garfinkel heraus, dass Personen gesellschaftlich zwar natürlich
und selbstverständlich nach Geschlechtern differenziert werden, dass aber die
Geschlechterdifferenzierung keineswegs eine naturgegebene Tatsache ist. So handele es sich bei dem ‚Frausein' im Falle von Agnes eben auch *nach* deren Ope-
ration zur Geschlechtsumwandlung nicht um eine einmal gegebene und dann
feststehende Tatsache, sondern vielmehr um ein „achievement" (Garfinkel 1984),
also eine fortlaufende soziale Leistung, die es Agnes ermöglichte als ‚normale
natürliche Frau' wahrgenommen zu werden.

Diese Darstellung beruht auf dem Wirklichkeitsmodell der Ethnomethodologie als einer „Spielart[en] des Konstruktivismus" (Knorr-Cetina 1989), nachdem
soziale Tatsachen nicht objektiv gegeben sind, sondern durch Handlungen und
Wahrnehmung produziert wird:

> „Thereby, in contrast to certain versions of Durkheim that teach that the objec-
> tive reality of social facts is sociology's fundamental principle, the lesson is taken
> instead, and used as a study policy, that the objective reality of social facts *as* an
> ongoing accomplishment of the concerted activities of daily life, with the ordinary,
> artful ways of that accomplishment being by members known, used, and taken for
> granted, is, for members doing sociology, a fundamental phenomenon." (Garfinkel
> 1984: vii)

Ziel der Ethnomethodologie ist es daher, in ihren Untersuchungen die als selbstverständlich hingenommenen Alltagspraktiken (Methoden und Verfahren) sichtbar zu machen, mit denen Mitglieder eine Gesellschaft (*ethnos*) diese soziale
Wirklichkeit konstruieren (Bergmann 2015: 51). In ethnomethodologischer Perspektive erhalten soziale Tatbestände ihren Wirklichkeitscharakter ausschließlich
in der Interaktion zwischen Menschen. Sozialer Sinn wird dabei als ‚Vollzugswirklichkeit' erst im Handlungszusammenhang öffentlich hervorgebracht. Daher
interessiert sich die Ethnomethodologie Garfinkels auch nicht für (rein kognitive)
subjektive Sinngebung, sondern für als selbstverständlich empfundene Praktiken,
mit denen die Mitglieder einer Gesellschaft soziale Realität herstellen und sich
gegenseitig in sozialen Interaktionen den Sinn und die Vernünftigkeit ihres Tuns

bestätigen. Die Ethnomethodologie ist daher auf Datenmaterial angewiesen, in dem die Vorgänge, die sie erfassen will, konserviert sind.[6] (Bergmann 2015: 56)

Mitglieder einer Kategorie müssen kompetent sein im Umgang mit den „ethnienspezifischen Durchführungsmitteln der Alltagspraxis, die für den Status eines Mitglieds konstitutiv sind" (Patzelt 1987: 59), und sie dürfen die innerhalb einer Ethnie gehegten Hintergrunderwartungen routinemäßig nicht verletzen. Akteure, denen ein bestimmtes Label (z.B.: *Frau*) zugeordnet wird, oder die sich selber ein bestimmtes Label zuordnen, werden auf diese Weise kategorisiert. Sie werden zu Mitgliedern einer Kategorie. Alltagssprachlich ist dabei freilich nicht von Kategorien die Rede, die Mitgliedschaften werden häufig umschrieben, beispielsweise „Ich komme aus Deutschland und arbeite in der Entwicklung" für die Mitgliedschaft in der Nationalkategorie ‚deutsch' und der Professionskategorie ‚Ingenieur'. Die Mitgliedschaft in einer Kategorie ist für die Akteure folgenreich, da die Kategorienzugehörigkeit Auswirkungen darauf hat, wie sie von anderen behandelt und welche Erwartungen ihnen entgegengebracht werden. Die Mitgliedschaft in diesen Kategorien muss aber nicht zwangsläufig relevant für die Interaktion sein. Vielmehr muss die Mitgliedschaft in einer Kategorie immer neu in den und für die Interaktionen hervorgebracht und relevant gemacht werden, um ihre Wirksamkeit zu entfalten.

**Membership categorization device**

Im Rahmen der aus der ethnomethodologischen Perspektive hervorgegangenen Konversationsanalyse hat Harvey Sacks diese Form der Kategorisierung mit dem *membership categorization device* (MCD) beschrieben (Sacks 1992). Sacks benennt drei wesentliche Merkmale des MCD: *Erstens* ist das Set von Kategorien als „which-type-set" (‚was für ein Typ-Set') ausgelegt. Jeder Akteur ist zwingend Mitglied (mindestens) einer der zur Verfügung stehenden Kategorien in einem Kategorien-Set – keiner Kategorie anzugehören ist nicht möglich. *Zweitens* sind diese Kategorien reich an Inferenzen, d.h. dass das Wissen über die Kategorienzugehörigkeit von Alter Ego das Gefühl gibt, bereits eine Menge Rückschlüsse über Alter aus seinem Wissen über diese Kategorie ziehen zu können. Sacks sagt dazu: „[…] a great deal of knowledge that members of society have about the society is stored in terms of these categories" (Sacks 1992, Bd. 1: 40). In den Kategorien ist also die Verknüpfung zu Alltagswissensbeständen, gesellschaftlichen

---

[6]Z.B. in Transkripten von ‚realen' Interaktionsabläufen, nicht aber in Interviewbefragungen – es sei denn, die Praktiken des Interviewens sind Gegenstand der Untersuchung. Zum Umgang mit dem Interviewmaterial in dieser Arbeit, siehe Kapitel 3.2 und 4.1.

Diskursen und Deutungsmustern etc. angelegt, wenn auch die Wirkungsweise von Diskursen natürlich nicht vollständig in diesen Kategorien aufgeht! Das Wissen über die Merkmale einer Kategorie wird so einem Mitglied als individuelle Eigenschaft zugeordnet. Das bedeutet, dass durch die Verwendung von Kategorien, also die Zuordnung von Individuen als Mitgliedern, gesellschaftliche Strukturen und Diskurse als Wissen über Kategorien situiert werden können und zwar ohne dass diese Diskurse, Strukturen und dieses Wissen im Einzelnen auch immer explizit werden müssten. Vielmehr können Ausschnitte aus dem prinzipiell verfügbaren Wissen über eine Kategorie in situ gewählt und in gebündelter Form in Bezug zu einer Kategorie gesetzt werden (z.B.: „Die Chinesen nehmen es mit der Qualität bei der Produktion nicht so genau, das weiß man ja!" setzt ‚Qualitätsmängel' und ‚Schludrigkeit bei der Produktion' in einen Bezug zur Kategorie ‚Chinesen'). *Drittens* können Mitglieder einer Kategorie als Repräsentanten dieser Kategorie behandelt werden. Sie sind die Zuständigen für diese Kategorie, wenn sie als solche angesprochen werden („Herr Zhang, sie als Chinese…").

Sacks macht deutlich, dass er diese Kategorien nicht als Gruppen im soziologischen Sinne oder gar als organisierte Gruppen betrachtet (ebd.: 41f.). Auch betont er, dass die Bedeutung *einer* Kategorie für die Interaktion Ergebnis einer Herstellungsleistung ist:

„There are these category sets. For any person being talked of, how is it that members go about selecting the set in terms of whose categories that person is going to be talked of? It's perfectly obvious that there is a range of sets whose categories could be used; from the set 'sex', 'a woman'. From 'race', 'a Negro.' From 'religion', 'a Catholic.' From 'occupation', 'a psychiatric social worker,' etc., etc. Each of these categories could apply to the same person. And it's perfectly obvious that Members do use one set's categories for some statements and another set's categories for other statements." (Sacks 1992, Bd.1: 41)

Sacks bezeichnet den *membership categorization device* auch als *MIR-device*, und beschreibt dessen Relevanz:

„'M' stands for membership. 'I' stands for inference-rich, and 'R' stands for representative. That's the core of the machinery. I take it one can readily notice how absolutely central this is, for a vast amount of stuff is handled by Members in terms of categories that it locates and the way it locates them, and the activities that those categories are used to handle." (Sacks 1992, Bd. 1: 41)

Emanuel Schegloff (2001) betont in Anschluss an Sacks die Bedeutung solcher Kategorien auch über die Referenzpraktiken in Gesprächen hinaus als wichtige Aufbewahrungsorte für gesellschaftliche Alltagswissensbestände: „The categories of these collections are one major repository, perhaps the major repository, for commonsense knowledge of the society by members of the society *as* members of the society" (ebd.: 308). Mit dem MIR wird also der Vorgang beschrieben, bei dem Individuen vermittels ihrer Mitgliedschaft in Kategorien Eigenschaften und Aktivitäten zugeschrieben werden, die als Alltagswissensbestände in diesen Kategorien gespeichert sind (z.b. kulturelle Eigenschaften zu national-kulturellen Mitgliedschaften).

Weiter versteht Sacks unter einer ‚Sammlung' (*collection*) von Mitgliedschaftskategorien das gemeinsame ‚Auftreten' (*going together*) bestimmter Kategorien, wie Vater, Mutter, Sohn, Tochter, Großmutter, Großvater etc. in der Sammlung ‚Familie' (Sacks 1992, Bd. 1: 238). Eine weitere Art von MIR-Devices sind auch so genannte „standard(ized) relational pairs" (SRP), wie Mutter-Kind, Lehrer-Schüler, Arzt-Patient oder Verkäufer-Kunde, also Kategorienpaare, die zusammen auftreten und mit reziproken Erwartungen und Verpflichtungen einhergehen (Psathas 1999: 40). Mit *category-bound activities* (CBA) beschreibt Sacks Aktivitäten, die von den Mitgliedern einer Kategorie routinemäßig erwartet werden können (Sacks 1992c: 300ff.) und die bei der Wahl einer Kategorie mitgewählt werden (*co-selection*), wie: Baby-schreien, Chirurg-operieren, Verkäufer-bedienen etc. Auf diese Weise können Mitgliedschaften auch aufgrund von den beobachteten Aktivitäten einer Person dieser Person zugeschrieben werden (Sacks 1992, Bd. 1: 180).

Das Wissen über Kategorien ist außerdem geschützt gegen Induktion (‚*knowledge protected against induction*'), d.h. dass ein von einer Regel abweichender Einzelfall als Mitglied einer Kategorie kein Anlass dazu ist, das Wissen über diese Kategorie in Frage zu stellen. Vielmehr wird er als Ausnahme von der Regel, eben als Abweichung betrachtet. Aus dem Einzelfall wird nicht induktiv auf die ganze Kategorie geschlossen. Kategorien haben also eine recht große ‚Fehlertoleranz' was das Wissen über die Eigenschaften ihrer Mitglieder angeht.[7] (Sacks 1992, Bd. 1: 336).

**Doing gender und doing difference**
Neben Studien in der Konversationsanalyse (z.B. zu interkultureller Kompetenz: Asmuss 2003; in Organisationen: Psathas 1999) hat die Idee der Mitgliedschaftskategorisierung in der Geschlechterforschung (z.B.: Kessler/MacKenna 1978), in

---

[7]Im Gegensatz zu Mitgliedern von ‚Listen', d.h. tatsächlich (namentlich) bekannten Personen, auch wenn man sich auf eine Liste wie auf eine Kategorie beziehen kann (z.B. durch Bezugswörter wie ‚wir' und ‚sie' (Sacks 1992, Bd.1: 335).

der Ethnizitätsforschung (z.b.: Moermann 1975) und in der Intersektionalitätsforschung (z.b.: West/Fenstermaker 1995) bereits Anwendung gefunden. Prominent verwendeten West und Zimmerman (1987) diesen ethnomethodologischen Ansatz in ihrem *doing gender*[8] Konzept, um den Prozess der Herstellung von Geschlecht in sozialen Interkationen zu fokussieren.

Mit dem *doing difference* Konzept legten West und Fenstermaker (1995) eine Erweiterung des *doing gender* Ansatzes um die Kategorien ‚Rasse'/Ethnizität und Klasse für die Intersektionalitätsforschung vor. Dabei geht es den Autorinnen um die Komplettierung eines Rahmens zum Verstehen sozialer Ungleichheit: „[…] we have extended our analysis to consider explicitly the relationships among gender, race, and class, and to reconceptualize ‚difference' as an ongoing interactional accomplishment" (West/Fenstermaker 1995: 9). Sie betrachten die Kategorien Gender, ‚Rasse'/Ethnizität und Klasse nun gemeinsam bzw. gleichzeitig: „We should note that our interest here is not to separate gender, race, and class as social categories but to build a coherent argument for understanding how they work simultaneously" (ebd.: 19). Es sei nämlich so, dass „[n]o person can experience gender without simultaneously experience race and class" (2002: 60). Es geht also um das gleichzeitige ‚Wirken' mehrerer Kategorien.

Am Konzept des *doing difference* wurde der Aspekt der simultanen Relevanz der betrachteten Kategorien kritisiert, weil das Konzept zwar die Koproduktion zweier Kategorien berücksichtige, nicht aber deren Konkurrenz (Hirschauer 2014: 183). Dadurch werde der Anspruch der Omnirelevanz – wie zuvor schon für die Geschlechterdifferenz (Hirschauer 2001: 208) – für mehrere, vorab ausgewählte Kategorien für die soziale Ungleichheit behauptet. Die Möglichkeit, das eine Unterscheidung auch *nicht* hervorgebracht werden kann und eine Kategorie damit ruht, sei deshalb von vornherein ausgeschlossen (ebd.: 182).[9] Hirschauer schlägt „[…] daher vor, ‚doing difference' neu zu fassen, als sinnhafte *Selektion* aus einem Set *konkurrierender* Kategorisierungen, die einen Unterschied schafft, die einen Unterschied macht" (ebd.: 183). Damit ließe sich dann erst die „stetige Bewegung multipler Kategorisierungen zwischen Verstärkung und Überlagerung, Stabilisierung und Vergessen, Thematisierung und Dethematisierung" (ebd.: 181) erfassen.

---

[8]Das Voranstellen eines ‚doing' geht auf eine Idee Sacks zurück, die es ermöglichen soll, die Wahrnehmung von Eigenschaften als natürlich zu befremden und so den Fokus auf deren Hervorbringung zu legen (Sacks 1992, Bd. 2: 215-221).
[9]Im Zusammenhang von ‚undoing nationality', vgl. Frohnen (2011).

Hirschauer (2001: 217ff.) spricht außerdem von der interaktiven Konstitution der Kategoriezugehörigkeiten a) als *Mitgliedschaft* im Unterschied zu b) als *Relationskategorien.* Während in der *Mitgliedschaft* die Zugehörigkeit einer Person lediglich festgestellt wird – und im Verlauf entweder aktiviert oder vernachlässigt werden kann – beinhaltet die *Relationskategorie* die jeweils zweite Kategorie stets mit und kann die betroffenen Personen zu Zuständigen für ihre Kategorie machen, die Zugehörigkeit also situativ aktivieren.

Hirschauers Vorschlag ist für die Betrachtung der Zusammenarbeit deutscher und chinesischer Mitarbeiter anschlussfähig (vgl. Kap. 1) Insbesondere lässt sich damit herausarbeiten, wie ‚Kulturen' als Mitgliedschaftskategorien neben anderen Kategorien-Sets wie ‚Rasse', Ethnizität, Nationalität, Geschlecht, Alter, Profession usw. funktionieren, und wann die Akteure welche der Kategorien-Sets aktivieren bzw. vernachlässigen. Auf diese Weise wird das Problem der Omnirelevanzannahme der Kulturkategorie im dominanten Diskurs (vgl. Kap. 2.2) umgangen, und es lässt sich z.B. beobachten, wann Interviewte mit der Kulturkategorie argumentieren und wann nicht. Neben einem ‚undoing' von nationaler und kultureller Mitgliedschaft kann man dabei auch deren Vergessen bzw. Vernachlässigen beobachten.

## 3.2 Interviews und die ethnomethodologische Perspektive

Wenn ich in dieser Studie Kultur betrachte, gehe ich also nicht von vornherein definierten Differenzen aus, sondern betrachte den Prozess der Differenzierung, durch den diese Differenzen deutlich und wirksam gemacht werden und der zu der Einordnung in die Mitgliedschaftskategorie einer Kultur führt. Außerdem möchte ich die Konstruktionen analysieren, die diese Differenzen zu *Differenzen zwischen Kulturen* machen. Die historisch-diskursive Formung dieser Kategorien wird dabei nur am Rande behandelt (vgl. Kap. 6). Ich konzipiere also Kultur als Mitgliedschaftskategorie und betrachte deren Verwendung durch die Akteure.

Im Sinne der Ethnomethodologie wird sozialer Sinn in der „Vollzugswirklichkeit" hergestellt. Das führt zu besonderen Anforderungen an das Datenmaterial und den Umgang damit (Bergmann 1984). Während man ethnographisch beispielsweise Differenzierungspraktiken des ‚doing being a German CFO managing Chinese colleges' beobachten könnte, lässt sich im Sinne der Ethnomethodologie anhand von Interviews nur die *Darstellung* der Differenz und die Differenzierung im Interview nachvollziehen.

Für einen großen Teil dieser Studie stütze ich mich auf Interviews. Das gewonnene Interviewmaterial hat dabei den Stellenwert verbaler Darstellungen (Hirschauer et al. 2015; ausführlich zum Umgang mit den Interviewdaten, vgl. Kap. 4.1). In Bezug auf mein oben formuliertes Erkenntnisinteresse handelt es sich um *praktische* Differenzierungen in der Interviewsituation (z.B. werden dem Interviewer Mitgliedschaften zugeschrieben) sowie der *Darstellungen* von Differenzierungen und Differenzen im Alltag vermittels des gesprochenen Wortes bzw. der Performance im Interview. Die Darstellungen der Interviewten sind also Begründungsmuster (verbale *accounts*[10]) für kulturelle Differenzierung, für die Legitimität und Selbstverständlichkeit solcher Unterscheidungen. Sie geben Aufschluss über die Herstellung und Verwendung von Kultur als Kategorie der Praxis und ihre Konkurrenz mit anderen Kategorien *in* diesen Darstellungen (nicht: im tatsächlichen Handeln im Alltag), sowie über die Herstellung bzw. Reproduktion ‚kultureller Charakteristiken' als Merkmale von Kulturkategorien in den *Interviews*. Die Darstellungen geben weiterhin Aufschluss darüber, wann eine Situation als eine ‚interkulturelle' eingestuft wird, und wann Interviewte – laut ihrer eigenen Aussage – die Kategorie Kultur für Interaktionen relevant machen. Dabei stellen die Interviewten dar, in welcher Weise sie mit den wahrgenommenen kulturellen Differenzen umgehen und sie geben Begründungen dafür an, warum die Differenz (d.h. warum Kultur) dabei relevant ist. Die Interviews geben auch Hinweise darauf, wann die Differenzierung nach ‚Kulturen' durch konkurrierende Differenzierungen verdrängt wird und wie die Legitimationsstrategien dafür wiederum aussehen. Dabei lässt sich auch beobachten, wie variabel kulturelle Grenzen sind und wie willkürlich die Verwendung kultureller Charakteristiken zur Begründung von Unterschieden.

Mit Hilfe dieses Ansatzes lassen sich Situationen multinationaler Zusammenarbeit nun auch betrachten, ohne die fortwährende Relevanz und Wirkmächtigkeit von ‚Kulturen' unterstellen zu müssen.

---

[10]Wieder (1977: 4) beschreibt *accounts* als „instructions to perception", als methodische Praktiken zur Aufweisung von Sinn und zur Durchführung von Reflexivitätsprozessen (Patzelt 1987: 89ff.).

## 3.3 Präzisierung der Fragestellung

Ausgehend von der Frage nach der Bedeutung von Kultur für die deutsch-chinesische Zusammenarbeit in Unternehmen und vor dem Hintergrund der theoretischen Sensibilisierung kann die Fragestellung der Arbeit nun präzisiert und in verschiedene Unterfragen aufgeteilt werden:

1. Welche Differenz wird wann relevant gemacht?
2. Wann wird Kultur als Differenz relevant, wann ist sie irrelevant?
3. Wie wird begründet, welche Kategorie für die Differenzierung relevant ist? Welche Interdependenzen und Konkurrenzen treten zwischen den verschiedenen Kategorisierungen auf?
4. Welche Bedeutung wird kultureller Differenz bzw. Kultur für die Zusammenarbeit beigemessen?
5. Auf welche Wissensvorräte, Deutungsmuster und Begründungsfiguren wird dabei zurückgegriffen?

Zur Beantwortung der oben gestellten Fragen muss die Auswertung des Materials folgendes Leisten:

a) Sie muss beschreiben, anhand welcher Konzepte Differenzen beschrieben werden (darunter fallen z.B. *Selbst- und Fremdbeschreibungen, symmetrisierende und hierarchisierende Konzepte der Differenzierung*).
b) Sie muss beschreiben, warum *Kultur* als Kategorie für die Zusammenarbeit bedeutsam gemacht werden kann (*Plausibilisierungsstrategien für die Relevanz* (und die Einflussnahme) von Kultur für den Arbeitsprozess).
c) Sie muss beschreiben, warum nicht andere Kategorien für die Differenz relevant gemacht werden (können) (*konkurrierende Differenzierungskategorien*).
d) Sie muss beschreiben, anhand welcher Konzepte die Akteure Kultur verstehen (*Konzeptualisierung von Kultur*).
e) Außerdem beschrieben werden, welche *Wissensvorräte, Deutungsmuster* und *Begründungsfiguren* mit den Kulturkategorien verknüpft werden.

Die Fragen 1. – 5. richte ich an das Datenmaterial und beantworte sie entlang der in der Analyse herausgearbeiteten Konzepte: *Selbst- und Fremdbeschreibungen, Plausibilisierungsstrategien der Relevanz, Konkurrierende Kategorien der Differenzierung* und *Konzeptualisierungen von Kultur*. Diese Konzepte werden außerdem in Bezug auf die Aufgabenbeschreibung und Selbstpositionierung innerhalb der Entsendungsgeschichte relevant.

Mit der Umgehung eines substanziellen Verständnisses von Kultur geht es mir dabei nicht darum, Unterschiede zwischen Lebensweisen, Sprachen, Religionen, Staatsformen, Organisationsweisen, Arbeitsweisen, somatischen Merkmalen, Alltagspraktiken etc. zu leugnen. Vielmehr besteht mein Interesse darin herauszufinden, wann und welche Phänomene in internationaler Zusammenarbeit von den Akteuren (nicht) als kulturell beschrieben werden.

# Forschungsdesign 4

Um die Forschungsfrage nach Differenzierungen vermittels der Konstruktion kategorialer Mitgliedschaften in deutsch-chinesischer Zusammenarbeit empirisch zu erschließen, bieten sich offene, sinnverstehende Verfahren an. Diese ermöglichen es, in der Analyse die Konstruktion kategorialer Mitgliedschaften und die damit verbundenen Sinnzuschreibungen, Diskurse, Wissensvorräte, Alltagstheorien sowie Wahrnehmungs- und Deutungsmuster zu rekonstruieren.

Für die vorliegende Forschungsarbeit wird dazu der Forschungsstil der Grounded Theory in der Forschungstradition von Anselm Strauss verwendet (Strauss 1998; Strauss/Corbin 2010; Clarke 2012; Strübing 2014; Mey/Mruck 2011; Hildenbrand 2010). Die Grounded Theory ist ein Verfahren, das den Forschungsprozess als Ganzes umfassend reflektiert, und dabei von Beginn an eine enge Verschränkung von empirischer Forschung und Theoriebildung anstrebt (Wohlrab-Sahr/Przyborski 2008). Nach Strauss (1998) ist sie auf das generieren und überprüfen von Theorien ausgelegt, wobei sie nicht auf spezielle Datentypen, Forschungsrichtungen oder theoretische Interessen festgelegt ist. Insofern ermöglicht die Grounded Theory eine große Vereinbarkeit methodologischer Vorgehensweisen mit verschiedenen theoretischen Ansätzen. Aus dieser methodischen Liberalität ergibt sich aber auch die Notwendigkeit, die spezifische Vorgehensweise einer jeweiligen Forschungsarbeit und deren Einklang mit der Forschungslogik der Grounded Theory darzulegen (Strübing 2014: 14). Im Folgenden wird daher zunächst die Wahl von Interviews als (vorwiegendes) Instrument der Datenerhebung für die Arbeit diskutiert (4.1). Die Durchführung fremdsprachiger Interviews macht eine (umfangreichere) Darstellung der Erhebung, der Transkription und Übersetzung der Interviews notwendig (4.2). Daraufhin wird das Forschungsvorgehen der vorliegenden Arbeit mit der Grounded Theory dargelegt (4.3), und abschließend ein kurzer Überblick über das dieser Arbeit zugrunde gelegte Sample gegeben.

© Springer Fachmedien Wiesbaden GmbH 2018
A. Dederichs, *Kulturelle Differenzierung in Wirtschaftskooperationen*,
https://doi.org/10.1007/978-3-658-20117-3_4

## 4.1    Datenmaterial: Interviews

Um die Relevanz (kultureller) Differenzen bzw. Differenzierungen in deutsch-chinesischer Zusammenarbeit in Wirtschaftsunternehmen und die damit verknüpften Sinngebungsmuster zu untersuchen, bieten sich verschiedene Möglichkeiten. In der internationalen Managementforschung, der interkulturellen Kommunikationsforschung und einigen angrenzenden Forschungsbereichen sind Ansätze verbreitet, die ,Kulturen' als klar voneinander abgrenzbare Entitäten auffassen, in denen ,Kultur' – als dieser Entität innewohnende Essenz – Handeln weitestgehend determiniert (vgl. Kap. 2.2). Entsprechend können anhand von Fragebögen kulturelle Ausprägungen statistisch erfasst und ,gemessen', und Hypothesen über den Einfluss kultureller Differenz gebildet und getestet werden. In meiner[1] Arbeit geht es aber gerade darum, solche vorab Setzungen der Relevanz kultureller oder anderer kategorial gefasster Differenzen zu vermeiden, um deren Entstehungsprozesse und Wirkmechanismen erst analytisch zugänglich zu machen. Dazu bietet es sich an, leitfadengestützte Interviews mit solchen deutschen und chinesischen Mitarbeitern in deutschen und chinesischen Unternehmen durchzuführen, die Erfahrungen in der Zusammenarbeit mit den Mitgliedern der jeweils anderen nationalen Kategorie während einer Entsendung nach China bzw. nach Deutschland gemacht haben. Als forschungsökonomische Erhebungsinstrumente[2] ermöglichen Interviews trotz ihres punktuellen Charakters vergleichsweise tiefe Einblicke in die Sinngebungsmuster und Alltagstheoretisierungen über (kulturelle) Differenzen aus der Perspektive der Befragten. Forschungspraktisch ermöglichen Interviews aufgrund ihrer zeitlichen Begrenztheit, im Unterschied zu längeren Feldaufenthalten, in der Logik von Wirtschaftsunternehmen – in der Zeit als knappes und wertvolles Gut gehandelt wird – einen recht breit akzeptierten Feldzugang.

Daher entschied ich mich für leitfadengestützte Einzelinterviews als Methode der Materialerhebung, um (kulturelle) Differenzierungen deutscher und chinesischer Angestellter in deutsch-chinesischer Wirtschaftszusammenarbeit, sowie die damit verknüpften Sinngebungs- und Deutungsmuster und (Alltags-)Theoretisierungen zu rekonstruieren.

---

[1]Mit dieser Formulierung möchte ich in diesem Kapitel deutlich machen, wie meine persönliche Perspektive Einfluss auf den Forschungsprozess nimmt.

[2]Breidenstein et al. (2013) sprechen von Interviews als „forschungsökonomisch konzentrierten Erhebungs*punkten*" im Unterschied zu „ausgedehnten Erhebungs*strecken*" in der Ethnografie (ebd.: 34).

Qualitative Forschungsverfahren sind generell an Sinnrekonstruktionen interessiert. Bei der Arbeit mit dem Interviewmaterial geht es nun um das Verstehen *subjektiver* Sinnzuschreibungen, vermittelt über sprachliche Äußerungen als „symbolisch vorstrukturierte Gegenstände" (Helfferich 2009: 21). Dabei gibt es eine Differenz zwischen dem Sinn, den Forschende mit in ihre Untersuchungen einbringen, und dem Sinn, den Informanten verleihen. Dazu mag das Verständnis von Kultur und deren Wirkungsweise als Beispiel dienen: Aus wissenschaftlicher Perspektive kann ich mir den Kulturbegriff anhand seiner historischen Entwicklung und einem Vergleich verschiedener Definitionen verständlich machen. Damit habe ich aber noch keinen Zugang zu dem Verständnis und der alltagspraktischen Verwendung des Kulturbegriffes durch meine Informanten, zu ihren Sinnzuschreibungen und Deutungsmustern in Bezug auf den Kulturbegriff. In der Interviewsituation fließen Sinngebungen des Forschenden und Sinngebungen der Informanten zusammen. Denn sozialer Sinn ist nicht objektiv gegeben, sondern wird als konstruierte Wirklichkeit (klassisch dazu: Berger/Luckmann 2007 [1967]) vielmehr interaktiv hergestellt. Die Interviewsituation trägt in diesem Sinne zu einer (Ko-)Konstruktion des Forschungsgegenstandes (kategoriale Differenzierungen) bei. Denn: „Interviewaussagen [sind] kein transparentes Fenster zum Geist" (Deppermann 2013: [7]) der Befragten. Anhand des Interviews lässt sich also nicht erkennen, ob die darin dargestellten Kognitionen auch im Alltagsleben der Befragten handlungsleitend sind. Es geht dabei nicht darum zu entscheiden, ob das Gesagte wahr oder unwahr ist; die „Sinnhaftigkeitsunterstellung" (Helfferich 2009: 76) unterstellt vielmehr, dass die Befragten ihre Äußerungen selbst für wahr halten. Gegenstand qualitativer Forschung ist gerade „die Rekonstruktion von Wahrheiten als *standortgebundene* und in Bezugssystemen verankerte[n] *subjektive[n]* Theorien […]" (ebd., A.D.). Die Darstellungen im Interview sind zu verstehen als „retrospektive Neukonfiguration der erinnerten Ereignisse, in der assoziative Verknüpfungen und Geltungsansprüche zu Teilen einer neuen, im Lichte der aktuellen Interviewsituation konstituierten Realität werden" (Strübing 2014: 82). Die Arbeitsprämisse bei der Auswertung der Interviews ist also, dass die im Interview vorgenommenen Sinnzuschreibungen und Konstruktionen und die in den Alltagshandlungen tatsächlich Stattfindenden, sinnvoll Bezug aufeinander nehmen.[3]

---

[3]Im Sinne der Ethnomethodologie wäre anhand des Interviewmaterials bestenfalls zu beobachten, wie Interviewer und Befragter die Interviewsituation erzeugen, nicht jedoch, wie kategoriale Differenzierung in der Vollzugswirklichkeit der Interaktionssituationen im Arbeitsleben der Befragten hervorgebracht werden. Zur Stellung des Interviewmaterials in Bezug auf die ethnomethodologische Perspektive, vgl. Kap. 3.2.

Aus sozialkonstruktivistischer Perspektive wird sozialer Sinn in Interviewsituationen in doppelter Weise hergestellt: Erstens in Bezug auf die Wiedergabe der
Kognitionen (biographische und lebensweltliche Erfahrungen) der Befragten, und
zweitens in Bezug auf die konkreten, wechselseitigen Kommunikationsprozesse,
auf die gemeinsame Interaktion in der Interviewsituation (vgl. Helfferich 2009:
22). Für die Interpretation des Interviewmaterials muss daher bei der Rekonstruktion von subjektiven Sinnzuschreibungen, Deutungsmustern, Alltagstheorien,
Legitimationsstrategien, Argumentationsmustern usw. der Befragten, der Kons-
titutionsweise der Interviews Rechnung getragen (Deppermann 2013: [61]), und
neben der Interviewsituation auch die Rolle des Interviewers in die Analyse ein-
bezogen werden.

Die für diese Arbeit gewonnenen *Entsendungsnarrative* deutscher und chinesischer Mitarbeitern geben eine Art Momentaufnahme ihrer aktuellen Alltagssitua-
tion. Die Befragten stehen in einer Situation der beständigen Auseinandersetzung
mit ihrer (Arbeits-)Umwelt, an die das Interview gezielt anknüpft. Im Interview
wird die Entsendungsgeschichte aus Sicht der Befragten der Interviewsituation
angepasst und retrospektiv (z.B. in Bezug auf Erfahrungen mit Kollegen) bzw.
prospektiv (z.B. in Bezug auf die weitere Karriere) neukonstruiert. Alltägliche
Sinngebungsprozesse, etwa konkrete Differenzierungen, werden bei der Schilderung im Interview reproduziert. Selbstständig oder in Aushandlungen mit den
Kollegen entworfene Alltagstheorien – beispielsweise solche über die Wirkungsweise kultureller Differenzen – aber auch diskursiv verfügbare Deutungsmuster, werden für die Darstellung im Interview aktualisiert und formuliert (etwa
durch das Zitieren abwesender Dritter). In diesem Sinne sind Interviews Reso-
nanzräume für Diskurse. In Bezug auf ihre Position und Aufgabe während der
Entsendung nehmen die Befragten im Interview außerdem Selbst- und Fremdpositionierungen durch performatives (Sprach-)Handeln vor, das wiederum Rückschlüsse auf ihre Selbst- und Fremdverortungen und Differenzierungsleistungen
in Bezug auf ihr alltägliches Arbeitshandeln zulässt.

Wechselseitige Selbst- und Fremdpositionierungen finden aber auch zwischen
Interviewer und Interviewtem statt. So werden die Mitgliedschaftszuschreibungen
der Befragten gegenüber mir als Interviewer immer wieder markiert, wobei ich,
je nach Mitgliedschaft der Informanten in verschiedenen Kategorien, jeweils als
zugehörig vereinnahmt oder als nicht-zugehörig ausgegrenzt werde. Ein nationales oder ethnisches „wir", das sich auch auf eine geteilte Kultur ausdehnt, wird
als inkludierende Formulierung häufig von den deutschen Interviewten verwendet, um mich mit einzuschließen. Ein noch vertraulicheres „wir" der ‚China-Ken-
ner' wurde von den deutschen Entsandten mitunter verwendet, falls die Befragten
während des Interviews zufällig von meinen Chinaaufenthalten erfuhren (frei

nach dem Motto: „Dann wissen sie ja, wie das hier ist"). Besonders deutlich werden hingegen Differenzen zu den Entsandten deutscher Unternehmen, wenn auf meiner Seite Unkenntnis von organisationalen Abläufen oder berufsbezogenem Wissen deutlich wurde (vgl. Kap. 5.2).

So werden im Interview zum Teil Differenzierungen reproduziert, die auch in den Darstellungen der Befragten erwähnt werden, wie Gruppenbildung, Zuordnungen, Konstruktion von Gemeinsamkeiten etc. Als ‚national' oder ‚kulturell' markierte In- oder Exklusionen sind dabei weder die einzigen Differenzierungen noch alleinig ausschlaggebend für die „Beziehungskonstellation im Interview" (Deppermann 2013: [15]). So wird mir von einigen Entsandten chinesischer Unternehmen im Interview große Offenheit entgegengebracht, wenn sie über die Unzufriedenheit des Verlaufs der Entsendung und den Umgang mit Vorgesetzten und Kollegen sprechen. In diesem Moment falle ich als Interviewer offenbar nicht in erster Linie in die Kategorie der ‚national Anderen', sondern in die Kategorie der ‚nicht zum Arbeitsumfeld Gehörenden', dem auch die persönliche Meinung über seine ‚national-kulturellen Verwandten' anvertraut werden kann. Gerade dadurch, dass ich in der Kategorie ‚Firmenzugehörigkeit' Unbeteiligter bin, wird die Mitgliedschaft in der Kategorie der ‚anderen Nationalkultur' nicht zum Anlass für Zurückhaltung.

Die Kontakte zu den Informanten wurden teils durch offizielle Anfragen bei Unternehmen hergestellt, teils auf privatem Wege vermittelt. Für die offiziellen Anfragen griff ich auf die Firmen-Datenbanken der Industrie und Handelskammern (IHK) verschiedener Bundesländer im Internet zurück, die Auskunft über die Auslandsaktivitäten deutscher Unternehmen geben. Die infrage kommenden Unternehmen kontaktierte ich dann zunächst telefonisch. Bei einer positiven ersten Rückmeldung sandte ich im nächsten Schritt eine Skizze meines Forschungsvorhabens mit der Bitte um die Vermittlung von Interviewpartnern mit Erfahrung in der Zusammenarbeit mit chinesischen Kollegen in China. Einschränkungen in Bezug auf die hierarchische Position der Informanten oder die Dauer des Aufenthaltes nahm ich nicht vor. Wenn mir dabei auch oft abschlägiger Bescheid erteilt wurde[4], so bekam ich auf diesem Weg doch Zugang zu einem Großteil der deutschen Informanten in meinem Sample. Auf privatem Wege erhielt ich außerdem Kontakt zu einem ehemaligen Manager mit langjähriger Chinaerfahrung und mehreren Entsandten, die für die Inbetriebnahme verschiedener Anlagentypen Chinaaufenthalte zwischen vier Wochen und drei Monaten hinter sich hatten.

---

[4]Insbesondere Unternehmen, die zuvor anteilig oder vollständig an chinesische Investoren übergegangen waren, reagierten sehr sensibel.

Die Gewinnung von Informanten durch Datenbankrecherche war mir bei chinesischen Unternehmen nicht möglich. Eine mit der IHK-Datenbank vergleichbare Quelle über die Aktivitäten chinesischer Unternehmen in Deutschland befanden sich zu Beginn meiner Forschungsarbeit erst im Aufbau. Auch zum jetzigen Zeitpunkt erhalten nur Mitglieder der Chinesischen Handelskammer in Deutschland (CHKD) Zugang zu diesen Daten.[5] Daher kamen die Kontakte zu chinesischen Informanten auf privatem Wege bzw. über einen meiner Betreuer zustande.

Um zu diesem Feld mit erhöhter Sensibilität gegenüber Außenstehenden (vgl. Kap. 1) überhaupt die Möglichkeit eines Zugangs zu erhalten, war es notwendig, mein Forschungsvorhaben explizit mitzuteilen und die interessierenden Eigenschaften der potentiellen Informanten darzulegen. In meiner Anfrage gab ich die Erforschung der Bedeutung alltäglicher kultureller Routinen in der Zusammenarbeit deutscher und chinesischer Mitarbeiter als Forschungsinteresse an. Dazu suchte ich nach Teilnehmenden für Interviews, die Erfahrung mit der Entsendung nach China/Deutschland und in der Zusammenarbeit mit Chinesen/ Deutschen hatten. Diese Mitteilungen setzten von vornherein einen Relevanz- und Erwartungsrahmen, der das Interview potentiell „präformiert" (Deppermann 2013: [29]). Da insbesondere die Entsandten deutscher Unternehmen auch im Arbeitszusammenhang mit der interkulturellen Thematik (beispielsweise durch interkulturelle Trainings) konfrontiert werden, ist eine entsprechende Rahmensetzung in den Interviews zu erwarten. Für die Kontaktaufnahme bemühte ich mich darum, die Befragten nicht explizit als *Deutsche* oder *Chinesen* sondern als *Entsandte* anzusprechen, und auch den Aspekt der kategorialen Differenzierung nicht als Forschungsgegenstand hervorzuheben. Durch das Kriterium *Entsendung nach Deutschland bzw. China* wurde eine nationale Differenz aber immer schon gesetzt, die es bei der Interpretation des Materials zu berücksichtigen gilt.

Je nach Zustandekommen des Kontaktes wurden die Interviews in den Büro- bzw. Konferenzräumen der Unternehmen oder in den Privatwohnungen der Informanten und überwiegend unter vier Augen durchgeführt. Diese zeitlich stark begrenzten aber dennoch aufschlussreichen Feldaufenthalte boten mir Einblicke in die Arbeitsumgebung der Befragten. So war die durch räumliche Anordnung repräsentierte Hierarchie innerhalb von Bürogebäuden ein aufschlussreicher

---

[5]Seit Mai 2013 gibt es eine chinesische Handelskammer in Berlin, die eine Datenbank über chinesische Unternehmen mit Aktivitäten in Deutschland führt. Die Mitgliedschaft chinesischer Unternehmen in Deutschland in der CHKD ist freiwillig (CHKD 2017: http://chk-de. org/de/mitgeliederzentrale/ (Zugriff 14.02.2017)).

Aspekt des Interviewsettings über den (inszenierten) Status der Informanten: Entsprechend der Position der Befragten wurde ich mal im geräumigen Chefbüro, mal im eigens für das Interview reservierten Konferenzraum empfangen.

Die Dauer der deutschsprachigen Interviews variierte zwischen 45 Minuten und über zwei Stunden, wobei der Großteil der Interviews etwas weniger als eine Stunde Zeit in Anspruch nahm. Die chinesisch-sprachigen Interviews waren im Vergleich dazu mit 20 bis 46 Minuten Länge in der Regel kürzer (vgl. Kap. 4.2).

Abgesehen davon schien es bei allen Befragten ein recht hohes Mitteilungsbedürfnis über die aktuelle oder abgeschlossene Entsendung zu geben. Unabhängig von der Vertragslaufzeit und der Position wurden die Entsendungen als außergewöhnlich wahrgenommen und dargestellt. Besonders auffällig wurde das bei ausschließlich retrospektiven Entsendenarrativen, deren Erzählstil sich durch zahlreiche Anekdoten, Spannungsbögen, Pointen und (überraschende) Wendungen auszeichnete. Es ist anzunehmen, dass es sich bei den so im Interview präsentierten Geschichten um Aktualisierungen vorgefertigter Erzählungen aus Alltagszusammenhängen der Befragten handelt (etwa einen Reisebericht unter Freunden). In einigen Fällen schien das Interview aber auch eine Art Ventilfunktion zu besitzen.

Für Gespräche mit mehreren Expatriates eines deutschen Unternehmens in China ergab sich nur die Möglichkeit von Telefoninterviews. Die Gesprächssituation während der Telefoninterviews bietet gegenüber Face-to-Face Interviews weniger reziproke Wahrnehmungsmöglichkeiten, da die Kommunikation auf die Audioübertragung beschränkt ist. Diese Telefongespräche ergaben dennoch äußerst ergiebiges Interviewmaterial, aus dem ich in zwei Fällen umfangreiche Fallbeispiele erarbeitete. Die Telefoninterviews reproduzierten außerdem die Problematik der zeitlichen Synchronisierung von Kommunikation in einem transnationalen Kommunikationsraum (Deutschland/China), mit der die Expatriates auch im Austausch mit der Firmenzentrale konfrontiert sind. Bei einigen chinesischen Expatriates ergab sich im Verlauf ihres Aufenthaltes in Deutschland die Möglichkeit zu Zweitinterviews, wodurch Entwicklungen im Verlauf der Entsendung vertiefend betrachtet werden konnten (vgl. Kap. 7). Die Phase der Materialgewinnung dauerte von Dezember 2011 bis November 2013.

Die für die Interviews konzipierten Leitfäden waren in mehrere Themenblöcke gegliedert, die im Sinne einer Vermittlung zwischen Offenheit und Strukturiertheit (vgl. Kruse 2015: 203-204) durch Erzählstimuli und immanente Nachfragen behandelt wurden. Wichtig war es mir dabei, die Befragten nicht durch die Erzählstimuli von Beginn an zu bestimmten Differenzierungen in ihrer Darstellung zu drängen, um diverse Mitgliedschaften nicht a priori als relevante Differenzierungskategorien zu setzen.

Dazu begann ich mit Fragen nach der Entsendungsgeschichte der Informanten, um eine berufsbiographische Einstiegspassage darüber zu erhalten, wie sie zu
dieser Position gekommen sind. Daran schlossen sich Fragen nach dem Arbeits-
auftrag, der Zusammenarbeit mit den jeweiligen Kollegen und der Beschreibung konkreter Tätigkeiten am Entsendungsort an. Die Leitfäden umfassten im
Anschluss an diese Themenblöcke aber auch direkte Fragen, die eine kulturelle
Typisierung der ‚Anderen' entlang verbreiteter Deutungsmuster gerade provozierte (ebd.: 220-221), wodurch immer eine Auseinandersetzung mit dieser Thematik stattfand. Die Gesprächsführung orientierte sich an den Relevanzstrukturen
der Befragten (Przyborski/Wohlrab-Sahr 2008: 139), weshalb die hier genannten
Themen nicht immer in dieser Reihenfolge behandelt wurden. Die zum Teil stark
variierenden externen Umstände der Entsendungen machten mitunter eine Anpassung der Leitfäden notwendig.

Zur Ergänzung des Interviewmaterials wurden auch gesellschaftliche bzw.
mediale Diskurse und Dokumente aus dem Untersuchungsfeld (Broschüren,
Internet-Repräsentationen und Onlineveröffentlichungen der Unternehmen),
genauso wie die Beobachtungen im Untersuchungsfeld während der Interviewtermine, herangezogen. In einem Fall erhielt ich eine kurze Rückmeldung über die
Reintegration eines Entsandten in den chinesischen Mutterkonzern. Insbesondere
für die historische Rekonstruktion des Deutungsmusters *Gesichtsverlust* (vgl.
Kap. 6) war eine umfangreichere Literaturrecherche notwendig.

## 4.2    Fremdsprachige Interviews

In der Literatur über qualitative Interviewforschung in und mit fremden Sprachen[6] werden die Schwierigkeiten der Benutzung von Fremdsprachen (für die
Befragten, die Interviewenden oder beide) für Interviewsituationen in den letzten Jahren zunehmend thematisiert (u.a.: Bettmann/Roslon 2013; Kruse et al.

---

[6]‚Fremdsprache' ist natürlich ein relativer Begriff. Im Zusammenhang der skizzierten Diskussion sind mit Fremdsprachen zumeist die der Forschungssprache fremden Sprachen
gemeint. Für eine höhere Eindeutigkeit werde ich in Zusammenhang mit Übersetzungen
die Begriffe *Ausgangssprache* und *Zielsprache* verwenden.

2012; Enzenhofer/Resch 2013, 2011).[7] Tenor ist, das qualitative Interviews in der Muttersprache der Interviewten durchgeführt werden sollten.[8] Außerdem sollten die Interviews idealerweise von den Forschenden selbst durchgeführt werden, obwohl zum Einsatz von Dolmetschern oder als Interviewern angelernten Muttersprachlern sowohl negative als auch positive Erfahrungen geschildert werden (ebd.).

Für meine eigene Arbeit habe ich die Möglichkeit der sprachlichen Entfaltung der Interviewten meiner Verständnis- und Reaktionsmöglichkeiten im Interview übergeordnet, auch wenn ich selbst dadurch in den Interviews an sprachlicher Flexibilität einbüßte. Den Interviewten sollte die Möglichkeit zu einem sprachlich ungehemmten und dadurch freien Erzählen gegeben werden.

Die Frage nach der Interviewsprache klärte sich oft ganz selbstverständlich: Sie wurde dann überhaupt nicht zur Frage, wenn ich Informanten kontaktierte, die Deutsch auf muttersprachlichem Niveau beherrschten. Bei den chinesischen Informanten bot ich an, das Interview wahlweise in deutscher, englischer oder chinesischer Sprache zu führen. In den in chinesischer Sprache geführten Interviews kam es aufgrund meiner aus dem Sinologiestudium zwar guten aber begrenzten Sprachkenntnisse gelegentlich zu Verständnisschwierigkeiten, die dann auf Nachfrage geklärt werden konnten. Meine mangelnde sprachliche Flexibilität machte sich auch in der durchschnittlichen Dauer dieser Interviews bemerkbar. In einem Fall sprach ein Interviewter ein dialektal gefärbtes Chinesisch, dessen Verständnis mir in der Interviewsituation große Schwierigkeiten bereitete, weshalb sich keine sinnvolle Möglichkeit für Rückfragen ergab. Dieses Interview dauerte nur knappe zwanzig Minuten. Von diesem Fall abgesehen hatte ich den Eindruck, dass die Möglichkeit für die Interviewten, in ihrer Muttersprache über ihre Entsendungssituation zu sprechen, für die Qualität der Interviews äußerst zuträglich war. Die Grenzen meiner Sprachfähigkeiten bleiben mir dennoch schmerzlich bewusst.

---

[7]Innerhalb der DGS wurde die Thematik von der Sektion ‚Methoden der qualitativen Sozialforschung' im November 2008 im Rahmen einer Arbeitstagung „Mehrsprachigkeit in qualitativen Forschungsdesigns" aufgegriffen.

[8]In der Antwort auf eine qualitative Email-Befragung von Kruse und Schmieder zu dieser Thematik heißt es: „*'Die Interviews auf jeden Fall in der Muttersprache durchführen. Die sprachliche Kompetenz der Interviewerin/des Interviewers in der Interviewsprache ist nicht von so zentraler Bedeutung, es müssen angemessene Aufrechterhaltungs- und Vertiefungsfragen gestellt werden können'*" (Kruse/Schmieder 2012: 248-249).

**Fremdverstehen**

Verschiedentlich wird der Vorgang des Fremdverstehens in der so genannten interkulturellen Kommunikation im Allgemeinen und in interkulturellen Interviewsettings im Besonderen beleuchtet (Alpermann 2012; Broszinsky-Schwabe 2011; Schröer 2009). In seiner hermeneutisch-wissenssoziologischen Betrachtung stellt Schröer dazu zunächst fest: „[…] intercultural understanding can be at least approximately achieved because it is different only in degree, but not in essence, from the problem of intra-cultural understanding" (2009: [1]). Damit lehnt sich Schröer an Alfred Schütz (1974: 148ff.) an, nach dem Verstehen *stets* ein Fremdverstehen ist. Den Menschen tritt eine Wirklichkeit gegenüber, der durch sie selbst und andere bereits Sinn verliehen wurde – ein Kerngedanke des Sozialkonstruktivismus (Berger/Luckmann 2007: 139ff.). Die Verstehensprozesse im Alltag wie auch im Interview bauen auf diesen vorangegangenen Verstehensleistungen und Sinnzuschreibungen auf.

Die sprachliche Verständigung sollte nun aber nicht als Übermitteln fertiger Sinn-Pakete von Alter an Ego und umgekehrt missverstanden werden. Mit den Ergebnissen der Konversationsanalyse ist vielmehr davon auszugehen, dass kommunikativer Sinn als prozessuales Resultat eines wechselseitigen Interaktionsprozesses hergestellt wird. Alter nimmt dazu auf der Basis seines Wissenshintergrundes bzw. Relevanzsystems eine Deutung dessen vor, was von Ego mitgeteilt wird. Diese Relevanzsysteme haben einen semantisch-indexikalen[9] Charakter. Die von Alter mitgeteilten Botschaften kann Ego indes nur verstehen, wenn er sie in das eigene semantisch-indexikalische Relevanzsystem übersetzt (Kruse et al. 2011: 13ff.) In der Alltagskommunikation wird diese Übersetzungsleistung nach Schütz mit der Idealisierung der „Reziprozität der Perspektive"[10] (Schütz/Luckmann 2003 [1979]: 98f.) aber ausgeblendet und tritt dort deutlich erst wieder hervor, wenn Alter Ego bewusst als fremd wahrnimmt, beispielsweise wenn eine Situation als *interkulturell* wahrgenommen wird.

---

[9]Mit der Indexikalität menschlicher Sprache wird zum ersten die Situations- und Kontextgebundenheit von Sprechakten bezeichnet, und zum zweiten die Notwendigkeit weiterer Begriffe und Sprechakte für deren Deutbarkeit. Alle Begriffe sind notwendigerweise indexikal, d.h. sie bilden lediglich einen Index, der auf individuelle Wissensbestände bzw. Relevanzsysteme verweist.

[10]Schütz fasst mit dieser Bezeichnung zwei *Grundaxiome* der sozialisierten natürlichen Einstellung zusammen: Die Idealisierung der *Vertauschbarkeit der Standpunkte*, also die Annahme, der Andere würde genauso handeln wie ich, wäre er an meiner Stelle, und die Idealisierung der *Kongruenz der Relevanzsysteme*, also die Annahme, dass unsere Relevanzsysteme hinreichend übereinstimmen, um uns zu verständigen und zu interagieren (Schütz/Luckmann 2003: 98-99).

Die Übersetzung von Botschaften in die eigenen Relevanzsysteme findet nicht anders auch in interkultureller Interviewforschung statt: „[...] the researcher has no choice but to use the own biography and cultural background as the contextual basis for approaching the foreign culture. The foreign culture presents itself to him or her only in fragments" (Schröer 2009: [14]).

Die Übersetzung in das jeweils eigene Relevanzsystem findet also gleichermaßen bei der so genannten *intra*-kulturellen, wie auch bei der *inter*-kulturellen Kommunikation statt. Der unterstellte Unterschied ist, dass den Akteuren in *inter*-kultureller Kommunikation weniger gemeinsame Bezugsrahmen zur Verfügung stehen als in der *intra*-kulturellen Kommunikation. Die Vermutung unterschiedlicher Bezugssysteme aufgrund unterschiedlicher kategorialer Mitgliedschaften behandelt Kultur dabei als ontologischen Gegenstandsbereich erster Ordnung. Die Perspektive zweiter Ordnung relativiert nun diese Bedeutung von Kultur, weil das Interview als Situation interaktiver Sinnkonstruktion betrachte wird. Dennoch komme ich nicht völlig umhin, selber mit den Kategorisierungen zu arbeiten, die ich eigentlich erforschen möchte. So treffe ich zum Teil die gleichen Unterscheidungen und stelle die gleichen Fragen wie die Befragten, wenn ich z.B. schon bei der Auswahl der Interviewpartner nach chinesischen und deutschen Mitarbeitern differenziere.[11]

Zu berücksichtigen seien bei interkultureller Forschung auch unterschiedliche Kommunikationsmuster[12] (Alpermann 2012). Typische chinesische Kommunikationsmuster und „kulturelle Basisregeln des Erzählens" (Matthes 1985: 319)[13] wurden in der Vergangenheit bereits herausgearbeitet (Matthes 2005, 1985; Shi 2003;

---

[11]Siehe dazu auch die ethnographische Studie Breidensteins (1997) im Zusammenhang der Geschlechterunterscheidung in Schulklassen. Darin wird festgestellt, dass die Forschenden in ihren Feldnotizen die gleichen kategorialen Unterscheidungen (nämlich nach Geschlecht) relevant setzen, wie die Akteure im Feld (ebd.: 346-349).

[12]Im Forschungsbereich der interkulturellen Kommunikation werden vor allem direkte und indirekte Kommunikationsstile unterschieden (Broszinsky-Schwabe 2011: 112). Der deutsche Kommunikationsstil wäre dem ersteren, der chinesische dem letzteren Typ zuzuordnen. Schreiter (2015: 63ff.) sieht in ihrer Studie auch Zusammenhänge zwischen Kommunikationsstilen, Gesicht und Harmonie.

[13]Joachim Matthes (1985) wies schon früh auf die Gefahr einer eurozentrischen Universalisierung der methodologischen und wissenstheoretischen Grundlegung der erzählanalytischen Methode hin, und sah die Notwendigkeit eines „substanziell-kultursoziologischen Kollektivs" (ebd.: 324) für die Aufdeckung „Kultureller Basisregeln des Erzählens" (ebd.: 320) in der Ausgangskultur. Für den „fern-östlichen" Kontext merkt er an, dass dort die isolierte und abstrakte Frage-Antwort Routinen der westlichen Sozialforschung nicht als alltäglich Handlungsmuster vertraut sind, und die Befragten ihre Antworten außerdem danach

Lin-Huber 2001; Günthner 1993). So stellt Shi (2003: 119-120) als chinesischen kommunikativen Stil beispielsweise heraus, dass auf Fragen hin zunächst eine Fülle von Fakten und Informationen geliefert werden, die das Feld bereiten für die eigentliche Beantwortung der Interviewerfrage ganz am Ende eines Redezuges. Diese rhetorische Struktur „'zuerst die Ursache, dann die Wirkung' (*qianyin houguo*)" sieht Shi sowohl in der chinesischen Kultur (zunächst Hintergrundinformationen und soziale Beziehungen klären und dann eine Aussage treffen) als auch in der chinesischen Sprache auf syntaktischer Ebene (Kausalsätze stehen immer an erster Stelle) verankert (ebd.). Auch beschlössen chinesische Interviewte ihre Aussagen gerne mit Vagheitsmarkierungen oder Äußerungen, die das Gesagte wieder in Frage stellen, da allzu selbstsicheres Auftreten nach den chinesischen Höflichkeitsregeln als Arroganz wahrgenommen werden könnte. Außerdem hätten chinesischen Gesprächspartner einen Hang zur Generalisierung.[14] (Shi 2003: 50-123)

In meinen Interviews mit Entsandten chinesischer Firmen habe ich diesbezüglich sehr unterschiedliche Erfahrungen gemacht. Abgesehen davon, dass es sich bei diesen Kommunikationsmustern um *Tendenzen* handelt, variierte deren Auftreten außerdem kontextspezifisch und mit unterschiedlichen Informanten, was auch in den biographischen Erfahrungen der Befragten, ihrer Position im Unternehmen und – in Zusammenhang damit – in ihrer relativen Position zum Interviewer begründet liegt.

Im Anschluss an die Diskussion der Erhebung fremdsprachigen Interviewmaterials möchte ich nun noch auf dessen Aufbereitung für die Analyse eingehen. Für den Umgang mit chinesisch-sprachigem Datenmaterial ergeben sich dabei neben dem Übersetzungsproblem zusätzlich noch Fragen der Transkription in nicht alphabetischer Schrift. Daher diskutiere ich im Folgenden meine Vorgehensweise im Umgang mit den Aspekten der Transkription (4.2.1) und Übersetzung (4.2.2) des chinesisch-sprachigen Datenmaterials.

---

richten würden, was der Fragende gerne hören würde, um ihm nicht mit unvertrauten oder unverständlichen Antworten einen Gesichtsverlust zuzumuten. Auch sei die Zweierbeziehung der Interviewsituation dort untypisch, und die Interviews gerieten im Handumdrehen zu kollektiven Gesprächssituationen.

[14]Unterdessen sind solche Hinweise mit Vorsicht zu genießen. Auch wenn sie als Ergebnisse empirischer Forschung bestimmten Gütekriterien Rechnung tragen, so sind sie doch historisch kontextualisierte Beschreibungsmuster einer ‚anderen Kultur'. Noch zu Beginn des 20. Jahrhunderts hätte der damals legitime Hinweis auf „Das Fehlen der Aufrichtigkeit" (Smith 1900 [1890]: 179) bei ‚den Chinesen' Interviews als Instrument der Datenerhebung gänzlich ad absurdum geführt. Klassisch zur Thematik: *Über das Denken und Fühlen der Chinesen* (Eberhard 1987).

## 4.2.1 Transkription

Die Arbeit mit sinnrekonstruktiven Analysemethoden in der qualitativen Sozialforschung erfordert die Transkription der aufgezeichneten Interviewdaten. Ziel der Verschriftlichung des Interviewmaterials ist die zeitliche Entbundenheit, die eine vom Handlungsdruck entlastete methodisch systematische Analyse ermöglicht (Kruse 2015: 350; Kowall/O'Conell 2010; Soeffner 1979: 330). Was das Notationssystem dabei alles erfassen muss, hängt einerseits stark vom Forschungsinteresse und der verwendeten Methode ab und wird andererseits in der Forschungspraxis auch unterschiedlich gehandhabt und ausgelegt. Von verschiedenen Autoren werden die in der sozialwissenschaftlichen Forschungspraxis verbreiteten „simplifizierende[n] oder naive[n] Praktiken der Überführung von ‚eingefangenen Gesprächen' in eine textuelle Form" (Kruse 2015: 349) und die damit von vornherein starke Reduktion der „potentiell erreichbaren Analysetiefe" (ebd.) kritisiert. Für die Bedeutungskonstitution in Gesprächen ist eben nicht nur die lexikale Bedeutung der Wörter, sondern sind gerade auch deren performative Aspekte relevant (Przyborski 2004: 27). Daher muss für die sinnrekonstruktive Analyse qualitativer Interviews nicht nur das *Was*, sondern auch das *Wie* des Gesagten transkribiert werden (Kruse 2015: 342ff.).

Das bedeutet konkret, dass bei der Transkription sowohl wortsemantische als auch prosodische Aspekte der Audio-Aufzeichnung visualisiert werden müssen. Im Englischen und im Deutschen haben diese Erkenntnisse im Rahmen der Anwendung verschiedener qualitativer Methoden zu unterschiedlichen Transkriptionssystemen und -standards[15] geführt, die sich auf alle alphabetischen Schriften relativ unproblematisch übertragen lassen. Bei der Verschriftlichung chinesischsprachigen[16] Datenmaterials aber ist man vor die Wahl zwischen chinesischen

---

[15]Z.B. in der Konversationsanalyse (Sacks et al. 1974; Jefferson 1972), das Gesprächsanalytische Transkriptionssystem 2 (GAT2) in der Gesprächsanalyse (Selting et al. 2009), und für die Sprachwissenschaften das HIAT-System (Halbinterpretative Arbeitstranskription) in der linguistischen Diskursanalyse (Ehlich/Rehbein 1976; 2004).

[16]Das Han-Chinesische wird in acht Hauptdialekte unterteilt, die wiederum zahlreiche regionale dialektale Variationen aufweisen, und die unter anderen politischen Verhältnissen möglicherweise als eigene Sprachen angesehen würden (vgl. Cheng/Pasierbsky 2006).

Schriftzeichen und deren phonetischer Umschrift, dem *Hanyu Pinyin* (kurz: *Pinyin*)[17] gestellt, was für die Transkription einige Fragen aufwirft.

Das Verhältnis des *Pinyin* zum gesprochenen Wort ist phonetischer, das der Schriftzeichen zum gesprochenen Wort semantischer Natur. In phonetischer Hinsicht stellen die chinesischen Schriftzeichen gegenüber Buchstaben gröbere Notationszeichen dar, da sie in der Regel nicht einzelne Laute, sondern meist aus mehreren Lauten bestehende Silben abbilden (z.B. 我们 *wǒ\men* (,wir')). *Pinyin* scheint als Basis des Notationssystems daher zunächst naheliegend, ermöglicht es doch anscheinend eine höhere phonetische Präzision und international bessere Lesbarkeit. Allerdings wäre auch *Pinyin* bei der Darstellung der phonetischen Besonderheiten von Dialekten nur bedingt hilfreich, da diese normative Umschrift die idealisierte Standardaussprache des Hochchinesischen[18] abbildet, und eine an der tatsächlichen Aussprache orientierte Verwendung des *Pinyin* dessen Verständnis unverhältnismäßig erschweren würde. Für die Darstellungen in Veröffentlichungen stellt sich auch die Frage, welchen Gewinn Lesende, die des Chinesischen nicht mächtig sind, von der *Pinyin*-Umschrift haben: Aus der vagen Möglichkeit zur Aussprache (auch das korrekte Lesen von *Pinyin* muss ja erlernt werden) ergibt sich ja noch kein semantisches Verständnis. Allerdings lassen sich aus mehreren chinesischen Schriftzeichen bestehende Wortbildungen im *Pinyin* besser nachvollziehen. Die Zeichenschrift hingegen gewährleistet

---

[17]*Hànyǔ Pīnyīn Fāng'àn* (,Programm zur Fixierung der Laute im Chinesischen') ist seit 1958 die offizielle romanische Umschrift chinesischer Schriftzeichen in der VR-China und (seit 2008) auch der Republik Taiwan (Pasierbsky 1977). Die Tonalität des Chinesischen wird (wie Oben) im Pinyin mit den so genannten diakritischen Zeichen über den Vokalen notiert, auf die in dieser Arbeit nur zurückgegriffen wird, wenn es inhaltlich sinnvoll erscheint. Es existieren noch etliche weitere Romanisierungssysteme bzw. Silbenumschriften westlicher und chinesischer Herkunft für chinesische Schriftzeichen, allerdings löst keine dieser Umschriften die im Weiteren geschilderten Schwierigkeiten.

[18]*Putong hua* (,normale Sprache') ist die Bezeichnung der in der Volksrepublik gebräuchlichen Standardsprache, wie sie auch in den Schulen gelehrt und in offiziellen Dokumenten verwendet wird. Synonym dazu wird häufig der Begriff *Hanyu* (,Sprache der Han') verwendet, der aber eigentlich alle Dialektgruppen des Han-Chinesischen umfasst. 92% der Bevölkerung, so heißt es, sprächen *Hanyu* (vgl. Kupfer 2003). Der für das Chinesische ebenfalls verbreitete Begriff ,Mandarin' (*guanhua*) bezeichnet eigentlich den Dialekt von Chinas Nordosten, zugleich die *lingua franca* des Staatsapparates im Kaiserreich, die von der Ende des 19. Jahrhunderts erscheinende Presse Chinas in *baihua* umbenannt wurde und dabei half, eine ,Nationalsprache' (*guoyu*) als nationales Kommunikationsmedium und ideologisches Fundament des aufkommenden Nationalismus zu schaffen (Kaske 2004: 265-66).

aufgrund der großen Homonymität[19] des Chinesischen eine höhere semantische Genauigkeit und ist vor allem deutlich effizienter für den Gebrauch. Das bringt bei der Transkription und Analyse des Materials eine erhebliche Zeitersparnis mit sich, weshalb ich mich für die Verschriftlichung der chinesisch-sprachigen Interviews in Kurzzeichen[20] entschied.[21] Anders als einige Studien mit linguistischem Forschungsinteresse (z.B.: Günthner 1993) verwendete ich weder bei der Transkription der Interviews noch bei der Darstellung von Interviewauszügen in dieser Arbeit *Pinyin*.

Schwierigkeiten gegenüber alphabetischen Notationssystemen ergeben sich bei der Transkription mit Zeichen vor allem bei der Kennzeichnung einzelner Laute, da die Schriftzeichen in der Regel Silben, also eine Kombination von Lauten, darstellen. So ließen sich dialektale Färbungen, die ich bei deutsch-sprachigen Interviews standardmäßig mit transkribierte, bei der Transkription der chinesischen-sprachigen Interviews in chinesischen Schriftzeichen nicht darstellen.[22] Auch lässt sich die Dopplung oder Verschleifung einzelner Laute mit Schriftzeichen allein nicht darstellen. Lautmalerische Verschriftlichungen parasprachlicher Äußerungen hingegen, wie der Planungsindikator *è* (呃 (‚äh')) lassen sich mit Schriftzeichen als sinnhafte Phone darstellen. In Einzelfällen verwendete ich für die Notation parasprachlicher Äußerungen Alphabetschrift, so z.B. für das Luftgeräusch eines Einatmens durch die Zähne („chch"), eine Angewohnheit eines Interviewten. Für meine Analysearbeit stellten diese Einschränkungen aber kaum ein praktisches Hindernis dar, da mein Forschungsinteresse nicht im sprachwissenschaftlichen Bereich liegt. Die unterschiedliche regionale Herkunft der chinesischen Interviewpartner konnte

---

[19]Das liegt zum einen in dem relativ geringen Silbeninventar von etwa 400 Silben begründet, zum anderen in der Tonalität des Chinesischen. Bei fünf verschiedenen Tonkurven ergeben sich ca. 1300 phonologisch diskriminierbare Silben (Guder 2016). Homonyme bezeichnen Worte (bzw. Silben) mit gleicher Schreibweise (Homographie) oder gleicher Aussprache (Homophonie) aber verschiedenen Bedeutungen. Im Deutschen sind Homonyme vergleichsweise selten, z.B. mŏdern/modérn (Homograph) oder Mann/man (Homophon). Ein Beispiel für die hohe Homonymität des Chinesischen ist der folgende Satz: *Māma mà mámă ma?* (‚Schimpft die Mutter das Hanfpferd?'), der ohne Angaben von diakritischen Zeichen semantisch schwierig nachvollziehbar ist.

[20]Man unterscheidet zwischen chinesischen Langzeichen und Kurzzeichen, beides sind so genannte Sinographeme (Guder 2016). Chinesische Kurzzeichen wurden in der Volksrepublik China im Zuge der Schriftreform ab 1956 eingeführt; für eine ausführliche Darstellung, siehe Pasierbsky (1977).

[21]Für die Verschriftlichung von 45 Minuten chinesisch-sprachigen Interviewmaterials benötigte ich inklusive Korrekturzeit ca. 16 Stunden.

[22]Eine am Klang orientierte Transkription mit *Pinyin* würde das Verständnis des Textes unverhältnismäßig erschweren.

im Falle dieser Arbeit auch ohne die Transkription dialektaler Färbungen berücksichtigt werden.[23]

Neben diesen Schwierigkeiten der Notation, die das Transkribieren in Zeichenschrift mit sich bringt, stellt sich aber auch die Frage des konstruktiven Charakters von Transkripten in Zeichenschrift gegenüber denen in Alphabetschrift.
Audio-Aufzeichnungen von Interviews gehen bereits mit einer erheblichen Selektion und Reduktion des Datenmaterials der Interviewsituation einher. Was von der
Audio-Aufnahme dann tatsächlich verschriftlicht wird, hängt wiederum von Entscheidungen des Transkribenten während des Transkribierens ab.

Mit der Verwendung des alphabetischen Schriftsystems bei der Transkription
von Audio-Daten im Deutschen ergibt sich die Möglichkeit zur buchstabengenauen
Notation phonetischer Aspekte in den Transkripten. Dadurch ergibt sich ein hohes
phonetisches Präzisionsniveau, das mit dem Eindruck der Objektivität des Transkriptes einhergehen kann. Anders als die Buchstaben des Alphabets verweisen chinesische Zeichen aber in erster Linie auf den semantischen Gehalt, nicht auf den
phonetischen. Wenn in chinesischen Schriftzeichen transkribiert wird, muss der
Transkribent Laute in ein semantisch aufgeladenes Zeichen überführen und sich auf
ein Zeichen festlegen. Der Vorgang geht also mit einer Interpretation einher. Doch
auch im Deutschen sind Wortbildungsprozesse bei der Transkription sinngebend,
also interpretativ: „Es mag nützlich sein sich bewusst zu machen, dass Wörter
damit nicht in erster Linie phonologisch oder phonetisch, sondern eher morpholo-
gisch und semantisch motivierte Einheiten darstellen [...]" (Rehbein et al. 2004).
So ist es eine Frage der Sinngebung, ob man (insbesondere, aber beileibe nicht nur)
bei schnell gesprochenen Passagen ohne deutliche Pausen, noch dazu in der Lage
ist, einzelne Wörter zu unterscheiden und dementsprechend zu transkribieren, oder
ob man das Gesprochene nur noch als sinnlose ‚Kakophonie' wahrnimmt, und entsprechend als unstrukturierte Klangfolge darstellt (z.B. *mit* Wortbildung: „weil man
>>ne komplett and=re KÖrpersprache hat<<, und auch äh", gegenüber *ohne* Wort-
bildung: „weilman nekomplettandereKÖrpersprachehat undauchäh"). Mit Blick auf
seinen konstruktiven Charakter ist der Wortbildungsprozess bei der Transkription
in Alphabetschrift daher nicht als weniger verzerrend einzuschätzen als die semantische Zuordnung von Lauten zu chinesischen Schriftzeichen. Der vermeintliche

---

[23]Dialekte sind nicht nur für die sprachwissenschaftliche Forschung interessant: In Bezug
auf China unterscheidet Stig Thørgesen mit Blick auf die dialektale Färbung des alltags-
sprachlichen Chinesisch zwischen „Baixingese", der Sprache des einfachen Volkes (*lao-
baixing* ‚einfaches Volk') und „Ganbunese" (*ganbu* ‚Kader'), der offiziellen Sprache des
Staatsapparates, und macht damit die sozio-politische Relevanz des Umgangs mit Dialekten und offiziellem Vokabular deutlich. Gleichzeitig zeigt er deren methodische Relevanz
für Sozialforscher (vgl. Thørgesen 2006). In der Soziolinguistik analysiert u.a. John Gumperz (1982: 38ff.) die Bedeutung dialektaler Färbung.

Nachteil der Zeichenschrift für die Transkription tritt ähnlich also auch bei der Verwendung von Alphabetschrift auf.

Aufgrund dieser Aspekte sind Transkripte immer „selektive Konstruktionen" (Kowal/O'Connell 2015: 440). Sie sind durch den Schriftgebrauch zwar objektivierte, aber nicht objektive Abbildungen von Audio-Aufnahmen oder gar Situationen.

Die Transkripte fertigte ich auf Grundlage der Audio-Aufnahmen meiner Interviews bzw. Telefoninterviews gemäß der in Abbildung 4.1 angeführten

| (.) | Kurzes Absetzen, Zeiteinheiten unter einer Sekunde |
|---|---|
| (...) | Sprechpausen, Zeiteinheiten bis zu drei Sekunden |
| (4) | Sprechpausen über drei Sekunden |
| a::ber | Dehnung |
| and=re | Verschleifung |
| [...] | Auslassungen des Autors |
| JA | Akzentuierung, nur bei ganzen Wörtern durch Großbuchstaben |
| ? | Steigende Intonation |
| , | Kontinuierliche bis leicht steigende Intonation |
| . | Fallende Intonation |
| Abe/ | Wortabbruch oder Satzabbruch |
| // aber // | Überlappungen |
| (lacht) | Kommentar zu parasprachlichen, nicht verbalen oder Gesprächsexternen Äußerungen |
| @ja@ | Lachen während des Sprechens |
| (I: Mmh) | Knappe Sprecherwechsel im Verlauf eines Redezuges |
| (DB8: 245) | Interviewkennung und Verweis auf Zeilennummer im Transkript, hier Interview mit DB8, Zeilennummer 245 |
| (CB4-2: [5]) | Interviewkennung chinesisch-sprachiger Interviews mit Satzangabe, hier also zweites Interview mit CB4, Satz 5 |
| (CB8-2: [3:01-3:24]) | Interviewkennung ohne Transkript, Zeitangabe der Audiodatei |
| 比如说 | Transkription in chinesischen Kurzzeichen |
| *birushuo* | Transkription in *Pinyin*, ohne diakritische Notation der Töne |

**Abbildung 4.1** Transkriptionsregeln

Transkriptionsregeln an. Zusätzlich erstellte ich zu den Interviews kurze Protokolle über das Interviewsetting und Besonderheiten während des Interviews. Alle Interviews wurden mit dem Einverständnis der Interviewten audio-digital aufgenommen, und während der späteren Verschriftlichung mit der Transkriptionssoftware f5 anonymisiert.

Die Analyse des Interviewmaterials nahm ich jeweils auf Grundlage des Transkriptes in der Ausgangssprache bzw. den digitalen Audioaufnahmen vor. Bei der Diskussion von chinesisch-sprachigen Interviewauszügen in dieser Arbeit füge ich aus Gründen der Lesbarkeit und des Umfangs nur die Übersetzung der ausgangssprachlichen Transkripte ein. Zur Orientierung bei der Übersetzung habe ich in den chinesisch-sprachigen Transkripten eine Satznummerierung eingefügt, die auch in der Übersetzung erhalten bleibt.

Aufgrund des großen Zeitaufwandes zur Transkription und Übersetzung des chinesisch-sprachigen Materials führte ich nur bei den beiden Interviews des Fallbeispiels Herr Li Si (CB4; Kap. 7) eine vollständige Transkription und Übersetzung durch. Aus dem übrigen chinesisch-sprachigen Material transkribierte ich nicht alle weiteren Interviews vollständig. Übersetzungen einzelner Interviewauszüge fertigte ich nur nach Bedarf an. Zur Korrektur der Transkription, zur Diskussion der Übersetzung und bei Unsicherheiten der Interpretation von Interviewpassagen zog ich Muttersprachler hinzu.

## 4.2.2 Übersetzung

Für die Übersetzung[24] fremdsprachigen Interviewmaterials in der qualitativen Sozialforschung gibt es bislang noch keine einheitlichen Standards.[25] Einigkeit wird lediglich in der Forderung nach muttersprachlicher Expertise und der Empfehlung der Transkription und (falls möglich) Analyse in der Ausgangssprache deutlich (Kruse et al. 2012). Wettemann kritisierte die „allgemeine Unsicherheit

---

[24]Ein wichtiger Unterschied zum Dolmetschen ist bei der Übersetzung die Möglichkeit, das Ausgangsmaterial zu rekonsultieren (vgl. Renn 2002).

[25]Zu den Schwierigkeiten der Übersetzung konstatiert Renn: „Die Beziehung zwischen einer einzelnen Äußerung und all ihren Implikationen, den indirekt mitgeteilten Aufforderungen, Unterstellungen etc., folgt nicht einer universallogischen Struktur, der die Hörer einer Äußerung auf den Wegen logischer, etwa deduktiver oder induktiver Inferenzen nachgehen. Sie sind vom Einzelkontext und den besonderen etablierten sprachlichen Praktiken […] abhängig" (Renn 2002: 16).

und fehlende methodologische Sensibilität bei der Interviewübersetzung" (Wettemann 2012: 103) in der Methodenliteratur der qualitativen Sozialforschung.[26] Er empfiehlt in Anlehnung an die Skopostheorie[27] (ebd.: 107ff.) fünf Orientierungsfragen zur Selbstreflexion, um die Vorgehensweise bei der Übersetzung zu klären. Dazu gehören die Frage: (1) nach dem *Zweck der Übersetzung vor dem Hintergrund des Forschungsinteresses*, (2) nach den *Adressaten der Übersetzung*, (3) nach *dem eigenkulturellen Hintergrund des Forschers* und (4) welcher *Übersetzungstyp bzw. welche Mischform* sich daraus ergibt, sowie (5) die Frage nach dem *Ablauf und Zusammenspiel der Übersetzung und Interpretation* (ebd.: 112). Ich werde meine Vorgehensweise bei der Übersetzung entlang dieser fünf Fragen darstellen:

(1) Der Zweck der Übersetzung des Interviewmaterials ist vor allem die Nachvollziehbarkeit der Analyseergebnisse in meiner Arbeit. Im Sinne meines Erkenntnisinteresses und der daraus abgeleiteten Forschungsfragen nach kategorialer Differenzierung (vgl. Kap. 3) geht es daher nicht um eine formale und inhaltliche Anpassung der Übersetzung an die Zielkultur. Wichtig ist vielmehr, dass der Transkriptcharakter des Textes erhalten bleibt, der Übersetzungscharakter darf dem Zieltext anzumerken sein.

(2) Zunächst bin ich selbst Adressat der Übersetzung der Transkription. Im Rahmen meiner Forschungsarbeit kam es aber auch immer wieder zu gemeinsamen Analysesitzungen im Rahmen einer Forschungswerkstatt und mit anderen Promovierenden, die im Unterschied zu mir nicht mit der Ausgangssprache und Ausgangskultur vertraut waren. Es kann außerdem angenommen werden, dass neben den Genannten auch weitere Adressaten der Übersetzung (deutschsprachige Sozialforscherinnen und Sozialforscher als Leser meiner Veröffentlichung) überwiegend mit der Textgattung (Interviewtranskript) vertraut sind, und keinen ,glatten' Text erwarten. Im Rahmen der spezifischen Erwartungen an diese Textgattung soll der Zieltext aber gut lesbar und verständlich sein.

---

[26]Auch Enzenhofer und Resch (2013; 2011) setzen sich für eine stärkere Integration translationswissenschaftlicher und sozialwissenschaftlicher Ansätze ein, und fordern eine höhere Sensibilität für die Übersetzungsqualität in qualitativer Sozialforschung.

[27]Die Skopostheorie löste in den 1980er Jahren einen Paradigmenwechsel in der Translationswissenschaft aus, und deren „bisherige kontrastiv-linguistische Orientierung [wurde] durch den Grundsatz der Äquivalenz überwunden" (Wettemann 2012: 107). Der aus dem Griechischen stammende Begriff *Skopos* bedeutet in etwa ,Zweck' oder ,Ziel'. Es geht nach der Skopostheorie daher im Wesentlichen um die Ziel-, die Adressanten- und Kulturorientierung der Übersetzung (ebd.: 108).

(3) Als deutscher Muttersprachler und Sozialforscher mit sinologischem Hintergrund erschließen sich mir bei der Interpretation des Interviewmaterials in erste Linie diejenigen Bezüge, die mir aus wissenschaftlichen Texten und meiner eigenen Erfahrung bereits bekannt sind. Für die Erschließung alltagsweltlicher und sprachlicher Bezüge hat die Diskussion über Interpretationsergebnisse mit chinesischen Muttersprachlern darüber hinaus weiter geholfen.

(4) Mit Blick auf diese Voraussetzungen soll bei der Übersetzung inhaltlich selbstverständlich der semantische Gehalt (auch bei Konnotationen) des Gesagten erhalten werden, strukturell sollen aber auch syntaktische Besonderheiten der Formulierungen erkennbar bleiben. Diese Form der Übersetzung lässt sich als *Dokumentarische Übersetzung* typisieren (Wettemann 2012: 110, in Anlehnung an Nord 2002). Eine Unterform des Dokumentarischen Übersetzungstyps ist die *Exotisierende Übersetzung*, die sich dadurch auszeichnet, dass „[…] nicht nur die formalen und inhaltlichen, sondern auch die situativen Merkmale des Ausgangstextes im Zieltext abgebildet [werden]" (ebd.). Das Beibehalten inhaltlicher und formaler Charakteristika der Ausgangssprache hat in der Zielsprache einen exotisierenden Effekt. Bei der Übersetzung von Interviews im Rahmen qualitativer Sozialforschung stellt die Notwendigkeit der Umstellung einzelner Wörter oder ganzer Satzteilen aufgrund der Syntax der Zielsprache eine Schwierigkeit dar, da bei der Rekonstruktion von Sinngebungsprozessen mit Analysetechniken wie der Zeile-für-Zeile Analyse (Strauss 1998: 200ff.) die genaue Stellung einzelner Wörter durchaus relevant ist. Es geht eben darum, *wie* (z.B.: in welcher Reihenfolge) etwas gesagt wird. In meiner Übersetzung habe ich daher versucht, diese Besonderheiten beizubehalten und das Gesagte beim Übersetzen nicht übermäßig entsprechend der Syntax der Zielsprache zu glätten. Sprachliche Auffälligkeiten wie die Verwendung von Redensarten habe ich in den zur Veröffentlichung bestimmten Auszüge entsprechend kommentiert. Implizite kulturelle oder diskursive Bezüge werden in der Analyse herausgearbeitet.

(5) Beim Übersetzen legte ich die Transkription in der Ausgangssprache zugrunde und griff in einigen Fällen auf das Audiomaterial zurück. Die Übersetzung baut also auf der selektiven Konstruktion der Transkription auf. Und da Übersetzungen immer interpretativ sind (Wettemann 2012: 109), kommt mit der sinnhaften Übertragung der ausgangssprachlichen Transkripte in die Zielsprache bereits die zweite Interpretation hinzu. Bei der Auseinandersetzung mit dem Transkript ergibt sich ein Wechselspiel von Interpretation und Übersetzung, dass Wettemann als „bilingual-hermeneutischen Interpretationsprozess" (ebd.: 119) bezeichnet. Ein ganz wesentlicher Teil der Interpretationsarbeit wurde also bereits mit der Übersetzung geleistet und konnte in die Analyse (z.B. durch das Kodieren des Textes während der Übersetzung) einfließen.

## 4.3   Die Anwendung der Grounded Theory als Forschungsstil

In den 1950 und 1960 Jahren grenzten sich verschiedene, so genannte ,interpretative Ansätze', vom Modell der ,rationalen Wahl' und dem zu dieser Zeit zunehmend dominanten Strukturfunktionalismus Talcott Parsons ab, in dessen Theorie die Umsetzung abstrakter Normen und Werte in das Handeln nicht erklärungsbedürftig und unproblematisch erscheint. Der Anspruch, die Spezifikation und Interpretation sozialer Normen und Werte in konkreten Handlungssituationen sichtbar zu machen, zieht sich wie ein roter Faden durch verschiedene sozialtheoretische (und methodologische) Ansätze des so genannten „interpretativen Paradigmas" (vgl. Keller 2012), wie z.B. Ansätzen der Vertreter der *Chicago School* (z.b. Thomas/Isaac 1958 [1918]; Park 1928; Hughes 1984 [1971]), dem *symbolischen Interaktionismus* (z.b. Blumer 2004 [1969]; Becker 2014 [1963]) und der *Ethnomethodologie* (z.b. Garfinkel 1984).

Die Darstellung komplexer und nie ganz widerspruchsfreier interpretativer Prozesse der Anwendung von Normen und Werten, aber auch nicht-normativer Ziele und Absichten in konkreten Handlungssituationen, ist aber nicht kompatibel mit quantitativen Datenerhebungsverfahren, die – wie in der Umfrageforschung – über große aber grobe Datenmengen die Ausprägung bestimmter Aspekte anhand von Indikatoren kumulativ und möglichst ,objektiv' (d.h. frei von äußeren Einflüssen) zu erfassen suchen (Joas/Knöbl 2004: 184).

Ansätze qualitativer empirischer Forschung dagegen halten es für notwendig, die komplexen Entstehungszusammenhänge und das Handlungsumfeld mit zu erfassen und bei der Analyse zu reflektieren. Dabei muss auch die Entstehung der Daten berücksichtigt werden. Denn Daten liegen nicht einfach herum und müssen nur erhoben werden. Aus pragmatistischer Perspektive sind wir als Forschende durch unsere Forschungsarbeit vielmehr aktiv am Entstehungs- bzw. Konstruktionsprozess unserer Daten und Forschungsgegenstände beteiligt, indem wir Relevanz zuweisen und damit Dinge erst zu Daten machen (Strübing 2005: 224). Vorhandene Daten werden nicht einfach abgeschöpft, sondern z.B. durch den Interviewleitfaden (s.o.) evoziert.

Gewissermaßen als Folge dieser Forderungen und gegen strukturfunktionalistisch geprägte, deduktiv-nomologische Methodologien entstand die von Barney Glaser und Anselm Strauss 1967 publizierte ,Streitschrift' *The Discovery of Grounded Theory*, in der sie ihren Forschungsstil der Grounded Theory darlegen (Strübing 2005: 223). Später entwickelten Glaser (1978; 1992; 1998) und Strauss

(1998; Strauss/Corbin 2010) unterschiedliche Versionen der Grounded Theory.[28] Ich beziehe mich im Folgenden auf Version der Grounded Theory nach Strauss, dessen (zumeist nur implizit) pragmatistische Perspektive auf die Prozesshaftigkeit des Handelns und Erfahrens sowie dessen kreativen Charakter fokussiert, was – methodisch gewendet – auch in Strauss' Forschungsstil angelegt ist.

Heute ist die Grounded Theory einer der „prominentesten qualitativen Forschungsansätze der Gegenwart" (Equit/Hohage 2016: 9) mit verschiedenen Weiterentwicklungen. Die in der Forschungstradition von Strauss stehende Weiterentwicklung der Grounded Theory in der Situationsanalyse nach Clarke (2012) gab mir hilfreiche Anregungen in Hinblick auf die Einbeziehung von Diskursen.[29] In forschungspraktischer Hinsicht half mir gelegentlich die Anfertigung einer „Situations-Map" (ebd.: 121), um die im Material enthaltenen Perspektiven und Diskurse kartographisch zu erfassen. Zu einer systematischen und regelmäßigen Anwendung der Mapping-Strategien im Sinne der Situationsanalyse kam es in meiner Arbeit allerdings nicht.

Mit der Grounded Theory ist nach Strauss „[...] eine konzeptionell dichte Theorie gemeint, die sehr viele Aspekte der untersuchten Phänomene erklärt" (1998: 25). In diesem Sinne ist eine Grounded Theory immer eine „gegenstandsbezogene Theorie" (Hopf/Weingarten 1979). Sie dient als Forschungsprogramm aber auch der Strukturierung des qualitativen Forschungsprozesses. Strauss versteht die Grounded Theory dabei nicht als spezifische Methode oder Technik

---

[28]Zur Diskussion der unterschiedlichen Varianten der Grounded Theory und die vor allem durch Glaser in *Emergence vs. Forcing* (1992) provozierte Auseinandersetzung um die methodischen und methodologischen Differenzen, siehe Strübing (2007: 581f.) und Kelle (2007).

[29]Clarkes (2012) Weiterführung der Grounded Theory durch den „postmodern turn" zeichnet sich vor allem durch eine Ausweitung der Theoriebezüge auf den diskursanalytischen Ansatz Michel Foucaults, auf nicht menschliche Akteure (Akteur-Netzwerk Theorie) und einen explizit erweiterten Situationsbegriff aus. Zu letzterem stellt Clarke die Dichotomie zwischen Situation und Kontext in Frage, wenn sie sagt: „*Die Bedingungen der Situation sind in der Situation enthalten*" (ebd.: 112). Forschungspraktisch erweitert sie die methodischen Mittel der Grounded Theory vor allem um ein dreiteiliges Set von Mapping-Strategien (mit weiteren Unterdifferenzierungen), namentlich der „Situations-Map", den „Maps von Sozialen Welten/Arenen" und der „Positions-Map" (ebd.). Anzumerken ist dazu, dass die der Situationsanalyse zugrundeliegenden Ideen, wie der des „Theorie-Methoden-Pakets" (Clarke 2012: 46), bereits auf den Denkfiguren der Ko-Konstruktion und der Dezentrierung des Subjekts der pragmatistischen Epistomologie basieren, so das Clarkes Ansatz eher als aktualisierte Verfahrensvariante der Grounded Theory bezeichnet werden kann, auch in Hinsicht auf die nur mäßige methodenpraktische Neuerung des Mappings (Strübing 2014: 108ff.).

(Strauss 1998: 30) im Sinne eines rigiden Regelwerkes: „Sie ist vielmehr als ein Stil zu verstehen, nach dem man Daten qualitativ analysiert und der auf eine Reihe von charakteristischen Merkmalen hinweist […]" (ebd.). Strauss' Leitlinien und Faustregeln sind aber mehr als „nur eine Aufzählung von Vorschlägen. Sie sind mehr als das, weil aus ihnen hervorgeht, daß bestimmte Operationen ausgeführt werden müssen" (ebd.: 33). Dazu gehören neben dem (dreigliedrigen) Kodieren vor allem das kontinuierliche Vergleichen, das Verfassen analytischer Memos und das theoretische Sampling (ebd.: 25-30).

Das Befolgen methodischer Verfahrensregeln allein ist jedoch noch kein Garant für eine dem Forschungsgegenstand angemessenen Forschungspraxis oder gar für die Gültigkeit der Forschungsergebnisse (Strübing 2002: 319). Im Folgenden werde ich daher meinen eigenen Umgang mit den adaptionsbedürftigen „Leitlinien und Faustregeln" bzw. „Operationen" (Strauss 1998: 30) der Grounded Theory darstellen, um die spezifische Passung meiner Vorgehensweise mit der Forschungslogik der Grounded Theory darzulegen. Aufgrund des „iterativ-zyklischen" (Strübing 2014: 14) Charakters der Grounded Theory verlaufen die darin enthaltenen Prozesse der Datenerhebung, Datenanalyse und Theoriebildung wiederholt sowie zeitlich und funktional verzahnt.[30] Die zwangsläufig sequenzielle Darstellung dieser Operationen für einen Text wie den vorliegenden führt dabei zu einer Verzerrung des eigentlichen (eben *zyklischen*) Forschungsprozesses.

Mit der Auswahl des *Forschungsthemas* ‚deutsch-chinesische Zusammenarbeit in Unternehmen' bietet sich – nach einer entsprechenden Literaturrecherche – eine große Menge wissenschaftlicher und nicht wissenschaftlicher Texte zu diesem bzw. verwandten Themen an. Darin enthaltene Theorien über die Thematik (vgl. Kap. 2) gehen im Sinne einer „theoretical sensitivity" (Strauss/Corbin 2010: 25ff.) neben meinen persönlichen und professionellen Erfahrungen in den Forschungsprozess ein. Als ‚sensibilisierende Konzepte'[31] eröffnen sie einerseits analytische Chancen, andererseits bergen bereits vorliegende Theorien aber auch die Versuchung, sie dem Datenmaterial überzustülpen und davon abweichende Phänomene als ‚Varianzen' zu vernachlässigen.

Retrospektiv ist es schwierig zu bestimmen, wann genau im Forschungsprozess die Kenntnis vorhandener Theorien und die Materialanalyse zusammenfließen, oder auch andersherum, an welcher Stelle die Entdeckung bestimmter

---

[30]Bruno Hildenbrand (2010: 33) spricht in Bezug auf Datenerhebung, Kodieren (Analyse) und Memos schreiben (Theoriebildung) von einem triadisch zirkulären Prozess.

[31]Strübing (2005: 228) weist darauf hin, dass Strauss diesen Begriff von Herbert Blumer (1954) entlehnt.

Phänomene zu einer Suche nach und Auseinandersetzung mit Forschungsliteratur führte. So trug die Auswahl eines *Forschungsgegenstandes* (Differenzierung nach Humankategorien, vgl. Kap. 3) und die Lektüre der dazu vorhandenen Literatur wesentlich zur Formulierung generativer Fragen (vgl. Kap. 3.3) für die Analyse des Interviewmaterials bei. Der Ansatz kategorialer Differenzierung stellte mich aber vor das Problem, wie ich mit dem ‚Forschungsstand' der internationalen Managementforschung bzw. der kulturvergleichenden Forschung verfahren sollte, der ja auch von den Interviewten aufgegriffen, aber durchaus nicht konsistent durchgehalten wird. Die Theoretisierung des dominanten und demotischen Diskurses von Baumann (vgl. Kap. 2) lieferten mir als sensibilisierende Konzepte das heuristische und begriffliche Instrumentarium, die im Material auftauchenden Phänomen angemessen zu erfassen und zu beschreiben. Und wieder hatte meine eigene professionelle wie auch persönliche Biographie Einfluss auf die Materialanalyse, etwa darauf, welche Phänomene des Materials ich als Indikatoren für Konzepte als relevant ‚erkannte' (z.b. Interaktionen in der Interviewsituation als Selbstpositionierungen) und sie damit erst zu Daten machte.[32]

Ein Kernbestandteil der Grounded Theory ist das dreigliedrige Kodierverfahren des *offenen, axialen* und *selektiven Kodierens* (Strauss 1998: 56ff.). Die Leitidee des Kodierens ist die *Methode des ständigen Vergleichs* (Glaser 1965; Glaser/Strauss 2009). Dabei werden die jeweiligen Phänomene auf ihre Eigenschaften hin „dimensionalisiert" (Strauss/Corbin 2010: 51), d.h. sie werden systematisch auf Ähnlichkeiten und Unterschiede befragt, und durch den Vergleich mit kontrastierenden Fällen und das Hinzuziehen „weithergeholter Vergleiche" (Strauss/Corbin 2010: 69f.) werden alle Facetten des interessierenden Phänomens detailliert und vollständig herausgearbeitet (Strübing 2014: 19).

Ich ging so vor, dass ich zunächst die jeweiligen Intervieweinstiege offen kodierte, und relevant erscheinende Sequenzen aus dem Material für weiteres offenes Kodieren auswählte. Dabei griff ich auch auf Protokolle zurück, in denen ich während der Transkription bzw. Übersetzung die Phänomene im Material festgehalten hatte, die mir auffällig erschienen. Das *offene Kodieren* „bricht die Daten auf" (Strauss/Corbin 2010: 76), um Phänomene nicht nur oberflächlich zu kodieren und beispielsweise Äußerungen und alltagspraktische Theoretisierungen der Befragten als Fakten unhinterfragt in die eigene Theoriebildung zu übernehmen. Stattdessen werden die Daten systematisch *be*fragt und Formulierungen und

---

[32]Zur Diskussion des Konzept-Indikator Modells in der Grounded Theory und zum „induktivistischen Selbstmissverständnis", siehe Kelle (1994) und Strübing (2014).

Konzepte der Interviewten *hinter*fragt. Dazu kodierte ich die ausgewählten Passagen Zeile-für-Zeile bzw. Wort-für-Wort und entwickelte dabei Kodes, provisorische Konzepte und *ad hoc* Hypothesen über relevant erscheinende Phänomene, die ich im weiteren Verlauf (im Sinne einer pragmatistischen Forschungslogik) am Material erprobte (Strübing 2014: 48f.). Über die anhand des Materials entwickelten (theoretischen) Konzepte fließt beim abduktiven[33] Schlussfolgern die subjektive Eigenleistung der Forschenden als kreatives Element in den Analyseprozess ein, weil die Konzepte eben nicht selbstständig aus dem Material emergieren, sondern des Zutuns der Forschenden bedürfen (Strauss/Corbin 2010: 25ff.).

Die ersten am Material entwickelten Konzepte gaben Anhaltspunkte für das ‚Erheben' weiteren Materials in der Logik des theoretischen Sampling (vgl. unten). Mit dem Durchführen weiterer Interviews ergaben sich zunehmend Möglichkeiten zum axialen Kodieren, wodurch die Daten durch die Verbindung von Konzepten nach dem offenen Kodieren neu Zusammengesetzt werden (Strauss/Corbin 2010: 75ff.). Dabei ließen sich die ausgearbeiteten Konzepte auch zunehmend in Kategorien zusammenstellen. Ziel des axialen Kodierens[34] ist es, nun auf theoretischer Ebene das Wissen über die Beziehung der verschiedenen Kategorien und Konzepte zueinander zu vermehren. Dazu werden Konzepte systematisch in qualifizierte Beziehung zu anderen Konzepten gesetzt, um so Zusammenhangsmodelle zu entwickelt, die sichtbar machen, wie das interessierende Phänomen prozessiert wird und situativ und kontextuell eingebunden ist (Strübing 2014: 100).

---

[33]Das auf Charles Peirce zurückgehende Erkenntnismodell (Reichertz 2015: 276) der Abduktion beruht auf der Einsicht, dass sich neue Erkenntnisse nicht auf Erfahrungen reduzieren lassen, sondern viel wesentlicher auch auf den spontanen Einfällen, den „abduktiven Blitzen" beruhen, die eine neue Qualität zum Erkenntnisgewinn – im Alltagshandeln ebenso wie im Forschungshandeln – beitragen. Strauss selbst blendet das Modell des abduktiven Schließens allerdings fast völlig aus. (Strübing 2005: 235ff.) Dieser Schlussfolgerungsprozess schließt auch die Frage nach dem Umgang mit (theoretischem) Vorwissen mit ein, der bei Glaser und Strauss sehr unterschiedlich gehandhabt wird. Während bei Glaser die Theorien aus den Daten *emergieren* bezieht Strauss theoretisches Vorwissen mit dem Konzept der *theoretischen Sensibilität* mit ein (Kelle 1994: 306).

[34]Strauss und Corbin (2010: 99ff.) und zuvor ähnlich Strauss (1998: 57) schlagen dazu ein Kodierparadigma vor, mit dem systematisch nach den Ursachen, Phänomenen, deren Kontext, intervenierenden Bedingungen, phänomenbezogenen Handlungen und Strategien sowie den Konsequenzen kodiert werden soll.

Als unverzichtbare Heuristik erwies sich dabei das Verfassen von Memos während des analytischen Prozesses. Durch das Niederschreiben dieser in erster Linie an mich selbst gerichteten Texte wurde ich immer wieder zur Strukturierung analytischer Ideen gezwungen. Die Memos halfen dabei, Kodes, Konzepte und auch die Beziehungen zwischen Kategorien auszuarbeiten oder eben ihre Untauglichkeit zu erkennen. Denn der vorläufige und offene Charakter dieser Memos verhindert ein allzu frühes Festlegen auf einzelne Konzepte und Kategorien und das Ausblenden alternativer Perspektiven. Auch die Aufarbeitung theoretischer Konzepte in der Forschungsliteratur (z.B. dem Kulturbegriff, vgl. Kap. 2) und die Ergebnisse der Literaturrecherche zu Face (vgl. Kap. 6) hielt ich zunächst in Memos fest.

Auch die später ausgearbeiteten Fallbeispiele entwickelte ich entlang dieser Memos. Dabei kodierte ich axial zunächst innerhalb eines Falles, später auch fallübergreifend, so dass sich Konzepte sehr gut zueinander in Beziehung setzen ließen. Ein relativ früh im Forschungsprozess entdecktes Phänomen war in meinem Fall die Theoretisierung der Befragten über die Wirkung von Kultur. Durch *Dimensionalisieren* dieses Phänomens konnte ich schließlich die analytischen Konzepte ‚Kultur als Handicap' und ‚Kultur als Diversity' in den Memos herausarbeiten. Durch axiales Kodieren konnte ich diese Konzepte weiter abstrahieren, wodurch die Kategorie ‚symmetrisierender und hierarchisierender Kulturdarstellungen' und noch später die Kategorie der ‚symmetrisierenden und hierarchisierenden Differenzierungen' entstand. Diese letzte Kategorie hielt ich für so wichtig, dass ich sie schließlich als *Schlüsselkategorie* auswählte, entlang der ich fallintern und fallübergreifend *selektiv kodierte*, und so die übrigen Kodes, Konzepte und Kategorien in eine Gesamtstruktur *integrierte*.

Ein wesentlicher Bestandteil meiner Analysearbeit war das gemeinsame interpretieren des Interviewmaterials und die Diskussion analytischer Memos in verschiedenen Peer-to-Peer Konstellationen, in einer Arbeitsgruppe (A-Team) und einer Forschungswerkstatt. Durch die gemeinsame Analysearbeit ergab sich eine Multiperspektivität und Reflexivität, die den eigenen Blick befremdete und in Hinsicht auf eingebrachte sensibilisierende Konzepte auch qualitätssichernd wirkte (Reichertz 2016; 2013).

**Theoretical Sampling**
Neben der Methode des ständigen Vergleichs und dem dreigliedrigen Kodierprozess ist das „Theoretical Sampling" (Strauss 1998: 70ff.) der dritte zentrale Aspekt, der den iterativ-zyklischen Charakter der Grounded Theory begründet. Dementsprechend ist das Sample nicht vor Beginn des Analyseprozesses festgelegt, stattdessen stellt sich die Frage der Fallauswahl im Forschungsprozess in

einem „kontinuierlichen Wechsel von Handeln und Reflexion" (Strübing 2005: 225) immer wieder neu, baut dabei aber auf der stetig wachsenden Grundlage gegenstandsbezogener theoretischer Konzepte aus der vorangehende Prozessetappe auf. Im Folgenden gebe ich einen kurzen Überblick über mein Sample und den Samplingprozess im Verlauf meiner Forschungsarbeit (zur Übersicht, s. Tabelle 4.1).

Für die Theorieentwicklung in dieser Arbeit greife ich im Wesentlichen auf 20 von 30 geführten Interviews zurück. Von diesen Interviews wurden neunzehn in deutscher, zehn in chinesischer und eins in englischer Sprache geführt. Fünf der Interviews waren Zweitinterviews. Drei der Befragten waren für einen vergleichsweise kurzen Entsendungszeitraum von maximal drei Monaten in China, alle

**Tabelle 4.1**  Liste der Interviewten

| Name | Kürzel | Beschreibung |
|---|---|---|
| Stefan Kaiser | DB1 | Stefan Kaiser wurde als Inbetriebnahmeleiter für das mittelständische Maschinenbauunternehmen BOHRTEC mit Hauptsitz in Deutschland für mehrere Wochen für eine Inbetriebnahme zum Produktionsstandort in China entsandt. Zur Inbetriebnahme ist Stefan Kaiser regelmäßig international bei Kunden. |
| Bernd Hämmerle | DB2 | Bernd Hämmerle war nach der Jahrtausendwende sieben Jahre lang als Manager (COO) für die SOLUTION GmbH unter anderem für den Werksausbau an mehreren Standorten in China (u.a. Shanghai) verantwortlich, und lebte dort mit seiner Frau. Einige Monate vor dem Interview wurde Herr Hämmerle nach Deutschland zurückbeordert. |
| Jochen Kaufmann | DB3 | Jochen Kaufman wurde als Projektingenieur mehrere Male für die Firma TESTO zu verschiedenen Kunden nach China entsandt. Die Aufenthalte dauerten zwischen mehreren Wochen bis zu drei Monaten. Jochen Kaufman betreute regelmäßig international Kunden bei der Inbetriebnahme der TESTO-Produkte. |
| Peter Wasser | DB4 | Peter Wasser wurde zur Inbetriebnahme einer Anlage mit einer Gruppe von Kollegen für die Firma CHEMI-CORP für fünf Monate (mit einer Unterbrechung) zu einem Kunden nach China entsandt. |
| Jürgen Pohl | DB6 | Jürgen Pohl ist Direktor im Branchen Management (Vertrieb) der BETTER-AG im Stammhaus in Deutschland und regelmäßig für mehrtägige bis mehrwöchige Aufenthalte in China. (Daten: Gesprächsprotokoll). |

(Fortsetzung)

**Tabelle 4.1** (Fortsetzung)

| Name | Kürzel | Beschreibung |
|---|---|---|
| Luise Schmitz | DB7 | Luise Schmitz wurde als Personal Direktorin des mittelständischen deutschen Unternehmens BETTER-AG mit verschiedenen Tochtergesellschaften in Asien entsandt. Sie arbeitet zum Zeitpunkt des Interviews seit etwa eineinhalb Jahren in der Asien-Zentrale des Unternehmens in Shanghai. (Telefoninterview) |
| Stefan Miller | DB8 | Stefan Miller arbeitet zum Zeitpunkt des Interviews seit etwa eineinhalb Jahren als Projektingenieur in der Asien-Zentrale der BETTER-AG in Shanghai. (Telefoninterview) |
| Rolf Hübner | DB9 | Rolf Hübner arbeitet seit etwa eineinhalb Jahren als Ingenieur in einem Produktionsstandort der chinesischen Tochtergesellschaft der BETTER-AG in Suzhou. Rolf Hübner hat zuvor bereits drei Jahre lang in Asien gearbeitet. (Telefoninterview) |
| Ursula Baumgartner | DB10 | Ursula Baumgartner arbeitet zum Zeitpunkt des Interviews seit eineinhalb Jahren als Managerin (CFO) in der Asien-Zentrale der BETTER-AG in Shanghai und ist zugleich Senior-Controller für die Gesellschaften der BETTER-AG in Asien. (Telefoninterview) |
| LIU Er | CDB2 | Herr Liu arbeitet als Marketingmanager seit über zwei Jahren in der chinesischen Tochtergesellschaft der BETTER-AG in Suzhou. Herr Liu ist chinesischer Abstammung aber seit seiner frühen Schulzeit in Deutschland aufgewachsen. (Telefoninterview) |
| ZHANG Yi | CB3 | Herr Zhang ist Communication Manager bei der Firma YANGBO. Er lebt mit seiner Frau zum Zeitpunkt des Interviews seit eineinhalb Jahren in Deutschland und arbeitet im Mutterhaus des aufgekauften deutschen Unternehmens SOLUTION. Etwa einmal im Monat fliegt er zu YANGBO-Zentrale nach China. (Interviewsprache: Englisch) |
| LI Si | CB4 | Herr Li ist einer der sechs für zwei Jahre von YANGBO zu SOLUTION entsandten Ingenieure. Mit Li und vier seiner Ingenieurskollegen wurden zwei Interviews geführt, das Erste zehn Monate nach Ankunft in Deutschland, das Zweite etwa einen Monat vor der Rückkehr nach China. Herr Li lebt mit einigen seiner chinesischen Kollegen in einer WG in der Nähe der SOLUTION-Zentrale in Deutschland. Seine Frau und sein Kind, das während der Zeit der Entsendung geboren wird, leben in China. Herr Li ist außerdem Projektleiter des K-Projektes. (Interviewsprache: Chinesisch) |

(Fortsetzung)

**Tabelle 4.1** (Fortsetzung)

| Name | Kürzel | Beschreibung |
|------|--------|--------------|
| Herr WANG Wu | CB5 | Herr Wang ist einer der sechs für zwei Jahre von YANGBO zu SOLUTION entsandten Ingenieure. Herr Wu wohnt mit einigen Kollegen zusammen in der Nähe der SOLUTION-Zentrale. (Interviewsprache: Chinesisch; Daten: nur Audio) |
| Herr ZHAO Liu | CB6 | Herr Zhao ist einer der sechs für zwei Jahre von YANGBO zu SOLUTION entsandten Ingenieure. (Interviewsprache: Chinesisch) |
| Herr SUN Qi | CB7 | Herr Sun ist einer der sechs für zwei Jahre von YANGBO zu SOLUTION entsandten Ingenieure. (Interviewsprache: Chinesisch) |
| Herr LIANG Ba | CB8 | Herr Liang ist einer der sechs für zwei Jahre von YANGBO zu SOLUTION entsandten Ingenieure. Bereits vor der Entsendung hat Liang für YANGBO-Deutschland einige Zeit in Hamburg gearbeitet, und stieß zu den direkt aus China entsandten Ingenieuren hinzu. Liang ist verheiratet, seine Frau und sein Kind leben in China. Liang wohnt mit einigen seiner Ingenieurskollegen zusammen in einer WG. (Interviewsprache: Chinesisch) |

übrigen Befragten waren in Entsendungsverträgen mit einer Laufzeit zwischen zwei und sieben Jahren. Sechs der Befragten waren Entsandte eines chinesischen Unternehmens, die übrigen waren Entsandte deutscher Unternehmen.

Von den Befragten hatten fünf Positionen im oberen und drei Positionen im mittleren Management in unterschiedlichen Funktionsbereichen der Unternehmen inne. Fünf der Befragten waren als Entwicklungsingenieure beschäftigt, drei der Befragten im Bereich der Inbetriebnahme von Maschinen und Anlagen. Vier der Befragten waren während der Entsendung in Begleitung ihrer Familie bzw. einer Partnerin oder eines Partners. Nur ein Befragter konnte sich für die Arbeit in der Sprache des Ziellandes der Entsendung unterhalten, alle anderen verständigten sich dort entweder in ihrer Muttersprache (mit ihren Landsleuten) oder auf Englisch (mit den ‚Natives').

In diesem Sample ergeben sich also zahlreiche ‚externe Varianzen' der einzelnen Befragten. Neben dem Herkunftsland sind das: Hierarchieposition, Profession, Alter, Entsendungsdauer, Zeitpunkt des Interviews im bzw. nach dem Entsendungszeitraum, Geschlecht, Familienstand etc. Ich halte es in diesem

Zusammenhang für wenig sinnvoll, die Fälle nun entlang dieser Varianzen aufzu-
gliedern. Die externen Varianzen stellen ja potentielle Differenzierungskategorien
dar, die von den Befragten im Interview aktiviert oder auch ruhen gelassen werden können (vgl. Hirschauer 2001). Im Sinne meiner Forschungsfrage ist es dann
vielmehr von Interesse, wann welche Differenzierungskategorien aktiviert werden,
und wie das geschieht. Der Unterschied des Herkunftslandes (zugleich des Landes
der Unternehmenszentrale als Ausgangspunkt der Entsendung) ist zwar wichtig bei
der Formulierung des Forschungsthemas (deutsch-chinesische Zusammenarbeit in
Unternehmen), stellt aber in dieser Arbeit keinen Ansatz zur ursächlichen Erklärung von Differenzierungsphänomenen dar.

Das Interviewmaterial wurde flankiert von der Analyse von Diskursmate-
rialien, anhand derer aktuelle deutsche bzw. westliche Perspektiven auf China
nachgezeichnet werden konnten (vgl. Kap. 1, 2.2, 6). Um mir ein Bild von der
didaktischen Praxis interkultureller Trainings zu verschaffen, nahm ich außerdem
an einem zweitägigen Trainerworkshop (23./24.7.2011) einer Beratungsfirma für
internationales Management teil. Die Teilnahme zeigt vor allem, dass ein diffe-
renzorientiertes Kulturverständnis im Sinne des dominanten Diskurses in der
internationalen Managementforschung (Kap. 2.2) dort anhält.

Zu Beginn meiner Forschung war ich an Fällen interessiert, die ein möglichst
breites Spektrum verschiedener externer Varianzen aufwiesen. Im Verlauf des
Forschungsprozesses schränkte ich die Kriterien weiter ein, um eine bessere Vergleichbarkeit zu erreichen. So verzichtete ich für die Theoriebildung auf die Auswertung einiger Interviews, bei denen die Befragten nur äußerst kurzen Kontakt
mit ‚den Anderen' hatten (z.B. im Rahmen von mehrtägigen Schulungen), oder
solche, bei denen sich die Arbeitskontakte nicht aus einer Entsendungsgeschichte,
sondern aus einer Migrationsbiografie heraus ergaben. Das hat natürlich Auswirkungen auf die Reichweite der entwickelten Theorie. Abgesehen davon versuchte
ich gezielt, Interviews mit Befragten unterschiedlicher Hierarchiepositionen und
Professionen zu führen.

Mit der Ausarbeitung erster Konzepte suchte ich fallübergreifend nach geeigneten Vergleichsmöglichkeiten für das axiale Kodieren. Aber erst nachdem ich
anhand der Ausarbeitung eines Fallbeispiels die Bezüge der Kategorien ‚Positionsbeschreibung', ‚Aufgabenverständnis' und ‚Selbst- und Fremdpositionierung'
und deren Bedeutung für hierarchisierende Differenzierungen herausgearbeitet
hatte, konnte ich im Zuge des selektiven Kodierens in meinem Material systematisch nach dieser Schlüsselkategorie sampeln und so weitere Daten generieren
(Strauss 1998: 65ff.). Das Ziel dabei war es, eine konzeptionell dichte Theorie
über den Gegenstand zu erzeugen. Eine Theorie ist nach Strauss dann gesättigt,
„wenn eine zusätzliche Analyse nicht mehr dazu beiträgt, daß noch etwas Neues

an einer Kategorie entdeckt wird" (ebd.: 49). Eine Kategorie für gesättigt und eine Theorie (in Bezug auf die Forschungsfrage) für konzeptionell dicht zu befinden, ist immer eine mit Risiko behaftete Entscheidung des Forschenden über die Qualität seiner Arbeit. In Hinsicht auf den Theoriebildungsprozess hat auch ‚eine fertige Grounded Theory' nur vorläufigen Charakter, denn Strauss selbst betrachtet Theoriebildung aus prozessualer Perspektive und versteht Theorie als immer nur vorläufig abgeschlossen (Strübing 2014: 61).

# Entsandte eines deutschen Unternehmens in China

**5**

## 5.1 Fallbespiel: Luise Schmitz

Luise Schmitz (DB7) ist als Expatriate[1] nach China gekommen und dort in der Position einer Human Ressource Direktorin des Asien-Pazifik Headquarters (HQ) eines mittelständischen deutschen Unternehmens, der BETTER-AG, mit Zentralsitz in S-Stadt in Deutschland, tätig. Die BETTER-AG hat verschiedene Tochtergesellschaften in Asien, eine davon in China. Schmitz arbeitet zum Zeitpunkt des Interviews seit ungefähr eineinhalb Jahren im Asien-Pazifik HQ in Shanghai und wird dort voraussichtlich noch weitere zwei bis drei Jahre bleiben. Die chinesische Tochtergesellschaft der BETTER-AG, die über eine eigene Produktionseinheit verfügt, ist nur wenige Autostunden von Shanghai in der Stadt Suzhou angesiedelt. Die BETTER-AG ist ihrerseits Teil der S.T.A.L. Holding, eines großen europäischen Industriekonzerns mit verschiedenen Sparten. Im Asien-Pazifik HQ arbeiten neben Schmitz mehrere europäische Kollegen, deren Positionen die Management-Positionen der Hauptgeschäftsprozesse der BETTER-AG Zentrale in S-Stadt spiegeln. Außerdem arbeiten in diesem Büro noch zwei lokale (d.h. chinesische) Assistenten. Das Interview mit Schmitz war eines von mehreren Telefoninterviews mit einigen Mitarbeitern der BETTER-AG in Shanghai und Suzhou.

---

[1] „Der Begriff ‚Expatriates' bezeichnet zunächst ganz allgemein Personen, die außerhalb ihres Herkunftslandes bzw. Stammlandes (*lat patria* ‚Abstammung') leben" (Moosmüller 2007: 480). In einem engeren, betriebswirtschaftlichen Sinne sind Expatriates Auslandsentsandte, die von der Muttergesellschaft eines direktinvestiv tätigen Unternehmens für eine Dauer von mindestens einem Jahr in eine ausländische Geschäftseinheit delegiert und anschließend wieder in das Stammhaus reintegriert werden (vgl. Doetsch 2016: 1).

© Springer Fachmedien Wiesbaden GmbH 2018
A. Dederichs, *Kulturelle Differenzierung in Wirtschaftskooperationen,*
https://doi.org/10.1007/978-3-658-20117-3_5

In diesem Kapitel wird zunächst Schmitz' Darstellung ihrer Entsendungsgeschichte und damit verbunden ihre Positions- und Aufgabenbeschreibung (re-)
konstruiert (5.1.1). Diese sind relevant für das Verständnis ihrer Fremd- und
Selbstbeschreibung und ebenso in Bezug auf symmetrisierende und hierarchisierende Kulturdarstellungen (5.1.2). Abschließend wird Schmitz' Konzeptualisierung von Kultur sowie ihre Plausibilisierungsstrategie für die Relevanz der
Kulturkategorie diskutiert (5.1.3).

Auf diese Weise können zentrale Konzepte entlang dieses Falles (vertikal)
exemplarisch aufgezeigt und mit der Schlüsselkategorie (*hierarchisierende/sym-
metrisierende Differenzierung*) verknüpft werden. Quer zum Einzelfall verlaufen
die Konzepte in unterschiedlicher dimensionaler Ausprägung horizontal durch
alle Fälle und lassen sich so als Kategorien für den Vergleich verwenden.

## 5.1.1 Entsendungsgeschichte, Positions- und Aufgabenbeschreibung

Luise Schmitz beschreibt ihre Entsendung als ungeplante aber intentionale Entscheidung, als Chance, die sie ergriff, weil man ihr angeboten hat, den Personal-
bereich Asien-Pazifik „abzudecken". Ihre persönliche Entsendungsgeschichte
verknüpft sie dabei eng mit der internationalen Entwicklung der BETTER-AG, in
deren Entscheidungsprozesse sie eingebunden gewesen zu sein scheint:

„I:     Und ähm, ja dann wär meine Frage erstmal, wie ist es denn überhaupt dazu
        gekommen, dass Sie für BETTER-AG jetzt in China arbeiten?
B:      Die / die Chance hat sich einfach irgendwie ergeben. Wir haben uns ent-
        schlossen hier ein regionales Headquarter aufzumachen, die Wahl ist auf
        China gefallen, und so bin ich hier hergekommen, weil man mir angeboten
        hat, hier den Personalbereich oder die / den Bereich Personal abzudecken.
        […] Also mehr ehm Zufall dass es China geworden ist […]." (DB7: 7-13)

Die als zufällig beschriebene Entwicklung der Entsendung nach China geht also
auf die Strukturentscheidung des Unternehmens zurück, das Management der
Firma von einer einzigen Unternehmenszentrale in S-Stadt in Deutschland auf
drei, jeweils einem geographischen Raum zugeordneten so genannten regionalen
Zentralen (Schmitz spricht vom „kleinen Headquarter[n]") zu verlagern. Diese

Räume sind ‚Asien-Pazifik', ‚Amerika' und ‚Europa'.[2] Die Strategie komme aus S-Stadt, aber das Tagesgeschäft werde über die regionalen Headquarters abgewickelt. Unter Schmitz' Zuständigkeitsbereich fallen daher die Vertriebsgesellschaften bzw. Produktionseinheiten in mehreren Ländern in Ost- und Südostasien sowie Indien. Das die Wahl für den Standort des Headquarter Asien-Pazifik auf China gefallen ist, dürfte einerseits an der zentralen Lage Shanghais im Vergleich zu den anderen Standorten der Verkaufsgesellschaften gelegen haben. Schwerer noch dürfte bei der Entscheidung aber die Bedeutung, die China als Markt und Produktionsstandort zugesprochen wird, gewogen haben. Das „es China geworden ist", war also in Hinsicht auf die strategische Entscheidung des Unternehmens wohl eher kein Zufall. Schmitz identifiziert sich im Interview überwiegend mit der Perspektive der Zentrale, was sich in Formulierungen wie oben („*wir haben uns entschlossen hier ein regionales Headquarter aufzumachen*", A.D.) im Interview durchgängig zeigt.

Eine Leitunterscheidung in Bezug auf die Firmenstruktur ist „global" gegenüber „lokal", Begriffe, die durch das Interview hindurch immer wieder und auch abseits der Beschreibung der Firmenstruktur von Schmitz verwendet werden. So bezeichnet Schmitz ihre vorherige Tätigkeit in der Zentrale der BETTER-AG in Deutschland als „globale Rolle". Ihre Position und damit zusammenhängend ihre Aufgaben in China und Asien beschreibt Schmitz dann im Weiteren:

> „[…] nur mein / meine Rolle lässt sich ganz schwer in wenig Worte zusammenfassen, aber wenn ichs versuchen sollte, dann besteht sie darin, sicher zu stellen, dass wir global einheitliche Standards ehm einhalten wenn es um den Bereich Personalarbeit geht. Sei es Prozesse, sei es aber auch die Herangehensweise ehm, dazu gehört ne Art compliance-check, dazu gehört Know-how zu transferieren, sprich vom Headquarter in die einzelnen Tochtergesellschaften, wo dann im Prinzip die Personalarbeit operativ ausgeführt wird, ich mach hier keine operative Personalarbeit, sondern ich stelle sicher, dass die Personalarbeit in den einzelnen Tochtergesellschaften so läuft wie wir uns das vorstellen, dazu gehört wie gesagt compliance, dazu gehört Knowhow Transfer, dazu gehört Coaching und natürlich auch zu koordinieren, wenn es globale Sachen gibt, dass man die hier ausrollt, äh, den Leuten hilft sie umzusetzen, koordiniert, ehm und natürlich auch was / was jetzt in der

---

[2]In einem Interview formulierte es Herr Pohl, ein Kollege von Schmitz aus der Vertriebsabteilung in S-Stadt, selbstbewusst: „Wir haben die Welt eingeteilt in drei Bereiche" (DB6: Protokoll). Schon die geographischen Bezeichnungen, an denen sich die Namensgebung der Organisationseinheiten des Unternehmens orientiert, fassen große, äußerst heterogene Regionen zu Räumen zusammen und können dabei den Eindruck von Homogenität innerhalb dieser Räume erwecken (vgl. Werlen 2000).

jetzigen Rolle ganz stark dazugekommen ist, dass man Sprachrohr ist und / und ausgleicht globale [unverständlich], die vom Headquarter so festgesetzt werden, aber gegen lokale Besonderheiten abwägt. Also nicht alles ist so, wie wir es uns in Europa vorstellen, sondern in China, in Japan in Korea gibts Besonderheiten, die kennen wir bei uns aus Europa nicht, und wir müssen halt gucken, sind denn unsere Standards die globalen Standards so anwendbar, oder müssen wir gucken, dass wir ehm etwas Besonderes hier für die asiatischen Länder tun (I: mhm mhm). Von daher unterscheidet sich mein / meine Aufgabe von damals zu heute äh ehm nicht ganz so doll, hier ist es einfach intensiver, weil man näher dran ist, weil man viel mehr in die einzelnen Sachen reinkommt, ehm, und es geht viel stärker um um / um den Ausgleich um die Balance und um / um noch intensiveren Know-how Transfer, weil man einfach die Zeit hat, sich auf wenige Länder zu konzentrieren im Vergleich zu damals als ich für alle Länder sozusagen verantwortlich war." (DB7: 20-44)

Gefragt nach ihrer Position und ihrem Aufgabenfeld beschreibt Schmitz zunächst ihre „Rolle" und später ihre aktuellen Aufgaben im Vergleich zu den vorherigen Aufgaben in S-Stadt. Ihre Rolle schildert Schmitz mit einer gewissen Distanz, der Fokus liegt auf der Funktion der Rolle für das Unternehmen, nicht auf ihr als Person in dieser Rolle. Diese Darstellungsweise wird durchbrochen, als sie in der Rollenbeschreibung beginnt, über konkrete Tätigkeiten zu sprechen: „...ich mach hier keine operative Personalarbeit, sondern ich stelle sicher, dass die Personalarbeit in den einzelnen Tochtergesellschaften so läuft wie *wir* uns das vorstellen..." (A.D.). In dieser Formulierung fällt zum einen auf, dass die Sprecherin von einer allgemein beschreibenden Darstellung der Rolle in die erste Person Singular wechselt und auf den koordinierenden und beaufsichtigenden Charakter ihrer konkreten Tätigkeit verweist, sich aber gleichzeitig von operativer Personalarbeit distanziert. Außerdem nimmt sie in der Aufgabenformulierung eine weitere Identifizierung mit dem Unternehmen vor: „ich stelle sicher, dass die Personalarbeit [...] so läuft, wie wir uns das vorstellen". In dieser Formulierung sind die lokalen Gesellschaften in die Entscheidungsfindungen noch nicht integriert. Strukturentscheidungen werden, einem zentralistischen Firmenverständnis entsprechend, in der deutschen Firmenzentrale getroffen. Die Selbstrelativierung („Also nicht alles ist so, wie wir es uns in Europa vorstellen") steht in Opposition zu der Aufgabenformulierung. Die zentralistische Struktur des Unternehmens bleibt dabei unhinterfragt. Selbst wenn lokale „Besonderheiten" Änderungen notwendig machen, werden diese als Abweichung von der Norm betrachtet, die aufgrund rechtlicher oder wirtschaftlicher Gründe als notwendig erachtet und auf diese Weise rationalisiert werden können. Die Aussage vermittelt den Eindruck eines „Wir", das aktiv Einfluss ausübt und eine zentrale Leitfunktion gegenüber den passiven, ausführenden Tochtergesellschaften hat.

Schmitz' Rolle soll nun die Durchsetzung und Einhaltung so genannter „globaler Standards" sicherstellen. Diese „globalen Standards" stammen aus der Firmenzentrale in S-Stadt, Deutschland. Dazu gehören laut Schmitz Prozesse, Herangehensweisen, „ne Art compliance check", Know-how Transfer von der Zentrale in die Tochtergesellschaften, Coaching und Koordination beim Ausrollen (d.h. Anwenden von neuen Prozessen oder Regelungen in den einzelnen Tochtergesellschaften) von globalen „Sachen", sowie den Mitarbeitern in den Tochtergesellschaften bei der Umsetzung der Standards zu helfen. Daneben steht die Funktion „Sprachrohr" zu sein, also lokale Gegebenheiten an die Zentrale zu kommunizieren und ‚globale Standards' gegen „lokale Besonderheiten" abzuwägen. Dabei werden die in S-Stadt entwickelten Standards („unsere Standards, die globalen Standards") als internationale Norm gesetzt und den als von dieser Norm abweichenden „lokalen Besonderheiten" gegenübergestellt. Besonderheiten sind das, was „wir bei uns aus Europa" nicht kennen.

Aus der Beschreibung der Position ergeben sich Asymmetrien im Verhältnis von Zentrale zu Tochtergesellschaft auf mehreren Ebenen: Zum ersten in einem funktionalen Sinne einer Machtstruktur, innerhalb derer Entscheidungen im Top-Down Prinzip in der Zentrale getroffen werden und dann in die Peripherie ‚ausgerollt' werden. Zum zweiten auf einer relational-personellen Ebene, in der den lokalen Unternehmen bzw. deren Mitarbeitern bei der Umsetzung der Standards und Arbeitsweisen durch Betreuung geholfen werden muss. Und zum dritten in einem topographisch-kulturellen Sinne, in dem die dominierenden Standards aus Europa bzw. S-Stadt kommen und auf jeweils national davon abweichende „Besonderheiten" treffen.

Wie die Passung in Bezug auf diese letzte Asymmetrie hergestellt wird, beschreibt Schmitz im folgenden Abschnitt:

„Mhm, na den Know-how Transfer den wäge ich nicht unbedingt ab, ich stelle halt sicher, dass das, was ich weiß, kann, vom Headquarter bekomme, hier reingetragen wird. Wenn ich aber merke, dass zum Beispiel ein / ein globaler Standard, eine globale äh policy oder ein / ein Prozess, hier nicht so richtig reinpasst, ehm dann muss ich Acht geben, im Prinzip meine Aufgabe, schon vorher, oder / oder die Gesellschaften so gut zu kennen, oder sich mit den Ländern so gut zu befassen, dass man merkt: Das hapert, da gibts irgendwelche Schwierigkeiten, das passt kulturell nicht rein, im Prinzip kann man das gar nicht so allgemeingültig beantworten. Wenn ich was ausrollen muss, oder wenn ich ehm, auf ne bestimmte Art von compliance gucken muss, auf ne bestimmte äh ehm ehm Topic / sorry wenn ich ab und zu mal zwischen Englisch und Deutsch // (I: lacht) // @irgendwann fällt einem das Wort nicht mehr ein@ (I: lacht) kein Problem). Wenn man halt ne bestimmte / Thema gerade angeht, und man merkt, ehm, das / das passt nicht so so hundertprozentig, dann muss man einfach gucken: Is es einfach das typische bequemliche,

menschliche ‚Das ham wir schon immer so gemacht' und ‚Ah das is ja hier alles
so besonders, das können wir gar nicht anwenden', ist das nur diese Ausflucht, (I:
Mhm, Mhm) diese / diese menschliche Ausflucht, etwas nicht anwenden zu wollen,
oder ist da wirklich Substanz hinter, und dann muss ich halt ganz genau hinhor-
chen. Mein / meine lokalen Kontaktpartner, ehm verschiedene Kontaktpartner in den
Gesellschaften ansprechen, mich mit anderen Kollegen unterhalten, mich auch mal
mit anderen Konzern-Unternehmensangehörigen unterhalten, wie die das machen,
ob die ähnliche Schwierigkeiten haben, ob das wirklich so ist, oder obs nur vorge-
schoben ist. (I: Mhm, mhm) und ehm, das ist im Prinzip Teil unserer tätigen/ täglichen Aufgabe, es einfach mitzubekommen, es aufzusaugen, und dann, wenn etwas
aktuell ist, ehm im Prinzip abwägen zu können. Das ist nicht punktuell gemacht,
sondern das ist einfach in der täglichen Arbeit, die man macht, alles was einem so
hier auf den Schreibtisch gelangt, is ja / oder füttert das Gedankengut, so dass man
im Fall der Fälle dann weiß: Okay jetzt muss ich aufpassen, versuch ich hier etwas
reinzuprügeln, nur weil es globaler Standard ist, oder muss ich gucken, dass ich
ihnen das einfacher mache, das ichs einfach so verpacke, dass es auch passt, oder ob
ich wirklich ne / äh ne Abweichung brauche und dann müsste ich die natürlich auch
kommunizieren (I: mhm, mhm), zurück ans Headquarter, sage: Ich kanns hier nicht
so machen, aus den und den Gründen, ehm oder ich würds gern anders machen,
ehm, joa, des / das is so (I:Mhm Mhm) die Erwartungshaltung, an / an uns alle hier
eigentlich, die in meinem Büro arbeiten." (DB7: 88-112)

Im Sinne einer Balance zwischen Zentrale und lokalen Gesellschaften sei es
ihre Aufgabe, die lokalen Unternehmen gut genug zu kennen, um abschätzen zu
können, ob die Umsetzung dieser ‚Policies' zu Schwierigkeiten führen könnte:
„dass man merkt: das hapert, da gibts irgendwelche Schwierigkeiten, das passt
kulturell nicht rein". Dieser kulturellen Passung wird dabei ein relativ großes
Gewicht zugeschrieben, da sie potentiell zum Argument für länderspezifische,
lokal begrenzte Abwandlung der globalen Firmenpolitik werden kann. Wenn es
Schwierigkeiten gebe, gelte es, genau hinzuhorchen und aufzupassen: „[…] versuch ich hier etwas reinzuprügeln, nur weil es globaler Standard ist, oder muss
ich gucken, dass ich ihnen das einfacher mache, dass ichs einfach so verpacke,
dass es auch passt, oder ob ich wirklich ne / äh ne Abweichung brauche […]".
Das ‚Reinprügeln' steht hier für die gedankenlose Anwendung der Standards um
ihrer selbst Willen. Gerade davon distanziert Schmitz sich aber und präsentiert
sich sensibel für die „kulturelle" Passung. Schmitz unterscheidet dabei zwischen
substantiellen, kulturellen Besonderheiten, die eine Abweichung legitimieren, und
„typisch menschliche[n]" Ausflüchten („ah ja, hier is alles so besonders […] das
ham wir schon immer so gemacht"). In dieser Unterscheidung liegt die Konstruktion von ‚Kultur' auf der einen Seite, und von ‚menschlichen Ausflüchten' auf der
anderen Seite begründet.

Um diese Unterscheidung treffen zu können, stützt sich Schmitz auf ein Netzwerk aus Kontakten, das sich aus den Kollegen in den Tochtergesellschaften aber auch aus Angehörigen des S.T.A.L-Konzerns zusammensetzt. Es handelt sich dabei sowohl um Expatriates als auch um ‚Natives' der jeweiligen Länder. In diesem Netzwerk findet durch die Kommunikation mit anderen die Arbeit an einer Definition von Kultur statt, die diese von Ausflüchten abgrenzt. Aber wie wird das entschieden?

Aus den Erfahrung der täglichen Arbeit und den gewonnenen Informationen formt Schmitz ihre Einschätzung über die Notwendigkeit einer Abweichung von globalen Standards, wenn eine andere „Verpackung" nicht ausreichend ist, um eine Passung herzustellen. Dabei ist Differenz alleine keine ausreichende Begründung für eine Abweichung, was an einem Beispiel für die Umsetzung eines solchen globalen Standards deutlich wird, an den so genannten Positionstiteln:

„I:   Gibts da ein Beispiel dafür, was das sein könnte, für son globalen Standard?
B:   eh, ja / ja ganz präsent, ehm, Titel / ehm Positionstitel. (I: Mhm) Es gibt en goblalen (sic!) Standard, dass man sagt, bestimmte Titel sollen halt wirklich nur bestimmte ehm globale Rollen ehm nutzen dürfen. Ehm das macht für uns Europäer absolut Sinn, weil wir eben nicht so Titelfanatisch sind (I: Mhm, mhm), bei uns sind die Titel relativ strukturiert und auch selbstverständlich genutzt. Ehm in Asien ist es so, dass man Titel ehm nutzt, um Türen zu öffnen, also mit nem Director oder Managertitel brauchen sie überhaupt nicht beim Kunden ankommen, da macht ihnen vielleicht die Pförtner / der Pförtner die Tür auf, aber sie werden nie den richtigen Ansprechpartner im Unternehmen kennenlernen (I:mhm, mhm), man muss dann einfach mit nem gewissen Titel aufwarten, und das geht dann bis zu solchen fancy Sachen wie: Vice President weisdergaier, da würden wir in Deutschland wahrscheinlich schon den Hut ziehen und sagen ‚Mein Gott, da haste aber Karriere gemacht', das ist hier einfach nicht so, man braucht Titel, um (.) überhaupt ins Geschäft zu kommen. (I: mhm, mhm) und eh, das ist ein typischer Fall von: Wir wollen compliant sein, mit dieser globalen Geschichte, dass nur bestimmte Positionen diese Titel führen dürfen, aber lokal würde ich im Prinzip sämtliches Geschäft ehm katapultieren oder oder vernichten, wenn ich drauf bestehen würde, dass das offiziell überall so genutzt wird, das ich all die Titel verbiete, die sich hier so entwickelt haben, und das ist in ganz / ganz Asien eigentlich symptomatisch. Das ist / (I: lacht) wenn man hier arbeitet, oder sich damit befasst hat, weiß man, dass Titel in Asien was ehm / was alltägliches is, im Sinne von: jeder brauch was / was ganz Besonderes, ganz besonders fancy und hochtrabenden äh Titel, damit

er überhaupt äh eingelassen wird // (I: Mhm, mhm) // beim Kunden. // (I: lacht) // Und da heißt es halt einfach zu fragen: Wie macht ihr das? Wie kommt ihr damit klar, wie / wie wollmer damit umgehen, und dann türlich zurück äh berichten auf hier ist die Situation, den und den Vorschlag mach ich ehm / ich würd vorschlagen, das nicht so und so anzuwenden, sondern so und so zu machen, das ist ne Aufgabe, an der ich gerade zum Beispiel dransitze." (DB7: 115-136)

Auch in diesem Beispiel wird die Unterscheidung global/lokal mitgeführt. Nach der Vorgabe des Unternehmens sollen für bestimmte Positionen nur bestimmte Titel verwendet werden dürfen, was zu einer globalen Einheitlichkeit von Titeln mit Positionen führen würde. Für „uns Europäer", so Schmitz selbstrelativierend, sei das auch einleuchtend, nicht aber für die Asiaten. Mit „uns Europäern" verortet sie sich selbst dabei ganz beiläufig und selbstverständlich in einem homogen gedachten kulturellen Raum. Und sie schafft mit der Gegenüberstellung von Europäern und Asiaten zwei Ethnien, in denen die grundsätzlich multipolar angelegten nationalen Mitgliedschaften zu gröberen Homogenitäten zusammengefasst werden können, die eine dichotome Betrachtung ermöglichen.

Trotz der selbstrelativierenden Einsicht, dass der europäische Umgang mit Titeln in Asien nicht nachvollzogen werden muss, werden in der Formulierung die Europäer den „titelfanatischen" Asiaten gegenübergestellt. In der Art der Darstellung wird die asiatische Art der Titelverwendung als Absonderlichkeit humoristisch überspitzt („bis zu solchen Sachen wie: Vice President weisdergaier") und metaphorisch illustriert („da macht ihnen vielleicht der Pförtner die Türe auf") und auf diese Weise zusätzlich als fremd markiert. Es findet also gleichzeitig eine Selbstrelativierung und ein ‚Othering' (Said 2003 [1978]) statt. Dabei erkennt Schmitz die zugrundeliegende Systematik der ‚Titel als Türöffner' und auch die Notwendigkeit der Beibehaltung solcher ‚Titel als Währung' im asiatischen Raum für die Kundengewinnung durchaus. Die europäische Verwendungsweise von Positionstiteln enthalte eine eindeutige Funktionsbeschreibung und kennzeichne die hierarchische Stellung ihrer Trägerin eindeutig. Diese Verwendungsweise wird nun der asiatischen Titelverwendung gegenübergestellt, in der Titel eine einer hohen Inflation unterliegende Währung darstellten, die extern als Türöffner zur Kundengewinnung dient, die unternehmensintern aber keinerlei Gegenwert an Hierarchie oder Machtumfang besitzen muss.

Dieser Fall sei für die Problematik ‚globale Standards mit lokaler Abweichung' typisch. Die Notwendigkeit einer Anpassung an lokale Gepflogenheiten
steht dem „wir wollen compliant[3] sein" im Wege. Allerdings wird nicht ganz klar,
für wen Schmitz mit dem „wir" hier überhaupt spricht, wer da also „compliant"
sein will. Alle Mitarbeiter im Raum Asien? Alle Mitarbeiter im HQ Shanghai?
Oder nur sie selbst?

Dem Bekenntnis zur Compliance steht die Notwendigkeit einer vom ‚globalen
Standard' abweichenden Verfahrensweise deswegen entgegen, weil ein Bestehen
auf den ‚globalen Standards' geschäftsschädigend wäre („[…] lokal würde ich im
Prinzip sämtliches Geschäft ehm katapultieren oder oder vernichten […]"). Diese
Umgangsweise mit den Titeln sei für ganz Asien „symptomatisch". Schmitz'
Metapher ist pathologisierend, das asiatische Verhalten darin also der Ausdruck
einer Krankheit. Sprachlich steht die strukturierte, „selbstverständliche" europäische Vorgehensweise in Opposition dazu. Eine Anpassung sei aber notwendig,
wenn das Geschäft nicht beeinträchtigt werden soll. In der asiatischen Vorgehensweise wird keine Selbstverständlichkeit gesehen, höchstens eine Alltäglichkeit
„im Sinne von: jeder braucht was / was ganz Besonderes, ganz besonders fancy".
Die Legitimierung der Änderung erfolgt also nicht über kulturelle Aspekte, sondern über wirtschaftliche Interessen, die der Standardisierung nach ‚globalen
Standards' übergeordnet werden. Die Rationalität der ‚globalen Standards' erklärt
sich aus ihrer Effizienz und Wirtschaftlichkeit. Nur wenn aus der Durchsetzung der Standards ein wirtschaftlicher Nachteil erwächst, ist eine Abweichung
davon legitim. Die Abweichung wird also wirtschaftlich rationalisiert und legitimiert, das Verhalten aber, dass eine Abweichung notwendig macht, wird kulturell
begründet!

Damit lässt sich eine Antwort auf die Frage formulieren, wie „Kultur" von
„menschlichen Ausflüchten" in diesem Zusammenhang differenziert wird: Es
geht bei Schmitz' Diskussion mit dem Netzwerk von Kollegen nicht darum, festzustellen, was die kulturellen Gegebenheiten sind. Es geht darum festzustellen,
inwieweit die globalen Standards umgesetzt werden können, ohne dabei wirtschaftlichen Schaden für die Firma anzurichten. Lokale Gewohnheiten, deren
Abschaffung wirtschaftliche Nachteile nach sich zögen, sind dann per se Kultur,

---

[3]*Compliance* ist ein Begriff aus der betriebswirtschaftlichen Fachsprache und beschreibt
die unternehmensinterne und –externe Regelkonformität. Insbesondere in größeren Unternehmen werden dazu auch Verhaltenskodizes aufgesetzt, die neben den legalen Aspekten
auch ethische Aspekte umfassen (Bea et al. 2009: 60). Der Begriff gehört offenbar zum
Standardjargon der Branche und wird von DB7 hier nicht weiter erläutert.

andere aber nicht unbedingt. Standards werden nicht um ihrer selbst willen „reingeprügelt", „kulturelle" Besonderheiten werden aber auch nicht um ihrer selbst willen beibehalten.

Die Beschreibung ihrer Rolle bringt Schmitz' Position in eine Relation zur Heimatzentrale, mit der sie sich identifiziert, und in eine Relation zu den nationalen Tochtergesellschaften, die sie beaufsichtigt bzw. betreut. Die Aufgaben der Position sind einerseits die Umsetzung der Unternehmensstandards aus S-Stadt, andererseits die Vermittlung zwischen S-Stadt und Asien, falls sich die Standards nicht problemlos umsetzen lassen. Neben der Beschreibung der Aufgaben der Position schildert Schmitz auf eine andere Frage ihre Aufgaben aus einer konkreten und persönlicheren Perspektive:

„I:     Okay. Ja, vielleicht können sie einmal einen typischen Tagesablauf ihrer Arbeit im Shanghai-Headquarter beschreiben.

B:     (..) Mhm en typischen Tagesablauf (ehm) ich komm ins Büro, öffne meinen PC guck erstmal was reingekommen ist an Emails, was ist ehm dringend. Und dann hab ich so meine Sachen, die ich auf der / auf der Liste habe, die / die gemacht werden sollen. Ehm, ich bin jetzt nicht nur für China zuständig sondern für / für X Länder insgesamt (I: Mhm) von daher fokussiert sich nich / nicht alles auf China (I: Mhm), aber im Prinzip ist der Tages-ablauf nich / nicht strukturiert im Sinne von ehm: Ich mache hier jeden Tach dasselbe, sondern, ehm es besteht von einigen Routinen, sprich schaun was / was äh an Emails dringend reingekommen is, und / und bearbeitet werden muss, oder ner Beantwortung bedarf, und ehm ne Mischung aus sehen oder erkennen aus dem was m/ was man sieht und hört aussem Intranet, welche Informationen man bekommt, wo man tätig werden muss, und wo man pro aktiv tätig werden muss, und was einsteuern muss, was abklären muss, was ausrollen muss, im Prinzip Arbeit suchen (I: Mhm) und ehm Sachen die man sich selbst überlegt, wenn man sacht: Mensch, ich hab ne gute Idee, die bereite ich jetzt mal auf, die lass ich mal Gestalt werden, bespreche sie dann mit / mit meinen Kollegen im Headquarter, ehm, oder auch einfach die / die so Feuerlöscher-Anfragen, Fragen beantworten, Sachen die sich einfach ergeben, aus, so aussem täglichen Routine / aus Prozessabläufen, aus / aus Sachen die immer wiederkehren, die man einfach jährlich immer wieder aufgreifen muss, wo man reingehen muss, zum Beispiel es gibt jedes Jahr en salary view, es gibt jedes Jahr äh eh Bonuszielauswertung, es gibt jedes Jahr Budgetvorbereitungen, das sind so Routinen, (I: Mhm) die einfach durchlaufen, die man immer jedes Jahr wieder aufgreifen muss, und

von daher gibt es eigentlich keinen typischen Tag (I:Mhm) (.) im Headquarter (I: @im Headquarter) (lacht). Ich glaube, das ist auch aus der Position
heraus, weil man von / von mir und meinen Kollegen, die auf meinem Level
arbeiten einfach erwartet, dass / dass wir äh situativ reagieren. (I: Mhm)."
(DB7: 335-354)

Ihre Aufgabe im HQ Asien-Pazifik beschreibt Schmitz als nicht so sehr abwei-
chend von der vorherigen Tätigkeit, aber als intensiver, weil sie im „kleinen
Headquarter" in einem stärkeren Austausch mit den Tochterunternehmen steht
und insgesamt weniger Gesellschaften betreuen muss, als zuvor. Schmitz ist
daher nicht nur im geographischen Sinne ‚näher dran'. Die Möglichkeit zur
intensiveren Betreuung sei einer der Gründe für die Einrichtung der lokalen HQs
gewesen. Schmitz vollzieht diesen Entwicklungsschritt der Unternehmensstruktur in persona mit, wenn sie die Zentrale des Bereichs Asien übernimmt und von
„zentralistisch auf leicht dezentral" geht, also von S-Stadt auf die Position in
Shanghai wechselt.

Ihr Tagesablauf sei dadurch charakterisiert, dass er zwar auch aus Routinen
bestehe (z.B. Emails beantworten, Prozessabläufe im jährlichen Turnus wiederholen), vor allem aber geprägt sei durch heterogene Tätigkeiten, die hohe
Anforderungen an ihre Eigeninitiative und Kreativität stellen, Aufgaben, die
Gestaltungswillen voraussetzen und viel Koordinationsarbeit erfordern („wo man
pro aktiv tätig werden muss, und was einsteuern muss, was abklären muss, was
ausrollen muss, im Prinzip Arbeit suchen (I: Mhm) [...] Mensch, ich hab ne gute
Idee, die bereite ich jetzt mal auf, die lass ich mal Gestalt werden bespreche sie
dann mit / mit meinen Kollegen im Headquarter"). Auffällig ist an dieser Stelle
auch der Begriff „pro aktiv", der im Interview wiederholt auftritt und mit dem
hier dieses eigenständige Engagement umschrieben wird.

Schmitz präsentiert sich als kultursensibel, selbstständig und eigeninitiativ
arbeitend. Ihr „Wir" steht für ihre Einheit mit der Firmenzentrale in Deutschland.
Kultur wird in Bezug auf ihre Arbeit relevant, wenn sie zu Schwierigkeiten in der
Compliance der ihrem Zuständigkeitsbereich zugeordneten Tochtergesellschaften führt, wenn eine Abweichung von den Standards notwendig wird, ist Kultur
neben juristischen Vorgaben eine legitime Begründung dafür. Ihre Aufgabe sei
unter anderem die Vereinbarung dieser Widersprüche, was sie kompetent umzu-
setzen verstehe.

## 5.1.2 Konkurrierende Differenzbeschreibungen: Kultur als Diversität vs. Kultur als Handicap

In engem Zusammenhang mit ihrer Aufgaben- und Positionsbeschreibung, aber auch in Bezug auf die Schilderung der persönlichen Lebensumstände in China, stehen die Fremdbeschreibungen „der Chinesen" durch Schmitz. In diesen Fremdbeschreibungen konkurrieren wertende Konzepte der kulturellen Differenzierung miteinander. Zum einen (a) ein positives Narrativ von kultureller Differenz als Diversität und zum anderen (b) ein problematisierendes Narrativ von kultureller Andersartigkeit als Handicap.

**(a) Geduld und Offenheit gegenüber dem komplett Anderen: Kultur als Vielfalt**
Neben der Beschreibung ihrer Arbeit schildert Schmitz auch die Verlagerung ihres „Lebensmittelpunktes" nach China im Rahmen ihres Entsendungsvertrages (DB7: 215-225). Da sie vor ihrer Entsendung schon mehrmals in China gewesen sei, sei es „Arbeitstechnisch […] nix Neues" und der „Kulturschock"[4] sei „nicht ganz so groß" gewesen, eine Besonderheit die sich vor einer Normalitätserwartung großer Überraschungen und Umstellungen ergibt. Ganz anders allerdings wird die Erfahrung in Bezug auf das Privatleben geschildert: „aber hier zu leben ist was komplett Neues geworden." Vor allem dieser Teil der Entsendung habe eine große Umstellung erfordert. In der Darstellung im Interview wird dabei immer wieder die große Differenz zwischen Zuhause und China betont:

> „[…] Ehm, man / man kommt hierher und / und denkt sich meistens, was denk ich auch menschlich ist, ehm es läuft bestimmt so ähnlich wie Zuhause auch. Also wenn ich hier ein Bankkonto eröffne, dann geh ich einfach zur Bank, sach mein Name is Luise Schmitz, ich hät gern ein Bankkonto, und ehm hab dann innerhalb zehn Minuten en Formular ausgefüllt, und kann damit meiner EC fröh / oder mir wird ne EC-Karte nach Hause geschickt, das ist hier en langer Bewerbungsprozess gewesen. Man kann hier nicht einfach so zur Bank gehen, sondern muss seinen Ausweis mitnehmen, man muss vom Arbeitgeber ne Bescheinigung mitbringen, äh man muss erst mal gucken, in welcher Filiale man anfängt, man / nicht nur sprachliche

---

[4]Der Begriff ‚Kulturschock' wurde ursprünglich von der Kulturanthropologin Cora DuBois eingeführt. Sie benutzte ihn in ihrer Rede mit dem Titel „Culture Shock" auf dem *Midwest regional meeting of the Institute of International Education* am 28. November 1951 in Chicago (Oberg 1960). Der Begriff soll einen schockartigen emotionalen Zustand von Menschen beschreiben, die mit einer anderen Kultur in Berührung kommen. Kalervo Oberg erweiterte diesen Begriff, um ihn allgemeiner anzuwenden und führte eine Theorie basierend auf vier Phasen (*Honeymoon-Phase, Krise, Erholung* und *Anpassung*) ein (ebd.).

Schwierigkeiten, sondern einfach administrative (I: mhm) Schwierigkeiten, es läuft einfach anders. Man muss sich zurechtfinden, wo geh ich hier meine Nahrungsmittel einkaufen, man muss sich entscheiden: Was mach ich? Mach ich hier einen auf wirklich ganz ganz lokal und probiere sämtliche lokalen Köstlichkeiten, oder will ich mich mehr noch mit / mit meinem altvertrauten deutschen Zuhause verpflegen? Man muss gucken, wie man hier die Straße überquert, man (unverständlich) wenn man dem Taxifahrer sacht, wo man hinwill, weil der Taxifahrer eben kein Englisch versteht, und auch nicht die Straßennamen so wie wir sie aussprechen, weil die Aussprache komplett anders ist, und all diese kleinen täglichen Sachen, die ehm die be / ja machen das Hirn schon ordentlich schäftig, so dass man völlig müde ist // (I: lacht) in den ersten Tagen // weil man wirklich so viel aufsaugt, so viel neues ist, einfach so viel komplett anders ist als Zuhause. (I: mhm) funktioniert anders, man muss andere Wege gehen, vielleicht en bisschen aufwendiger, vielleicht kurz mal um die Ecke denken um dasselbe Ergebnis zu bekommen, und ja. Man kann im Prinzip (unverständlich): Vergiss, wie dus zuhause gemacht hast, überlege oder / oder finde einfach raus wies hier funktioniert, und stell dich darauf ein oder lass dich darauf ein, das ist so die / Phiso / die Philosophie die wir eigentlich jedem Neuankömmling hier mitgeben." (DB7: 229-248)

In diesem Abschnitt vor der konkret arbeitsbezogenen Fremdbeschreibung werden zunächst die Eindrücke nach der Ankunft in China beschrieben. Dabei wird an zahlreichen Beispielen die große Differenz in der Alltagswelt zwischen ‚altvertrautem Deutschen' und dem ‚komplett anderen China' konstatiert. Schmitz formuliert ihre Erfahrungen explizit als Ratschlag und positioniert sich so selbst implizit als Experte oder zumindest als erfahren und kompetent im Umgang mit dieser Differenz. Sie geht dabei sowohl auf physische Aspekte des Eintreffens und Zurechtfindens im topographischen, sprachlichen und administrativen Raum Chinas und der Alltagsumgebung, als auch auf das Ankommen in einer dieser Lebensumwelt zugrundeliegenden chinesischen Geisteswelt ein, die es dem Neuankömmling abverlangt „kurz mal um die Ecke [zu] denken" und die Schmitz in dem Prinzip formuliert: „Vergiss, wie dus zuhause gemacht hast, überlege oder / oder finde einfach raus wies hier funktioniert, und stell dich darauf ein oder lass dich darauf ein." Der letzte Satz fast als Quintessenz ihre Erfahrungen als „Philosophie für den Neuankömmling" zusammen.

Im folgenden Redezug des Interviewers („Mhm. Und kommen Sie inzwischen gut damit zurecht?") wird mit der immanenten Nachfrage zugleich eine Bewertung über das eigene „Zurechtkommen" mit der Situation von Schmitz verlangt. Da Schmitz' vorangehender Redezug als Ratschlag gegenüber einem Neuankömmling formuliert war, der sich aus ihren reflektierten Erfahrungen legitimiert, bleibt als Antwortmöglichkeit hier nur die Bestätigung – denn jemand, der mit der Situation nicht zurechtkäme, stünde es nicht zu, Ratschläge zu erteilen. Mit der Antwort „Oh ja, doch" wird die Frage zunächst positiv validiert, und der Interviewer lacht kurz. Schmitz gibt mit der nachgelegten Proposition einen Hinweis auf die Art und Weise des Zurechtkommens: „[N]e ganze Menge ehm Geduld @mittlerweile angelernt@". Damit setzt sie Geduld als relevanten Aspekt des Zurechtkommens in China, ohne diesen Punkt direkt zu elaborieren:

> „I:    Mhm. Und kommen sie inzwischen gut damit zurecht?
> B:    Oh ja, doch (I: lacht). Ne ganze / ne ganze Menge ehm Geduld @Mittler-weile angelernt@
> I:    Ja ich denke mir, dass einem das auch liegen muss oder dass es einem Spaß machen muss damit man das überhaupt tun kann, oder?
> B:    Man muss einfach offen sein, man muss sich / sich (unverständlich) dar-auf einlassen ehm es nützt einem nichts, sich tausendmal drauf vorzuberei-ten, wenn man nicht offen ist, es einfach zuzulassen (I: Mhm) und dann die gewisse Ruhe auch zu bewahren und zu sagen: Okay, es ist nun mal so ehm, man muss offen sein, dass oder tolerant genug sein, man muss offen sein, dass Dinge vielleicht auch anders laufen können, und man darf das nicht verurteilen, glaube ich." (DB7: 250-261)

In dieser Paarsequenz komme ich als Interviewer durch die positive Validierung in meiner Stellungnahme Schmitz in ihrer Sicht der Dinge entgegen, was von ihr als implizite Aufforderung verstanden werden könnte, diese so akzeptierte Sicht-weise weiter auszuführen. Die Suggestionen in meinem Kommentar implizieren zusätzlich einen Zusammenhang von persönlicher Eignung und der Fähigkeit, in der fremden Umgebung zurechtzukommen („einem das auch liegen muss oder das es einem Spaß machen muss, damit man das überhaupt tun kann").

Schmitz widerspricht zwar nicht, wählt aber auch keine der formulierten Alter-nativen sondern legt stattdessen den Schwerpunkt anders: Weg von persönlicher Eignung im Sinne von Begeisterung für die Sache und hin zu einer Verhaltens-empfehlung. Man müsse „offen sein" und sich „darauf einlassen". Eine Vorbe-reitung könne das nicht ersetzen, es ginge vielmehr darum es einfach zuzulassen, „und dann die Gewisse Ruhe auch zu bewahren." Ruhe und Geduld sind demnach zwei entscheidende Aspekte für den Umgang mit der (Expatriate-)Situation, wie Schmitz sie darstellt. Es gehe darum, sich damit abzufinden, Dinge unter Umstän-den nicht ändern zu können („Okay, es ist nunmal so").

Während die innerhalb weniger Sätze mehrfach wiederholte Forderung nach Offenheit zunächst einmal eine wertfreie Forderung an den generalisier-ten Expatriate als Neuankömmling zu sein scheint, wird sowohl mit der Forde-rung nach „Geduld" als auch mit der nach „Toleranz" und mit dem moralischen Imperativen („man darf das nicht verurteilen") an die Akzeptanz von und den

‚korrekten' Umgang mit Differenz appelliert. Aus der Formulierung wird klar, dass es Schmitz an dieser Stelle explizit nicht um die Durchsetzung von Interessen geht.[5] Die Forderung nach Toleranz appelliert an die Fähigkeit, etwas zu akzeptieren wie es ist, obwohl bekannt ist, dass es anders sein bzw. gemacht werden könnte. Geduld ist in diesem Fall eine klar positiv konnotierte Eigenschaft. Anders als bei Toleranz geht es mit dem Begriff Geduld hier jedoch darum, etwas abzuwarten und geschehen zu lassen, obwohl bekannt ist, wie es nicht nur anders sondern auch besser gemacht werden könnte (wie z.B. in einer Lehrer-Schüler Beziehung).

Aufgrund der gewählten Formulierungen ist wohl die Haltung ‚staunender Bewunderung' beispielsweise gegenüber chinesischen Arbeitspraktiken auszuschließen, denn dann wäre die Forderung an den Neuankömmling wohl nicht Geduld, sondern vielleicht eher „Lernbereitschaft" oder „Wissbegierde". Dies sind wiederum Eigenschaften die Schmitz den Chinesen an anderer Stelle zuschreibt (DB7: 518-520). Wenn Schmitz dann fordert „man darf das nicht verurteilen, glaube ich", so ist eine Be- bzw. Verurteilung der Andersartigkeit implizit durch die Betonung von Geduld als relevanter Eigenschaften des Expatriate bereits abgeschlossen. Der explizite propositionale Gehalt des Satzes jedoch verläuft innerhalb eines Rahmens positiver Diversitätsauffassung und politischer Korrektheit.

Nun fährt Schmitz fort mit einer Reihe von Beispielen für unangebrachte Reaktionsweisen auf Differenzerfahrungen, von denen sie sich als Gegenhorizonte zu ihrer eigenen Position distanziert:

> „Und is immer schnell dabei zu sagen: Was ist denn das fürn Blödsinn hier, warum macht man das denn so aufwendig (I: mhm), ehm man kommt dann schnell auch in die überhebliche Reaktion zu sagen, äh sind se zu blöd oder zu rückständig, wenn man aber mal in sich geht ehm, merkt man dann irgendwann, dass wir sind eigentlich ziemlich / oder passiert schnell, dass man überheblich wird, und und denkt das ist rückständig, es ist halt einfach anders (I: mhm). Es passt hier genau rein, es ist kulturell und geschichtlich einfach so geprägt worden, und es ist anders (I: mhm) es ist ne andere Denkweise, und äh das muss man akzeptieren, und manchmal kann man sogar was von lernen." (DB7: 261-267)

---

[5]Alternative Formulierungsmöglichkeiten wären ja Forderungen nach ‚Durchsetzungsvermögen' oder ‚Führungsstärke' gewesen, aber auch die nach der Fähigkeit sich ‚einzuordnen' oder gar ‚anzupassen'. Schmitz wählt keine dieser Alternativen.

Pejorative Beurteilungen der Andersartigkeit, deren Ursache in einer kulturell und historisch geprägten Denkweise gesehen wird, werden von Schmitz grundsätzliche abgelehnt und sie macht auf die Gefahr einer überheblichen Reaktionsweise als Konsequenz solcher Beurteilungen aufmerksam. Schmitz scheitert dann allerdings an dem Versuch, die als negativ gekennzeichnete Reaktion („äh sind se zu blöd oder zu rückständig") auch argumentativ zu entkräften, als sie eine dazu in Opposition stehende Formulierung zwar einleitet, aber dann abbricht: „wenn man aber mal in sich geht ehm, merkt man dann irgendwann, dass wir sind eigentlich ziemlich / [...]." Stattdessen wird nach dem Abbruch neu angesetzt mit einer zu den vorhergegangenen Forderungen inhaltlich redundanten und sprachlich fast wortgleichen Formulierung: „ [...] / oder passiert schnell, dass man überheblich wird, und und denkt das ist rückständig, es ist halt einfach anders (I: mhm)". Es lässt sich nur spekulieren, wie der abgebrochene Satz hätte fortgesetzt werden können (denkbar wären: ...sind wir eigentlich ziemlich *überheblich*; ...sind wir eigentlich ziemlich *intolerant*). Auf negative Eigencharakterisierungen wird hier jedenfalls verzichtet. Dadurch ist die Relativierung der eigenen Denkweise natürlich nicht zurückgenommen, andererseits ist mit dem Abbruch des Satzes hier die Bewertung der Anderen als „blöd" oder „rückständig", die ja vehement abgelehnt wird, auch nicht widerlegt. Stattdessen wird nach der Wiederholung bereits getroffener Aussagen die Differenz als wertfreier Unterschied einfach konstatiert („es ist halt einfach anders"). Die inhaltlich nicht begründete aber mehrfach wiederholte Forderung nach Offenheit und der zweifache Imperativ zur Akzeptanz („das darf man nicht verurteilen, glaube ich"; „äh das muss man akzeptieren") klingen eher nach einem autoritativ gestützten Dogma als nach in Erfahrung gründender Überzeugung. Es scheint für Schmitz nicht einfach zu sein, die Relativierung des eigenen Standpunktes gegenüber den Erfahrungen durchzuhalten.

Aus einer anderen Stelle des Interviews wird deutlich, aus welcher Quelle sich die Forderung nach Offenheit und Perspektivwechsel möglicherweise speist:

> „Ja ja. Das is eigentlich en Standardprogramm das einem auch immer angeboten wird, bevor man geht oder wenn man hier angekommen is, das man so ne Art interkulturelles Training bekommt, wo einem ein bisschen was über die Kultur erzählt wird, wo man en bisschen auf einiges gefasst gemacht wird, aber was was bei uns zum Beispiel auch sehr sehr wichtig is, das offenbar gemacht wird, das / das äh die Dinge einfach anders laufen können, und das man sich reinversetzen muss in die / in die / in die andere Seite. Also es is weniger nur: Ich erzähl dir mal was von der Kultur und dann (I: mhm) dann wirst du schon verstehen, sondern eher den Ansatz zu sagen: Sei einfach offen oder / oder gewahr, dass andere Menschen, andere Sitten, Dinge einfach anders aufgefasst werden können. [...]" (DB7: 592-598)

„Sei einfach offen" und „versetz dich in die anderen hinein", „mach dir klar das
Dinge anders laufen können" sind also Forderungen, die Schmitz als Quintessenz
des interkulturellen Trainings darstellt, das sie durchlaufen hat. Ihr Versuch einer
positiven kulturellen Diversitätsdarstellung entspricht weitgehend der Darstellung
eines kulturrelativistischen Standpunktes aus dem interkulturellen Training. Dieser steht wiederum in einer Linie mit der Vorstellung eines auf Gleichwertigkeit
abzielenden Diversitätsbegriffes (vgl. Kap. 2.2).

Doch zurück zum vorhergehenden Auszug (DB7: 262-268). Schmitz geht
von einer kulturell geschichtlichen Prägung als Ursache der Andersartigkeit aus,
weshalb es auch „hier genau rein" passe. Freilich liefert das nur eine Erklärung
für die Existenz eines Phänomens, aber noch kein Argument dafür, warum man
es akzeptieren sollte. Nach der wiederholten Forderung nach Akzeptanz kommt
die positive Steigerung dann am Ende des Redezuges: „[M]anchmal kann man
sogar etwas davon lernen." Von der Andersartigkeit etwas lernen zu können ist ja
der vom Diversity-Management versprochene Synergieeffekt (vgl. Kap. 2.2), der
produktive Rückkopplungseffekt kultureller Differenz. Die versprochenen Lern-
effekte könnten so eine Legitimation für die geforderte Toleranz liefern. Mit diesem Versprechen beendet Schmitz diesen Redezug. Ich schließe an die Aussage
an und bitte um konkrete Beispiele dafür, was man lernen könne:

„I:    Mhm, zum Beispiel?
B:    Ehm (…) mhm jetzt akut en Beispiel, hebebebebeb, (..) will mir jetzt gar
      nicht aus den Fingern saugen (..) ganz global könnt ich sagen einfach zu::,
      einfach tolle / ne gewi/ ne neue Stufe von Toleranz erwerben und und äh
      Geduld, weil man einfach erkennen muss, es gibt Sachen zwischen Weiß
      und Schwarz (I: mhm) es gibt nicht nur den / den einen guten Weg, son-
      dern es gibt auch andere Wege. Das muss nicht immer für uns, in unse-
      ren Augen logisch klingen, aber es is / aus ner anderen Kultur heraus is
      es eine Logik, is halt nur ne andere Logik (I: Ja). Ehm, das is so die / die
      globale Erkenntnis ehm, es lernt einen son bisschen Geduld zu haben und
      ehm versuchen die / die Sachen, aus anderer Augen heraus zu sehen. Wenn
      man versucht sich reinzuversetzen und es zu verstehen, wie es der andere
      sagt, dann weitet das son bisschen den Horizont, (I: mhm) man muss nicht
      immer ja und Amen sagen, aber es / es ist sozusagen eine Bereicherung des
      eigenen Lebens das man lernt, sich die Sachen aus der anderen Perspektive
      anzugucken, versuchen zu verstehen (I: mhm), kann man dann natürlich
      auch Zuhause gut / gut anwenden ehm aber ob man dann mit dem so ein-
      verstanden ist das @ist die zweite // Sache@ (I: lacht) // @Ob man dann@
      einen Verbesserungsvorschlag macht. (I: Ja) Aber es ist einfach en bisschen

Bewusstseinserweiternd und lässt einen auch lernen en bisschen lockerer zu sein, zu sagen: Wird schon irgendwie, das geht schon gut, ehm gewisse Relaxtheit / vielleicht kurz mal tief durchzuatmen (I: schnauft) bevor man ehm platzt, ehm ja (I: lacht). Mit Geduld und Spucke oder einfach auch ein bisschen mehr Toleranz und Akzeptanz." (DB7: 270-286)

Schmitz ratifiziert die Frage mit einem Annahmepartikel, gefolgt von einer dreisekündigen Sprechpause und einem Verzögerungspartikel und einer konkretisierenden Wiederholung der Frage, die gefolgt wird von einer Art Onomatopoesierung, d.h. lautmalerischen Verbalisierung des Nachdenkens „hebebebebeb, (..)", gefolgt von weiteren zwei Sekunden Pause, wiederum gefolgt von einer retardierenden Aussage und Pause („will mir jetzt gar nichts aus den Fingern saugen (..)"), die entweder dafür stehen könnte, dass sie sich keine Beispiele *ausdenken* möchte, *konkrete* Beispiele aus Sorge um Anonymität aber auch nicht ausplaudern will. Oder aber, ihr fallen tatsächlich keine Beispiele ein. Darauf folgt eine Distanzierung von konkreten Beispielen sowie mehrere jeweils abgebrochenen Ansätzen zu einer inhaltlichen Antwort, die letztlich in der propositionalen Wiederholung der vorhergegangenen Sequenz mündet: „[N] e neue Stufe von Toleranz erwerben und und äh Geduld." Darauf folgen einige naheliegende Metaphern, die anstelle konkreter Beispiele die Veranschaulichung übernehmen sollen: „weil man einfach erkennen muss, es gibt Sachen zwischen Schwarz und Weiß" und „es gibt nicht nur den / den einen guten Weg, sondern es gibt auch andere Wege". Darauf folgt eine Metapher in Schieflage: „das muss nicht immer für uns, in unseren Augen logisch klingen". Die erste (Farb-)Metapher zielt auf die Ablehnung einer dichotomen Einteilung von Handlungsweisen in gute und schlechte bzw. richtige und falsche. Die zweite Metapher verweist auf die Vielzahl von Möglichkeiten die es gibt, um eine Sache zu erledigen (im Sinne der Redewendung *Viele Wege führen nach Rom*), wobei in der Formulierung der Metapher (versehentlich?) eine Bewertung stattfindet: Im zweiten Teilsatz fehlt die Qualifizierung „andere[r] Wege" als ebenfalls „gut". Die dritte Metapher („in unseren Augen logisch klingen"), fällt aber durch ihre Holprigkeit auf, wenn im Bild dem visuellen Organ die falsche kognitive Tätigkeit zugeordnet wird.

Die Schwierigkeiten bei der Formulierung der Antwort auf die Frage, die sich nicht auf Abstraktionen sondern auf konkrete Erfahrungen der Interviewten bezieht, das Ausbleiben konkreter Beispiele, die Distanzierung von den konkreten Beispielen durch die Wiederholung der häufig verwendeten *räumliche* Metapher „ganz *global* könnt ich einfach sagen" (A.D.) und die Unstimmigkeiten in den gewählten Metaphern, machen die Schwierigkeiten der Befragten in dieser Sequenz deutlich, konkrete, positive (Lern-)Erfahrungen aus ihrem Aufenthalt in China zu schildern. Positive Effekte ergeben sich in ihrer Darstellung erst in zweiter Linie aus der in Ego gesteigerten Geduldsfähigkeit gegenüber Alter, in Egos Fähigkeit, sich in Alters Perspektive zu versetzen und so den eigenen Horizont zu erweitern und das eigene Leben zu bereichern. Die Lehre liegt nicht in den Handlungen des Anderen, sondern in der Fähigkeit, den Anderen geduldig zu begegnen und sie zu akzeptieren. Toleranz ist in diesem Sinne Ziel und nicht Mittel der Auseinandersetzung mit dem Anderen.

Der dadurch entstandene Gewinn wird allerdings durch zahlreiche abschwächende Formulierungen eingeschränkt (*„son bisschen* Geduld"*, „dann weitet das *son bisschen* den Horizont"*, „en bisschen* ne Bewusstseinserweiterung" (A.D.)). Schmitz spricht explizit nicht von einem Nutzen für Arbeitszusammenhänge, sondern von einer Bereicherung der eigenen Persönlichkeit. In den Formulierungsschwierigkeiten dieser Sequenz spiegeln sich auch die diametral gegenüberstehenden Anforderungen an die Position des Expatriates: Die rational verstandenen globalen Standards bzw. die Standards des Heimatstandortes durchzusetzen einerseits, und die fremde, als regional wahrgenommene Kultur als gleichwertig zu betrachten und ggf. auch gegenüber der Zentrale zu vertreten andererseits.

Im Verlauf der Antwort entfernt Schmitz sich immer weiter von konkreten Beispielen, und kommt stattdessen wieder zu einer abstrakten Einschätzung: „ist halt nur ne andere Logik". Die beobachteten Differenzen werden hier im Begriff der (griechischen) Lehre des vernünftigen Schlussfolgerns („Logik") zusammengefasst.

Ein vollständiges Einverständnis mit dem, an dem die Toleranz und Geduld da geschult werden, ist Schmitz zufolge aber nicht notwendig. Die äußerliche Toleranz scheint einer inneren Ablehnung nicht zu widersprechen. Geduld, Toleranz und Relaxtheit scheinen jedoch für die Bewältigung der Situation dringend notwendige Eigenschaften zu sein, weil man sonst „platzt". Diese Formulierung bricht in der Heftigkeit der metaphorisch beschriebenen emotionalen Reaktion aus dem Rahmen der ansonsten in dieser Sequenz stark betonten Geduld, Toleranz und Relaxtheit. Als Formulierung sticht sie sprachlich aus den bisherigen Metaphern heraus, ergibt sich aber als Folge stimmig aus dem beschriebenen Widerspruch zwischen äußerer Toleranz und innerer Ablehnung. Darin spiegelt sich auch die Belastung der Expatriates durch die Anforderung der Vereinbarung und Lösung solcher Widersprüche wider, die sie in ihrer Person leisten müssen, und die nicht in Organisationsstrukturen aufgefangen wird.

## (b) Fehlende Kreativität und Initiative: Kultur als Handicap

Neben dem Versuch einer symmetrisierenden Kulturbeschreibung, in der ‚Kulturen' different aber gleichwertig sind, macht Schmitz an anderer Stelle auch Nachteile kultureller Unterschiede aus. In der folgenden Sequenz attestiert sie den Chinesen ‚fehlende Kreativität' und ‚fehlende Initiative'. Der Vorwurf lautet, Probleme nicht eigenständig lösen zu können, Probleme nicht anzupacken, sondern ihnen aus dem Weg zu gehen und keine Eigenständigkeit bei der Ausgestaltung von Spielräumen zu entwickeln.

„I:    Und was sind denn konkrete Schwierigkeiten in der Zusammenarbeit?
B:     Nummer Eins Sprache (I: mhm) (.) Ehm Nummer Zwei (…) ehm es sind
       komplett andere Kulturen im Sinne von Hintergrund. Wir wurden erzogen
       ehm im Sinne von kreativ sein, selber Zusammenhänge erkennen, gewisse
       Strukturen aufzubauen, also im Prinzip pro aktiv strukturell zu denken (I:
       mhm) und das Schulsystem hier ist darauf basierend, dass einem eine /
       jemand Struktur gibt und man die einfach so akzeptiert. Es wird im Prinzip
       komplett gehemmt, eigene Kreativität, eigene Ideen kon/ äh äh äh Schluss-
       folgerungen ziehen und eigene Vorschläge zu unterbreiten, und ehm, wenn
       man dann erwartet, der andere denkt genauso wie ich, dann geht man fehl
       (I: mhm) im Prinzip (..). Ja, das / das ist die große Herausforderung ehm /
       ehm na wie heißt das auf Deutsch, ehm jemand zu ermutigen, das Ganze
       selber auch zu machen und nicht nur darauf zu warten das jemand anders
       mit ner Anweisung kommt (I: mhm) das ist so, ganz pauschal gesehen, über
       / über / über viele Sparten anwendbar (I: mhm). Nich / nicht nur bei Perso-
       nal, nicht nur bei den Kollegen, das / das kann ich jetzt im Prinzip stellver-
       tretend für sämtliche Freunde, Bekannte sagen die ich kennengelernt habe,
       die vor genau derselben Schwierigkeit stehen, und man kann es reduzieren,
       auch wenn nicht / is nicht die / die Alleinursache, aber es viel bedingt durch
       das Schulsystem, das ist einfach ein patriarchisches System das einem der
       Lehrer sacht, ich akzeptiere und dann wird mir ne Struktur vorgegeben, und
       ich muss nicht selber überlegen – natürlich muss man selber überlegen, aber
       es ist wesentlich mehr von Oben herab vorgegeben, was leider en bisschen
       die / die eigene Kreativität (I: mhm) hemmt. Und das wiederspiegelt sich
       dann in ganz ganz vielen verschiedenen Situationen, im Alltag wie auch im
       Berufsleben dann." (DB7: 292-310)

Mit dem Hinweis auf die innere Ablehnung einiger Erlebnisse in der vorangehenden Sequenz wird implizit mitgeteilt, dass es sich für Schmitz dabei um problematische Erlebnisse im Sinne ihrer Aufgabe handelt. Auf meine Nachfrage bestätigt Schmitz, dass sich diese Schilderungen sowohl auf das Arbeits- als auch auf das Privatleben beziehen. Mit meiner erneuten Nachfrage versuche ich nun den Fokus auf den Arbeitsbereich zu legen, und expliziere den immanenten Gehalt der bisherigen Äußerungen als Problematisierung. Schmitz hat mit dieser Formulierung keinerlei Schwierigkeiten, sondern greift sie vielmehr auf und ratifiziert die Frage ohne Zögern mit einer Antwort in Aufzählungscharakter. Sie widerspricht der Formulierung nicht und liefert nun prompt eine Auflistung von Schwierigkeiten. Ob mit der Auflistung auch eine Gewichtung verbunden ist, ist nicht ganz klar. Die erste Schwierigkeit, Sprache, wird nur genannt, dann aber nicht weiter erläutert. Schmitz setzt offenbar die assoziierten Problematiken als bekannt voraus. Ich quittiere mit „mhm" und Schmitz fährt nach einer Sekunde Pause fort.

Schon in der Formulierung des zweiten Punktes gibt es Hinweise auf die Schwierigkeiten seiner Beschreibung: Statt eines Stichwortes wie „Sprache" folgt hier nach der Aufzählung („Nummer zwei") zunächst eine Pause von drei Sekunden. Auch dann folgt kein Stichwort, sondern eine Aussage („es sind komplett andere Kulturen"), die dann erläutert wird („im Sinne von Hintergrund"). Anstatt als Stichwort „Kultur" zu nennen, geht Schmitz direkt zu Erläuterungen über und entwickelt eine ganze Theorie der Entstehung und Wirkungsweise kultureller Einflüsse. Im Verhältnis zu Schwierigkeit eins geht aus der Aussage außerdem hervor, das Sprache nicht zu dem gehört, was nun in Zusammenhang mit „Kulturen im Sinne von Hintergrund" angesprochen wird – ein Verständnis von Kultur deutet sich an, das aus dem Hintergrund heraus das vordergründig sichtbare Handeln beeinflusst. Die Behauptung der differenzierenden Wirkung von „Kulturen" scheint der Erläuterung und Plausibilisierung zu bedürfen.

Zunächst die Feststellung: „Es sind komplett andere Kulturen". Mit „Es" werden zwei voneinander abgegrenzte oder abgrenzbare Entitäten angesprochen, denen jeweils eine „Kultur" zugeordnet wird. Das Ausmaß der Unterschiedlichkeit wird besonders betont („komplett anders") – alternativ wäre die Rede von wenigen kulturellen Abweichungen denkbar – die Unterschiede sind gewissermaßen allumfassend. Gleichzeitig geht Schmitz damit von der eindeutigen Abgrenzbarkeit und Homogenität der angesprochenen Kulturen aus, sowie auch von ihrer fraglosen Zugehörigkeit zu einer dieser Kulturen, welche die Konfrontation mit der ‚fremden Kultur' als „komplett andere" in diesem Fall erst erzeugt. Als nächstes folgt die Erläuterung dessen, was an dieser Stelle mit „Kulturen" gemeint sein soll („Kulturen im Sinne von Hintergrund"). Es geht hier also nicht mehr um offensichtlich zutage tretende Probleme wie unterschiedliche Sprachen, sondern um etwas, dass sich nicht offensichtlich abspielt. Kultur wirkt implizit, aus dem Verborgenen.

Dieser Hintergrund wird dann wiederum erläutert. Schmitz bringt den kulturellen Hintergrund mit Erziehung und Schulsystem in Zusammenhang, bei dem eine deutsche Seite (das „wir" umfasst zumindest Schmitz und eine nicht näher spezifizierte Gruppe von eben auf diese Weise Erzogenen, implizit auch mich als Interviewer) einer chinesischen Seite („das Schulsystem hier") gegenübergestellt wird.

> „[…] Wir wurden erzogen ehm im Sinne von kreativ sein, selber Zusammenhänge erkennen, gewisse Strukturen aufzubauen, also im Prinzip pro aktiv strukturell zu denken (I: mhm) und das Schulsystem hier ist darauf basierend, dass einem eine / jemand Struktur gibt und man die einfach so akzeptiert." (DB7: 295-297)

Beide Seiten werden verallgemeinert, einerseits über einen nicht näher bestimmten Personenkreis („Wir"), andererseits über den Ort („hier", Schmitz befindet sich in Shanghai, China). Die angesprochenen Personenkreise werden über einen spezifischen, gemeinsamen Sozialisations- und Bildungskontext ausgemacht, der diese Gruppen jeweils in sich homogen kulturell präge und damit die Differenz plausibilisiert. Dadurch wird eine ethnische oder ‚rassische' Kategorisierung zugunsten einer kulturellen Differenzierung vermieden.

Die Erziehungsmethoden werden abstrakt unterschieden. Schmitz sagt nichts über deren praktische Umsetzung sondern schildert die Ideen, von denen sie glaubt, dass sie den jeweiligen Erziehungsmethoden zugrunde liegen („und das Schulsystem hier ist darauf basierend…"). Die zugrundeliegenden Ideen müssen aber für eine Gleichförmigkeit der Erziehung sorgen, aus der sich eine distinkte und für den Beobachter erkennbare kulturelle Verhaltensweise ergibt. Heterogenität im Schulsystem, z.B. durch Unterschiede in Bildungsinstitutionen (verschiedene Fachrichtungen, Ausbildung in urbanen oder ländlichen Gebieten etc.) oder alleine schon durch personelle Diversität, wird ausgeblendet. Auf welche konkreten Erfahrungen sich diese Abstraktionen stützen, erläutert Schmitz nicht. An dieser Stelle im Interview spielt sie aber wohl auf Erfahrungen aus Arbeitsalltag und Privatleben in China an. Für die „deutsche" Seite kann man davon ausgehen, dass Schmitz das deutsche Schulsystem durchlaufen hat (sie äußert sich jedenfalls nicht gegenteilig) und in einer deutschen Familie aufgewachsen ist. Sie hat also keine oder wenig praktische Erfahrung mit dem chinesischen Schulsystem. Die Verallgemeinerung, die das „Wir" in Schmitz' Formulierung macht, unterstellt eine gleichförmige Erziehungsidee im Schulsystem. Erziehung könnte sich auch auf Erziehung in Familien beziehen. Für die chinesische Seite – das „hier" – wird dann aber deutlich, dass es Schmitz wohl in erster Linie um das Schulsystem geht („das Schulsystem hier"). Dabei wird die eine Ingroup „Wir" einem Ort „hier" gegenübergestellt.

Wie sehen nun diese zugrundeliegenden Ideen aus? Dem „Wir" wird zugeschrieben „kreativ sein, selber Zusammenhänge erkennen, gewisse Strukturen aufzubauen, also im Prinzip pro aktiv strukturell zu denken". Dem „Wir" werden also Kreativität und Eigenständigkeit (Initiative) zugeschrieben. Die Formulierung ist bereits eine aktive – die Verben sind „sein", „erkennen", „aufbauen" und „denken". Das Prinzip dahinter sei „pro aktiv strukturell zu denken", also selbstständig strukturell. Die Formulierung „pro aktiv" taucht im Interview mehrmals auf, Schmitz charakterisiert damit auch ihre eigene Tätigkeit in der Position im kleinen HQ (DB7: 346-347). In der Darstellung ist „pro aktiv" ein Indikator für fähiges und für das Unternehmen brauchbares Verhaltens im Sinne von Schmitz. Was mit „strukturell" in diesem Zusammenhang gemeint ist, erläutert Schmitz nicht.

Demgegenüber steht das „Schulsystem hier" (in China), das darauf basiere, dass „jemand Struktur gibt und man die einfach so akzeptiert". Im Gegensatz also zum *selber strukturieren* steht hier Struktur bekommen und „einfach so", also unhinterfragt, zu akzeptieren – die Verben sind hier „bekommen" und „akzeptieren". Durch die Gegenüberstellung wird impliziert, dass der chinesischen Seite (dem „hier") die Eigenschaften der deutschen Seite (dem „Wir") fehlen und umgekehrt: „Wir" akzeptieren also nicht einfach Struktur, und „hier" wird „man" erzogen im Sinne von nicht kreativ sein, nicht selber Zusammenhänge erkennen, nicht gewisse Strukturen aufzubauen, nicht pro aktiv strukturell zu denken.

Bei näherer Betrachtung wird schnell klar, dass die Aussage in dieser Form nicht ganz stimmig ist: Auch im chinesischen Schulsystem müssen Schüler Zusammenhänge erkennen lernen, Strukturen aufbauen und kreativ sein. Und auch im deutschen Schulsystem gibt es Strukturen (Unterrichtszeiten, vorgegebene Unterrichtsinhalte, verschiedene Rollen wie Lehrer und Schüler etc.). Schmitz markiert Kreativität, Zusammenhänge erkennen und Strukturen aufbauen aber jedenfalls als typisch deutsch.

Schmitz formuliert auch tatsächlich das negative Prinzip, dass hinter dem chinesischen Schulsystem stehen soll: „[…] Es wird im Prinzip komplett gehemmt, eigene Kreativität, eigene Ideen kon/ äh äh äh Schlussfolgerungen ziehen und eigene Vorschläge zu unterbreiten, und ehm, wenn man dann erwartet, der andere denkt genauso wie ich, dann geht man fehl […]" (DB7: 297-299). Das chinesische Schulsystem hemme also etwas, was aber voraussetzt, dass dies im Prinzip und natürlicherweise vorhanden ist. Im Vergleich zur eigenen Position handelt es sich dabei um eine Defizitformulierung. Die Verständigungsschwierigkeiten ergeben sich aus der Relation zwischen beiden Positionen.

Der letztgenannte Aspekt (Vorschläge unterbreiten) bezieht sich auf eine konkrete Aktivität, ist also weniger Abstrakt als die Theorie über Ideen hinter den Schulsystemen. Wenn Schmitz damit auch kein konkretes Beispiel aus dem Alltag schildert, so ist doch klar, dass es aus dem Arbeitsalltag von Schmitz stammen könnte. Auch hier wird implizit mitgeführt, dass das deutsche Schulsystem diese Fähigkeiten fördert.

Schmitz geht davon aus, dass die der Schulerziehung zugrundeliegenden Ideen fruchten und sich im späteren Verhalten und im Denken der Akteure auch widerspiegeln, dass also die schulische Erziehung den (kulturellen) Hintergrund bildet, der als wesentlicher Bestandteil kultureller Sozialisation Denk- und Verhaltensweisen maßgeblich beeinflusst: Unterschiedliche Erziehungsideale führen zu unterschiedlichen Denkweisen. Das Schulsystem wird als Ursache für Verhaltensunterschiede und für bestimmte Verhaltensweisen, z.B. auf ‚Anweisung warten und nicht selber einen Vorschlag zu unterbreiten', ausgemacht. Die dem Schulsystem zugrundeliegenden Ideen wirken in dieser Vorstellung als eine Art Essenz deterministisch auf die Verhaltensweisen. Es geht Schmitz nicht bloß um Gewohnheiten, sondern um die Wirkungsweise eines den Verhaltensweisen zugrundeliegenden Prinzips.

Schmitz' Antwort auf die Frage nach „konkrete Schwierigkeiten in der Zusammenarbeit" kann als Ergebnis eines längeren Theoretisierungsprozesses zur Bewältigung von Fremdheitserfahrungen in China durch alltagstaugliche Regeln betrachtet werden, der hier aktualisiert wird. Auch in ihren Netzwerken (vgl. Kap. 5.4) hat Schmitz sich bereits über diese Problematik verständigt, in dieser Theoretisierung ist also auch mit kollektiv konstruierten Aspekten zu rechnen. Mir als Interviewer wird diese Theoretisierung nun präsentiert und kulturelle Prägung als relevante Differenzierungskategorie durch ‚Zeugen' legitimiert („nicht nur bei Personal, nicht nur bei Kollegen") und über das Schulsystem plausibilisiert. Die Problematisierung des Phänomens durch Kollegen und Bekannte dient Schmitz wiederum als Argument für ihre Theorie.

Schmitz formuliert aber nicht nur eine Erklärung für die Problemursachen, sondern auch eine Strategie zur Bewältigung solcher Probleme:

> „[…] und ehm, wenn man dann erwartet, der andere denkt genauso wie ich, dann geht man fehl (I: mhm) im Prinzip (..). Ja, das / das ist die große Herausforderung ehm / ehm na wie heißt das auf Deutsch, ehm jemand zu ermutigen, das Ganze selber auch zu machen und nicht nur darauf zu warten das jemand anders mit ner Anweisung kommt […]."

Hier beschreibt Schmitz die Relationalität der Problematik. Die Schwierigkeiten ergäben sich erst einmal aus den eigenen Erwartungen, stellt Schmitz fest, und nicht etwa aus einer generellen Unfähigkeit der Anderen. Es handelt sich vielmehr um eine *Unmündigkeit*, verursacht durch den kulturellen Hintergrund bzw. das Schulsystem. Im Weiteren schildert Schmitz ihre Strategie zum Umgang mit diesem Phänomen. Politisch korrekt werden da aus den Schwierigkeiten – nach denen gefragt wurde – Herausforderungen. Die Herausforderung bestehe jetzt darin, ,dem Chinesen' die der deutschen Arbeitsweise zugrundeliegende Idee zu vermitteln (in Schmitz' Worten: „pro aktiv"), ihm also dabei zu helfen, mündig zu werden. Er wird „ermutigt" (das Potential ist also vorhanden) „das Ganze" – seine Arbeit und wohl mehr als nur einzelne Arbeitsschritte – auch selber zu machen. In Bezug auf das *Potential* der Arbeitsfähigkeit wird das Personals also nicht nach ,Kulturen' dichotomisiert. Es geht vielmehr darum, die chinesischen Mitarbeiter kulturell zu verstehen, und ihnen auf Grundlage dieses Verständnisses auf richtige Weise Anleitung zum richtigen bzw. erwünschten Handeln zu geben.

An der Arbeitsweise findet eine Hierarchisierung statt. Kreativität, Eigenständigkeit, „nicht nur [!] auf Anweisungen warten", sind klar positiv besetzt. Für den Arbeitsalltag in der BETTER-AG wird von DB7 eine *pro aktive* Vorgehensweise bevorzugt, die durchzuführen sie auch für sich selber in Anspruch nimmt.

Das Problem der Unkreativität, Unfähigkeit zu eigenem Denken und Ideen, sowie die Unfähigkeit Schlussfolgerungen zu ziehen, zurückzuführen auf das Schulsystem, so argumentiert Schmitz, sei „ganz pauschal gesehen, über / über / über viele Sparten anwendbar." Die Bestätigung ihrer Theorie sieht Schmitz in deren Alltagstauglichkeit und in der Bestätigung durch ihre Kontakte: „...nicht nur bei Personal, nicht nur bei den Kollegen, das / das kann ich jetzt im Prinzip stellvertretend für sämtliche Freunde, Bekannte sagen die ich kennengelernt habe, die vor genau derselben Schwierigkeit stehen...". Schmitz konstatiert zunächst die generelle Anwendbarkeit ihrer Theorie über verschiedene Arbeitsbereiche und beansprucht darüber hinaus auch die Gültigkeit ihrer Theorie über die Grenzen der BETTER-AG hinaus. Die Theorie sei deswegen richtig, weil alle, für die Schmitz stellvertretend spricht, vor „derselben Schwierigkeit" stünden. Die Existenz der *gleichartigen Schilderung* von Phänomenen durch Freunde, Bekannte und Arbeitskollegen wird zum Beweis für die Theorie, die diese Phänomene erklären soll.

Schmitz relativiert die Aussage dann in einer widersprüchlichen Formulierung: „...man kann es reduzieren, auch wenn nicht/ is nicht die/ die Alleinursache, aber es viel bedingt durch das Schulsystem, das ist einfach ein patriarchisches System". Schmitz sieht im Schulsystem einen wesentlichen Grund für die geschilderten Schwierigkeiten. Andere Ursachen kommen zwar dazu, schließen aber das als patriarchisch beschriebene Schulsystem als Ursache nie aus. Schmitz stellt sich die Funktion dieses System nun so vor: „das einem der Lehrer sacht, ich akzeptiere und dann wird mir ne Struktur vorgegeben, und ich muss nicht selber überlegen – natürlich muss man selber überlegen, aber es ist wesentlich mehr von oben herab vorgegeben". Der Interviewten scheinen während des Formulierens Unstimmigkeiten aufzufallen, die zwar durch Relativierungen aufgefangen werden, die den Kern ihrer Theoretisierung aber nicht gefährden. Die in der Schule vermittelten Ideen und Verhaltensideale in dieser Theorie würden eine universelle Wirkung entfalten, so dass sie sich in vielen Alltagssituationen und im Berufsleben wiederspiegelten. Konkrete Beispiele werden nicht genannt:

„I:     Mhm. Und was wären dafür Beispiele aus dem Arbeitsalltag?
B:     Mhm. (…) Mhm (…) Ohwowowowow. Vielleicht einfach/ kong/ ganz ganz global bleiben, wenns darum geht, etwas Neues aufzusetzen oder etwas zu entscheiden, ehm ist die Tendenz meistens so einfach auf das zu hören, was von oben gesagt wird (I: mhm) statt etwas in Frage zu stellen, en Gegenvorschlag zu machen, etwas zu analysieren (.) weil es nie so angezogen wurde, und das muss man einfach ehm er/ ermutigen (I: mhm). Das man einfach sagt: Pro/ probiers mal, komm lass uns mal drüber nachdenken, wie würdest dus angehen, und dann, dann kommt das schon, aber es ist nicht so im Schulsystem verankert, und deshalb auch nich / nich wirklich Bestandteil (I: mhm). Aber, es ist natürlich auch personenbedingt, manche sind da wirklich sehr sehr proaktiv un / und sind / kommen also / sind da sehr sehr pro aktiv und trauen sich das auch, und en Großteil der / der Mitarbeiter aber nich.
I:     Mhm. An wen denken sie da jetzt, wenn sie äh von diesen Mitarbeitern sprechen, oder mit wem stehen sie dann da in Kontakt, wo ihnen das äh passieren kann?
B:     Mhm, ich würd jetzt mal aus verschiedenen Gründen nicht unbedingt konkret werden.
I:     @ich meine nicht namentlich@
B:     Nee ne, ehm, eigentlich durch die Bank. Ich hab ehm / es es gibt im Prinzip beides aber ehm die überwiegende Masse ja, da / da besteht einfach diese Hemmschwelle, dieses eigene Kreativ / tivität, eigene Initiative äh Analysen anzustellen und / und Gegenvorschläge zu machen, des (I: mhm) durch alle Bereiche, durch alle Hierarchien durch / durch alle Departments durch alle Unternehmen, durch im Prinzip die breite Masse. Ich mag nicht plakativ reden, aber ehm (…) so is es (I: lacht)." (DB7: 312-334)

Die Sequenz beginnt zunächst wieder mit einer immanenten Nachfrage, in der um die Konkretisierung der genannten Theorie anhand von Beispielen gebeten wird. Die Antwort kommt zunächst zögernd – weiter unten formuliert Schmitz in diesem Zusammenhang ihre Bedenken, konkrete Beispiele zu nennen. Der Hang zur Abstraktion könnte also auch auf die Sorge um Anonymität zurückgeführt werden. Es folgt ein Nachdenken mit langen Pausen, dann lautes Nachdenken („Ohwowowowowo"). Es klingt, als ob Schmitz ansetzt, doch etwas Konkretes zu sagen, sich dann aber korrigiert, die Antwort als „global" ankündigt und konkreten Beispielen bewusst ausweicht. Es folgen dann Schilderungen verallgemeinerter Situationen, die man sich durchaus als Abstraktionen aus Schmitz' Erfahrungen im Arbeitsalltag vorstellen kann: „wenns darum geht, etwas Neues aufzusetzen oder etwas zu entscheiden, ehm ist die Tendenz meistens so einfach auf das zu hören, was von oben gesagt wird." Die Aussage relativiert die Theorie von Schmitz in der Formulierung („Tendenz meistens"), es scheint ihr bewusst zu sein, dass die Theorie nicht auf alle empirischen Fällen zutrifft. Im Anschluss werden wieder zwei Optionen gegeben und in Opposition zueinander gestellt, nämlich: „[…] auf das hören was von Oben gesagt wird", zu: „Gegenvorschlag machen, analysieren, etwas in Frage stellen", wobei die letztere Option nicht nur gewünscht sei, sondern auch gezielt antrainiert werde. Als Ursache für einen Mangel an Option zwei wird auch hier die Erziehung gesehen („weil es nie so angezogen (sic) wurde"), auf die dann mit dem Interaktionsskript bevormundender Betreuung reagiert wird („…probiers mal, komm lass uns mal drüber nachdenken…"). Und Schmitz geht davon aus, den benannten Mangel auf diese Weise beheben zu können („… dann kommt das schon"). Implizit wird damit aber auch gesagt, dass das gewünschte Verhalten ohne fremde Hilfe nicht zustande kommt.

Kulturelle Prägung führt nach Schmitz bei den chinesischen Mitarbeitern so zu einer unverschuldeten Unselbstständigkeit, zu einem *kulturellen Handicap*. Durch die Verlagerung der Problemursache auf kulturelle Prägung wird der Einzelne von der Verantwortung für sein Tun entlastet, Kultur wird zum bequemen Sündenbock. Daher wird in diesem Zusammenhang auch nicht direkt die berufliche Professionalität der chinesischen Mitarbeiter in Frage gestellt. Vielmehr folgt aus der kulturellen Prägung implizit ein Mangel an Professionalität. Diskutiert wird aber nicht über Professionalität, sondern über Kultur.

Im „Analysieren, Dinge in Frage stellen und Gegenvorschläge machen" sieht Schmitz die Selbstständigkeit, die den Chinesen fehlt. Daher muss den chinesischen Kollegen geholfen werden, zu dieser Arbeitsweise und Pro-Aktivität zu finden.

„Das man einfach sagt: Pro/ probiers mal, komm lass uns mal drüber nachdenken,
wie würdest dus angehen, und dann, dann kommt das schon, aber es ist nicht so im
Schulsystem verankert, und deshalb auch nich / nich wirklich Bestandteil (I: mhm)
Aber, es ist natürlich auch personenbedingt, manche sind da wirklich sehr sehr pro
aktiv un / und sind / kommen also / sind da sehr sehr pro aktiv und trauen sich das
auch, und en Großteil der / der Mitarbeiter aber nich."

In dieser Formulierung wird einerseits das Zulassen der Perspektive des chinesischen Mitarbeiters betont („probiers mal", „wie würdest dus angehen"), andererseits wird der eigene Einfluss mit artikuliert. Der chinesische Mitarbeiter wird
an die Hand aber nicht für voll genommen („lass uns mal drüber nachdenken"),
indem er unterwiesen wird wie ein Kind. Der *Pluralis benevolentiae* „uns" ist
hier nicht integrativ zu verstehen, sondern hierarchisiert im Gegenteil die Beziehungsstruktur. Denn nun denken Vorgesetzte und Angestellter gemeinsam darüber
nach, wie der Angestellte „es" angehen würde, wobei der Vorgesetzten die ‚richtige' Vorgehensweise bereits bekannt ist. Die geforderte Eigenständigkeit darf die
Autorität der Vorgesetzten nicht in Frage stellen, auch nicht ihre Arbeitsweise.
Denn wie der Angestellte es angehen würde, wurde ja bereits zu Anfang, sozusagen bei Schritt eins, von diesem Vermittelt: Er möchte von seinem Vorgesetzten
eine Entscheidung bzw. Anweisung, der er dann folgen kann. Diese Option steht
aber in der folgenden Verhandlung nicht mehr zur Verfügung.

Bei dieser Problematik handelt es sich nun aber nicht ‚einfach' um unterschiedliche Arbeitsweisen, vielmehr sieht Schmitz die Ursache für das Verhalten
eben kulturell verankert: In jeder einzelnen Arbeitsweise drückt sich die ganzheitlich determinierende kulturelle Prägung aus. Aus einem „die machen das so",
wird ein „die sind so", und zwar aufgrund des schulischen Sozialisationsprozes-
ses. Folgt man diesem Gedanken, so ist die deutsche Herangehensweise ebenfalls
auf Kultur zurückzuführen. Wenn die deutsche Herangehensweise besser ist, wird
damit implizit die Überlegenheit der deutschen Kultur konstatiert, aus der sich
(nach Schmitz' Theorie) diese Arbeitsweise ja entwickelt haben muss. Aus einer
gleichwertigen Differenz wird eine hierarchisierende.

Zum Ende des Redezuges folgt noch eine Einschränkung universeller Gültigkeit der Theorie durch einigen „personenbedingt[e]" Abweichungen, die als Ausnahmen die Regel bestätigen. Die Personen, die das gewünschte Verhalten bereits
an den Tag legen, werden besonders positiv („die trauen sich was") mit dem dafür
vorgesehenen Label „pro aktiv" bedacht. Das Zustandekommen ihres Verhaltens
wird nicht weiter erläutert. In Bezug auf die Vorangegangenen Darstellungen kann
es aber nicht mehr einfach und nicht ausschließlich als berufliche Professionalität

gedeutet werden, sondern steht in diesem Rahmen für das Erreichen einer Anpassung eines (europäischen oder deutschen) kulturellen (Arbeits-)Standards.[6]

### 5.1.3 Strukturmerkmale der Kulturbeschreibung: Symmetrisierende und hierarchisierende Differenzbeschreibungen

Schmitz changiert im Interview bei ihren Selbst- und Fremdbeschreibungen zwischen symmetrisierenden und hierarchisierenden Kulturdarstellungen. Beide Darstellungsweisen bauen auf einer grundsätzlich umfassenden Differenz von abgrenzbaren ‚Kulturen' auf. Symmetrisierende und hierarchisierende Kulturbeschreibungen sind dabei konkurrierende Narrative in der Differenzdarstellung der Interviewten, die sich theoretisch gegenseitig ausschließen aber praktisch parallel zueinander verwendet werden.

Schmitz verwendet unterschiedliche Strategien der *Symmetrisierung*. Eine davon ist der Imperativ zu Offenheit und Toleranz gegenüber Andersartigkeit. Sie lehnt sich dabei offenbar an einen kulturrelativistischen Standpunkt an, der möglicherweise als Bestandteil des kulturellen Trainings als Vorbereitung auf die Entsendung vermittelt wurde. Als Schmitz davon spricht, man könne von der Erfahrung mit der Andersartigkeit etwas lernen, erinnert ihre Position an die im Diversity-Management vertretene Auffassung, Diversität erzeuge Synergien (vgl. Kap. 2.2). Es folgt nun aber keine Beschreibung von konkreten chinesischen Arbeitsweisen oder Handlungsmustern, die Schmitz als besonders lehrreich und nachahmenswert erachten würde. Der von ihr gemeinte Lerneffekt bezieht sich vielmehr auf eine Steigerung der eigenen Geduldsfähigkeit und Toleranz in der Auseinandersetzung mit der empfundenen Andersartigkeit. Die äußerlich abverlangte Geduld steht dabei in Opposition zu einer Art innerem Widerstand, der auch eine ablehnende Reaktion hervorrufen könnte, die von Schmitz aber als „überheblich" abgelehnt wird.

Es geht bei den Lerneffekten also nicht um die Rückwirkung ‚lokaler Besonderheiten' im Sinne einer Implementierung in bzw. als ‚globale Standards' in einem ‚bottom-up'-Prozess aus der Peripherie der Tochtergesellschaft in die Zentrale in

---

[6]Alternative Kategorien hätten Schmitz zur Differenzierung zur Verfügung gestanden. Neben der der Kategorisierung in professionell/unprofessionell wäre z.B. eine Differenzierung *aller* Mitarbeiter in ‚pro-aktive' und ‚nicht pro-aktive' unter Absehung von kulturellen oder nationaler Zugehörigkeit denkbar gewesen.

Deutschland. Abweichungen von den ‚globalen Standards' können notwendig werden, bleiben dann aber lokal isoliert. Es gibt zwar Toleranz *gegenüber* dem Anderen (und seiner Rückständigkeit) aber nicht Anerkennung *des* Anderen als grundsätzlich besser. Eine kulturelle Hierarchisierung, bei der die ‚Anderen' besser abschneiden, gibt es in den Interviews mit Vertretern deutscher Unternehmen nicht.

Das Erzählen über das Lernen *von* den Chinesen steht in Gegensatz zu dem Unterrichten, Trainieren, Unterweisen und Erziehen *der* chinesischen Kollegen. Es geht dabei um ganz konkretes Anleiten zum richtigen Arbeiten (den Chinesen wird nicht etwa Geduld im Umgang mit den Deutschen bzw. Europäern beigebracht).

Die Andersartigkeit, auf die Schmitz in China trifft, steht in Hinsicht auf ihre Auffassung von richtiger und guter *Arbeitsweise* in Widerspruch zu ihren Anforderungen an sich selbst und an Andere, und in Hinsicht auf ihre *Position* als HR-Direktorin in Widerspruch zu ihrer Aufgabe der Einführung der ‚globalen Standards'. Die in der Organisation angelegte Hierarchisierung überträgt sich dabei auch auf ihre Perspektive auf kulturelle Differenzen.

Die Zuordnung ihrer selbst und anderer zu jeweils einer kulturellen Gruppe ist für Schmitz weitestgehend unproblematisch, fraglos und selbstverständlich. Beiläufig ordnet sie sich selber durch implizite Formulierungen je nach Situation ‚den Deutschen' oder ‚den Europäern' zu, die in ihrem Denken und Handeln in Opposition gebracht werden zu „hier" (einer territorialen Umschreibung für China), ‚den Chinesen' oder ‚den Asiaten'. Dabei wird die Größe der homogen vorgestellten Kulturkollektive für den Vergleich je nach Bedarf variiert, so dass Deutsche oder Europäer den Chinesen oder Asiaten gegenüberstehen. Die Nationalkategorien werden bei Bedarf durch topographische Megakategorien ersetzt, die kulturell homogen gedacht werden.

Dabei macht Schmitz einen weiten Bogen um explizit ethnisch oder gar rassisch begründete Zuordnungen von Verhaltensweisen. Zugehörigkeit zu einer Gruppe wird in ihrer Alltagstheoretisierung über gleiche Schulbildung hergestellt, deren zugrundeliegende Ideen prägenden Einfluss auf den Einzelnen haben. Auf diese Weise wird die Wirksamkeit von Kultur und die Zugehörigkeit zu jeweils einer kulturellen Gruppe plausibilisiert. Durch diese Kulturvermittlung in der Sozialisation wird die Kultur zur unvermeidbaren Voraussetzung des Handelns, und ein bestimmtes Verhalten zur Konsequenz der Kulturalisation.

In diesem Zuge beginnt auch eine *hierarchisierende Kulturbeschreibung* deutlicher sichtbar zu werden. Weil Kultur in Schmitz' Theoretisierung als gesellschaftlich hervorgebracht betrachtet wird, bedarf es – im Unterschied zu als natürlich betrachteten Einflüssen – einer Plausibilisierung ihrer Wirksamkeit. Kultur wird in ihrer Argumentation zu einem Handicap, weil das hierarchische

Schulsystem den Einzelnen auf von ihr unerwünschte Verhaltensweisen festlegt. Wenn die Ursache für das Verhalten Einzelner die Kultur bzw. das Schulsystem ist, entbindet das den Einzelnen zumindest teilweise von seiner professionellen Verantwortung. Schmitz beklagt insbesondere die Initiativlosigkeit der Mitarbeiter „hier" als kulturelle Eigenschaft. Weil aber Kultur als Ursache der Initiativlosigkeit vermutet wird, dürfen an die chinesischen Mitarbeiter nicht die Maßstäbe deutscher Professionalität angelegt werden, denn das wäre „überheblich". Würde man deren Verhalten jedoch als *professionelles* Verhalten ernst nehmen, müsste man sich in anderer Form damit auseinandersetzen. Man müsste argumentieren, warum das eigene professionelle Verhalten besser (effizienter, rationaler etc.) ist, als das der chinesischen Kollegen. Indem das ‚chinesische' Verhalten als ‚kulturell' gelabelt wird, wird dieser Diskussion ausgewichen. Die Zuschreibung eines *kulturellen Handicaps* wird in diesem Zusammenhang außerdem zur Voraussetzung von Toleranz. Toleranz kann offenbar gegenüber der kulturellen Differenz gefordert werden, gegenüber Unprofessionalität nicht. Die chinesischen Mitarbeiter werden kollektiv entschuldigt, „weil es nie so angezogen [sic; gemeint ist anerzogen] wurde." Die Befreiung aus dieser Unselbstständigkeit bedarf des äußeren Anstoßes und legitimiert so Schmitz' Vorgehensweise, mit der die chinesischen Mitarbeiter von dieser Unselbstständigkeit befreit werden. Sie ist nun nicht nur in der Firmenstruktur sondern auch kulturell überlegen.

## 5.1.4 Zwischenfazit

In ihrer Entsendungsgeschichte identifiziert Schmitz sich fraglos mit der BETTER-AG und deren Zielsetzung. Mit eben soviel Selbstverständlichkeit ordnet sie sich der Führungsebene des Unternehmens zu, deren strategische Entscheidungen sie mitträgt („dass die Personalarbeit in den einzelnen Tochtergesellschaften so läuft, wie wir uns das vorstellen"). Daraus leitet sie ihre Aufgabe – die Implementierung globaler Standards („unserer Standards, der globalen Standards") und die Kommunikation von Schwierigkeiten bei dieser Implementierung – ab. So selbstverständlich wie ihre Führungsposition führt sie in der Erzählung auch ihre kulturelle Zugehörigkeit (mal als Deutsche, mal als Europäerin) mit, die nicht gesonderte expliziert wird. Bei der Darstellung des Anleitens chinesischer Mitarbeiter zum selbstständigen Arbeiten artikuliert sie ihre Rolle sogar eher als gleichgestellte Partnerin („[…] lass uns mal drüber nachdenken, wie würdest dus angehen […]" (DB7: Z. 318)), obwohl an ihrer Führungsposition und der hierarchischen Beziehungsstruktur keinerlei Zweifel bestehen können. Sie *patronisiert* die chinesischen Mitarbeiter (vgl. auch Kap. 5.3.4).

Die Beschreibung von Unterschieden zu chinesischen Kollegen bzw. Mitarbeitern folgt dabei sowohl *symmetrisierenden* als auch *hierarchisierenden Darstellungsmustern* in der Kulturkategorie. Kultur wird dabei einerseits positiv als Vielfalt, andererseits negativ als Handicap konzeptualisiert. Die Selbstpositionierung sowie das Aufgaben- und Rollenverständnis von Schmitz wird dabei wesentlich für ihre Fremdwahrnehmung bzw. Fremdbeschreibung und ihr Verhalten gegenüber chinesischen Kollegen. Die Identifikation mit der Aufgabe der Durchsetzung von Strukturen und Interessen des Mutterhauses in Deutschland bringt Schmitz in eine Position, in der sie sich gegenüber davon abweichenden Verhaltensweisen und Standards nur noch bedingt tolerant zeigen kann. Es ist bezeichnend, dass die Toleranz gegenüber Differenz vor allem im Zusammenhang des Privatlebens geschildert wird, die *Erziehung* der Chinesen zur Selbstständigkeit aber im Arbeitszusammenhang.

Die unverschuldete Rückständigkeit der chinesischen Mitarbeiter wird in Schmitz' Alltagstheoretisierung durch Ideen verursacht, die dem chinesischen Schulsystem zugrunde liegen. Die Wirkung und Verbreitung der kulturellen Handicaps wird auf diese Weise plausibilisiert, ohne die chinesischen Kollegen und deren Fähigkeiten generell in Frage zu stellen. Kultur hat als Konzept dabei den Vorteil, naturalisierende Handlungserklärungen, die als Rassismus ausgelegt werden könnten, zu vermeiden.

Die Darstellung der Differenz als Kulturproblematik ermöglicht außerdem eine Bearbeitung dieser Phänomene innerhalb der bestehenden organisationalen Ordnung. Eine Auseinandersetzung mit den ‚kulturellen' Phänomenen als alternativen Organisationsprinzipien müsste eine andere Form der Bearbeitung nach sich ziehen und könnte potentiell die Struktur der Organisation in Frage stellen.

Im Interview stützt Schmitz ihre Position durch vergleichbare Sichtweisen von Expatriate-Kollegen, die als abwesende Dritte ihre Theorie bezeugen. In der Interaktion mit den chinesischen Kollegen stattet ihre überlegene hierarchische Position in der Unternehmensstruktur sie mit der Macht aus, ihre Sicht der Dinge auch durchzusetzen (einen deutlichen Kontrast dazu bildet die Gruppe der YANGBO-Ingenieure um Li Si, die diese Möglichkeit nicht haben, vgl. Kap. 7). Auch lässt sich an Schmitz' Fall beobachten, in welchen Fällen das Unternehmen bereit ist, den chinesischen Mitarbeitern ‚kulturell' entgegen zu kommen, und in welchen Aspekten eine weitgehende Akkulturation der Arbeitsweisen und Gepflogenheiten an den ‚globalen Standard' erwartet wird: Nämlich solange die Forderung nach Anpassung an ‚globale Standards' dem Unternehmen keinen wirtschaftlichen Schaden zufügt. Die Darstellung der Chinesen als Andere und ihrer Kultur als Besonderheit untermauert in Schmitz Argumentation die Darstellung westlicher bzw. deutscher Arbeitsweisen und Umgangsformen als internationalen Standard.

## 5.2    Fallbeispiel: Liu Er

Am Fallbeispiel von Luise Schmitz (DB7) wurde die Relevanz des Positions- und Aufgabenverständnisses von Expatriates für Selbst- und Fremdbeschreibungen deutlich. Schmitz' Position erlaubte ihr eine hierarchisierende Sichtweise auf die Arbeitsleistungen chinesischer Mitarbeiter, die mit kulturellen Unterschieden begründet wurden. Abgesehen von der professionellen Position ordnet sich Schmitz selbstverständlich als Mitglied in die nationale bzw. kulturelle Kategorie der Deutschen oder Europäer ein. Ihre Identifikation mit dem Unternehmen ist hoch. Einen Kontrast dazu stellen die Strategien der Selbst- und Fremdpositionierung von Herrn Liu Er (CDB2) dar, weshalb sich eine ausführlichere Betrachtung dieses Falles lohnt.

### 5.2.1    Entsendungsgeschichte, Positions- und Aufgabenbeschreibung

Liu ist als Expatriate-Kollege von Schmitz zum Zeitpunkt des Interviews bereits seit einigen Jahren bei der BETTER-AG CHINA in Suzhou als Marketingmanager für den Aufbau einer Marketing-Abteilung mit mehreren Mitarbeitern verantwortlich. Liu ist während seiner Grundschulzeit mit seiner Familie aus China nach Deutschland migriert. Der Umgang mit dieser Thematik im Interview weist einige Auffälligkeiten auf. In Deutschland aufgewachsen und studiert, aber mit familiärem chinesischen Hintergrund, ergeben sich für ihn in Bezug auf Mitgliedschaften in nationalen und kulturellen Kategorien, und auch in Zusammenhang mit seinem professionellen Selbstverständnis, andere Phänomene der Zuschreibung und Selbstzuordnung von Mitgliedschaften. Diese werden im Interview erneut entlang der Selbstpositionierung, der Aufgabenbeschreibung und der Selbst- und Fremdbeschreibungen deutlich:

„I:     Gut. Ja ehm, Herr Liu, vielleicht erzählen sie zuerst einmal, ehm, wie sie
        zur Firma BETTER gekommen sind.
B:     (Schnauf) (..) Ehm ja, ehm ich äh bin jetzt Marketingmanager bei BETTER
        China, sprich ich bin für/ verantwortlich für äh gesamt Marketing äh vom

Branding über Kommunikation, zu Marketing Events und auch Trainings zuständig. Zu BETTER bin ich äh Zweitausend[…] hinzugestoßen, äh und ich hatte nach meinem Studium internationale Betriebswirtschaftslehre äh mit Schwerpunkt K äh Kina, hatte ich die äh mehrere/ hatte ich Auswahl äh und ehm unter anderem auch ja Unternehmensberatung aber das wollte ich alles nicht, und äh aus privaten Gründen wollte ich eben in Deutschland beziehungsweise nahe S-Stadt bleiben, und da BETTER ja auch ne/ eine gute Firma is, die man vielleicht nicht so kennt am Anfang, war/ aber is ein gesunder Mittelständler, da hab ich zu mich gesagt: Okay, ich fang bei BET-TER an. (I: Mhm)" (CDB2: 5-18)

Liu muss zunächst entscheiden, wo er seine Erzählung[7] wie beginnen möchte. Insofern ist sein Zögern am Interviewanfang typisch. Er beginnt schließlich mit der Bestimmung der eigenen professionellen Position innerhalb der Firma zum jetzigen Zeitpunkt („Ehm ja, ich äh bin jetzt Marketingmanager bei BETTER-AG China"). Die Professionsbezeichnung wird zeitlich markiert mit „jetzt". Dieser Temporalmarkierer deutet ein prozessuales Verständnis von Beruf an – jetzt und hier Marketingmanager, morgen vielleicht schon ganz woanders in einer anderen Position. Die prozessuale Perspektive wiederholt sich im Interview noch an einigen Stellen, bei denen Liu die eigene Arbeit als Berufslaufbahn mit stetiger professioneller Weiterentwicklung, hierarchischem Aufstieg und beständigem Hinarbeiten auf Folgepositionen konzipiert (vgl. unten).[8]

Liu erklärt dann die Bedeutung der Professionsbezeichnung in diesem Zusammenhang: „[…] sprich ich bin für / verantwortlich für äh gesamt Marketing". Dabei steht Lius Verantwortung im Vordergrund. Der Satzabbruch kann so gedeutet werden, dass „[…] ich bin für gesamt Marketing verantwortlich" die ursprüngliche Aussage war. Das Vorziehen des Verbs bringt Subjekt und Prädikat in eine direktere Verbindung. Durch „gesamt" wird eine Unterscheidung zwischen einem

---

[7]Mit dem Begriff der ‚Erzählung' geht es mir nicht darum, nach sprachlichen Darstellungsformen zu unterscheiden, wie in der Analyse narrativer Interviews (in Anlehnung an Fritz Schütze, nach: Strübing 2013: 97ff.).

[8]Alternativ hätte die Erzählung auch mit „ich arbeite jetzt seit … bei BETTER", beginnen können. Diese Formulierung hätte die Aufmerksamkeit zwar auch auf den zeitlichen Aspekt gelegt, der Rückblick („seit") hätte aber eine stärkere Verknüpfung der Person mit der BETTER-AG hergestellt. Das ist hier nicht der Fall. Ebenso wäre denkbar gewesen: „Ich wollte immer schon bei BETTER in China arbeiten", davon ist die Erzählung aber weit entfernt. Die Betonung liegt also recht eindeutig auf der Temporarität der eigenen professionellen Position.

einfachen „Marketing" und „gesamt Marketing" gemacht, das sich als Überbegriff wiederum aufschlüsseln lässt („vom Branding über Kommunikation, zu Marketing Events und auch Trainings"), und mit der Formulierung „vom...bis... zu" deutlich auf den umfänglichen Charakter dieses Arbeitsfeldes hinweist. Der oben angedeutete Erklärungscharakter wird bei der Aufschlüsselung des Arbeitsfeldes zum Teil wieder hinfällig, da weitere nicht selbsterklärende, berufsfeldspezifische Begriffe verwendet werden (Branding, Kommunikation, Marketing Events, Trainings), deren genaue Bedeutung im Einzelnen ungeklärt bleibt.

Nach dieser Darstellung seiner aktuellen professionellen Position beginnt Liu mit der eigentlichen Beantwortung der Frage. Dabei kolportiert Liu erneut sein prozessuales Verständnis von Beruf mit der Formulierung: „Zu BETTER bin ich äh Zweitausend[...] *hinzugestoßen*" (A.D.). Wer hinzustößt war nicht von Anfang an dabei und kann unproblematischer auch wieder weggehen als jemand der ,aufgenommen' wurde oder ,den Einstieg bei der BETTER-AG geschafft' hat. In diesem Ausdruck von Distanz wird ein Unterschied zu DB7 deutlich, bei der ein hoher Identifikationsgrad mit der BETTER-AG gerade in der Selbstverständlichkeit ihrer inkludierenden Formulierungen in Bezug auf das Unternehmen deutlich wird (vgl. Kap. 5.1).

Liu hat einen Studienabschluss in internationaler Betriebswirtschaftslehre mit Schwerpunkt China. Und wenn diese Qualifikationen Liu auch für eine Entsendung nach China prädestinieren, so spielt dieser Aspekt doch bei der Rahmung der Erzählung keine Rolle.[9] In Lius Narration wird die Studienqualifikation weniger als Spezialisierung in Hinsicht auf China dargestellt, sondern vielmehr als Universalwerkzeug. Der Studienabschluss versorgt ihn mit einer Vielzahl von Jobangeboten: „[...] nach meinem Studium [...] hatte ich die Auswahl äh und ehm unter anderem auch ja Unternehmensberatung aber das wollte ich alles nicht". Die Darstellung der Situation nach dem Studium ist nicht von Unsicherheit gegenüber dem Arbeitsmarkt und dem Berufseinstieg geprägt, stattdessen stellt Liu seine Situation als komfortabel dar: Die Jobangebote lagen praktisch auf dem Tisch und Liu „hatte die Auswahl". Allerdings wird nur eine Alternative konkretisiert (Unternehmensberatung). In Lius Darstellung fiel seine Wahl auf die BETTER-AG vor allem aus privaten Gründen, da er in der Nähe von S-Stadt bleiben wollte.

---

[9]Als alternativer Einstieg wäre denkbar: „Ich hatte ja internationale BWL mit Schwerpunkt China studiert und habe mich deswegen nach einem Job in China umgesehen".

Im Kontrast zu der breiten Auswahl an Jobangeboten steht dann die Formulierung der Entscheidung für die BETTER-AG, die wie eine Rechtfertigung klingt. Dabei qualifiziert er zunächst das Unternehmen: „[…] und da BETTER ja auch ne / eine gute Firma is". Das Unternehmens wird als „auch ne / eine gute Firma", aber nicht etwa als ‚die beste Firma' eingeführt. Dann relativiert er diese Bewertung weiter: „die man vielleicht nicht so kennt, am Anfang". Dabei wird die (mangelnde) Bekanntheit der Firma zu einem Bestandteil mangelnder Qualität des Unternehmens. Dann relativiert er auch diese Relativierung („am Anfang"). Trotz dieser Einschränkungen bietet die Firma aber auch positive Aspekte, die in einer wenig euphorischen, diagnostischen Metapher zur Beschreibung des Unternehmens vorgebracht werden: „[…] war / aber is ein gesunder Mittelständler" (eine Alternative hätte lauten können: „ist ein super Unternehmen"). Die Formulierung lässt Identifikation mit dem Unternehmen und Stolz auf das Unternehmen vermissen. Dies ist die Begründung für die Entscheidung, bei der BETTER-AG anzufangen („… da hab ich zu mich gesagt: Okay, ich fang bei BETTER an"). Damit beendet Liu seinen Redezug.

In seiner Antwort geht es dabei bislang lediglich um professionelle Qualifikationen, die aus Liu einen international einsetzbaren Manager machen, der sich aus persönlichen Gründen für eine Firma in S-Stadt entschieden hat. Da alleine aufgrund seines Namens (Liu Er) aber der chinesisch-stämmige (bzw. nicht europäische) Hintergrund ersichtlich ist, greife ich mit den anschließenden Fragen hinter den Berufseinstieg zurück und thematisiere seine Nationalität:

„I:    Okay und ehm, für das Studium vorher sind sie nach Deutschland gekommen, oder haben Sie vorher schon in Deutschland gelebt?

B:    Ehm, ja ich habe vorher schon mein halbes Leben in Deutschland verbracht. (I: lacht, okay)

I:    Darf ich fragen, in welchem Alter sie nach Deutschland gekommen sind?

B:    Das erste Mal war ich fast [im Grundschulalter].

I:    Aha, das heißt mit ihrer Familie damals dann zusammen (B: Ja) ja.

B:    Äh, kann man so sagen, ja. (I: ja) Die Details erspar ich ihnen.

I:    (lacht) okay. Ehm und dann sind sie jetzt nach / äh für BETTER nach China gegangen, wie ist es denn dazu gekommen?" (CDB2: 20-36)

Die Frage nach familiären Hintergründen und der Kindheit resultiert in einigen Stakato-Antworten. Die Thematik wird von Liu zügig beendet: „Die Details erspar ich Ihnen". Ich schließe daraus, dass Liu im Rahmen dieses Interviews diese Frage nicht weiter behandeln möchte. Doch schon im nächsten Redezug ergeben sich Detaillierungszwänge[10], aus denen heraus eine weitere Darstellung der familiären Hintergründe notwendig wird:

„I:     (lacht) okay. Ehm und dann sind sie jetzt nach / äh für BETTER nach China gegangen, wie ist es denn dazu gekommen?

B:     Ehm, bereits bei mein_e_r Einstellung, äh bereits bei meinem Einstellungs-gespräch, ehm hatte ich bereits die Chance äh, ehm sag ichs mal so: Bereits bei meinem Einstellungsgespräch hat sich die Firma BETTER schon über-legt, ehm, äh ob äh ich passender wäre, äh als Marketingmanager direkt nach Kina zu gehen. (I: Mhm) Das heißt, ich bin zweisprachig aufgewach-sen (I: mhm) und äh beherrsche beide Sprachen und äh verstehe auch beide Kulturen, und äh damals war mein Schwerpunkt eben auch internationales Marketing, und ehm bereits äh damals hatte äh BETTER-China auch noch kein richtiges Marketing aufgebaut, und es war Bedarf dafür, und ehm bereits bei meinem Einstellungsgespräch hatte ich die Chance mit äh dama-ligen Managing Direktor von China zu sprechen. Ehm, äh, und er hat mich auch gefragt, ob äh ich äh dann sofort äh/ äh nach China kommen möchte (I: mhm) um Marketing zu betreiben, äh zu übernehmen. Aber damals habe ich äh eben für BETTER äh S-Stadt entschieden. (I: Mhm) Und äh seit äh gut äh da gab es die Umstrukturierung, oder mehrere Umstrukturierungen, äh von BETTER in S-Stadt, und äh auf die Position wo ich dann äh hin-arbeiten wollte, äh die ist umstrukturiert worden, (lacht) dann äh hat mich äh HR aktiv dann auch gefragt, äh wid/ oder wieder aktiv gefragt, äh ob ich/ also während der äh Umstrukturierung, ob ich das/ die Chance in Kina wieder aufnehmen möchte (I: Mhm), da hab ich mich extra für entschieden, okay dann nach China zu gehen. (I: Mhm) Ja, das ist die Story.“ (CDB2: 36-58)

In diesem Abschnitt wird implizit deutlich, dass die Entscheidung nach China zu gehen wohl nicht ganz freiwillig war, da die Abläufe, die zu dieser Entscheidung beitrugen, sich Lius Kontrolle entzogen. Außerdem deutet sich eine Funktionali-sierung des chinesisch-stämmigen Hintergrundes von Liu durch die BETTER-AG an.

---

[10]Vgl.: „Zugzwänge des Erzählens“ aus der Erzählforschung (Gühlich 1980, nach: Strü-bing 2013: 99f.).

Bereits zum Zeitpunkt des Einstellungsgesprächs hatte die Firma Pläne mit Liu, auf die er keinen direkten Einfluss hatte und die mit seinen eigenen Plänen nicht übereinstimmten: Man wollte ihn lieber in China einsetzen als in S-Stadt. Diese Pläne des Unternehmens haben außerdem nicht *nur* etwas mit seiner Qualifikation aufgrund des Studiums, sondern vor allem etwas mit den Fähigkeiten und Eigenschaften aufgrund seiner Abstammung zu tun. Hier nennt Liu Fähigkeiten an erste Stelle, die sich nicht direkt auf die Ausbildung beziehen: „Das heißt, ich bin zweisprachig aufgewachsen", die Äußerung wird abgeändert und aktiv formuliert: „äh beherrsche beide Sprachen und äh verstehe auch beide Kulturen". Erst dann ist von fachlicher Qualifikation die Rede: „[…] und äh damals war mein Schwerpunkt eben auch internationales Marketing". Die Zuschreibung der Mitgliedschaft in der Kategorie ‚Chinese', die sozusagen natürlicherweise mit bestimmten Fähigkeiten (Sprache und Kulturverständnis) verknüpft wird, ist dabei aber keine professionsbezogene Aufwertung, weil es sich bei den dadurch zugeschriebenen Fähigkeiten nicht um Kompetenzen im Ausbildungssinne handelt. Anders formuliert: Die BETTER-AG will Liu nicht als Manager mit Sprach- und Kulturkenntnissen des Ziellandes, sondern aufgrund seiner Doppelmitgliedschaft im ethnisch-kulturellen Kategorien-Set. Die national-kulturelle Selbstpositionierung Lius ist dabei nebensächlich.

Im ganzen Absatz ist Liu um positive Formulierungen dieser Entwicklung bemüht („ich hatte die Chance"; der Marketing-Manager China hat ihn gefragt, „ob ich sofort äh / äh nach China kommen möchte"). Diese Formulierungen verdecken aber nur ungenügend die konditionale Entwicklung die dazu führte, dass Liu nun nicht mehr, wie gewünscht, in S-Stadt bleiben kann, da die Position, auf die er „hingearbeitet" hat, „umstrukturiert" worden sei. Doch aus der Not macht Liu eine Tugend, und das Angebot der Personalabteilung gewinnt in seiner Darstellung einen hoffierenden Charakter: „dann äh hat mich äh HR aktiv dann auch gefragt, äh wid / oder wieder aktiv gefragt, äh ob ich / also während der äh Umstrukturierung, ob ich das / die Chance in Kina wieder aufnehmen möchte (I: Mhm), da hab ich mich extra für entschieden, okay dann nach China zu gehen." Ungeachtet der persönlichen Gründe, aus denen er zuvor in Deutschland bleiben wollte, entscheidet er sich „extra" für die Position in China, die von einer anfangs unbegehrten Option zur „Chance" wird. So bleibt er zumindest in der Erzählung Herr über den Verlauf der eigenen Karriere. Er beschließt die Antwort mit der Coda: „Ja, das ist die Story."

Lius Wunsch, nach S-Stadt zurückzukehren, tritt wieder hervor, als ich ihn nach der zeitlichen Perspektive seines Aufenthaltes in China frage:

„B: Ehm, mein Vertrag/ ich kann nur soviel sagen, mein Vertrag geht bis Ende Zweitausend[…] (I: mhm), und ehm ja, also ich habe auch bereits mit Herrn S. also Marketing Director von ganz BETTER äh unterhalten mit ehm/ über danach, äh und
ihm auch/ wir sind auch übereingekommen, dass äh dann beide Seiten in China/
dann oder in ehm S-Stadt sich was ergeben sollte immer S-Stadt/ ehm also wenn in
S-Stadt sich was ergeben sollte, äh dann würde ich eben auch nach S-Stadt gehen (I:
Mhm), wenn sich in Shanghai ehm was auftun sollte, also bei BETTER-AG Asien
(I: mhm), wäre äh ich auch ein Kandidat dafür. Was wir jetzt hier übereingekommen
sind, äh ist das ich mein/ meinen Vertrag als Marketing-Manager geht noch bis Ende
Zweitausend[…], aber diese Position möchte ich dann nicht mehr weiter (I: mhm)
machen. Äh, also gut, nicht von heut auf morgen, aber falls nur ein zwei Monate
oder en halbes Jahr ich das noch warte/ machen weitermachen müsste/ weil äh keine
offene Position da ist ne geeignete Position okay, äh aber Mittelfristig nicht mehr
diese Position, weil ehm, für meine eigene Beruf/ äh berufliche Entwicklung und
auch äh was ich für BETTER dann in Zukunft beitragen kann (I: mhm), äh ist eben
äh, das ich mich weiter entwickeln und auch meine/ und auch MEINE äh persönliche Erfahrung auf dieser Position dann auch auf andere (I: Mhm) Positionen dann
weitergebe, ne (I: mhm). Und äh, ich bin ja Expat hier, (I: mhm) und äh ja, bis Ende
Zweitausend[…] äh werde ich auch ein gesundes Team aufgebaut haben, also inklusive einen Nachfolger, äh woran ich eben schon an/ von Anfang an schon drauf hingearbeitet habe. Also bis Zweitausend[…] habe ich dann sozusagen meine Aufgabe
auch erfüllt (I: mhm), und äh ich denke für eine weitere/ für eine andere Position
ehm macht es für beide Seiten Sinn, ne, dass ich meine Erfahrung auf andere Positionen dann (I: Ja) ja (I: ja), weitergebe (I: mhm). Ja." (CDB2: 82-104)

In dieser Sequenz wird deutlich, dass Liu seine Position bei der BETTER-AG
China von vornherein als vorrübergehende Station betrachtet hat. Mit der Erfül-
lung seiner Aufgabe als Expatriate – nämlich dem Aufbau einer Marketing-Abteilung, der Ausbildung der Mitarbeiter und eines Nachfolgers für seine aktuelle
Position – innerhalb eines abgesteckten zeitlichen Rahmens mit dem Ziel einer
Rückkehr zum Mutterkonzern in Deutschland, oder zumindest eines hierarchischen Aufstiegs in das Asien HQ in Shanghai, will er diese Station wieder verlassen. Die Temporarität der aktuellen Position und des Aufenthalts in China sowie
die eigene Weiterentwicklung sind zentrale Elemente seiner Entsendungsgeschichte. Dabei markiert er immer wieder seine eigene Relevanz und seinen Wert
für das Unternehmen. So führt er die Verhandlungen über seine Weiterentwicklung mit dem Marketingmanager für die gesamt BETTER-AG auf Augenhöhe
(„wir sind auch *übereingekommen*", A.D.), und denkt darüber nach, auf welchen
Positionen er seine Erfahrung mit dem größten Nutzen weitergeben kann – er
Betreibt also eine Art Imagepflege.

Seine Aufgabe als Marketing Manager sieht Liu in der Weitergabe von Wissen und in der Motivation der Mitarbeiter. In seiner konkreten Position konzipiert

er die Zusammenarbeit mit den lokalen Mitarbeitern als vorrübergehende Station, auf der er die Mitarbeiter innerhalb eines begrenzten Zeitraums in die Lage versetzen will, den Marketing-Bereich eigenständig zu führen. Damit wird vorausgesetzt, das die chinesischen Mitarbeiter jetzt noch nicht dazu in der Lage sind. Auf meine Frage nach dem konkreten Ablauf des Aufbaus eines Teams und der Weitergabe von Wissen, stellt Liu erneut die nur schwer zu bewältigende Komplexität seiner Aufgabe dar („meine Arbeit als Marketing Manager oder ehm erstmal Marketing im Allgemeinen umfasst viele Bereiche, ehm, äh man kann schon sagen *zu viele* Bereiche, überall ist Marketing drin" (CDB2: 145-147, A.D.). Dann kommt er auf seine Aufgaben als Führungsperson zu sprechen:

> „Ehm, auf jeden Fall sollte man doch wissen in welcher Position man ist. Das heißt, man ist ein Manager, okay, und eine der großen Aufgaben von einem Manager ist eben auch, sein Wissen weiter zu geben, und entsprechende Mitarbeiter/ also alle Mitarbeiter zu trainieren (I: Mhm). Äh, ehm, und diese voranzubringen in ihrem Verständnis und ihrem ja, (..) äh äh Wissen und Motivation zu eigenständigem Arbeiten, zum Problemlösen (I: Mhm). Also das klassische Team-Work Prinzip und Manager/ und Management Prinzip, ja. Und darauf habe ich von Anfang an hingearbeitet, das/ weil ich ein relativ fauler Mensch bin, muss ich ehrlich gesagt zugeben, ich möchte nicht alles selber machen, ich möchte auch nicht selber alles bestimmen (I: mhm), weil ich am Anfang, ja weil ich jetzt natürlich überzeugt dazu bin äh/ äh das eben doch einige/ äh vielmehr bringt, (I: mhm) ne. Man hat verschiedene Sichtweisen, und durch Diskussion bringt man das Ganze auf nen anderen Level. (I: Mhm) Also, hat man viele Sichtweisen. (I: Mhm) Und das hat, wollt ich am Anfang an schon machen, weil ich wusste, dass ich/ von Anfang an schon wusste ich, das meine Zeit in China begrenzt ist, und ehm, ja, und das funktioniert." (CDB2: 158-172)

In dieser Sequenz unterstreicht Liu noch einmal explizit die Bedeutung seiner Position, erhebt seine eigene Einschätzung durch die Verwendung des indefiniten Pronomens ‚man' aber gleichzeitig zur allgemeinen Regel („man ist ein Manager"). Ein Bewusstsein von dieser Position und den damit verbundenen Aufgaben hält er für besonders wichtig („auf jeden Fall sollte man doch wissen…"). Es sei eine „große" Aufgabe eines Managers (gemeint ist wohl eine zugleich wichtige aber auch generelle Aufgabe in dieser Position, abgesehen von spezifischen Aufgaben), Wissen weiter zu geben, Mitarbeiter zu trainieren und sie zu eigenständiger Arbeit zu motivieren. Seiner Einschätzung nach sind eigenständiges Arbeiten und selbstständiges Problemlösen bei den Mitarbeitern (zumindest zu Beginn seines Aufenthaltes) noch nicht vorhanden, da diese Fähigkeiten erst schrittweise aufgebaut werden müssten. Inwiefern das eigenständige Arbeiten der Mitarbeiter das „klassische Team-Work Prinzip" darstellt, wird möglicherweise als bekannt vorausgesetzt, aber jedenfalls nicht erläutert.[11]

Liu macht bis hierhin noch keine Einflüsse national-kultureller Aspekte geltend, stellt aber hierarchische Unterschiede in Zusammenhang mit unterschiedlichen Kenntnissen als bedeutsam heraus.

Im Kontrast zu seiner bisherigen Selbstpositionierung als aktiver Macher im Unternehmen steht die Formulierung der Begründung für die Erziehung der Mitarbeiter zu Selbstständigkeit: „[…] weil ich ein relativ fauler Mensch bin, muss ich ehrlich gesagt zugeben, ich möchte nicht alles selber machen, ich möchte auch nicht alles selber bestimmen (I: mhm) […]". Der Kontrast zu dem an dieser Stelle des Interviews bereits etablierten Selbstverständnis Lius macht diese Äußerung zu einem cleveren Scherz, der die Effizienz der von ihm angestrebten Wissensvermittlung und Motivation zur Selbstständigkeit auf witzige Weise deutlich machen soll. Vom Nutzen dieser Vorgehensweise und dem Austausch unterschiedlicher Sichtweisen in der gemeinsamen Diskussion ist er „überzeugt".

Immer wieder formuliert Liu in dieser Sequenz den zeitlichen Rahmen seines Handelns und sein vorausschauendes Hinarbeiten auf die formulierten Ziele („von Anfang an schon wusste ich, das meine Zeit in China begrenzt ist"). In diesem Rahmen funktioniert auch sein sukzessives Hinarbeiten auf die Selbstständigkeit der Mitarbeiter:

> „Am Anfang muss man zuerst selber ziemlich viel bestimmen, ehm, und dann hat man ein bisschen mehr losgelassen, und dann noch ein bisschen mehr losgelassen, und ist man auf die Schnauze gefallen, und dann muss man das nochmal erklären, und dann nochmal auf ne andere Weise erklären, und dann ist man nochmal auf die Schnauze gefallen, Entschuldigung für meine profane (unverständlich, Telefonverbindung wird schlechter) […]." (CDB2: 174-179)

Schrittweise, so schildert Liu, habe er daher „losgelassen" und Verantwortung abgegeben, dabei auch Rückschläge einstecken müssen („auf die Schnauze gefallen – Entschuldigung für meine profane […]"), aber nach und nach doch erfolgreich seine Mitarbeiter zur Selbstständigkeit erzogen. Dabei kokettiert er mit deftigen Formulierungen, für die er sich sogleich entschuldigt und durch diese Distanzierung von seiner „profanen" Ausdrucksweise die Kenntnis gepflegter Ausdrucksweise

---

[11]In der Managementlehre ist das Team-Work Prinzip ein multipersonales Entscheidungssystem mit dem Ziel, Qualität und Geschwindigkeit von Entscheidungen zu erhöhen (Corsten 2008: 823). Dazu sei es notwendig, den Mitarbeitern Kontrolle über ihre eigenen Aufgabenfelder zu geben und Zugriffsbeschränkungen auf Informationen zu vermeiden.

zu erkennen gibt. Größter Motivator für die Mitarbeiter sei dabei das Streben nach Erfolg und Selbstverwirklichung in der Arbeit, das seiner Ansicht nach „jeder" hat:

> „und das ist auch ein sehr guter / äh sehr gutes Mittel für die Motivation der Mitarbeiter muss man sagen. Weil jeder möchte erfolgreich sein (I: mhm) ne, jeder möchte auch/ also tief drin/ jeder möchte erfolgreich sein und jeder möchte auch sich selber verwirklichen, bei der Arbeit auch (I: mhm) ne. Man hat ne, ein Drittel des Tages ne, acht Stunden, acht von vierundzwanzig Stunden ist man bei der Arbeit (I: mhm) und äh ja, die Leute/ den Leuten machts entsprechend Spaß, und äh, man konnte auch entsprechend/ ehm man konnte auch immer mehr und mehr bearbeiten, oder das Team zusammen ne, (I: mhm) immer mehr und mehr Erfolge zusammen feiern, und äh dann nimmt das so ne ganze Eigendynamik an." (CDB2: 182-190)

In Einklang mit seiner selbstbewussten Linie der Eigendarstellung war Liu mit dieser Vorgehensweise über die Maße erfolgreich: „Und als Manager muss ich ja schon fast sagen: Okay ich muss den Leuten stoppen, weil sie zu motiviert sind. (..) Schon zu sehr. (…) Ich hoffe ich hab sie jetzt nicht zu gelabert (..)" (CDB2: 190-192).

Folgende Aspekte deuten sich bis hierhin an: Liu stellt sich selbst als erfolgreicher Manager dar, dem Aufgrund seiner Ausbildungsqualifikationen zahlreiche Karrierewege offen gestanden haben. Für die Position in China habe er sich aktiv entschieden, nachdem die ursprünglich gewünschte Position in Deutschland nicht mehr verfügbar war. Liu betont immer wieder den vorrübergehenden Charakter seiner gegenwärtigen Tätigkeit. In der Analyse wird aber klar, dass die Entwicklung seiner Berufslaufbahn stark von den Vorstellungen seines Arbeitgebers darüber geprägt ist, wie er aufgrund seiner nationalen und kulturellen Mehrfachzugehörigkeit und den damit zugeschriebenen Kenntnissen und Eigenschaften einzusetzen ist. Sprach- und Kulturkenntnisse kann Liu sich aber nicht – im Sinne seiner Selbstdarstellung – in der Weise als Bildungserfolge zuschreiben wie etwa das Wirtschaftsstudium, obwohl sie aus der Perspektive des Unternehmens offenbar wesentliche Kompetenzen für die Besetzung seiner Position in China darstellen. In dieser Hinsicht stellen sie eine potentielle Bedrohung seiner Selbstdarstellung dar, gegen die er sich verschiedentlich absichert: Betonung korrekter Ausdrucksweise, Betonung seiner Qualifikationen, Einklang seiner Vorgehensweise mit der gängigen Managementlehre, verweis auf persönliche Erfolge und die Erfolge seines Teams (die letztendlich seine eigenen Erfolge sind).

Offenbar sieht das Unternehmen insbesondere auf der Position des Marketing-Managers in der Tochtergesellschaft in China einen Bedarf an seinen sprachlichen und kulturellen ‚Fähigkeiten'. Bei den deutschstämmigen Mitarbeiterinnen und Mitarbeitern (DB7-DB10) in anderen Bereichen des Unternehmens (Finance, Human Resource, Engineering) ist jedenfalls die Kenntnis der chinesischen Sprache keine Voraussetzung für den Job, und die Schulung kultureller Kenntnisse erfolgt in kurzen Trainings. Liu präsentiert sich als kompetenten Vorgesetzten, der sich seiner überlegenen Position als Manager und den damit verbundenen Verpflichtungen gegenüber dem Unternehmen und seinen Mitarbeitern sehr bewusst ist und sie erfolgreich zu erfüllen versteht.

### 5.2.2  Differenzbeschreibungen und Mehrfachmitgliedschaft innerhalb von Kategoriensets

Bis hierher ist aus dem Interview ersichtlich geworden, dass Liu zum Unternehmen eine gewisse Distanz darstellt. Im Zuge von Selbst- und Fremdbeschreibungen grenzt er seine Position weiter ab.

**(a) „Man muss halt ein Konzept haben": Kompetenzbezogene Differenzierung**

Im Rahmen der Beschreibung des korrekten Umgangs mit „dem chinesischen Mitarbeiter" als Manager in einem deutschen Unternehmen markiert Liu unter dem Rückgriff auf verschiedene Mitgliedschaftskategorien Differenzen in gleich zwei Richtungen. Zum einen gegenüber den lokalen Untergebenen, zum anderen gegenüber den Expatriate-Kollegen:

„I:    (lacht) nein, das ist interessant.

B:    Ja, das ist/ das funktioniert hundertprozentig (Gespräch im Hintergrund). Es gibt ha viele Expats hier die sagen, die Chinesen taugen nichts, ne, ehm und äh, wenn sie ein bisschen was versuchen, den äh chinesischen Mitarbeitern mehr Freiräume lassen, äh, dann wird nur Mist gebaut! Ne. Aber, ich würde sagen es funktioniert, man muss nur einen Kontakt." (CDB2: 195-201)

Liu bestätigt noch einmal den Erfolg seiner Vorgehensweise. Als Gegenentwurf lässt er nun andere Expatriates für sich sprechen, die chinesische Mitarbeiter für generell unfähig zu selbstständigem Arbeiten halten. Zugleich distanziert er sich von dieser Position. Seiner Ansicht nach funktioniert auch das selbstständige Arbeiten der chinesischen Mitarbeiter, wenn man nur einen Kontakt herstellt. Wie er sich diesen Kontakt vorstellt, erläutert er auf meine Nachfrage hin:

„I:    Was meinen sie (B: und deshalb) was meinen Sie mit Kontakt?

B:     Äh:: also, man kann nicht einfach sagen: Du, mach des! (.) Man muss
       eben, ehm, ein Konzept haben, zu sagen: Okay, ehm das ist die Gesamt-
       aufgabe, okay, was äh ein chinesischer Mitarbeiter, der kann nicht sofort
       alles machen. (I: Mhm) Weil ma muss/ man muss auch wissen, sein ehm
       sein Informat/ sein/ seine Informationen, ne, sind auch andere, die du als
       Manager hast (I: mhm), die du als Expat hast zum Beispiel, ne. Und ehm,
       äh man muss sich erstmal klarmachen, okay was für Informationen hat/ oder
       den Backround hat der Mitarbeiter, was kann er, was kann er noch nicht,
       okay, und dann eben äh vielleicht ein Projekt dann erstmal herunterbrechen,
       zu sagen, erstmal wir kommunizieren erstmal son kleines Stück, dass du sel-
       ber machst, und dann zweite Mal ein größeres Stück, und dann das dritte
       Mal vielleicht die Hälfte, unds vierte Mal dann vielleicht schon des/ oder
       halt drei Viertel. Ne. Und äh, dass man sich entsprechend vorbereitet, du als
       Manager dich entsprechend vorbereitet, und auch der Mitarbeiter solche/
       sozusagen vorbereitet, so dass ihr dann zusammen diesen Weg geht. Und
       wenn man eben ehm diese Kontakt am Anfang an schon macht, dann ehm,
       ja dann würd ich sagen klappt des. Also man muss schon ein bisschen über-
       legen, und nicht einfach so sagen, so da, Marketing eins, am besten noch
       auf Englisch, dem Mitarbeiter das hinzuknallen und zu sagen, ließ es fer-
       tig und morgen machst du mir das Projekt (I: ja), äh das funktioniert nicht
       (I: ah). Und man muss eben auch bereit sein zu sagen ehm, äh, vieles zu
       wiederholen (I: mhm), äh profan gesagt oft auf die Schnauze zu fliegen, (I:
       mhm) und äh ahja, und dann auch Geduld haben mit den Mitarbeitern, dann
       doch wieder und wieder und wieder äh zu wiederholen (I: mhm). Man muss
       natürlich auch die äh, äh kulturellen Bedingungen äh/ Begebenheit oder Ge/
       Bedingungen/ kulturellen Unterschiede sollte man auch verstehen (I: mhm).
       (I: Ja) Und ich finde Sprache ist kein Hindernis (I: ja) ja." (CDB2: 203-228)

Liu ist der Meinung, die chinesischen Mitarbeiter müssten schrittweise entwickelt
werde, um sie so nach und nach zum selbstständigen Arbeiten zu befähigen. Um
erfolgreich zu sein bedürfe es dabei eines Konzeptes der Aufgabenteilung und
sukzessiven Erhöhung der zu bearbeitenden Anteile am Gesamtprojekt für den
Mitarbeiter. Ein solches Konzept spricht Liu den oben genannten Expatriate-Kollegen damit implizit ab. Die Notwendigkeit dieser Vorgehensweise ergebe sich
aus den Eigenschaften des ‚chinesischen Mitarbeiters', der „nicht sofort alles"
machen könne. Der chinesische Mitarbeiter wird damit in seiner Funktionalität
gegenüber einer impliziten Standarderwartung heruntergestuft. Insbesondere gebe
es, so Liu weiter, einen Unterschied im Informationsstand und dem *Backround*
zwischen chinesischem Mitarbeiter und Expatriate. Die stufenweise Entwicklung

chinesischer Mitarbeiter erfordere Vorbereitung auf Seiten des Managers, der die Gesamtaufgabe zerlegen und einschätzen müsse, wieviel er davon an den Mitarbeiter abgeben kann. Der Anteil an der Gesamtaufgabe werde dann von Mal zu Mal gesteigert. Dieser Entwicklungsprozess wird dadurch zum kontaktintensiven Weg, den Manager und Mitarbeiter ‚gemeinsam gehen' (eine Form der *Patronisierung*). Der Manager wird also als Wegbegleiter und Mentor des Mitarbeiters vorgestellt. Demgegenüber steht eine Vorgehensweise, bei der Selbstständigkeit (z.B. Kenntnisse aus einem Buch aneignen) und verschiedene Fähigkeiten (z.B. Englisch) beim chinesischen Mitarbeiter von vornherein vorausgesetzt werden. Stattdessen müsse man bereit dazu sein, Dinge immer wieder zu wiederholen und man müsse die kulturellen Bedingungen (der Mitarbeiter) kennen. Sprache schätzt Liu dabei nicht als Hindernis ein.

Liu distanziert sich in dieser Sequenz von den Expatriates (nicht näher bestimmter nationaler Herkunft), die chinesische Mitarbeiter nicht zu selbstständigem Arbeiten fähig halten. Er markiert diese Differenz zu anderen Expatriates anhand seiner Fähigkeiten (Sprache, Kulturkenntnisse), seiner generellen Bereitschaft, in diese Zusammenarbeit eigene Arbeit zu investieren (Vorbereitung und Wiederholung) und anhand seiner gelungenen Vorgehensweise (Konzeptualisierung, Manager als Wegbegleiter). Seinen sprachlichen Vorteil gegenüber den Expatriate-Kollegen vernachlässigt Liu, wenn er Sprache als Hindernis nicht gelten lässt („Und ich finde Sprache ist kein Hindernis"). Das selbstständige Arbeiten wird von ihm dabei nicht als explizit westlich gekennzeichnet, er macht aber deutlich, dass es sich dabei um einen Arbeitsstandard handelt, gegenüber dem „der chinesische Mitarbeiter" zunächst abfällt, an den er aber unter entsprechender Anleitung herangeführt werden kann.

Die Differenz zu seinen lokalen Mitarbeitern macht er anhand seiner Hierarchieposition, seiner Qualifikationen und der Nationalkultur deutlich, die Differenz zu bestimmten anderen Expatriates anhand seiner Kompetenz im Umgang mit den chinesischen Mitarbeitern.

**(b) National-kulturelle Differenzierung und Hierarchisierung**

Aufgrund seiner Abstammung lässt sich Liu in die national-kulturellen Mitgliedschaftskategorien ‚Deutscher' oder ‚Chinese' einordnen. Liu versucht nun aber nicht, sich aufgrund seiner Herkunft als transkulturell oder hybrid darzustellen. Er sagt auch nicht, dass nationale oder kulturelle Unterschiede keine Rolle spielen würden. Auch hebt er die Mehrfachmitgliedschaft nicht als Differenzierungsmerkmal gegenüber den Expatriate-Kollegen hervor. Im Gegenteil ist für ihn die Identifikation mit den Merkmalen nur einer *einzigen* nationalkulturellen Kategorie ein wichtiger Aspekt der Selbstdarstellung. Er konstruiert seine Identität als

Deutscher über kulturelle Differenzierung und distanziert sich dabei deutlich von den chinesischen Mitarbeitern, wie gleich deutlich wird. Die Annäherung an die Thematik kultureller Unterschiede nimmt dabei den folgenden Verlauf:

> „I:    Ja, sie haben schon mehrfach die/ die kulturellen Unterschiede angesprochen, und sie haben ja äh viele Erfahrung mit beiden Seiten. Was würden sie denn ehm als typisch deutsch beziehungsweise als typisch chinesisch im Arbeitszusammenhang beschreiben?
>
> B:    Und sie nehmen das auf?
>
> I:    Ich nehm das auf! (lacht)
>
> B:    Sie nehmen das auf?
>
> I:    Wenn sie wollen, kann ich das mal ausmachen (lacht).
>
> B:    Nein, nein. Also, ehm ganz witzig, was sie fragen." (CDB2: 363 - 376)

Mit meiner Frage nehme ich Bezug auf die von Liu bereits thematisierten kulturellen Unterschiede, und evoziere dabei zwei Kategorien, nämlich die deutschen und chinesischen Typiken. Mit dem Verweis auf die zahlreichen Erfahrungen, die er ja mit „beiden Seiten" habe, verleihe ich seiner Antwort außerdem vorweg eine gewisse Autorität. Liu reagiert nun aber zunächst mit Kommentaren zu meiner Frage („Und das nehmen sie auf?"). Das lässt sich entweder als Scheu davor verstehen, die Antwort auf meine Frage aufgezeichnet zu wissen (,scheuer Interviewter'), oder aber – als eine Art ungläubiges, verbales Kopfschütteln – als in Frage stellen, ob es sich überhaupt lohnt, die Antwort auf diese Frage aufzuzeichnen. Eine reine Informationsfrage kann ausgeschlossen werden. Ich bestätige den Kommentar („Ich nehm das auf! (lacht)"). Das Lachen ist als metasprachlicher Kommentar zum Wechsel des Gesprächsgegenstandes zu verstehen. Der Interviewte kommentiert erneut die Frage, indem er auf der Grundlage der Formulierung meiner Antwort („Sie nehmen das auf?") seine Frage wiederholt. In meiner Erwiderung darauf nehme ich nun die Lesart ,scheuer Interviewter' zur Grundlage, und biete an, das Aufnahmegerät auszuschalten. Darauf reagiert Liu beschwichtigend und ratifizierend („Nein, nein"), und schickt sich nun an, die ursprüngliche Frage inhaltlich zu beantworten, kommentiert aber zuvor noch: „Also, ehm ganz witzig, was sie fragen." Das es sich bei diesem Kommentar um eine positive Validierung des Sinngehaltes der Frage handelt, wird erst klar, als Liu schildert, dass genau diese Thematik offenbar innerhalb seines Teams bereits Gegenstand der Diskussion gewesen ist:

„Nein, nein. Also, ehm ganz witzig, was sie fragen. Ich hatte am sechsundzwanzigs-
ten Dezember, ne (I: mhm), äh hat ich en Jahresendmeeting gehabt, und ehm eben
auch die Leuten gefragt: okay über dieses/ über diese Sachen, oder was wir machen
können, um entsprechend noch besser zusammen zu arbeiten (I: mhm). Äh, und
einige typisch deutsche Sachen, dass sie sagen, hab ich immer noch ne, (I: mhm)
zum Beispiel ich bin Deutscher, okay, (I: mhm) (.) das ich (.) ehm/ also erstens äh
das ist jetzt typisch deutsch, das reicht nicht nur, wenn das Ergebnis da ist, (I: mhm),
ehm also es muss auch alles sauber dokumentiert werden, Dokumentation ist absolut wichtig, ne, es muss auch alles formgerecht sein (I: mhm), okay, das heißt das
die Leute dann äh die Excellisten richtig machen, okay, äh auch mit Signatur mit
Datum mit richtigen Version, ne, dass alles sauber und rein ist, ne, pingel/ pingelig (I: mhm) würden viele sagen, stimmt auch, okay, vielleicht schon zu pingelig,
denn weil, selbst der/ selbst äh unsere Nachbarnation oder Nachbarkulturen, okay (I:
mhm) packen die Dinge auf ne andere Art und Weise an, sind aber genauso erfolgreich (I: mhm). Man sagt sogar, okay, das wir so pingelig sind, achten wir nur noch
auf die Details, also, absolutes *Micromanagement* (I: mhm), aber das Ergebnis is
egal schon fast. Während zum Beispiel andere Kulturen eben viel Ergebnisorientierter sind. Okay Also das ist Nummer eins. Nummer zwei: Äh, es muss ziemlich viel
gemacht werden, ne. Äh (Kollegin telefoniert im Hintergrund ziemlich laut auf Chinesisch) ich bin, äh wenn ich sage, okay Deadline, und das muss einfach so sein. Ich
frage zu wenig meine Mitarbeiter nach ihrer Meinung, ob das überhaupt realistisch
ist, das äh ein entsprechende Deadline, okay Und das kombiniert mit dem ersten
was ich gesagt habe, mit Mikromanagement/ äh *Micromanagement* und äh das is
ne ziemlich (seufzt) ineffiziente Kombination muss man sagen. Einerseits, ich trete
den Leuten in den Arsch – Entschuldigung, meine Ausdrucksweise – und äh um
die Deadlines, und zweitens mische ich mich noch / möchte ich das eben auch alles
sauber und formgerecht gemacht wird. (.) Äh und, dadurch sind die Leute ziemlich
unter Druck (I: mhm) okay Und äh, äh das ist eben ehm ja, typisch deutsch, das
ist zum Beispiel noch zu verbessern (I: mhm). Und ehm, auch typisch deutsch ist
eben auch (..) ehm verbale Kommunikation, äh also das heißt, äh man schickt eine
Email, wenn man diese Email ausdruckt hat man ungefähr dreißig Seiten (I: mhm)
okay (lacht) äh zurück zum Mikromanagement, ne // (lacht) (I: Ja, jaja (lacht)) //
und äh und das wars, und man weiß dann auch als Deutscher, okay man ist überzeugt dann als Deutscher äh, alles funktioniert (lacht) (I: mhm) @weil man selber
an alles gedacht hat.@ Ja, aber das einfach unrealistisch ist oder äh eben einfach
nicht äh / oder ja, oder das man das verbessern könnte, darauf wird nicht geachtet,
ne (I: mhm)." (CDB2: 376-451)

Nach dem Kommentar zur Frage stellt Liu zunächst fest, dass er selber diese
Thematik bereits mit seinem Team besprochen hat, und zwar in einem Jahresendmeeting am 26. Dezember, also einem Termin, der in Deutschland offizieller Fei-
ertag ist, nicht jedoch in China. Viele der deutschen Expatriates nehmen, anders
als Liu, an den Feiertagen Urlaub. Liu geht ganz sicher, dass diese Information
seinen Zuhörer erreicht („ne"), und ich quittiere mit „mhm" („am sechsund-
zwanzigsten Dezember, *ne* (I: mhm)", A.D.). Dann setzt Liu neu an: „[…] äh hat
ich ein Jahresendmeeting gehabt, und ehm eben auch die Leuten gefragt: Okay,

über dieses / über diese Sachen". Damit bezieht er sich auf die in meiner Frage angesprochenen kulturellen Unterschiede (andernfalls wäre der Objektbezug von „Sachen" unklar). Anschließend wird die Qualität der Zusammenarbeit mit kulturellen Unterschieden in Zusammenhang gebracht („oder was wir machen können, um entsprechend noch besser zusammen zu arbeiten"). Nun werden die lokalen Kollegen als Zeugen seiner typisch deutschen Eigenschaften aufgerufen: „Äh, und einige typisch deutsche Sachen, dass sie sagen, hab ich immer noch ne…". Doch damit nicht genug, unterstreicht Liu seine nationale Zugehörigkeit noch einmal durch die explizite Aussage: „Zum Beispiel, ich bin Deutscher, okay." Die national-kulturelle Zugehörigkeit gehört zu den Klassifizierungen, die mit einer gewissen Selbstverständlichkeit vorgenommen werden können müssen (wenn auch nicht in dem Maße wie etwa Geschlecht). Ausdrückliche Selbstkategorisierung ist dann notwendig, wenn die Zugehörigkeit potentiell in Frage steht. Auch werden plakative und stereotype Bilder eher *Anderen* zugeschrieben als zur Beschreibung der *eigenen Person* genutzt (Schondelmayer 2008: 171). Das Liu selbst aktiv seine nationale Mitgliedschaft aufruft und sich damit zum Repräsentanten der Kategorie macht, ist daher auffällig. Warum also tut er das?

Fehlkategorisierungen können für Interaktionsteilnehmer problembehaftet sein. Die Ausprägung der Problematik bei einer Fehlkategorisierung ist dabei Situationsabhängig und variiert außerdem über die möglichen Kategorien-Sets.[12] Das trifft auch auf die Zuordnung zu nationalen Kategorien zu. In manchen Zusammenhängen kann eine nationale Fehlkategorisierung gefährlich sein: Man denke an *friendly fire* im Krieg und an die Soldaten, die ihre Nationalität anhand von Uniformen, Flaggen etc. permanent ‚outen' (oder als Spione bewusst verstecken). Sie nehmen anhand dieser Symbole eine explizite Selbstkategorisierung vor, wie man sie ansonsten auch aus dem Sport (z.B.: Fahnen, Schals, Mützen und Schminke in Nationalfarben bei Fußballweltmeisterschaften) kennt. Ansonsten ist das Outen kategorialer Zugehörigkeit im zivilen Alltag auch als Bekennen sexueller Orientierung bekannt. Da die sexuelle Orientierung sich nicht einfach *selbst anzeigt*, wird ein Outing unter Umständen ‚notwendig'. Für Liu ergibt sich die Notwendigkeit des Outens zur Mitgliedschaft in der Kategorie der Deutschen daraus, dass er aufgrund somatischer ‚Indizien' potentiell als Chinese ‚erkannt' und damit in Bezug auf sein Selbstbild national-kulturell fehlkategorisiert werden

---

[12]Hirschauer (1993: 25-32) macht die Problematik in seiner Studie über *Die soziale Konstruktion der Transsexualität* anhand der „Attribution kultureller Genitalien" deutlich. Transsexuelle können sich dabei mit dem Problem konfrontiert sehen, dass ihnen die Attribution der gewünschten Geschlechtszugehörigkeit vorenthalten wird.

kann. Liu selber hält sein Claim auf Mitgliedschaft in dieser Kategorie offenbar für Legitimationsbedürftig und beschreibt im Anschluss ausführlich seine deutschen Eigenschaften.

Zuerst setzt Liu zu einer Nacherzählung aus der Perspektive der Mitarbeiter an, ändert dann aber die Erzählung auf eine abstraktere Ebene („das *ich* (.) ehm/ also ersten äh das ist jetzt *typisch deutsch*", A.D.), und es folgt die Beschreibung einer als übermäßig korrekt und „vielleicht schon zu pingelig" dargestellten deutschen Art des Arbeitens, die sich in dieser Ausprägung sogar noch von den europäischen Nachbarnationen („*unseren* Nachbarnationen oder Kulturen", A.D.) abhebe, obwohl diese genauso erfolgreich seien. Dabei verwendet er durchgängig (selbst-)inkludierende Formulierungen kategorialer Zugehörigkeit („das *wir* so pingelig sind, achten *wir* nur noch auf die Details, also, absolutes Mikromanagement", A.D.). Andere Kulturen seien Ergebnisorientierter – eine leise Kritik an deutscher Penibilität wird angedeutet. Aber mit eben dieser Pingeligkeit identifiziert sich Liu selbst, obwohl er mit seiner Mehrfachmitgliedschaft sehr einfach die Möglichkeit zu einer stärkeren Distanzierung von ‚den Deutschen' hätte.

Als zweites typisch deutsches Verhalten beschreibt Liu die Kommunikation bzw. Absprachen von Deadlines und über die zu bewältigende Workload mit den Mitarbeitern. Dabei wechselt er in der Erzählperspektive wieder auf den konkreten, eigenen Fall: „Nummer zwei: Äh, es muss ziemlich viel gemacht werden, ne. Äh […] ich bin, äh wenn ich sage, okay Deadline, und das muss einfach so sein. Ich frage zu wenig meine Mitarbeiter nach ihrer Meinung, ob das überhaupt realistisch ist, das äh ein entsprechende Deadline, okay". Es wird nicht deutlich gemacht, inwiefern es sich dabei um typisch deutsches Verhalten handelt. Die Kombination dieser beiden Charakteristiken sei nun aber ineffizient:

> „[…] das is ne ziemlich (seufzt) ineffiziente Kombination muss man sagen. Einerseits, ich trete den Leuten in den Arsch – Entschuldigung, meine Ausdrucksweise – und äh um die Deadlines, und zweitens mische ich mich noch / möchte ich das eben auch alles sauber und formgerecht gemacht wird. (.) Äh und, dadurch sind die Leute ziemlich unter Druck (I: mhm) okay Und äh, äh das ist eben ehm ja, typisch deutsch, das ist zum Beispiel noch zu verbessern (I: mhm). Und ehm, auch typisch deutsch ist eben auch (..) ehm verbale Kommunikation, äh also das heißt, äh man schickt eine Email, wenn man diese Email ausdruckt hat man ungefähr dreißig Seiten (I: mhm) okay (lacht) äh zurück zum Mikromanagement, ne"

Hier werden die beiden oben genannten Aspekte zusammengeführt und Liu positioniert sich in einer sprachlichen Performance des wiederholten Kokettierens mit deftiger Sprache („ich trete den Leuten in den Arsch – Entschuldigung meine Ausdrucksweise") als Antreiber mit hochgekrempelten Ärmeln, der aber eben

auch ein Pedant ist, und ‚Perfektion bei hohem Tempo' verlangt. Der dadurch ent-
stehende Druck sei auch typisch deutsch, für die Zusammenarbeit mit den chinesischen Kollegen aber eben noch zu verbessern. Indirekt werden damit aber
auch deutsche und chinesische Leistungsstandards miteinander verglichen, ein
Vergleich bei dem die chinesischen Standards schlechter abschneiden. Typisch
deutsch sei außerdem ein Mangel an verbaler Kommunikation und eine Tendenz
zum Mikromanagement in schriftlicher Kommunikation, die Liu bewusst überspitzt darstellt.

Den deutschen Charakteristiken stellt Liu dann typisch chinesische Verhaltensweisen gegenüber:

„Während eben, jetzt komm ich zu China, ne, viele verbale/ verbale Kommunikation, ehm, schon viel zu wenig Dokumentation (I: mhm) oder Formgerechtigkeit,
ne, ob eine Sache formgerecht ist, zu wenig Dokumentation, ehm, äh fehlt einfach
die Basisausbildung, Basiswissen, (.) und äh sehr sehr (.) großer Power Distance ne,
(I: mhm) was der Chef sagt äh ist einfach/ stimmt einfach (schnieft) ne, das wird
geschluckt, und eine wichtige Sache ist ehm/ ist die HarmonIE ist sehr sehr wichtig
(I: mhm), also dieses ehm Arbeit/ na wie soll man sagen, Arbeit- und Privatleben
(…) ist viel eh/ enger miteinander verschmolzen als es in Deutschland ist (I: mhm)/
oder in der/ bei westlichen Kulturen der Fall ist (I: mhm). Und ehm, (..) das ist (.)
ein sehr sehr großer Unterschied. Und vor allem, ehm, auch ein großer Unterschied
ist, es ist gewollt in der kinesischen Kultur das man Sachen mehr als einmal sagt (I:
mhm). Es ist gewollt, weil indem man äh die Sachen mehrmals wiederholt ja, äh
verbal wiederholt ehm wird auch äh das Verhältnis auch inniger (I: mhm) weil man
ehm befasst sich mit der anderen Person mehr, okay und äh, das kann der Deutsche/
kann man/ kann ich als Deutscher ne, kann ich nicht ausstehen (I: aha) Also einmal,
das wars (I: ja). Wenns sein muss, wiederhol ichs nochmal aber, beim dritten mal,
da geb ichs dir schriftlich (lacht) (I: lacht) (atmet ein) Ja, äh sie wissen, ja vielleicht,
und das ist in Kina nochmal total anders, man äh, am besten wiederholt man das
verbal mehrmals, okay, und am besten dann geht man Abends zusammen essen, und
dann wiederholts nochmal, ne, und redet bei der Arbeit, ja, also das sind kulturelle
Unterschiede. (I: Mhm) Äh, (.) das sind kulturelle Unterschiede, äh die meiner Meinung nach sehr sehr wichtig sind, (I: mhm) und ehm ah aber man muss halt auch
bedenken, dass ehm die (.) Basisausbildung der Kinesen, der kinesischen Mitarbeiter, äh sehr sehr hinter äh dem deutschen Standard hinterherhinkt (I: mhm). Seis von
technischem Wissen, seis von Computerwissen, seis von, oder halt, das wichtigste
ist eben (.) denken (I: mhm). Denken und Sprechen. Sie waren mal in China (I: ja)
okay Äh, sie waren vielleicht auch bei der Uni (I: ja (lacht)) ne, ja ich weiß nicht, es
gibt auch (unverständlich) ne äh, gut, äh die Leute die sind einfach aufgewachsen,
dass sie einfach Sachen auswendig lernen, ne (I: ja, ja, ehe) und, äh wird schlimmer
(I: ähä), und äh das die Leute eben (.) nach der Uni/ an der Uni ist fast genauso (I:
mhm) und dann werden die Leute ins Berufsleben geschmissen. Und vor allem bei
uns, eine ausländische Firma, vor allem mit mir als Boss, ne (I: mhm), ich will das
die Leute eigenständig denken (I: mhm) weil ich faul bin, okay Und äh, und dann

bin ich auch noch Deutscher, ich sage Sachen nur einmal (I: lacht) und dann nach der Arbeit ist nach der Arbeit, ich möchte nix mit euch zu tun haben (lacht) (I: ah, ah). Ja, das kann / das kann nicht klappen (I: ja), okay Und man kann nicht von / man kann nicht davon erwarten, dass der Kinese äh, der kinesischer Mitarbeiter ehm es versteht (I: eh). Deshalb muss man als Manager das versteh (I: eh), und als Manager eben entsprechend/ sein Verhalten entsprechend ändern (I: Mhm). Und dann / aber wenn man das macht, (..) seh ich keinen Grund dafür, dass das kein Erfolg gibt (I: mhm). (..) Ja kulturelle Unterschiede also, sollte man doch verstehen (I: mhm, mhm). (....)" (CDB2: 376-451)

Wie in der einleitenden Frage aufgefordert, stellt Liu den deutschen nun eine Liste von chinesischen Charakteristiken gegenüber. Dabei erscheinen einige chinesische Charakteristiken als genaue Gegenstücke zu den deutschen Charakteristiken (z.b. ausgeprägte gegenüber mangelnder Sorgfalt), andere erscheinen zunächst alleinstehend (z.B. das Harmoniebedürfnis). So fehle es in China im Gegenteil zu Deutschland nicht an verbaler Kommunikation, aber an Dokumentation oder Formgerechtigkeit. Darüber hinaus mangele es in China an der Basisausbildung und dem Basiswissen. Ob die beiden letzteren Mängel für die beiden Erstgenannten ursächlich sind, wird dabei nicht klar. Mit dem nächsten Charakteristikum „Power Distance" verwendet Liu einen Fachbegriff aus der Kulturvergleichenden Managementforschung, um seine chinesischen Mitarbeiter zu charakterisieren.[13] Er beschreibt die Widerspruchslosigkeit der Mitarbeiter gegenüber dem Chef („was der Chef sagt äh ist einfach/ stimmt einfach (schnieft) ne, das wird geschluckt") als Ausdruck dieser großen Machtdistanz. Als nächsten Punkt hebt Liu Harmonie als chinesisches Charakteristikum hervor (dem hier erst einmal das deutsche Gegenstück fehlt, von der Harmonielosigkeit der Deutschen ist jedenfalls nicht die Rede). Darunter versteht er das Verschmelzen von Arbeits- und Privatleben. Der Kontakt zu den Mitarbeitern sei daher viel enger als in Deutschland (womit auch die Figur der Gegensätzlichkeit wiederhergestellt ist). Auch sei es „...gewollt in der chinesischen Kultur, dass man Sachen mehrmals sagt", weil dies zu einem innigeren Verhältnis der Personen führen würde. Damit stellt er einen Bezug zu seinem weiter oben (CDB2: 219-228) dargestellten Engagement als Manager her.

---

[13]*Power Distance* (‚Machtdistanz') ist die erste der von Hofstedes entwickelten, ursprünglich vier universalen Kulturdimension (Hofstede 1980: 92). Er beschreibt damit, inwieweit Mitarbeiter die Ungleichverteilung von Macht akzeptieren und erwarten. Alle Nationen lassen sich in dieser bipolaren Dimension abbilden. Die deutsche und chinesische Ausprägung liegt an den entgegengesetzten Polen dieser Dimension.

Diese Auflistung chinesischer Charakteristiken nutzt Liu dann als Vorlage um sich selber genau von diesen Charakteristiken abzugrenzen und sich erneut zu seinem Deutsch-Sein zu bekennen: „und äh, das kann der Deutsche / kann man / kann *ich als Deutscher* ne, kann ich nicht ausstehen (I: aha)" (A.D.). Mit dieser Formulierung macht Liu sehr klar, dass diese kulturellen chinesischen Besonderheiten nun nicht nur anders, divers oder gewöhnungsbedürftig seien, oder dass man ihnen gar Geduld entgegenbringen müsse, nein, er „kann sie nicht ausstehen", und zwar nicht aus persönlichen Gründen, sondern aufgrund seiner Kategorienmitgliedschaft *als Deutscher*. Seine ablehnende Einstellung gegenüber den benannten chinesischen Charakteristiken macht er anhand gegensätzlicher Vorlieben in Bezug auf Wiederholungen und Harmonie deutlich („ich sage Sachen nur einmal", „nach der Arbeit ist nach der Arbeit, ich möchte nix mit euch zu tun haben (lacht)", etc.). Umso höher ist dann natürlich eine Anpassung an diese Charakteristiken zu schätzen.

Neben diesen wichtigen kulturellen Unterschieden gebe es aber noch andere Unterschiede zu bedenken:

> „man muss halt auch bedenken, dass ehm die (.) Basisausbildung der Kinesen, der kinesischen Mitarbeiter, äh sehr sehr hinter äh dem deutschen Standard hinterherhinkt (I: mhm). Seis von technischem Wissen, seis von Computerwissen, seis von, oder halt, das wichtigste ist eben (.) denken (I: mhm). Denken und Sprechen."

Explizit formuliert Liu eine Rückständigkeit des ‚chinesischen Mitarbeiters', der buchstäblich gehandicapt ist, wenn er „dem deutschen Standard hinterher *hinkt*" (A.D.). Und zwar nicht nur in technischem Wissen und „Computerwissen", am wichtigsten sei „Denken und Sprechen". Die Ursache sieht Liu im chinesischen Bildungswesen, in dem nur Dinge auswendig gelernt würden und, dass die chinesischen Mitarbeiter im Prinzip unvorbereitet für das Arbeitsleben lasse („werden ins Berufsleben geschmissen"). Damit wird die Verantwortung für die Rückständigkeit auf das chinesische Bildungssystem verschoben und die einzelnen Mitarbeiter von der Verantwortung für Teile ihrer beruflichen Professionalität vorübergehend entlastet (vgl. Kap. 5.1.3). Insbesondere in einer ausländischen Firma und mit ihm als Boss seien die oben genannten Mängel nun aber besonders problematisch. Liu inszeniert sich dabei als Quintessenz aus dem, was er zuvor als deutsche Kulturcharakteristiken dargestellt hat, so dass es bei einem Aufeinandertreffen von ihm als deutschem Boss und den Mitarbeitern aus dem chinesischen Ausbildungssystem zu einem maximalen Kontrast kultureller Ausprägungen kommt. Anders als seine Expatriate-Kollegin Schmitz formuliert er aber diesen Kontrast nicht vorsichtig, mahnt nicht zu Toleranz und Geduld, sondern bringt es verbal zum Knall: „Ja, das kann / das kann nicht klappen." – Wie geht er nun mit diesem scheinbar unauflösbaren Widerspruch um?

> Und man kann nicht von/ man kann nicht davon erwarten, dass der Kinese äh, der kinesischer Mitarbeiter ehm es versteht (I: eh). Deshalb muss man als Manager das verstehen (I: eh), und als Manager eben entsprechend/ sein Verhalten entsprechend ändern (I: mhm). Und dann/ aber wenn man das macht, (..) seh ich keinen Grund dafür, dass das kein Erfolg gibt (I: mhm). (..) Ja kulturelle Unterschiede also, sollte man doch verstehen (I: mhm, mhm). (…)

Die Auflösung der Problematik liegt in der hierarchisch-funktionalen Differenzierung zwischen der Position des Mitarbeiters und der des Managers. Den chinesischen Mitarbeitern sei ein Verständnis dieser Situation nicht zuzutrauen. Als Manager sieht sich Liu also in der kognitiv überlegenen Position, die aber auch mit der Verantwortung einhergeht, den im „Denken und Sprechen" hinterherhinkenden chinesischen Mitarbeitern durch Anpassung des eigenen Verhaltens entgegen zu kommen. Als Manager, also funktional aus der Führungsposition heraus, müsse man das „verstehen".

Ob das mangelnde Verständnis der Mitarbeiter nun in ihrer hierarchischen Position oder in ausbildungsbedingter Unfähigkeit (und Unselbstständigkeit) gründet, wird dabei nicht klar. Der letzte Teilsatz der Sequenz stellt aber den Bezug zu kulturellen Unterschieden wieder her. Insgesamt kommt es hier zu einer Überschneidung hierarchisch-funktionaler und kultureller bzw. ausbildungsbezogener Asymmetrien, aus der Liu seine Überlegenheit in dieser Situation ableitet. Anders als Schmitz sieht Liu die Mängel des Ausbildungssystems aber nicht in den diesem zugrundeliegenden kulturellen Ideen. Es geht ihm um recht konkrete Wissensbestände und um die mangelnde Fähigkeit zu denken und zu sprechen.

**Mehrfachmitgliedschaft innerhalb eines Kategorien-Sets**
Das Liu chinesische Charakteristiken benenne kann und Möglichkeiten des Umgangs mit ihnen gefunden hat, wie er darstellt, bedeutet eben noch nicht, dass er sich aufgrund seiner Herkunft mit diesen chinesischen Charakteristiken auch identifiziert. Seine Mitgliedschaft in der Kategorie ‚Deutscher' stellt er hingegen explizit anhand der Beschreibung seiner eigenen kulturellen Charakteristiken dar. Liu muss dazu einen größeren Aufwand betreiben als seine Expatriate-Kolleginnen und -Kollegen, die anhand ihres Namens, somatischer Merkmale und der Sprache jederzeit und vergleichsweise offensichtlich und unproblematisch als Deutsche oder zumindest als Westler erkannt werden, die also fraglos einer Kategorie zugeordnet werden können. Bei Liu hingegen droht eine national-kulturelle Fehlkategorisierung aufgrund der Verbindungen zwischen einer Rassenattribution

und national-kultureller Zuschreibungen. Selbst, dass er in fließendem Deutsch spricht, scheint die Möglichkeit der Unterstellung ‚chinesischer Eigenschaften' nicht auszuschließen. Er hält es daher auch im Interview (Telefoninterview!) für notwendig, sich als Deutscher zu ‚outen'. Er dramatisiert dazu die Ausprägung seiner (deutschen!) kulturellen Charakteristiken, die ihm als Indizien für national-kulturelle Zugehörigkeit dienen, und unterstreicht besonders seine professionellen Qualitäten. Letzteres ist deshalb notwendig, weil mit der Zuschreibung der Mitgliedschaft in der Kategorie ‚Chinese' auch die Möglichkeit der Zuschreibung diverser Arten von Rückständigkeit drohen, die er innerhalb seines eigenen Bezugsystems den Chinesen attribuiert. Die Darstellung von Professionalität kann dem entgegenwirken und stellt aufgrund von ihrer Wechselwirkung mit den zugeschriebenen kulturellen Eigenschaften gleichzeitig eine Explikationsmöglichkeit national-kultureller Zugehörigkeit in der ‚fortschrittlicheren Kategorie' (deutsch) dar. So stellen bestimmte positiv konnotierte, kulturell den Deutschen zugeordnete Charakteristiken und Aktivitäten (wie Penibilität und Dokumentation, aber auch Selbstständigkeit bei der Arbeit) in Lius Erzählung gleichzeitig auch professionelle Eigenschaften seiner selbst dar.

### 5.2.3  Zwischenfazit

Liu stellt seine Entsendungsgeschichte als Etappe eines beständigen beruflichen Aufstiegs mit klar umrissenen zeitlichen Grenzen dar. Er ist darum bemüht, seine aktive Rolle im Verlauf der Entsendung auf die Position nach China zu betonen. Die Zusammenarbeit mit den chinesischen Kollegen stellt ein Projekt mit klaren Zielen dar: Dem Aufbau eines „richtigen Marketing" mit einem „gesunden Team" und der Ausbildung eines Nachfolgers für seine derzeitige Position. Liu ist sich absolut sicher, dass er dieses Ziel im Zeitrahmen erreichen wird und hat bereits jetzt einen Zustand erreicht, in dem die Mitarbeiter „fast schon zu motiviert" sind.

Liu wird aufgrund seines chinesisch-stämmigen familiären Hintergrundes und den damit tatsächlich verbundenen oder zugeschriebenen sprachlichen und kulturellen Eigenschaften oder Fähigkeiten, von der BETTER-AG auf die Position des Marketing Managers in der Tochtergesellschaft in China entsendet, entgegen seiner ursprünglichen Karriereplanung. In dieser Hinsicht funktionalisiert das Unternehmen die Doppelmitgliedschaft Lius im Sinne der Firma. Liu selbst hingegen reduziert die Darstellung seiner kategorialen Doppelmitgliedschaft auf ein Minimum. Er spricht lediglich davon, dass er beide Sprache *beherrscht* und beide Kulturen *versteht*, konzipiert sie also als Kompetenzen, nicht als Eigenschaften. Eindeutige national-kulturelle Zuordnung zu den Deutschen ist für Liu ein wichtiger Bestandteil seiner Selbstpositionierung. Darin unterscheidet er sich beispielsweise von dem chinesischen Manager Herrn Zhang Yi (CB3), der Aufgrund seines Werdegangs (aufgewachsen in China, Studien- und Arbeitserfahrung in den USA) das Selbstverständnis einer national weitgehend unabhängigen, transkulturellen Elite an den Tag legt (vgl. Kap. 7.2).

Im Gegenteil dazu artikuliert Liu die nationalkulturelle Identifikation mit nur einer, nämlich der deutschen Mitgliedschaft. In seinen Formulierungen dramatisiert er seine Zugehörigkeit zum einen über die Identifikation mit als typisch deutsch beschriebenen Arbeits- und Verhaltensweisen und einer Distanzierung von chinesischen Eigenschaften durch Fremdzuschreibung. Zum zweiten formuliert er seine Zugehörigkeit auch explizit („ich bin Deutscher, okay"). Solche drastischen Selbstverortungen stellen einen deutlichen Kontrast beispielsweise zu Schmitz (DB7) dar, bei der die national-kulturelle Zugehörigkeit nur implizit in selbstinkludierenden Formulierungen nationalkultureller Mitgliedschaften erkennbar wird („[…] da würden *wir* in Deutschland wahrscheinlich schon den Hut ziehen […]" (DB7: 123-124; A.D.); „[…] ich stelle sicher dass die Personalarbeit in den einzelnen Tochtergesellschaften so läuft wie *wir* uns das vorstellen […]" (DB7: 32-33; A.D.)).

In Bezug auf die nationalkulturelle Selbstverortung hat Liu ein Darstellungsproblem: Er ist aufgrund seines Namens sowie somatischer Eigenschaften als Chinese bzw. Asiate ‚erkennbar', versteht sich aber als Deutscher. Die Ethnizität wird hier also an der äußeren Erscheinung ‚erkannt' und ist gleichzeitig mit der Zuschreibung anderer ‚Fähigkeiten' verbunden, die aber keine Leistungen im professionellen Sinne sind, weil sie als quasi natürlich vorausgesetzt werden. Gleichzeitig droht durch die Zuschreibung der Mitgliedschaft in der Kategorie ‚Chinese' ständig die Gefahr der Zuschreibung der Rückständigkeit, die Liu selbst am ‚Chinesischen Mitarbeiter' bemängelt. Mit seiner expliziten Selbstverortung versucht er diesen Zuschreibungen entgegenwirken.

Die Differenz zu seinen chinesischen Mitarbeitern markiert Liu mehrfach: Hierarchisch über seine Position als Manager und Vorgesetzter, national-kulturell über die Selbst- und Fremdzuschreibungen von (Arbeits-)Charakteristiken und professionell vermittels seiner besseren Qualifikation. In jeder dieser Kategorien ist er in der jeweils überlegenen Position. Explizit formuliert er die Rückständigkeit der chinesischen Mitarbeiter gegenüber den deutschen Standards. Die Ursache dafür sieht er, ähnlich wie Schmitz, in den Mängeln des Ausbildungssystems. Anders als Schmitz neigt er aber nicht dazu, das Bildungssystem zu kulturalisieren und die Ursache der Unselbstständigkeit in der Kultur zu suchen. Kulturelle Eigenschaften werden von ihm zumeist in bipolaren Dimensionen festgestellt, aber nicht als Ursache eines Ausbildungsproblems konzipiert. So führt zwar die erwähnte Machtdistanz zu einer Widerspruchslosigkeit gegenüber dem Chef, wird aber von Liu nicht als Ursache für Unselbstständigkeit verwertet. In seiner Darstellung handelt es sich vielmehr um konkrete Mängel der Ausbildung in verschiedenen Wissensbereichen, „Denken und Sprechen" sowie Vorbereitung auf das Berufsleben. Die anfangs unselbstständigen Mitarbeiter kann er im Rahmen seiner Aufgabe als Marketing Manager durch ein Konzept des sukzessiven Aufbaus der Mitarbeiter zur Selbstständigkeit trainieren. Der Rückständigkeit kann und muss auf diese Weise abgeholfen werden, wenn die Zusammenarbeit erfolgreich sein soll.

Kulturelle Differenzen dienen Liu vor allem der eigenen kulturellen Zuordnung. Ansonsten werden kulturelle Unterschiede im Sinne einer symmetrisierenden Darstellung und im Einklang mit dem ‚klassischen […] Management Prinzip' von ihm durch Team-Arbeit und Diskussion als vielfältige individuelle Perspektiven nutzbringend im Arbeitsprozess verwertet. Letztendlich erstrebenswert ist dabei die durch ihn vertretene deutsche Arbeitsweise („sauber und formgerecht"), lediglich die Absprache mit den Mitarbeitern in Sachen Zeitplanung und Arbeitsbelastung („workload") sei noch zu verbessern.

Von seinen Expatriate-Kollegen grenzt sich Liu in der Darstellung vor allem durch den erfolgreichen Umgang mit den chinesischen Mitarbeitern ab. Ein Verständnis für selbstständiges Arbeiten sei „dem chinesischen Mitarbeiter" aufgrund des mangelhaften Ausbildungssystems nicht zuzutrauen, daher bedürfe es darin der Anleitung durch den Manager. Darin unterscheidet sich Herr Liu z.B. von seinem Kollegen Stefan Miller (DB8), der die chinesischen Mitarbeiter für schwerer zu schulen hält als „die chinesische Mauer" (vgl. Kap. 5.3.5). Mit seinem Entwicklungsansatz für chinesische Kollegen zeigt Liu aber Parallelen zu Schmitz' Vorgehen, die eine ähnliche wegbegleitende Funktion in ihrer Führungsposition sieht.

## 5.3    Hierarchisierende und symmetrisierende Differenzierung

Im Jahr 2016 kam es zu zwei Zwischenfällen die einige öffentliche Aufmerksamkeit erregten, bei denen Deutsche sich abfällig und „rassistisch" gegenüber Chinesen äußerten. Im Oktober 2016 sprach der damalige EU-Kommissar Günther Oettinger anlässlich der 27. EuropAbend Veranstaltung des ABG Unternehmensverbandes in Hamburg vor den rund 200 Gästen von der Angst in Europa, dass die „Schlitzaugen" uns überholen (Ippolito 29.10.2016). Später spricht er von den chinesischen Ministern, die zum ‚Jahresgipfel China-EU' gekommen seien: „Alle: Anzug, Einreiher dunkelblau, alle Haare von links nach rechts mit schwarzer Schuhcreme gekämmt. […] Neun Männer, eine Partei. Keine Demokratie, keine Frauenquote, keine Frau – folgerichtig" (ebd.). So gelingen Oettinger in wenigen Sätzen abfällige Bemerkungen gegenüber gleich zwei Mitgliedschaftskategorien, nämlich Chinesen und Frauen (und wenige Sätze später auch gegenüber Homosexuellen). Die Äußerungen lösten national und international Empörung aus. Eine Sprecherin des chinesischen Außenministeriums zeigte sich bestürzt. Die Bemerkungen würden zeigen, dass manche westlichen Politiker „ein irritierendes Gefühl der Überlegenheit haben" (*Süddeutsche* 02.11.2016). Eine Vertreterin der Grünenfraktion im Europaparlament bezeichnet Oettingers Äußerungen in seiner Rede als „homophob und rassistisch" und forderte seinen Rücktritt. Oettinger kommentierte zunächst in einem Interview mit der Zeitung *Die Welt*, seine Worte über „Schlitzaugen" seien „eine saloppe Äußerung, die in keinster Weise respektlos gegenüber China gemeint war" (Tauber 29.10.2016). Am 3. November entschuldigte Oettinger sich in einer Erklärung offiziell für seine Äußerungen (*Die Zeit*: 3.11.2016). Oettinger wurde Anfang 2017 zum EU-Kommissar für Haushalt und Personal ernannt.

Kaum einen Monat später kam es zu einer Empörungswelle auf der chinesischen Internetplattform Weibo über einen Vorfall, bei dem der damalige Präsident von Daimler Trucks and Busses China sich während eines Streits mit einer Chinesin über einen Parkplatz in einer Luxuswohngegend in Beijing rassistisch geäußert habe: „I am in China one year already. The first thing I have learned here is that all you Chinese are bastards." (Buckley 22.11.2016) Die so beschimpfte Ms. Kang postete einen Beitrag im Mini-blog Weibo, der innerhalb weniger Stunden 4.000 mal kommentiert und vielfach geteilt wurde. Die Nachricht fand auch ihren Weg in die chinesischen staatlichen Medien, die den Vorfall kommentierten: „Sie essen das Fleisch vom Knochen, und dann legen sie die Stäbchen zur Seite, um zu schimpfen." (Scheuer 21.11.2016)[14] Daimler distanzierte sich in einer offiziellen Stellungnahme von diesem „persönlichen Konflikt" und drückte sein Bedauern über den Vorfall aus. Jegliche Aussagen des Mitarbeiters stünden in keinem Fall für das Unternehmen (Scheuer 21.11.2016). Der Manager sah sich im Netz erheblichen verbalen Attacken ausgesetzt und wurde kurz nach dem Vorfall von seinen Verpflichtungen bei Daimler Trucks and Busses China entbunden.

An diesen beiden Beispielen zeigt sich zum einen die politische und auch wirtschaftliche Brisanz des Rassismus-Vorwurfes. Die Beispiele spiegeln aber auch

---

[14]Kommentare in den chinesischen Medien auch auf Xinhua Net, News: http://news.xinhuanet.com/fortune/2016-11/21/c_129372203.htm (Zugriff 14.02.2017).

eine in Deutschland verbreitete Sichtweise auf China und die Chinesen wider, so dass der Vorwurf eines „Gefühls der Überlegenheit" bei manchen ‚Westlern' von chinesischer Seite sicherlich nicht unbegründet ist. Herablassende, wenn auch nicht immer rassistische Bemerkungen über China oder ‚die Chinesen' sind keineswegs selten. In dem für diese Arbeit erhobenen Interviewmaterial mit den Entsandten deutscher Firmen sind hierarchisierende Differenzdarstellungen zu chinesischen Kollegen und zu China im Gegenteil sogar eher die Regel. Das reicht von der Selbstverständlichkeit, mit der über die mindere Qualität chinesischer Produkte in Zusammenhang mit mangelnder Arbeitsethik der chinesischen Mitarbeiter gesprochen wird, über die kopfschüttelnde Beschreibung der ‚Zustände' an chinesischen Arbeitsplätzen, über das Beklagen schlechter Ausbildung und fehlender Fachkenntnisse, bis hin zu Pauschalaussagen über die Eigenschaften ‚der Chinesen' als Volk einhergehend mit dem Ausdruck der eigenen Überlegenheit.

Zum Einstieg einige Beispiele aus dem Spektrum hierarchisierender Differenzbeschreibungen. Der Inbetriebnahmeleiter[15] Stefan Kaiser (DB1) bringt in einer Beschreibung seiner ersten Eindrücke sein Entsetzen über die Arbeitsbedingungen und Arbeitssicherheit in China zum Ausdruck, die für ihn unvergesslich sind:

> „[…] ja und dann (.) wie soll man sagen, der erste Tag in der Firma, das war / das werd ich nie vergessen, ich dachte ‚Oh mein Gott, jeden Moment kommt hier einer ums Leben', ne. Also, mich hat das irgendwie so ein bisschen an äh einen Ameisenhaufen erinnert. […]" (DB1: 49-52)

Hierbei handelt es sich zunächst einmal um eine Darstellung eines Erlebnisses und damit verbundener Eindrücke. Eine implizite Wertung kommt mit der Metapher des „Ameisenhaufen[s]" hinzu. Diese ‚Ameisenmetapher' ist in Bezug auf China nicht unüblich und wird mit fremdgesteuertem Verhalten, dem Fehlen von Individualität, und mit Uniformität im Äußeren wie in der Gesinnung assoziiert.[16]

---

[15]Inbetriebnehmer sind in der Regel für einen auf wenige Wochen oder Monate begrenzten Zeitraum bei Tochtergesellschaften oder Kunden, um dort die Inbetriebnahme von Maschinen oder Anlagen zu betreuen, zu beaufsichtigen oder anzuleiten.

[16]Etwa in den Reisebeschreibungen der Journalisten, die dem Appell Zhou Enlais von 1955 gefolgt waren und im Zuge der ersten Öffnung Chinas nach 1949 das Land für wenige Wochen bereisen konnten. In den Formulierungen „blaue Ameisen" und den „Robotern mit Ameisengehorsam" des deutschen Journalisten Robert Schmid beispielsweise spiegelt sich

In diesem Redezug von Kaiser ist sie zugleich Ausdruck für ein funktionierendes Chaos, das aber mit Lebensgefahr für die Beteiligten verbunden ist.

Eine bewertende Einschätzung über China mit pejorativen Beschreibungen der Chinesen teilt der Expatriate Stefan Miller (DB8), Projektingenieur im Asien HQ der BETTER-AG in Shanghai mit:

> „[…] ich sag immer, wenn hier mal alle Ausländer weg sind, äh, das Land bricht innerhalb von nem halben Jahr zusammen. Also, des is wirklich so. Ich kann hier mit allen Expats / also wir tauschen uns da auch viel aus, auch mit anderen deutschen Firmen (I: ja) (seufzt) sagen alle natürlich, das is das Gleiche. Wenn / wenn mal en Prozess steht und / und so, dann dann, und se den befolgen können, aber wehe es passiert mal irgendwas Unerwartetes oder so. Dann stehen die da, und wissen nimmer, was tun. Und die sind da schon au äh abhängig von uns. (…).“ (DB8: 493-495)

In dieser Aussage wird ein Gefühl der Überlegenheit gegenüber einem von „den Ausländern" abhängigen China offensichtlich, ein China, dass ohne diese Ausländer „zusammenbricht". Den Chinesen wird bestenfalls noch zugetraut, etablierte Prozesse zu befolgen, jedoch nicht, eigenständig zu agieren und mit unvorhergesehenen Situationen fertig zu werden.

Solchen, ,die Chinesen' pauschal herabsetzenden Aussagen gegenüber stehen zum einen Imperative der Toleranz und Offenheit, etwa bei Schmitz (DB7): „Okay es ist nunmal so ehm, man muss offen sein, dass oder tolerant genug sein, man muss offen sein, […] und man darf das nicht verurteilen, glaube ich" (DB7: 258-260). Es gibt aber noch weitere Strategien für symmetrisierende Differenzbeschreibungen:

> „[…] Irgendwie ticken wir alle gleich, wir sind alles Menschen und wir haben alle im Prinzip son son Kern menschlicher Werte (I: mhm) die uns einfach als Homosapiens auszeichnen, und Menschen in unterschiedlichen Kulturen, mit ner unterschiedlichen Prägung ham halt einfach ne andere Art und Weise, das zur Schau zu stellen

---

die konstatierte kollektive Gesinnung in Verbindung mit der Angst vor den „Menschenmassen" des Landes wieder (Leutner/Yü-Dembski 1990: 89ff., 94f.). Die Beschreibung der Einheitlichkeit findet sich indes schon 1785 bei dem ,Chinaspezialist' Abbé Grossier, der den chinesischen Charakter überall „nach derselben Gußform gestaltet" (nach: Demel 1992: 653) sieht, aber auch bei David Hume: „[…] the Chinese have the greatest uniformity of character imaginable […]" (nach: Demel 1992: 654).

(I: mhm). Ich meine wir sprechen hier alle von Guangxi, und alles läuft über Beziehungen, kann man / bei uns läufts nicht anders, bei uns is es auch so: dem den man kennt, vertraut man eher, wir nennen vielleicht einfach anders." (DB7: 650-655)

An dieser Passage wird insbesondere die Betonung der Gemeinsamkeit augenfällig, indem kulturelle Differenzen – auch in der Formulierung („ham *halt einfach ne andere Art und Weise*, das zur Schau zu stellen", A.D.) – abgeschwächt werden. Stattdessen wendet sich Schmitz der Kategorie des „Homosapiens" zu, in der sie einen „Kern menschlicher Werte" als allgemeinbestand vermutet.

Zwischen den beiden Polen symmetrisierender und hierarchisierender Darstellungen lassen sich zahlreiche Motive der Fremdbeschreibung auszumachen, die zusammengenommen etwas bilden, dass man als die ‚deutsche Normalvorstellung vom Chinesen' als kulturellem Idealtypus bezeichnen kann. Diese Motive fügen sich in das Feld ein, das zwischen dem dichotomen Beschreibungsmuster vom Eigenen und vom Fremden und dem Aspekt kultureller Unterschiede – in seinen dimensionalen Ausprägungen als positive kulturelle Diversität einerseits und als problematisierte Differenz andererseits (*Kultur als Handicap*) – aufgespannt wird. Dabei changieren die Interviewten in der Regel zwischen beiden Polen, und sie benutzen dabei unterschiedliche Formulierungsstrategien sowohl hierarchisierender als auch symmetrisierender Differenzbeschreibungen. Im Folgenden werde ich anhand weiterer Interviewpassagen einige dominante Fremdbeschreibungsstrategien des ‚Chinesischen' durch deutsche Mitarbeiter herausarbeiten.

### 5.3.1 Pauschale Attributionen

An Fremdbeschreibungen in Form von pauschalen, stereotypen und nicht selten widersprüchlichen Attributionen an die Chinesen mangelt es weder in der Literatur[17] noch im Interviewmaterial. In den Interviews meines Samples werden die chinesischen Kollegen beispielsweise beschrieben als faul (und fleißig), träge, unkreativ, gut im Auswendiglernen, autoritätsorientiert, chaotisch und unstrukturiert, undiszipliniert, unmethodisch, stur, ungenau, unflexibel (und flexibel), Problemen ausweichend, schlecht ausgebildet, unaufrichtig, undurchschaubar, unzuverlässig und initiativlos. Positive Beschreibungen sind deutlich seltener zu

---

[17]Mangelnde Kreativität wird den Chinesen beispielsweise von Bond (1991: 24ff.) auf der Grundlage wissenschaftlicher Untersuchungen attestiert, ebenso Autoritätshörigkeit (ebd.: 36; als *Machtdistanz* auch bei Hofstede 1980).

finden und umfassen Aspekte wie geduldig, herzlich, wissbegierig und lernbereit. Dazwischen gibt es noch einige weder eindeutig positive noch eindeutig negative Fremdbeschreibungen der Chinesen, beispielsweise als zurückhaltend und höflich. Solche pauschalisierenden Fremdbeschreibungen werden dabei gleichzeitig zu Antonymen der Selbstcharakterisierung (also der deutschen Seite).

Diese Charakterisierungen werden in unterschiedlicher Intensität zugeschrieben und formuliert, treten aber als pauschale Beschreibungen der *Anderen* entlang der Nationalkategorie über alle Interviews hinweg auf. So z.b. bei Stefan Miller (DB8), einem Projektingenieur im Asien-Pazifik HQ der BETTER-AG in Shanghai. In dieser Asien-Zentrale hat Miller auch sein eigentliches Büro, von dem aus er die verschiedenen Tochterunternehmen im ganzen asiatisch-pazifischen Raum betreut. Immer wieder muss er dazu auch die verschiedenen Tochtergesellschaften besuchen. Das größte dieser Tochterunternehmen ist in China. Seine Aufgabenbereiche unterteilt Miller in Trainings einerseits und technische Unterstützung, hauptsächlich im chinesischen Tochterunternehmen in Suzhou, andererseits. Während die Trainings punktuell, innerhalb von zwei- bis dreitägigen Schulungen Kompetenzbedarfe decken sollen, ist die technische Unterstützung als eine mehrjährige Betreuung chinesischer Ingenieure eines bestimmten Arbeitsbereiches des chinesischen Tochterunternehmens angelegt, deren Ziel die Befähigung dieser Ingenieure zum selbstständigen Ausarbeiten und Abwickeln von Aufträgen ist. Beide Aufgaben haben die Vermittlung von Kenntnissen und Fertigkeiten zum Ziel. Die technische Unterstützung schließt auch Qualitätskontrolle mit ein.

Miller kommt mit seinen chinesischen Kollegen also in unterschiedlichen Frequenzen in Kontakt: Einmal punktuell, dann aber intensiv für mehrere Tage und persönlich für die Trainings; zum zweiten regelmäßig, manchmal persönlich, manchmal nur über Email, Telefon oder den firmeninternen Chat mit den Kollegen, die er betreut. Auf die Frage nach dem Vermittlungsprozess in den Trainings und mögliche Schwierigkeit spricht Miller neben der immer vorhandenen sprachlichen Barriere[18] zunächst von Unterschieden in der Ausbildung und führt dazu dann aus:

---

[18]Die Sprachbarriere wird in der in der Forschungsliteratur immer wieder als zentrale Schwierigkeit der Zusammenarbeit zwischen Deutschen und Chinesen ausgemacht (etwa: Schreiter 2015; Wittkop 2006). Die Interviewten nehmen Sprache aber nicht durchgehend als zentrales Problem wahr, entweder, weil sie (wie im Fall Liu Er) beide Sprachen sprechen, oder weil sie die Fremdsprache Englisch als hinreichendes Behelfsmittel betrachten (wie im Falle Li Si oder Bernd Hämmerle).

„B:    […] und dann einfach auch vom Verständnis, äh ja die Leute haben irgend /
        haben halt äh ne andere Art von Ausbildung wie wir, und äh ja das macht
        dann auch die Trainings äh etwas schwieriger."

I:      Mhm. In welcher Hinsicht?

B:      (lacht) Ja also die Leute hier sind eher äh drauf getrimmt, Sachen auswen-
        dig zu lernen (I: mhm) also die sind auch richtig stark Sachen auswendig
        zu lernen äh, ja, zum Beispiel der Führerschein hier, des sind glaub tau-
        sendsechshundert Fragen, die lernen die auswendig, da haben die alle kein
        Problem damit. Ehm jetzt bei uns is eigentlich eher so, wir lernen eh Sys-
        teme Methoden, wie kann ich en Problem lösen, wie geh ich an / an ne
        Sache ran, äh ja also wir sind im Auswendiglernen nicht so stark wie sie,
        also da sind sie auf jeden Fall stärker wie wir, aber wir sind deutlich kre-
        ativer, flexibler ehm puh ja sind besser im Teamwork, und was mir halt
        auch oft auffällt, ha mit der Arbeit, die nehmens net so genau. Also die
        Qualität lässt oft zu wünschen übrig (I: mhm). Ich mein gut das weiß ma
        ja eigentlich, äh die meisten Produkte hier ja (lacht) die Qualität isch jetzt
        net des was mer in Deutschland haben (I: ja) (.) (I: und ehm) und / Ja, des
        dann denen äh beizubringen, dass es wichtig is, dass alles sauber gemacht
        wird, dass die Zeichnungen stimmen und so, das is halt schwierich. Ich
        mein ja, die Leute wachsen hier auf äh, sind dann keine Ahnung fünfund-
        dreißig Jahre alt und ich komm dann und / und will denen dann die / die
        Welt da neu erklären. (I: Mhm) Ehm, ja, das ist dann schon schwierich. (.)
        Gut, ma / man versucht dann schon zu vermitteln, warum des wichtig is,
        und / und net nur zu sagen: Ja ihr müsst, ihr müsst – sondern das ses auch
        verstehen, dass es Sinn macht (I: Mhm) aber trotz allem is halt schwierich,
        sowas dann zu trainieren (I: ja)." (DB8: 147-172)

Die Argumentation stellt zunächst Deutsche und Chinesen entlang der Ausbildung gegenüber. Einen Grund für die Schwierigkeiten beim Training sieht Miller
in der unterschiedlichen Ausbildung und den dadurch erworbenen Eigenschaften. Die Leute hier (die Chinesen) seien darauf *getrimmt* auswendig zu lernen,
demgegenüber *lernten* wir (die Deutschen) „Systeme, Methoden", wir seien
deutlich „kreativer, flexibler" und „besser im Teamwork". Uneigenständigkeit,
Nachahmung und fehlende Präzision („dass alles sauber gemacht wird") sind
auch aus anderen Interviews bekannte Attributionen zur Beschreibung der chinesischen Kollegen (vgl. Kap. 5.1, 5.2). Trotz der Schwierigkeiten ist Miller darum
bemüht, es „denen" dann auch zu erklären, „das ses auch verstehen". Miller will
den chinesischen Mitarbeitern nicht nur befehlen, sondern sie von der Richtigkeit seines Ansatzes überzeugen, sie also aufklären. Dabei sieht er sich dem

Problem erlernter (Arbeits-)Gewohnheiten gegenüber. So formuliert er: „[…] die Leute wachsen hier auf äh, sind dann keine Ahnung fünfunddreißig Jahre alt und ich komm dann und / und will denen dann die / die Welt da neu erklären. […]". Seine Perspektive auf die Situation ist also nicht völlig unreflektiert. Das verhindert aber nicht die pauschale Attribution von nationalen Charakteristiken. Die Beurteilung der chinesischen Kollegen erfolgt dabei aus der Position des Trainers heraus, wodurch die Beziehungskonstellation von vornherein durch eine asymmetrische Verteilung von Know-how geprägt ist. Die Unterscheidung wird nun aber nicht entlang des Professionsgrades (etwa als Lehrer-Schüler Verhältnis) dargestellt, sondern entlang der national-kulturellen Differenz. Damit überträgt sich die Ausbilderperspektive auf die kulturellen Unterschiede. Die jeweiligen Eigenschaften der Deutschen und Chinesen werden dabei zum Teil direkt benannt (Chinesen sind: gut im Auswendiglernen, chaotisch, ungenau; Deutsche sind: besser im Teamwork, kreativer, flexibler, systematischer etc.), zum Teil aber auch als Antonyme der jeweils anderen Kategorie impliziert.

Für den Teil seiner Arbeit, bei dem er regelmäßig in Kontakt mit den selben chinesischen Kollegen kommt, wird die technische Unterstützung als Lehr-/Lernprozess mit positiver Entwicklung gerahmt: „[…] wobei das jetzt immer mehr so übergeht, dass die viel selber machen, ich die dann eigentlich nur noch sag mal: überprüf, berate äh ja genau in die Richtung" (DB8: 57-59). Miller unterstützt die Kollegen, die „dankbar" (DB8: 358) sind für seine Hilfe, gleichzeitig aber auch darauf angewiesen. An anderer Stelle beschreibt Miller die Auftragsabwicklung durch seine chinesischen Kollegen:

„B:    […] Und / und ja was dann auch oft jetzt so, der Auftrag wird dann halt mal nach [zur Unternehmenszentrale in Deutschland] geschickt, und dann wenn das alles fixiert is, Termin fixiert is, dann kommen se: ‚Ja aber wir brauchen des da und da' und ‚Wir wollen da noch ne Sonderbeschriftung' und / und dies und jenes. Und des versuch ich denen halt immer klar zu machen: Des muss ma wissen, wenn der Auftrag gestartet wird, damit man das alles einplanen kann. Und des is halt immer, gern en bisschen chaotisch. (…)

I:    Können sie sich erklären, woran das liegt?

B:    (lacht) ich mein äh, die Leute sind einfach so. Man / wenn ich hier auf die Straße geh und ich seh wie / wie / wie der Verkehr hier abläuft, da fährt auch alles kreuz und quer […]. Auf / aufm Gehsteig fahren die Motorräder, da fahrn die / die Roller da fahrn die Fahrräder, des is alles kreuz und quer und, und so arbeiten die halt auch (fünf Sekunden) (lacht). […]" (DB8: 459-473)

In dieser Sequenz steht eine als deutsch gekennzeichnete Systematik einer als chinesisch und chaotisch gekennzeichneten Vorgehensweise gegenüber. Die chaotische Arbeitsweise wird verglichen mit der Verkehrssituation in China („da fährt auch alles kreuz und quer"). Im Vergleich dazu wahrgenommene Gemeinsamkeiten („und so arbeiten die halt auch") werden auf das Wesen der Leute zurückgeführt („die Leute sind einfach so").

Es ist für Miller absehbar, dass die drei „Leute vor Ort" am Ende nicht dazu in der Lage sein werden, alle Aufträge selbstständig zu bearbeiten. Insbesondere vom Standard abweichende Sonderanfertigungen traut er den chinesischen Kollegen nicht zu:

> „[...] Gut, ja der Plan is eigentlich, wenn ich jetzt nach zwei Jahren gehen sollte, äh das die eigentlich alles selbstständig machen können, aber es gibt äh einfach auch Bauteile, wo es die nicht machen können, des ich denen auch net wirklich zeigen brauch. Weil ja, die kommen dann auch net so oft vor, die sind hochkomplex, dann komm se alle / jedes Jahr oder jedes zweite Jahr mal vor, und dann macht des eigentlich auch keinen Sinn, des dann zu trainieren, und dann vergessen ses eh wieder. (...)" (DB8: 275-280)

Mit dieser Beschreibung kommt Miller auf sein Credo zurück, nachdem die Chinesen unfähig zur selbstständigen Etablierung von Prozessen und dem Umgang mit unerwarteten Situationen sind, und daher abhängig von den „Ausländern" (DB8: 493-495).

**Autostereotype**
In den hierarchisierenden Fremdbeschreibungen durch formelhafte Charakterisierungen der *Anderen* ist die Selbstbeschreibung in der Regel als impliziter Antagonismus mitgedacht. Bewertende Beschreibungen der *Anderen* werden nie von einem neutralen Standpunkt aus vorgenommen, sondern beziehen sich immer auf die von den eigenen Normalitätsvorstellungen geprägten Wahrnehmungen. Wenn die *Anderen* als chaotisch und unsystematisch beschrieben werden, ist das immer vor einer Selbstwahrnehmung zu verstehen, die einen größeren Ordnungsgrad und die größere Systematik auf der eigenen Seite unterstellt.

Solche impliziten Selbstcharakterisierungen werden aber auch durch explizite Autostereotype erweitert. Beispielsweise in der Beschreibung von Liu Er von sich selbst als typischem Deutschen (Deutsche sind: pingelig, perfektionistisch), oder in der Gegenüberstellung von Schmitz (Deutsche denken proaktiv strukturell).

Bisweilen wird von den deutschen Befragten auch formuliert, wie ihrer Ansicht nach das Bild der Deutschen unter den Chinesen ist. So beschreibt Hämmerle das Zusammentreffen mit einem Kunden bei einer Auftragsausschreibung:

„[...] und äh, der Kunde des war super toll weil der hat das halt hoch geschätzt, das en Ausländer kommt, weil, vor Deutschen ham se en hohen Respekt, deutsche Technik, deutsche Qualität, Zuverlässigkeit, Ehrlichkeit ham die en sehr hohen Respekt, und ähm, das bringt dann schon Pluspunkte muss ma sagen. Also, deswegen hats mich auch gewundert, das des bei uns im Vertrieb eigentlich viel zu wenig eingesetzt wurde. Weil es heißt zwar: Als Deutscher kann ma nix verkaufen, stimmt teilweise, weil ähm, da äh bestimmte Sachen halt nicht gehen, ehm, aber, sie ham en sehr hohen Respekt vor der Ehrlichkeit vor der / vor den technischen Aussagen, und tun das eigentlich schon fast blind glauben, was ja auch nicht unbedingt gut is, aber sag mer mal, wenn man das richtig macht dann is natürlich auch sehr positiv, tun da eigentlich einem blind vertrauen und das is sehr sehr positiv [...]." (DB2: 377-389)

An dieser Autostereotypisierung fällt auf, dass gerade diejenigen Aspekte als positive deutsche Eigenschaften hervorgehoben werden, die in den hierarchisierenden Fremdbeschreibungen an den Chinesen in der Regel bemängelt werden: Qualität, Zuverlässigkeit, Ehrlichkeit. Dieser Beschreibung der Wahrnehmung der Deutschen in China mangelt es nicht an Selbstvertrauen. Selbst bei dem Versuch, sich selbst durch die Augen der Anderen zu betrachten, erstrahlen die Deutschen hier noch im Glanz ihrer Tugenden. Hämmerle ist sogar der Überzeugung, dass das positive Image der Deutschen in China noch stärker für den Vertrieb genutzt werden solle, obwohl er einschränkend hinzufügt, das man als Deutscher in China nichts verkaufen könne, ohne dass er genauer spezifiziert, warum.[19]

## 5.3.2 Unglaubliche Erlebnisse: Arbeitssituation und Sicherheitsdenken

Hierarchisierende Differenzbeschreibungen werden aber nicht zwangsläufig entlang nationalkultureller Charaktereigenschaften der (chinesischen) Kollegen vorgenommen. Sie finden nicht nur in stereotypen Beschreibungen der *Anderen* statt.

---

[19]Der Respekt der Chinesen vor den Deutschen und das Ansehen der Deutschen in China ist auch ein beliebter Topos in der deutschsprachigen Ratgeberliteratur. Dort werden die Deutschen mit den Eigenschaften fleißig, gewissenhaft, diszipliniert und zuverlässig charakterisiert, Eigenschaften, die man auf chinesischer Seite sehr schätze (Pörner 2009: 130). Pörner (2009) weist aber darauf hin, dass die Fremdbeschreibungen über die Deutschen in der chinesischen Ratgeberliteratur keineswegs immer von dem hohen Maß an Respekt und der Wertschätzung der Deutschen in China zeugen, wie man es aufgrund der Autostereotypisierungen von deutscher Seite annehmen könnte. Vielmehr würden die Deutschen darin als kühl, emotionslos, förmlich und steif sowie ernsthaft und ausgesprochen humorlos beschrieben (ebd.: 130-135).

Häufig werden Differenzerfahrungen in China anhand recht konkreter Schilderungen alltäglicher, aber auch extremer Ereignisse geschildert.

Besonders augenfällig werden dabei Differenzen in der Arbeitsweise zwischen
Deutschland und China, wenn es darum geht, wie die Unterschiede im Umgang
mit Sicherheitsaspekten wahrgenommen werden. Die in den Augen der Interviewten unvernünftige Handhabung derjenigen Aspekte bei der Arbeit, die direkt
mit der körperlichen Sicherheit der Beteiligten in Verbindung stehen, werden als
besonders drastische Belege von Differenz geschildert:

> „[…] ja und dann (.) wie soll man sagen, der erste Tag in der Firma, das war / das
> werd ich nie vergessen, ich dachte ‚Oh mein Gott, jeden Moment kommt hier einer
> ums Leben', ne. Also, mich hat das irgendwie so ein bisschen an äh einen Amei-
> senhaufen erinnert. Auch wenn es, wie soll man sagen, auch wenn ich gedacht hab,
> jeden Moment kommt einer ums Leben weil es wurden / Sagen wir mal so, die
> Maschine wurde gefahren, Bewegungen, ne (..) während andere Arbeiter noch an
> den, wie soll man sagen, an den Folgesystemen gearbeitet haben, und dann, unter
> anderem auch im Sicherheitsbereich, im Schutzgitter dann standen, und das Bein
> auf dem Teil was sich bewegt / hat sich da abgestützt haben und Löcher gebohrt
> haben. Da hast du gedacht, das könnte man in Deutschland nie machen, weist du,
> da würde dir jeder direkt ne Bescheinigung geben: hier du bist verrückt, komm da
> raus, du bringst dich gleich um oder so. Aber die Chinesen, die äh, weiß ich nicht,
> die machen das, ne. Das ist (.) / und das ist das Normalste was es gibt, wenn wenn
> du da sagst / oder wenn du da versuchst so denen, weiß ich nicht, irgendwie so nen
> Sicherheitssinn beizubringen, und denen sagst: So oder so muss das jetzt ablaufen,
> so muss das / so müssen wir arbeiten, dann / dann fängt das auf einmal nicht mehr
> an zu funktionieren. Dann / dann sind die eingeschnappt und machen gar nichts
> mehr, ne. Sehr sehr merkwürdig. Na ja. (…) Naja, naja." (DB1: 49-83)

Das Zuwiderhandeln gegen deutsche Normalvorstellungen von Arbeitssicherheit
ist nach Ansicht von Kaiser schlichtweg „verrückt", doch in China das „Nor-
malste was es gibt". Daraus leitet Kaiser ab, die Chinesen hätten keinen Sicher-
heitssinn. Er pauschalisiert seine eigenen Erfahrungen in der Werkhalle seines
Unternehmens auf „die Chinesen", und bringt diese Erfahrung mit dem Zustand
der Arbeitssicherheit dann in Zusammenhang mit „deren" Reaktion auf Versuche,
die Arbeitsabläufe zu verändern. Daraufhin reagieren die chinesischen Kollegen
‚eingeschnappt', verhalten sich also irrational („Sehr sehr merkwürdig"). Aus der
Beschreibung zum Umgang mit Arbeitssicherheit wird ein kollektiver Starrsinn
abgeleitet (Kaiser spricht auch von der „chinesischen Sturheit" (DB1: 115)).

Ähnliche Beschreibungen finden sich auch bei Jochen Kaufmann (DB3), der
als Inbetriebnahmeleiter der Firma TESTO eine Maschine in einem staatlichen

Werk in Tianjin in Betrieb nahm. An einer Maschine kam es zu einem Vorfall, weil die Kabel, mit denen die Maschine geerdet war, abhandengekommen waren (gestohlen, wie später festgestellt wurde). Bei einem Schweißvorgang sollte das elektrische Schweißgerät an der Maschine geerdet werden, doch aufgrund der fehlenden Erdung der Maschine selbst suchte sich der Strom seinen Weg durch die Elektrik, die daraufhin durchbrannte:

> „[…] Also, des is en äh, des hätte echt böse / böse enden können, die Maschine hätte abbrennen können. Des is äh, dann irgendwann mal, also man konnte den Stromweg nachverfolgen, an der Rußspur, und irgendwann war Gott sei Dank ne Unterbrechung da, und dann ging alles noch gut. Und äh, letztendlich hab ich daraufhin sofort ne / also en Meeting einberufen, ehm und hab die Situation erklärt und hab gesagt, des geht so überhaupt net, also das äh äh / mir ist es piepwurstegal ob diese Kabel fehlen oder net, aber die technische Funktion äh, muss halt gewährleistet sein, vor allem äh, *Gefahr für Mensch und Maschine muss ausgeschlossen werden*." (DB3: 166-173, A.D.)

Hier wird der Stellenwert der Arbeitssicherheit und die Selbstverständlichkeit, mit der bestimmte Sicherheitsstandards vertreten werden, deutlich: „vor allem äh, Gefahr für Mensch und Maschine muss ausgeschlossen werden".[20] An einer anderen Stelle unterstreicht Kaufmann nochmals den Unterschied im Umgang mit Gefährdungen bei der Arbeit und versucht eine Erklärung dieses Unterschieds:

> „B:   ja Thema Arbeitssicherheit is äh nicht gerade das Steckenpferd des Chi
>       nesen. (I: Mhm) Des Land is äh ganz ganz schnell gewachsen (.) von der
>       Kohle her, aber es is nich äh mit dem Kopf hinterher gewachsen. Also
>       es gibt Menschen die sind unglaublich reich, es gibt Menschen die sind
>       unglaublich arm, es ist en riesen Spektrum, was da / was des / ich mein
>       des ist in Europa wirds auch immer / geht die Schere immer mehr auf,
>       aber das ist einfach ne ganz andere Liga. Und äh, des Volk kapiert glaub
>       ich noch nicht ehm, (..) inwieweit es ungerecht behandelt wird, oder
>       traut sich noch nicht. Und wenn sichs mal traut, passiert so was wie auf
>       dem Platz des himmlischen Friedens, ehm, die sind noch nicht so weit.
>       Pö / also ja, also das da äh / die allgemeine Bildung die is die die / wie

---

[20]Auf Baustellen in China sind häufig große Transparente aufgespannt, auf denen zu lesen ist: 安全第一 (*Anquan diyi*, ‚Sicherheit zuerst'). Den Erzählungen der Interviewten nach zu urteilen folgen diesen plakatierten Forderungen keine Taten.

sagt man denn / mir fehlen die Worte / der Geist, die Mentalität ist einfach noch net so weit äähh, wie des was sie nach außen wirtschaftlich und
industriell darstellen wollen. Und des is glaub ich en riesen Problem. Es
nach wie vor so das ehm Manpower nix kostet, und wenn dann mal en
paar ausfallen, dann hohlt man halt en paar neue. Also des Leben is / is is
nix wert, sozusagen. Und leider ehm spiegelt sich das auch wieder, in dem
was der Mensch für sich selber empfindet. Also der / also auch das eigene
Leben is irgendwie nich so viel wert hab ich das Gefühl (I: mhm) In der
Art und Weise was sie sich zumuten äh, ja genau. Ja in der Art und Weise,
was sie sich zumuten, kann man so sagen. Ja. Is ehm (…) China wirkte
auf mich destruktiv, eigentlich kann man sagen

I:     Mhm, gegenüber seinen // Menschen //

B:     // gegenüber sich selber // seinen Menschen, ja. Und die Menschen gegenüber /also in der kleinen Welt, ich Mensch schau mich an, auch. (…) Des is
schon (…) und es wirkt auf der einen Seite total amerikanisiert, also überall
läuft irgendwie MTV und äh man is total bunt angezogen und so. Und im
Kopf noch total maoistisch @also des is äh@ ganz ehm, des hat nich / das
hat einfach weder Hand noch Fuß, des is total im Umbruch das Land, und
äh, (..) ich hab keine Ahnung, wo das / wo das hingehen soll, aber des weiß
glaub eh niemand. […]" (DB3: 563-590)

Kaufmann versucht, sich die mangelnden Sicherheitsvorkehrungen in China zu
erklären. Er sieht im raschen wirtschaftlichen Wachstum Chinas und in der großen Ungleichverteilung des neuen Wohlstandes eine wesentliche Ursache. Er
sieht eine ungerechte Behandlung des (einfachen) Volkes, die diesem Volk selbst
aber nicht klar sei. Das Leben des Einzelnen sei nichts wert, weil „Manpower"
nichts koste. Dies spiegele sich dann auch in der Selbstwahrnehmung der Menschen wieder. Kaufmann tastet nach Worten, um den Entwicklungs(rück)stand
Chinas zusammenzufassen, und formuliert erst „allgemeine[r] Bildung", dann
„Geist" und schließlich „Mentalität" des ganzen Landes. Diese entsprächen noch
nicht dem wirtschaftlichen und industriellen Geltungsbedürfnis Chinas.

Kaufmann nimmt hier auf Grundlage dieser Erlebnisse eine klare hierarchische Beschreibung vor, bei dem ein rückständiges China einem weiter fortge-
schrittenen Deutschland gegenübergestellt wird. Kaufmanns Bewertungsmaßstab
ist dabei aber nicht Wirtschaftlichkeit oder Arbeitsweise. Er legt vielmehr einen
moralischen Bewertungsmaßstab an eine in seinen Augen ungerechte chinesische
Gesellschaft an, in der das Leben des Einzelnen nicht ausreichend wertgeschätzt
werde und die daher destruktiv gegenüber sich selber sei. Anschließend versucht

er den Widerspruch zwischen einer äußerlichen Verwestlichung und einer geistigen Verharrung, die er als „maoistisch"[21] bezeichnet, zu beschreiben. Kaufmann
leitet eine Theorie gesellschaftlicher Ursachen aus den erlebten Arbeitssituationen
ab und sieht die wirtschaftliche Situation des Landes als Grund für eine Differenz zwischen Deutschland und China in dem, was er als „Mentalität" bezeichnet. Diese Mentalität ordnet er als moralisch rückständig ein, eine Bewertung, die
sich auf die chinesische Gesellschaft insgesamt überträgt („die sind noch nicht so
weit"). Eine Bewertung von Einzelpersonen nimmt er dabei nicht vor.

   Bei der Beschreibung von Arbeitsbedingungen geht es aber nicht nur um
Sicherheitsaspekte. Kaufmann schildert die ‚Zustände' in chinesischen Fertigungshallen, die im weiteren Verlauf in Zusammenhang mit ‚chinesischer Mentalität' gestellt werden:

> „Und äh, da gabs auch dieses typische / diese typischen Horrorszenarien von Wan-
> derarbeiterbildern, also Menschen die im Werk wohnen. Also nicht nur auf dem
> Gelände sondern in der Halle wohnen, die äh morgens ihre Wäsche raushängen aus
> irgend nem Spint, was weiß ich, ehm, furchtbare Arbeitsbedingungen haben, ganz
> ganz schlimm […]" (DB3: 274-278)

In der Schilderung der Wohnsituation von Wanderarbeitern in den Fertigungshallen finden mit „Horrorszenarien", „furchtbare Arbeitsbedingungen" und „ganz
ganz schlimm" noch weitere Bewertungen statt. Die stark formulierte Ablehnung
solcher Arbeits- bzw. Lebensbedingungen lässt sich vor der Vorstellung einer
Normalität verstehen, in der das Wohnen und Leben in den Fertigungshallen einer
Fabrik völlig undenkbar erscheint. Dazu gehört auch das folgende Erlebnis:

---

[21]Die Begriffe Maoismus und Kommunismus tauchen in den Interviews insgesamt nur zwei
Mal auf. Mit ‚Maoismus' wird häufig mangelnder Individualismus, mangelnde Wertschätzung des Individuums und geistige Gleichschaltung assoziiert (Leutner/Yü-Dembski 1990:
89-100). An anderer Stelle spricht Kaiser (DB1) über chinesisches Hierarchieverhalten und
fragt sich, „ob das was mit dem Kommunismus zu tun hat?" Interessanterweise werden die
gravierenden gesellschaftlichen Umwälzungen zwischen der Gründung der Volksrepublik
1949 und der politischen und wirtschaftlichen Öffnung des Landes 1978 – etwa der große
Sprung nach Vorn von 1958-1962 (Teiwes 2003) und die Kulturrevolution von 1965-1975
(Schoenhals 2003) – in den Darstellungen der Befragten nicht thematisiert. Auch die ‚großen Narrative' über chinesische Kulturcharakteristiken (Konfuzianismus, Harmoniestreben;
*Guanxi*; Gesicht wahren; China als kollektivistische Gesellschaft) klammern diese Epoche
zugunsten eines Rückgriffs auf eine deutlich ältere Kulturtradition aus.

„Ja, äh (…) also den jüngsten haben wir auf dreizehn geschätzt. Ich hab ihn gefragt, hab gefragt: ‚Wie alt bist du?' sagt er ‚Achtzehn', und äh der Übersetzer hat mir gesagt, er glaubt der ist dreizehn, also es ist sehr schwierig as / Asiaten äh zu schätzen vom Alter für / für mich zumindest, aber es is eh / aber der sah mir doch verdammt jung aus, und ehm, der Übersetzer meinte, ja er schätzt dreizehn, so. Das wär zwar Kinderarbeit ehm/ Und er wusste auch, das er das nicht darf, deswegen hat er zu mir gesagt, er ist achtzehn." (DB3: 536-541)

Die in diesem Abschnitt geschilderte Kinderarbeit[22], markiert ebenfalls einen deutlichen Unterschied zu Deutschland. Dabei wird Deutschland in der Beschreibung nicht explizit als Gegenstück herangezogen, sondern liegt als Vergleichsfolie der Interviewsituation vielmehr implizit zugrunde (eine Explikation dafür wäre beispielsweise: „Kinderarbeit ist ja in Deutschland verboten"). In der von Kaufmann geschilderten Situation unterliegt offenbar die Mitgliedschaftskategorie ‚Alter' der Mitgliedschaftskategorie ‚nationaler Zugehörigkeit', jedenfalls unternimmt Kaufmann keine Schritte, um die Kinderarbeit des (geschätzt) *dreizehnjährigen* Chinesen zu unterbinden; ob er innerhalb Deutschlands bei einem deutschen *Dreizehnjährigen* anders gehandelt hätte, kann man nur vermuten. Die Schilderung der Kinderarbeit bleibt unkommentiert und deren Ablehnung versteht sich zwischen Kaufmann und Interviewer gewissermaßen von selbst. Die Fremdheit der Situation ergibt sich aus den Vorstellungen von Normalität.

Kaufmann versucht sich die Erlebnisse während der Arbeit in China mit der durch das rapide wirtschaftliche Wachstum entstandenen gesellschaftlichen Mentalität zu erklären. Er stellt diese Erlebnisse also in einen gesamtgesellschaftlichen kulturellen Rahmen.

Eine vergleichbare Schilderung über die Sicherheitszustände in einer chinesischen Anlage liefert Peter Wasser (DB4), der sich als Inbetriebnahmeleiter der Firma ChemiCorp mehrere Monate bei einem chinesischen Kunden aufhielt. Er schildert die ‚Highlights' der Sicherheitsmängel:

„also das is äh, ne traurige Sache. Also ich hab ja gesagt, dass die Rohrleitungen nicht so toll waren, von der / von der Ausführung. Und da gab es letztendlich vor dem Anfang der [chem. Prozess] ham wir halt die Leitungen gespült und dies und jenes gemacht. Und dann is bei uns ein Ventil zugefahren, wo Säure durchgeht, ne zweiunddreißig prozentige, die kommt über die Rohrbrücke angefahren, und ich hab

---

[22]Sowohl Deutschland als auch China unterzeichneten die UN-Kinderrechtskonvention (*Convention on the Rights of the Child* (CRC) 1992, vgl. United Nations 1989: http://www.ohchr.org/en/professionalinterest/pages/crc.aspx (Zugriff: 12.01.2017). Als Kind gilt darin jede Person unter 18 Jahre.

draußen nen Instrumentierer auf einmal laufen sehen. Der Mensch is noch nie vorher gelaufen, noch nie. Gesehen das im System der Druck abgefallen is, aber die
Pumpe eigentlich weiter läuft dafür. Ja, hab den Leuten gesagt, guck mal, der Instrumentierer läuft, ich glaub da is irgendwas passiert, guck mal das HCl [Chlorwas-
serstoff] System, das passt irgendwie nich. Da meinte sie / da meint / da hab ich nur
als Antwort bekommen: Naja, vielleicht hatte ers ja mal eilig. Ich dachte, jaa, der
Mensch un eilig, das glaub ich nicht, der is tatü-tata die Feuerwehr is / ah die Instru-
mentierung is da, der war so langsam, da konnte man zugucken. Ehm, kam dann tatsächlich auch reingelaufen, hat gesagt: Dahinten kommt HCl raus, dann hamse auch
die Pumpe abgestellt, also es is ne HCl Leitung bei sieben Bar gebrochen. Ja is alles
voll mit Säure gespritzt worden, das war so eine Situation, wo man gesehen hat,
das so Krisenmanagement oder so bei denen eigentlich nich vorhanden is, so die
Sensibilität dafür, zu sehen, wo is en Fehler, was / was könnte das ausgelöst haben,
wie kann ich das beheben, das man das einfach spontan gelöst hätte. (I:Mhm)"
(DB4: 811-829)

Bereits zuvor im Interview hatte Peter Wasser die mangelhafte Installation der
Rohrleitungen in dieser Anlage beklagt und anhand von eigens angefertigten
Fotos auch belegt. Tatsächlich führte dann auch solch eine Installation zum Bruch
einer Chlorwasserstoff-Leitung, was zu einer Gefährdung durch die austretende
giftige und ätzende Säure führte. Der Knackpunkt der Passage liegt zwar auch
in der nachlässigen Installation, mehr aber noch in der wenig alarmierten Reaktion des Personals im Kontrollraum, das aus der Anzeige des Druckabfalls im
System und dem ungewöhnlichen Verhalten des Instrumentierers nicht die richtigen Schlüsse gezogen und keine Gefährdung abgeleitet hat. Von Peter Wasser
erfolgen an dieser Stelle aber gerade keine Kulturalisierung des Verhaltens, er
bemängelt stattdessen die fehlende Sensibilität und das Krisenmanagement des
Personals.

Aus einzelnen Beobachtungen zu unterschiedlichen Arbeitsbedingungen,
Sicherheitsstandards und dem Umgang mit Arbeitssicherheit werden mitunter Rückschlüsse auf die Mentalität ,der Chinesen' gezogen und in Verbindung
mit dem Entwicklungsstand des Landes gebracht (z.B.: Kaiser; Kaufmann). Die
Befragten gehen also induktiv vor, um Alltagserklärungen für konkrete Situationen auf die Chinesen als Kollektiv zu verallgemeinern. Wenn dabei charakteristische Eigenschaften der Chinesen beschrieben werden, vermischen sich stereotype
Vorstellungen und tradierte bzw. medial vermittelte Fremdbilder mit den Erfahrungen vor Ort und werden in die Erzählungen zur Erklärung der Erlebnisse eingebettet. Die hierarchischen Situationsbeschreibungen scheinen sich für den Fall,
dass Versuche zu deren Erklärung durch allgemeine Theorien über China und die
Chinesen gemacht werden, fast zwangsläufig von dem beobachteten Phänomen
auf die angenommene Ursache zu übertragen, z.B. wenn die Mentalität der Chinesen für deren (mangelndes) Sicherheitsdenken verantwortlich gemacht wird.

Die Erzählungen über die unglaublichen Erlebnisse dienen dann als Illustrationen der Theorien. Berichten über die unglaublichen chinesischen Zustände in den Anlagen merkt man dabei mitunter ihre Anekdotenhaftigkeit als Bestandteil von dramatischen Erlebnisberichten an (bisweilen unterstützt durch ‚Beweisfotos'). Schilderungen von menschenunwürdigen Arbeitssituationen, Sicherheitsmängeln und ähnlichen „Horrorszenarien" dienen als besonders drastische Belege für chinesische Rückständigkeit. Solche Berichte regen einige Interviewte zu Theoretisierungen über chinesische Kultur bzw. Mentalität an, mit denen sie versuchen, sich (und dem Interviewer) diese in ihren Augen unglaublichen Phänomene zu erklären. Allerdings ist das nicht die einzig mögliche Erklärung. Wie bei Peter Wasser gesehen, kann das mangelnde Sicherheitsdenken (im Falle des Bruchs der Chlorwasserstoffleitung) auch auf unzulängliches Krisenmanagement zurückgeführt werden (also auf einen Mangel an professioneller Erfahrung), ohne einen kulturalisierenden Erklärungsansatz in Anschlag zu bringen.

### 5.3.3    Diffamierende und pejorative Fremdbeschreibungen

Neben solchen Beschreibungen der ‚Zustände' und Arbeitsbedingungen in chinesischen Unternehmen und insbesondere in den Fabrikhallen gibt es aber auch diffamierende Fremdbeschreibungen von Verhaltensmustern mit hierarchisierendem Erklärungsmuster, die sich durch ihre weitgehend unreflektierte Verwendung auszeichnen:

> „Und unten ja, wurd dann / war so gesehen die Produktionshalle und ich hab nie erlebt, wie das bei uns in Deutschland, wenn da bei uns ein Arbeiter in der Halle nicht weiter weiß, wenn der ne Zeichnung bekommt, mit der er nichts anfangen kann, dann schnappt der sich die Zeichnung, geht zum Ingenieur der das gemalt hat, der das gezeichnet hat, konstruiert hat, und dann unterhalten die sich da drüber. Oder der Ingenieur kommt runter und dann reden die miteinander, ne. Das hab ich da kein / keinmal irgendwie äh, erlebt, weißt du. Da gibt es dann die Arbeiter, wenn die was nicht verstehen, dann äh lassen die das wohl so erst mal liegen, ne, dann wird da (unverständlich) weil sie anscheinend dann / weiß ich nicht / das hab ich oft erlebt, die haben dann anscheinen – ich nenn es mal: Nicht die Eier in der Hose da hinzugehen und ‚Chef, ich versteh das nicht' oder so ‚Wie / wie funktioniert das?' So, das bleibt dann da liegen, so." (DB1: 154-158)

In dieser Beschreibung des Hierarchieverhältnisses in China wird das Verhalten der Arbeiter gegenüber den Ingenieuren mit mangelnder Courage seitens der

Arbeiter in der Halle erklärt. Im Interview wird dabei zwar noch eine Minimaldistanz („ich nenn es mal") zur gebrauchten Metapher „Nicht die Eier in der Hose" kommuniziert. Die mangelnde Courage bleibt aber die einzige Erklärung, die für das Verhalten der Chinesen angeboten wird, aus dem sich dann Verzögerungen bei der Arbeit ergeben („So, das bleibt dann liegen, so").

Ebenfalls ‚klassisch' ist die Wahrnehmung deutscher Expatriates, die chinesischen Mitarbeiter würden Entscheidungen vermeiden und dadurch Prozessabläufe verzögern:

> „B:  […] Und da Entscheidungen werden eigentlich immer net so schnell getroffen. (I: Mhm) So Ja Nein des gibts hier eigentlich net wirklich, es is immer maybe, maybe. Und ja auch die / die Angebotszeichnung die wir abgeben, die werden dann auch meistens noch drei viermal geändert, äh. Ja beim ersten Treffen oder Meeting da / da wird nie irgendwie was entschieden. Äh / eher immer lang / langwieriger Prozess."
> I:   Ist das denn in Deutschland eigentlich anders?
> B:   (.) gut ich hab jetzt in Deutschland noch nie so / äh noch nie gearbeitet, aber ich denke es is / ja also wir / wir sind da schon äh / ich denk schneller und / und kommen da schneller aufn Punkt. vermut ich jetzt mal (lacht)."
> (DB8: 239-250)

Hier wird die mangelnde Entscheidungsbereitschaft der chinesischen Kollegen geschildert, und obwohl Miller eigentlich keine Vergleichsmöglichkeit hat, geht er davon aus, dass diese Entscheidungsprozesse in Deutschland schneller ablaufen. Bei solchem Verhalten, so Miller weiter, geht es den Betroffenen darum, sich der Verantwortung für eine Entscheidung zu entziehen und eventuellen Schwierigkeiten auszuweichen:

> „Ah was typisch is is ehm, würd sagen: Ja es gibt kein ‚Ja' oder kein ‚Nein' es is immer Maybe, also es sagt keiner ‚Ja wir machen' oder ‚Nein, wir machen nicht', sondern es will sich eigentlich immer keiner festlegen, des is immer so man lässt sich en Hintertürchen offen, dann doch irgendwie noch was anders gehen kann. Und ja ich sag was auch noch typisch is äh, ja man geht Problemen halt gern aussem Weg" (DB8: 591-596)

Miller wählt hier eine hierarchisierende Beschreibung, bei denen eindeutige Aussagen und eine eindeutige Haltung (‚ja *oder* nein') implizit zu den positiven Eigenschaften der Deutschen gerechnet wird (alternativ hätte er ja auch von differenten Prozess- und Entscheidungsabläufen sprechen können). Demgegenüber steht der chinesische Typus, der sich nicht festlegen will und Problemen aus dem Weg geht (anstatt sie anzupacken). Die Chinesen werden hier also als wankelmütig und unzuverlässig beschrieben.

### 5.3.4  Patronisierung und Erziehungsmaßnahmen

Trotz solcher pauschalisierenden, hierarchisierenden Beschreibungen bekunden aber gerade auch die Inbetriebnehmer (die häufig mit extremen Arbeitsbedingungen in den Fertigungshallen konfrontiert sind) Empathie zu den chinesischen Kollegen und es finden sich Darstellungen kollegialen Verhaltens. So rechtfertigt Kaiser die zuvor festgestellten Qualitätsmängel der chinesischen Produkte gerade mit der Überlastung der chinesischen Mitarbeiter:

> „Aber die Leute an sich, die äh, die Arbeiter und alle, die geben sich eigentlich so viel Mühe und die arbeiten so viel, die arbeiten ja sieben Tage die Woche, die machen ja keinen Tag frei, ne. Die arbeiten da sieben Tage die Woche und ich glaub immer so ungefähr, ja / die war'n immer elf Stunden da, ne. Ich hab das gar nicht ausgehalten, allein schon wegen den Temperaturen und der Hitze und alles, ne. Irgendwann ist man ja fällig, ne. Aber die, die haben geschafft und geschafft und geschafft und da / und wie soll man sagen, da willst du dich auch nicht davor stellen und da ein riesen äh (undeutlich) en Zampano machen, das / wenn dann mal was danebengeht, ja (..) dann geht das halt auch so daneben, weil ähm / wie soll man sagen, zaubern können die auch nicht, die arbeiten wie verrückt, und komischerweise wird die Lieferzeit von den Maschinen die aus China kommen / ich glaub wenn man bei uns in Deutschland eine bestellt, ne deutsche, dann hat man ein halbes Jahr Lieferzeit, ne, bis zur Auslieferung. So, und bei denen da sind das sechs Wochen, ne. Und die, die unterscheiden sich nicht gerade viel von unsern ne, das heißt / und / (undeutlich) die rödeln da und schrauben und machen, um diesen Termin zu bekommen, ne. Und ähm, da / da traust du dich fast schon gar nicht irgendwas zu sagen, wenn was schiefgeht, weil / naja, komm, armer Kerl, nach dem Motto, ne. (…)" (DB1: 277-293)

Hier bringt Kaiser der physischen Ausdauer der chinesischen Kollegen eine (bemitleidende) Achtung entgegen, da diese trotz großer Hitze in der Werkshalle dort täglich elf Stunden arbeiteten. Dabei wird aber nicht die in Deutschland unübliche Arbeitszeitenregelung zum entscheidenden Punkt. Die extreme zeitliche wie auch körperliche Belastung der Arbeiter wird nicht kritisiert. In Kaisers Formulierung „die machen ja keinen Tag frei" schwingt vielmehr die Annahme der Freiwilligkeit dieser Arbeitsleistung mit, die jede Art von Zwang ausblendet. Das also die erheblich kürzere Produktionsdauer offenbar Auswirkungen auf die

Qualität und vermutlich auch auf die Arbeitsweise hat (z.B.: Maschinen während des laufenden Betriebs reparieren) führt ebenfalls nicht zu einem Überdenken der kulturellen Typisierungen. Dennoch ergibt sich daraus eine gewisse Rücksichtnahme gegenüber den chinesischen Kollegen, falls unter dieser Belastung Fehler bei der Arbeit auftreten. Diese Rücksichtnahme geht aber mit einer Hierarchisierung einher, die sprachlich in der Patronisierung der chinesischen Kollegen formuliert wird: „Komm, armer Kerl, nach dem Motto, ne (…)“.

Solche Patronisierungen finden sich auch auf Managementeben z.B. bei Schmitz, wenn sie die chinesischen Mitarbeiter ‚an die Hand nimmt‘, um ihnen die von ihr gewünschte Arbeitsweise beizubringen („Pro- probiers mal, komm lass uns mal drüber nachdenken, wie würdest dus angehen, und dann, dann kommt das schon“, DB7: 317-118). Die eigene Überlegenheit drückt sich indirekt in der Formulierung aus (vgl. Kap. 5.1).

Patronisierungen können auch in positiv angelegten Beschreibungen der Chinesen noch enthalten sein. So z.B. auf meine Frage nach typisch chinesischen Eigenschaften an Schmitz:

> „[…] Ehm ich könnte sagen es is en unglaubliches herzliches (I: Mhm) Erscheinungsbild aber äh ist jetzt so / so bisschen erscheine so, so wie ichs empfinde so: Wissbegierde, Neugierde ehm Bereitschaft zu lernen, wirklich da en / en unglaubliches Gefühl von ehm Aufsaugen schwammähnliches ich ich / ich will jetzt alles unbedingt gern wissen […].“ (DB7: 518-521)

Hier wird vor allem durch den Willen und die Bereitschaft der Chinesen zu lernen der empfundenen Know-how Vorsprung ausgedrückt, der aus China ganz selbstverständlich eine unterweisungsbedürftige Nation macht. Das dabei unterstellte Hierarchieverhältnis kommt auch in der folgenden Beschreibung zur Vermittlung des Umgangs mit Vorgaben und Freiräumen an die chinesischen Mitarbeiter zum Ausdruck:

> „Und da äh muss man dann halt mit Rat und Tat zur Seite stehen (I: mhm) damit man dann nicht / vielleicht auch genau deswegen, weil es gewisse Sachen gibt, die sind vorgegeben, und wenn es dann aber den Rahmen gibt, muss man die Sicherheit schaffen: Hier darfst du selbst kreativ tätig werden, und hier darfst du selbst entscheiden (I: mhm). Das is glaub ich auch mit ne Hürde, die nicht nur für China gilt, sondern in jedem Land / bei Kindern wahrscheinlich genauso, wenn Muddi und Vaddi sagen: Das darfst du definitiv nich, und woanders is dann aber plötzlich erlaubt, nen Rahmen zu schaffen, braucht son bisschen hilfe / und sagen: klar, teste doch einfach mal aus, mach mal nen Vorschlag, und überleg mal, wie würdest dus machen, ehm bis das Kind irgendwann mal selber in der Lage ist, herauszufinden: O.K., des / das macht Sinn und das macht nicht Sinn. Ich will jetzt nicht sagen, das China @ein Kind ist@ (I: lacht).“ (DB7: 484-491)

Schmitz' anleitendes Verhalten ergibt sich wahrscheinlich auch aus ihrer Funktion als hierarchisch höherstehende Managerin innerhalb der Organisation, die Mitarbeiter sind ihr zugleich ‚unterstellt' und ‚chinesisch'. In dem gewählten Vergleich werden die chinesischen Mitarbeiter zunächst zu ‚Kindern', denen von ihren deutschen ‚Eltern' ihre Freiräume und Grenzen aufgezeigt werden („hier *darfst du selbst entscheiden*", A.D.), wodurch den Chinesen implizit Unreife und Infantilismus bescheinigt wird. Diese Eigenschaften werden auch durch das Zugestehen von Herzlichkeit, Wissbegierde und Lernbereitschaft nicht konterkariert. Die Reife der deutschen ‚Eltern' zeichnet sich gerade durch ihre Ordnung, Disziplin, Vernunft und Rationalität aus. Schmitz distanziert sich nach dieser Aussage noch von der gewählten Metapher, das dargestellte Hierarchieverhältnis der Situation entspricht aber tatsächlich dem zwischen Eltern und Kindern und der darin enthaltenen Bevormundung (Schondelmayer 2008: 161).

Solche Lehrstunden in richtiger Arbeitsweise für die chinesischen Mitarbeiter sind typischerweise von Vorgesetzten an Untergebene gerichtet, so dass sich die professionelle bzw. organisationale Hierarchie in der kulturellen Differenzbeschreibung spiegelt. Aber auch gegenüber höhergestellten chinesischen Kollegen können erzieherische Maßnahmen in Anschlag gebracht werden. Hämmerle schildert den Umgang der chinesischen Vorgesetzten mit ihren Mitarbeitern in chinesischen Unternehmen:

> „Ehm, in der Regel geh ich zum Mitarbeiter, es is absolut untypisch kinesisch, mei der der Dr. Wang immer: ‚Jetz, komm mal vorbei!' Na bin i / des hat mir immer gschtunken, weil, er ruft mich jetzt aus ner Arbeit raus, soll vorbeikommen, kann ja in Ordnung sein, wenns wichtig is. Kein Thema, wenns was Wichtiges is, unterbrech ich Alles, is kein Thema. Aber dann, komm i hoch, und dann: ‚Wie is en des und des?' Da bin i dann / hab mer angwöhnt aufzustehen, zu gehen. ‚Warum gehst Du?' Hab i gsagt: ‚Ich geh runter, und schau nach.' Bin runter gegangen, Tasse Kaffee getrunken, i hab die Antwort im Prinzip gewusst, bin dann wieder hoch gegangen, und hab gsagt: ‚Fünf Maschinen! Ja und da und da?' Wieder aufgstanden, runter gegangen. ‚Wo gehst du hin?' Ha i gsagt: ‚Ich geh nachgucken. Du hasch mi was gfragt, i geh nachgucken.' ‚Ja warum gehst du immer weg?' Hab i gsagt: ‚Xing Wang, frag doch bitte / oder sag mir doch dein Target, was willst du? Dann gib mir Zeit, dann kann ich das vorbereiten, und dann komm ich mit den Antworten her. Oder komm zu mir an n Arbeitsplatz.' ‚Wrwrwr.' Des hat er sich dann mit der Zeit angwöhnt, das er gsagt hat: ‚Kansch du nachher mal komm, des oder jenes.' Und des / da laufen teilweise die Leute wie von da ein Gebäude hier rüber, um dem was zu berichten, und dappen wieder rüber, um die Sachen zu holen, kommen wieder rüber: Des is doch net effizient. Des is aber so kinesisch: ‚Wrwrwr, komm her, komm her, komm her.'" (DB2: 1514-1532)

Hämmerle inszeniert sich in diesem Absatz als Akteur, der seinem Vorgesetzten auf ebenso clevere wie eindrückliche Weise die Ineffizienz seiner Arbeitsweise vor Augen führt. Das dabei inszenierte Verhalten (Aufstehen, Weggehen, Wiederkommen) nimmt die Position des Vorgesetzten nicht ernst. Der Vorgesetzte wird in der Darstellung erfolgreich eines Besseren belehrt („Xing Wang, frag doch bitte / sag mir doch dein Target…") und von der „typisch kinesich[en]" Verhaltensweise zu größerer Effizienz erzogen.

Patronisierung ist eine implizite Form des Ausdrucks der Überlegenheit. Nur wer in der stärkeren Position ist, kann einen anderen behüten. Wer mehr weiß, kann den anderen belehren. Wer behütet werden muss, ist abhängig vom guten Willen seines Behüters. Das sagt noch nichts über den ‚guten Willen' der Befragten aus, oder über die ‚ehrlichen Absichten' zur Verbesserung von Arbeitsabläufen. Die Befragten sind sogar mit einiger Sicherheit aufrichtig an einer Optimierung der Arbeit nach den ihnen vertrauten Standards interessiert.

## 5.3.5  Distanz zu und Negation von pauschalen und hierarchisierenden Äußerungen

Trotz der stereotypen Attributionen und plakativen Darstellungen gibt es bei den Befragten eine gewisse Sensibilität für die (Un-)Angemessenheit hierarchisierender Fremdbeschreibungen. Dies drückt sich mitunter in einer sprachlichen Distanzierung zu stereotypen Darstellungen oder Pauschalisierungen der *Anderen* aus. Durch diese Distanzierung können die Befragten stereotype Bilder im Interview aufrufen, ohne sie sich dabei zu eigen zu machen, und sich dadurch gleichzeitig gemäß einer implizit verstandenen *political correctness* ausdrücken und kulturelle Sensibilität demonstrieren. Das kann beispielsweise durch den ausdrücklichen Hinweis auf den plakativen Charakter einer Aussage geschehen („jetzt mal ganz plakativ", DB7: 718) oder, indem Vorbehalte gegenüber Pauschalaussagen über die *Anderen* geäußert werden:

„Nee ne, ehm, eigentlich durch die Bank. Ich hab ehm / es es gibt im Prinzip beides aber ehm die überwiegende Masse ja, da / da besteht einfach diese Hemmschwelle, dieses eigene Kreativ / tivität, eigene Initiative äh Analysen anzustellen und / und Gegenvorschläge zu machen, des (I: mhm) durch alle Bereiche, durch alle Hierarchien durch / durch alle Departments durch alle Unternehmen, durch im Prinzip die breite Masse. Ich mag nicht plakativ reden, aber ehm (…) so is es is es (I: lacht)." (DB7: 329-333)

In dieser Passage dehnt Schmitz die pauschalen Charakterisierungen der chinesischen Mitarbeiter (mangelnde Kreativität, Initiative etc.) zunächst maximal aus („durch alle Bereiche […] im Prinzip die breite Masse"), um die eigenen Äußerungen abschließend selbst zu kommentieren („Ich mag nicht plakativ reden […]"). Indem die eigenen Aussagen als plakativ beschrieben werden, wird eine Distanz zu ihnen demonstriert, die das Reflexionsvermögen der Sprecherin anzeigt und der Aussage dadurch implizit noch mehr Gewicht verleiht: Weil Schmitz diese Äußerungen entgegen der formulierten Abneigung und im Bewusstsein um deren plakativen Charakter macht, demonstriert sie vielmehr gleichzeitig ihre eigene kulturelle Sensibilität. Der Widerspruch zwischen „Ich mag nicht plakativ Reden" und der direkt daran anschließenden Bekräftigung der vorangegangenen Pauschalaussagen macht die Proposition im zweiten Satzteil („aber ehm (…) so is es (I: lacht)") zur Pointe.

Der Ausdruck von (kultureller) Sensibilität durch Distanzierung von Pauschalaussagen kann auch zur Stärkung der eigenen Position in der Beziehungsstruktur des Interviews angebracht werden. In Anschluss an den unter in Kapitel 5.3.2 angesprochenen Eltern-Kind-Vergleich geht es um das Etablieren bestimmter Arbeitsweisen:

„B:     Es gibt / das Land eigentlich, es gibt äh gewisse Sachen die / die sind vorgegeben gewisse Sachen die ham nen Rahmen, das muss ausgefüllt werden.

I:      Mhm, haben sie das Gefühl das es gut funktioniert?

B:      Oh, das ist jetzt ne sehr plakative Frage (lacht) (I: lacht). Ich antworte mit meiner Lieblingsantwort, es kommt drauf an (I: ja, mhm)." (DB7: 493-496)

Durch den Kommentar wird die Frage des Interviewers regelrecht abgewehrt und zeigt dadurch Schmitz' Distanz zur angemahnten Plakativität, und wird dann durch ihre Selbstcharakterisierung („meiner Lieblingsantwort") als Fall- und Kontextsensibel („es kommt darauf an") unterstützt.

Distanz zu einer hierarchisierenden Sichtweise kann natürlich auch durch explizite Abgrenzung von entsprechendem Verhalten anderer aufgebaut werden. Auf die letzte, offene Frage im Interview, ob die Befragte noch etwas hinzufügen möchte, dass bisher nicht angesprochen wurde, äußert die Managerin Ursula Baumgärtner (DB10):

„[…] was mich nervt / das mal andere Expats hier sich / sich nicht ordentlich benehmen oder die einfach hier schon einen / ich weiß nicht die Nase ziemlich hoch tragen, und das finde ich nicht so schön (I: mhm). Das bezieht sich in erster Linie auf
die Expats-Wifes, die / die glauben (.) etwas Besseres zu sein, hier. Das find / sag
ich nicht. Also das gefällt mir nicht (I: mhm). (..) […]“ (DB10: 688-691)

Baumgärtner beobachtet also bei anderen Expats(-Wifes) ein hierarchisieren-
des Verhalten und distanziert sich direkt davon. Mit dieser Aussage nimmt sie
aber unter den Entsendeten gleichzeitig eine Binnendifferenzierung (solche mit
und ohne ordentliches Benehmen) vor, wodurch sie potentiell die Einheit dieser
Gruppe in Frage stellt (eine Art Nestbeschmutzung).

Ein anderer Weg, Distanz zu Aussagen zu kommunizieren, ist das Zitieren
abwesender Dritter (vgl. Hirschauer et al. 2015), die anstelle der Befragten für
diese sprechen:

„Pfff, also ganz am Anfang wo ich hier @mal angekommen bin@, ehm da hab ich
dann äh so zufälligerweise mal en Deutschen getroffen, der seit eh, ich glaub fünf-
undzwanzig Jahre hier isch, also war schon en etwas älteres Semester, und der hat
dann en paar Neulingen son bisschen erzählt von seinen Erfahrungen, und der hat
gesagt: Ja, am Anfang is er total motiviert so angekommen hier, wollte den Leuten
was beibringen, ehm er hat dann aber schnell gemerkt, das des net so einfach is, und
er meinte dann: ,Ja es is einfacher die kinesische Mauer zu Schulen, als en Kinesen‘. (Lacht) (I: lacht) also manchmal kommt man sich schon vor, wie wenn man an
ne Wand spricht, also (lacht) (I: lacht) […]“ (DB8: 176-186)

Miller führt zunächst einen Protagonisten in seiner Anekdote ein, und verleiht
dessen Aussagen durch den Hinweis auf dessen lange Aufenthaltsdauer in China
Autorität. Das „ältere Semester“ berichtet den (unerfahrenen) „Neulingen“ von
seinen Erfahrungen, doziert über seinen ursprünglichen Wunsch, den „Leuten“
(Chinesen) was beizubringen (und attestiert damit einen Lernbedarf bei den Chinesen). Der Höhepunkt der Anekdote wird erreicht, als im Zitat die chinesische
Mauer (eines *der* international bekanntesten Symbole für China) als einfacher zu
schulen dargestellt wird, als die Chinesen selbst. Nachdem der Bekannte diese
Aussage *für* Miller im Interview getätigt hat, muss Miller nur noch das Zitat
bestätigen. Er vervollständigt das Bild, indem er die Assoziation zur deutschen
Redewendung ,gegen eine Wand sprechen‘ expliziert („...manchmal kommt man
sich schon vor, wie wenn man an ne Wand spricht...“). Miller nutzt das Zitat um
seine eigene Einschätzung auf den Punkt zu bringen, kann sich aber gleichzeitig
davon distanzieren.

Ähnlich geht auch Kaiser vor, wenn er seine Ansichten über chinesisches Verhalten in den Worten anderer erklärt: „[…] mir haben auch immer alle so gesagt,

das ist diese chinesische Sturheit. Das wenn du irgendwas gegen (.) deren Weg sagst, wie die das machen wollen, das die relativ schnell einschnappen [...]." (DB1: 115-117)

Das Darstellen von Distanz zu pauschalen oder hierarchisierenden Äußerungen kann also einerseits tatsächlich eine Negation solcher Differenzbeschreibungen ausdrücken, sie kann aber auch dazu genutzt werden, um einerseits die eigene kulturelle Sensibiltät zum Ausdruck zu bringen, und andererseits gleichzeitig die hierarchisierende Beschreibung noch zu stärken (,ich würde normalerweise nie..., aber in diesem Fall muss man einfach sagen...').

Zitate von abwesenden Dritten erweitern nicht nur durch die Möglichkeit zur Distanzwahrung das Ausdrucksspektrum der Befragten, sie geben gleichzeitig auch Hinweise auf die Orte der Konstruktion, Aufrechterhaltung und Weitergabe von Fremdbeschreibungen: Die Netzwerke von Expatriates in China, der deutsche Club, die Gespräche mit erfahrenen Kollegen (vgl. Kap. 5.4) sind mindestens ebenso einflussreich wie interkulturelle Trainings und Ratgeberliteratur.

## 5.3.6    Versuche der Symmetrisierung

Indem sie Distanz zu pauschalen Differenzbeschreibungen oder Stereotypen kommunizieren, können die Befragten ihre eigene Position stützen und schützen, obwohl sie auf pauschale, hierarchisierende Differenzbeschreibungen zurückgreifen. Es gibt aber auch Strategien mit denen die Befragten versuchen, ihr Verhältnis zu den *Anderen* darzustellen, ohne dabei in National- oder Kulturkategorien zu hierarchisieren. Anhand des Fallbeispiels Luise Schmitz (vgl. Kap. 5.1.2) wurde dazu bereits das Konzept der *Kultur als Diversität* herausgearbeitet, das eine symmetrische Kulturdarstellungen fordert (*Symmetrie als Imperativ*). Anhand des übrigen Materials können weitere Strategien der symmetrisierenden Differenzdarstellung aufgezeigt werden.

**Symmetrie durch positive Umdeutung**
Für solche *symmetrisierenden* Differenzbeschreibungen können dabei die gleichen pauschalisierenden Selbst- und Fremdbeschreibungen herangezogen werden, die auch für *hierarchisierende* Beschreibungen verwendet werden. So etwa im Interview mit dem Industriemeister Rolf Hübner (DB9), der für BETTERCHINA in Suzhou arbeitet:

„B:     […] Und auch da denk ich mir, das wir manchmal en bisschen zu sehr mit
        der Dampframme arbeiten, oder einfach immer en bisschen D-Zug Tempo
        drauf haben, (I: mhm) während man hier halt dann schon manchmal eher
        im / im Bummelzugtempo halt eben unterwegs ist (I: mhm). Un äh viele
        Sachen dann auch aussitzen versucht / versucht auszusitzen, oder gedul-
        dig / ich weiß nicht irgendwann hab ich mal was gelesen, son Spruch oder
        so ne Spruchweisheit von nem chinesischen General, der hat gesacht: Man
        muss nur lang genug warten, und die Leiche des Feindes wird den Fluss
        hinunter äh (lacht) schwimmen (I: lacht), und des / des trifft schon auf die
        chinesischen / auf die Chinesen zu, also Geduld (I: mhm) Geduld is sehr
        sehr groß geschrieben hier (I: Mhm).
I:      (..) Woran merkt man das im täglichen Verhalten?
B:      Äh das man Sachen halt auch manchmal besser ruhen lässt (I: mhm).
        Also, dass die Chinesen dann auch Sachen manchmal eher liegen lassen
        (I: mhm) und äh und dann wieder später aufnehmen halt (I: Mhm) ja, also
        die vergessen auch nix ja, das sollt man auch nich ver / das muss man
        auch sagen, ja (I: mhm) Und unangenehme Sachen werden dann eher en
        bisschen auf die lange Bank geschoben (I: mhm) (.) aber nicht aus dem
        Auge verloren (I: @ehe@). Also das sollt man nicht so da sagen, dass das
        absichtlich vergessen wird oder so (I: mhm). (..)" (DB9: 683-702)

Während Hübner die (schnelle) deutsche mit der chinesischen (langsamen)
Arbeitsweise vergleicht, erfährt die chinesische Langsamkeit eine bemerkenswerte Wendung ins Positive. Durch das Heranziehen einer chinesischen Spruch-
weisheit hebt Hübner die Vorteile geduldigen (nicht langsamen) Verhaltens
hervor. Auf meine immanente Nachfrage elaboriert er die Aussage in Bezug auf
alltägliches Verhalten. Ähnliche Beobachtungen wie sie Kaiser („das bleibt dann
liegen") und Kaufmann („Probleme eher aus dem Weg gehen") geschildert
haben, beschreibt auch Hübner: „dass die Chinesen dann auch Sachen manchmal
eher liegen lassen". Er betont aber, dass sie diese Dinge später wiederaufnähmen.
Dabei changiert er zwischen negativ konnotierten Formulierungen („aussitzen",
„auf die lange Bank geschoben"), der Forderung nach einer positiven Interpretation des Verhaltens und der Abwehr von antizipierten Gegenstimmen („Also das
sollt man nicht so sagen, dass das absichtlich vergessen wird oder so"). Hübner
bemüht sich hier sehr um eine positive Deutung des beobachteten Verhaltens,
beruft sich dabei aber nicht auf Dritte als Zeugen. Die Meinung der deutschen
Kollegen scheint durch Millers defensive Formulierung als Gegendiskurs zu seiner eigenen Position in der Interviewsituation auf. Der positiven Interpretation
des beschriebenen Verhaltens stehen also gewisse Hürden im Weg.

Wenn Hübner über seine Fähigkeiten und sein Fachwissen spricht wird deutlich, wie schwierig es für den Befragten dabei ist, nach nationalen Kategorien zu unterscheiden, ohne diese Kategorien gleichzeitig in ein hierarchisches Verhältnis zueinander zu setzen:

„I:    Und sie sagten gerade, in China kann man noch was erreichen, bei der Arbeit, was meinen sie denn damit?

B:    Ehm, sag mer mal so, der / die Auswirkungen, die meine Anwesenheit hier hat, die sind schon äh deutlich äh größer als jetzt wenn ich ne vergleichbare Tätigkeit hier in / in Deutschland ausführen würde (I: mhm) also im Engineering beispielsweise arbeiten würde. Also mein / das äh Fachwissen, was ich halt einfach mitbringe, äh das sag mer mal so, hat hier größere Auswirkungen (I: mhm). Des soll jetzt nich sei / heißen, dass das Fachwissen von meinen äh chinesischen Kollegen geringer sei, aber ehm, was das große Plus is, das is die Kommunikationsmöglichkeiten, die ich halt eben, die ich halt eben nach Deutschland hab. Also bei mir is es keine kulturelle Barriere, keine Sprachbarriere oder so (I: mhm). Also wir können da relativ viel machen. Und äh jetzt hier speziell mh / in für / was die BETTER-AG halt eben angeht, das is äh, das wir auch im Fertigungsbereich, weil wir hier auch [Produkte] selber herstellen, also ich da auch einige äh / hab umsetzen können, um einfach Qualität zu verbessern (I: ja). Also, weil / weil bei mir einfach der Blick anders is." (DB9: 62-77)

Zunächst spricht Hübner über die größeren Auswirkungen seines Fachwissens „hier", bemerkt aber die Mehrdeutigkeit dieser Formulierung und bemüht sich dann rasch darum, einer ‚Fehldeutung' seiner Aussage vorzubeugen („das soll jetzt nicht heißen […]"). Er schwenkt mit dem Hinweis auf seine besseren Möglichkeiten zur Kommunikation (mit der deutschen Zentrale) auf einen anderen positiven Aspekt seiner Anwesenheit um, der keine Herabsetzung der Fähigkeiten seiner chinesischen Kollegen impliziert. Zuletzt beschränkt er die Vorteile seiner Fähigkeiten auf seinen ‚anderen Blick'.

**Symmetrie durch Kategorievermeidung**
Eine weitere Möglichkeit ist die Vermeidung einer oder mehrerer Kategorien bei der Beschreibung von Differenzen. Hübner spricht in einer Passage von sich selbst als „Industriemeister-Metall" und im Vergleich dazu vom „normalen Facharbeiter" und „Maschinenbediener" ohne eine nationale oder kulturelle Differenz zu formulieren:

„I:     Mhm. Ehm, und sie sagten gerade eben auch schonmal ehm, dass man
         schon en Know-how Unterschied merkt (B: Ja) oder vielleicht auch en
         Unterschied in der Ausbildung oder?
B:      Ja sicher (I: mhm). Ja also man sollte mal / mh, den Unterschied machen,
         also ich hab jetzt keinen akademischen Hintergrund, ich bin Industriemeis-
         ter-Metall (I: mhm) und als solcher komm ich natürlich aus der Werkstatt ja
         (I: mhm) und ehm, des ehm / also typische Werkstatt@karriere halt eben@
         ja (I: mhm), und eh des / äh da merk ich schon nen extremem Unterschied,
         also zwischen den Kenntnisse die / die der normale Wach / Facharbeiter
         oder Maschinenbediener mitbringt (Im Hintergrund unterhalten sich Kol-
         legen auf Chinesisch) und dem was ich halt eben als äh Facharbeiter ha /
         gewusst hab, das is extrem (I: mhm). Also da is en extrem weiter Unter-
         schied (I: mhm). Ich glaube, im akademischen Bereich, wenn wir jetzt mal
         die Ingenieure nehmen, da is der Abstand wahrscheinlich gar nich so groß
         (I: mhm) ne (I: mhm)." (DB9: 159-172)

In dieser Passage beschreibt Hübner Unterschiede zwischen sich und den chinesischen Kollegen ausschließlich in der Kategorie professioneller Mitgliedschaften, nicht aber nationaler oder kultureller Zugehörigkeiten. Hübner formuliert
nicht einmal eine räumliche Unterscheidung wie „die Leute hier" als Zusatz zu
den „Facharbeitern" oder „Maschinenbedienern". Dass Hübner seine Ausbildung
in Deutschland erhalten hat wird dadurch sprachlich ausgeblendet, läuft aber als
stillschweigendes Wissen im Interview mit. Die „extrem weite[n] Unterschiede"
ergeben sich so als Differenzen zwischen den Kategorien „Facharbeiter" und
„Maschinenbediener" auf der einen und „Industriemeister-Metall" auf der anderen Seite. Hübner spricht auch nur von „extremen Unterschieden", ohne die
Unterschiede zu qualifizieren. Er legt also nicht fest, wer mehr und wer weniger
Kenntnisse hat.

Für die Personen mit Ingenieursausbildung geht Hübner zwar auch von einem
„Abstand" in der Ausbildung aus (wer vorne liegt ist, wird nicht gesagt), nimmt
aber an, dass die Unterschiede da nicht so groß sind wie im vorherigen Vergleich.
Die nationale bzw. kulturelle Kategorie wird hier nicht genannt, sie wird in der
Formulierung vermieden, ist aber als Grundthematik innerhalb der Entsendungs-
geschichte implizite Voraussetzung für das Verständnis des Gesagten.

**Symmetrie als Allgemeinplatz: „wir sind alles Menschen"**
Eine andere Strategie der Symmetrisierung ist das Aufzeigen von Parallelen trotz
der Differenzen zwischen dem *Eigenen* und dem *Fremden*. In der Beschreibung
handelt es sich dann nur noch um marginale Unterschiede in der Ausprägung von
Gemeinsamkeiten, die bei der Betrachtung in den Vordergrund gerückt werden:

„Ich hab in den Zeiten der / in den Jahren die ich hier jetzt bin, oder / oder in den Jahren wo ich mit China zu tun habe, ehm unglaublich viele Gemeinsamkeiten gefunden, wo ich sage: Ey, geht uns doch eigentlich nicht anders (I: mhm) Wir nennens vielleicht anders, bei uns hats vielleicht auch noch ne andere Ausprägung als dort / kein anderes Phänomen (I: mhm)." (DB7: 673-676)

Mitunter wird darauf aufmerksam gemacht, dass man erst lernen müsse, solche Gemeinsamkeiten zu sehen, weil sie von den Unterschieden überdeckt würden. Solche Betonungen von Gemeinsamkeiten treten im Interviewmaterial nicht in Zusammenhang mit konkreten Arbeitserfahrungen auf. Auch Schmitz argumentiert im Auszug ja auf einer allgemeinen Ebene. Mit dem Changieren zwischen der Beschreibung von Differenzen und Gemeinsamkeiten beginnt auch der nächste Auszug:

„[…] es is einfach unglaublich vielschichtig, es sind wirklich viele kleine Phänomene, die hier tagtäglich auftreffen, wo man sagt: Mensch, das is / das is einfach so anders wie bei uns (I: mhm). Auf der anderen Seite erkennen wir dann aber, wenn wir genau mal hingucken auch Parallelen zu uns, wir / wir tragen es vielleicht anders zur Schau. Irgendjemand hat mal ganz schlau gesagt: ehm im Prinzip / ne / im Prinzip fängts damit an, ich hab mal gesagt: Irgendwie ticken wir alle gleich, wir sind alles Menschen und wir haben alle im Prinzip son son Kern menschlicher Werte (I: mhm) die uns einfach als Homosapiens auszeichnen, und Menschen in unterschiedlichen Kulturen, mit ner unterschiedlichen Prägung ham halt einfach ne andere Art und Weise, das zur Schau zu stellen (I: mhm) Ich meine wir sprechen hier alle von Guanxi, und alles läuft über Beziehungen, kann man / bei uns läufts nicht anders, bei uns is es auch so: dem den man kennt, vertraut man eher, wir nennen vielleicht einfach anders. […]" (DB7: 640-654)

Nach der Betonung von Unterschieden und Gemeinsamkeiten zwischen *uns* und *denen* geht Schmitz noch einen Schritt weiter, wenn sie sich auf die Mitgliedschaftskategorie „Homosapiens" zurückzieht. Hier vermutet sie einen „Kern menschlicher Werte" der alle Menschen auszeichne. Diese Werte würden in unterschiedlichen Kulturen lediglich unterschiedliche Ausprägungen erfahren. Aussagen wie „irgendwie ticken wir alle gleich" und „wir sind alles Menschen" sind freilich Allgemeinplätze, denen schwerlich widersprochen werden kann, ohne eine biologistisch-rassistische Position zu beziehen. Indem sie die Gemeinsamkeiten auf den „Homosapiens" verlegt, verlässt Schmitz die Bezugsebene der Humankategorisierung und lässt den Platz der Vergleichskategorien leer.

**Symmetrie als Ausnahme**

Mitunter gibt es eine Symmetrisierung von wenigen oder einzelnen Vertretern der *anderen* Nationalkategorie, die bestimmte, als negativ betrachtete (kulturelle) Eigenschaften der *Anderen* nicht bzw. nicht mehr aufweisen, oder bestimmte erwünschte, der *eigenen* Kategorie als charakteristisch zugeschriebene Eigenschaften, besitzen.

Solche Symmetrisierungen Einzelner können beispielsweise in Form von anonymen Ausnahmen formuliert werden: „Aber, es ist natürlich auch personenbedingt, manche sind da wirklich sehr sehr proaktiv un / und sind / kommen also / sind da sehr sehr aktiv und trauen sich das auch, und en Großteil der / der Mitarbeiter aber nich." (DB7: 319-320) Dabei dient das Aufzeigen von Ausnahmen gleichzeitig der Betonung der Regel, in diesem Fall von typischen (kulturellen) Verhaltensweisen, nämlich von mangelnder Initiative. Die Existenz solcher Ausnahmen ändert nichts an den grundsätzlichen Wissensbeständen über die Kategorie (deshalb sind es ja Ausnahmen). Sie ändern also nichts an den Annahmen über die Eigenschaften einer Kategorie. Die Formulierung von Ausnahmen ist vielmehr ein wesentlicher Aspekt, um kategoriengebundene Wissensbestände (vgl. Kap. 3) gegenüber Abweichungen zu immunisieren.

Bisweilen handelt es sich bei der Symmetrisierung von Einzelnen aber auch um explizite Hervorhebungen konkreter Personen. So hebt Baumgärtner, CFO im Asien-Pazifik-Zentrale der BETTER-AG, einen chinesischen Kollegen besonders hervor, als es um die Kommunikation in Englischer Sprache mit den chinesischen Kollegen geht:

„I:  Funktioniert das gut?
B:  Ja ehm. Mit solchen finan/ also Finanzabteilung ja, die anderen Abteilungen sind eher / schl / ist eher schlecht (I: aha). Aber die, die äh also der Leiter der Finanzen hat immer Wert darauf gelegt, dass die Mitarbeiter Englisch lernen, oder Englisch können, also die sind da ehm die sind da gut (I: mhm). Das ist sicherlich ne Ausnahme (I: ja)" (DB10: 243-254)

Der gelobte Kollege wird explizit als „Ausnahme" besonders dadurch hervorgehoben, dass er auf die Englischkenntnisse seiner Mitarbeiter Wert legt und diese fördert. Mit den Mitarbeitern der Finanzabteilung in dieser Tochtergesellschaft funktioniert die Kommunikation auf Englisch daher gut, ansonsten „eher schlecht".

Ein anderes Beispiel liefert Hämmerle, der mir über seinen Assistenten Zhang erzählt (väterlich spricht er von „mein Zhang" (DB2: 445)), bei dem seine erzieherischen Bemühungen bereits gefruchtet hätten, und der sich entsprechend anders verhält als die breite Masse der chinesischen Mitarbeiter:

„Super, einwandfrei. Und wenner sich net sicher is, kommt er und frägt, was ich
dazu mein, aber er kommt dann net mitm Problem, er kommt mit der Lösung. Weil
die meisten Kinesen kommen mit nem Problem (I: mhm). Mir ham das Problem,
Chef sag mir was ich tun soll (I: @aha@). Und na hab ich gsagt, das will ich nicht,
ich möcht, das ihr mit der Lösung kommt. Klar gibts auch mal Probleme, die ihr
nicht lösen könnt, da müssmer halt drüber reden, aber ich möcht eigentlich, das n
Vorschlag von euch kommt erstmal. Und also das hat der sehr sehr gut gemacht, der
kommt zu neunzich Prozent, na fünfunneunzich Prozent schon mit der Lösung, wie
ers will und möchts eigentlich bloß noch im Prinzip ja, agreed ham oder das ma halt
drüber gsprochen hat, ob i noch ne andere Meinung hab. Und des find ich sehr gut.
Und des sind aber sehr sehr wenich Kinesen dann." (DB2: 506-522)

Auch der Assistent Zhang fungiert hier als Ausnahme von der Regel, die auf die
Mitglieder der Nationalkategorie Chinese angewendet werden kann. Nachdem
Hämmerle Zhang das gewünschte Verhalten beigebracht hat (DB2: 470-501),
funktioniert die Zusammenarbeit mit ihm „super".

Es gibt aber auch besonders positive Hervorhebungen von Einzelnen, die in
keiner direkten Verbindung zu nationalen Kategorisierungen stehen. So spricht
Kaufmann zum Beispiel über seine Lieblingsarbeiter, als ich ihn Frage, wie er
trotz Sprachschwierigkeiten vor Ort seine Arbeit organisiert:

„I:    Mit wem bist du dann in Kontakt, wenn du sagst, dass du / dass du en Fah-
       rer brauchst, wem sagst du das dann?
B:     Dem Übersetzer letztendlich. Genau. Meistens ist der äh / hat der Überset-
       zer eigentlich son bisschen so ne Zwitterfunktion, er ist Übersetzer und auch
       Kontaktperson (I: mhm). Und äh fast immer / also es is immer ne sehr indi-
       viduelle Geschichte, jede so ne Produktion, was eigentlich das spannende an
       dem Job is. Also ma / dann nichts ehm kategorisch abläuft, das is alles äh,
       muss man selber regeln irgendwie und auch spontan sein. Also oft hat man
       eben ein, zwei, drei Lieblingsarbeiter, die ehm die Aussage, weil sie total
       nett sind und toll arbeiten und äh weil man ihnen vertrauen kann und weil
       sie einfach Sachen regeln für einen. Und die nimmt man na dann mit ins
       Boot. [...] " (DB3: 743-753)

Kaufmanns Lieblingsarbeiter zeichnen sich zu allererst durch ihre menschlichen
Qualitäten aus, und danach erst dadurch, dass sie die Arbeit vor Ort erleichtern.
Die menschliche Komponente ist für Kaufmann von besonderer Bedeutung wie
er mehrfach betont, und die Lieblingsmitarbeiter heben sich in diesem Fall positiv von der allgemeinen chinesischen „Mentalität" ab, in der sich Kaufmann
„gebraucht [...] aber nicht gewollt" (DB3: 918) fühlt.

## 5.3.7  Zwischenfazit

In diesem Kapitel wurden anhand der Entsendungsgeschichten von Expatriates aus deutschen Firmen verschiedene Formen der Differenzdarstellung zwischen Deutschen und Chinesen aufgezeigt. Die deutsche Seite wird aus Perspektive der Expatriates dabei überwiegend als (technisch, organisatorisch, gesellschaftlich, moralisch) überlegen dargestellt. Selbst symmetrisierende Beschreibungen enthalten noch Hinweise auf diese Hierarchien. Die Differenzdarstellungen der Befragten stehen außerdem in Zusammenhang mit konkreten praktischen Konstellationen (Trainer/Trainee; Vorgesetzte/Mitarbeiter), die bereits durch funktionale Aspekte hierarchisiert sind. Solche funktionalen Hierarchisierungen übertragen sich allem Anschein nach auf die Differenzdarstellung zwischen Deutschen und Chinesen.

Die Differenzen können in pauschalen Attributionen (5.3.1) und Beschreibungen eines ‚chinesischen Charakters' ausgedrückt werden. Formuliert werden die Differenzen entlang nationaler Mitgliedschaftskategorien, die gleichzeitig die Grenzen für kulturell typische Verhaltensmuster darstellen. Zwischen nationaler und kultureller Zugehörigkeit wird dabei nicht unterschieden, vielmehr wird mit der nationalen Zugehörigkeit die kulturelle Zugehörigkeit impliziert. Die pauschalen Attributionen bedienen sich häufig etablierter Stereotype und tradierter Beschreibungsmuster für die *Anderen*, die von abwertenden Formulierungen (unkreativ, uneigenständig) bis hin zu diffamierenden Beschreibungen („keine Eier in der Hose") reichen (5.3.3). Der national-kulturellen Differenz wird durch solche pauschalen Attributionen Relevanz für den Arbeitszusammenhang zugesprochen.

Nicht immer werden die Differenzen als unterschiedliche Nationalcharaktere geschildert. In den Erzählungen über Erlebnisse in China erschöpfen sich die Differenzdarstellungen manchmal in der Schilderung konkreter Ereignisse. Einige Befragte nehmen solche Erlebnisse wiederum als Indizien kollektiver (chinesischer) Mentalität, während andere darin eher einen Mangel an entsprechender Ausbildung sehen (5.3.2).

Gleichzeitig liegen pauschale Urteile über die *Anderen* und hierarchisierende Fremdbeschreibungen im Grenzbereich des sozial Akzeptierten, was sich auch in den Distanzierungsstrategien (5.3.5) der Befragten zu solchen Aussagen widerspiegelt. Auch Patronisierung und die Schilderung von Erziehungsmaßnahmen sind implizite Formulierungsstrategien für eine hierarchisierende Differenzdarstellung (5.3.4).

Aus den Anforderungen der *political correctness* ergibt sich für die Befragten ein Darstellungsproblem: Wie sollen sie die wahrgenommenen Unterschiede erklären und kommunizieren? Die Eigenschaften der *Anderen* als kulturell zu beschreiben, ist dabei eine Strategie. Für den Gebrauch von Kultur als soziale Teilungsdimension spricht zunächst ihr Unterschied zu ‚Rasse'. Mit der Kulturunterscheidung wird keine ‚genetische Fixierung' der beschriebenen Eigenschaften behauptet. Kultur als Begründungsmuster der Differenz ist auf diese Weise politisch unverfänglich, solange sie als gesellschaftlich erzeugt und veränderbar dargestellt wird. Mängel aufgrund kultureller Unterschiede sind also als kulturelle Handicaps entschuldbar.

Den hierarchisierenden Differenzbeschreibungen stehen die symmetrisierenden Differenzbeschreibungen gegenüber (5.3.6). Die Differenzen werden dabei weiterhin vorausgesetzt, im Sinne der Kultur als positive Diversität wird nun aber eine Hierarchisierung in der kulturellen Kategorie gerade vermieden. Daher lässt sich hier nicht von einem Vergessen der Differenz oder einem Vergessen kategorialer Zugehörigkeit sprechen. Die Symmetrisierungen können auch auf hierarchisierende Darstellungen verweisen: Entweder als deren dominante Gegendiskurse, die gerade vermieden werden sollen (*Kategorievermeidung*), als Regel, von der die Symmetrie als Ausnahme abweicht (*Symmetrie als Ausnahme*), oder als drohende Fehleinschätzung, vor der die Gleichwertigkeit trotz Differenz appellartig hervorgehoben werden muss (*Symmetrie als Allgemeinplatz*). Völlig negiert werden die Differenzen damit nicht, aber ihre Relevanz wird ‚heruntergefahren'.

## 5.4　Expatriate Netzwerke als Konstruktionsräume des Eigenen und des Fremden

In Kapitel 5.3.5 wurde gezeigt, dass Zitate von abwesenden Dritten in den Interviews einerseits herangezogen werden können, um eine Distanz zu bestimmten Aussagen zu erzeugen. Andererseits berufen sich die Befragten auf abwesende Dritte aber auch immer wieder als Zeugen für die Gültigkeit eigener Aussagen und Theorien, zum Beispiel in Schmitz Theorie über die mangelnde Pro-Aktivität der chinesischen Kollegen: „[…] Nich / nicht nur bei Personal, nicht nur bei den Kollegen, das /das kann ich jetzt im Prinzip stellvertretend für sämtliche Freunde, Bekannte sagen, die ich kennengelernt habe […]" (DB7: 301-303). Die Aussagen befreundeter Expatriates dienen also der Plausibilisierung der Bedeutsamkeit festgestellter kultureller Unterschiede und als Beleg für die Richtigkeit der eigenen

Aussage. Auf Grundlage dieser Beobachtung kann man fragen, welche Aspekte eigentlich noch mit dem Phänomen dieser Expatriate-Netzwerke verbunden sind. Im Folgenden werde ich zeigen, welche Rolle die Kontakte zwischen den Expatriates in China für die Konstruktion, Speicherung, Weitergabe, wechselseitige Versicherung und Reproduktion von Fremdbildern über die Chinesen spielen.

Als „Elitemigranten" (Moosmüller 2007: 482) sind die Expatriates in China kaum dazu gezwungen, die Gestaltung ihres Lebens mit lokalen und kulturellen Einschränkungen zu belasten. Anders als nicht privilegierte Migranten (beispielsweise Flüchtlinge) sind Expatriates kaum einem Anpassungsdruck durch die Residenzgesellschaft ausgesetzt; sie stehen auch nicht oder nur begrenzt in Konkurrenz zur lokalen Bevölkerung um Arbeitsplätze und andere Ressourcen (etwa: Betreuungsplätze für Kinder). Hinzu kommt die zeitliche Begrenztheit solcher Aufenthalte (in der Regel 2-5 Jahre) im Rahmen der Entsendungsverträge, verbunden mit der Aussicht auf die Repatriierung, die Rückkehr in die ‚alten' Sozialen- und Arbeitszusammenhänge. Die Unternehmen selbst haben ein großes Interesse an einem ‚reibungslosen' Verlauf der Entsendung, und nehmen durch ihre Hilfestellung (z.B. Bereitstellen einer Unterkunft, interkulturelle Trainings) indirekt auch Einfluss auf die Lebensgestaltung der Entsendeten. In China existieren außerdem zahlreiche Netzwerke von Angehörigen der jeweiligen Nationalitäten (Diasporagemeinden, vgl.: ebd.), innerhalb derer die Expatriates ihre sozialen Bedürfnisse befriedigen und ihr Leben nach gewohnten Maßstäbe gestalten können. In China stellt das vergleichsweise hohe Einkommen der Entsendeten sicher, dass sie sich auch im Residenzland mit den gewohnten Gütern aus dem Heimatsland (z.B.: Nahrungsmittel und Drogerieartikel) versorgen können.

Gegenüber dem Kontakt zu solchen ‚Diasporagemeinden' sind freundschaftliche Beziehungen zur lokalen Bevölkerung im Falle Chinas eher die Ausnahme. Stefan Miller (DB8) berichtet, das läge zum einen an der Unterbringung in einem Compound, in dem zur einen Hälfte „reiche Chinesen" und zur anderen Hälfte Ausländer leben. Durch das unterschiedliche Lohngefüge zwischen Deutschland und China kommen die Expatriates in der vom Unternehmen organisierten Unterkunft mit Angehörigen einer (ungewohnt) hohen Einkommensschicht in Kontakt, die sich neben der national-kulturellen Mitgliedschaft als weitere Differenzierungskategorie auftut. Zum anderen beklagt Miller die mangelnden Gemeinsamkeiten mit den chinesischen Kollegen, die „einfach ganz anderscht leben wie wir" (DB8: 535), „die gehen net raus" (DB8: 538), da „sie halt einfach ganz anders wie wir" (DB8: 541) sind. Eine grundsätzliche Differenzierung zwischen *Uns* und *Denen* setzt sich also auch über den Arbeitszusammenhang hinaus fort.

Sprache, fehlende Gemeinsamkeiten, aber auch das unterschiedliche Lohnniveau macht Luise Schmitz (DB7) neben anderen Aspekten für den mangelnden privaten Kontakt zu lokalen Kollegen verantwortlich:

> „A Sprache und Be ehm fehlen Gemeinsamkeiten. Also es gibt nur ganz ganz wenig Ansatzpunkte die wir wirklich gemeinsam haben, seis Themen sei es aber auch Dinge, die man einfach macht. Weil wir, blöd wies klingt, irgendwo sinds / sinds andere Welten. Wenn ich sage: Ich fahr mal en Wochenende einfach schnell dorthin, dan kann ich mir das / also eine Facette is: Ich kanns mir einfach leisten (I: mhm), in en Business Restaurant zu gehen. Ich mach jetzt hier keinen auf fette Hose, aber es is / die Schere is schon ziemlich groß, man kann nicht erwarten, das en Chinese den / den Freizeit / oder das Freizeitleben führen kann, das man selber macht. Seis aber auch das Interesse, das man ehm, ich mach zum Beispiel viel Sport, das ist nich / nich unbedingt jedermanns Sache und nicht jeden findet man dort (I: mhm)." (DB7: 541-556)

Für Schmitz ist die Sprache ein zentraler Aspekt für das Herstellen von persönlichen Beziehungen. Andere fehlende Gemeinsamkeiten ergeben sich auch aus dem Lebensstil von Schmitz (Reisen, gehobene Restaurants) und ihren Hobbys. Bei ihrem Sport handelt es sich offenbar nicht um morgentliches Taiji im Park, das ja Anschluss an die lokale Bevölkerung ermöglichen würde.

Außerhalb der direkten Arbeitsumgebung bauen die Befragten soziale Kontakte zu anderen Expatriates über verschiedene Wege auf:

> „[…] ja man lernt halt immer Expats kennen so, […] bei mir fings an über den deutschen Club wo man dann ein oder zwei kennt, ehm geht das irgendwie so weiter (I: mhm). Allerdings is es auch so, dass dann […] das die Fluktuation dann halt auch da is. Also wir ham jetzt halt son dänischen Paar kennengelert, die gehen jetzt dann im Februar wieder zurück, also man kann sich da jetzt nicht drauf ausruhen, also man muss immer gucken, dass man ehm, dass man das so aktiv irgendwie auf Leute zugeht auch dann. Das kann sein halt über den deutschen Club, das kann sein über / über Sport dann oder das kann auch im Restaurant sein. (I: mhm) Ja. Also man muss schon selber was tun, sonst funktioniert nicht. […]" (DB10: 616-625)

Wenn das Angebot für Kontakte in sozialen Netzwerken – wie hier: dem Deutschen Club – gesucht wird, die sich wesentlich über die Zugehörigkeit zu einer nationalen Kategorie konstituieren, verlaufen die Grenzen daraus entstehender sozialer Netzwerke ‚natürlicherweise' entlang der Grenzen nationaler Mitgliedschaftskategorien.[23]

Abgesehen von solchen kategorial strukturierenden Effekten bestehender Netzwerke formulieren einige Befragte aber auch das konkrete Bedürfnis nach Kontakten zu anderen Deutschen in China. Auch Miller bewegt sich privat meistens unter Deutschen: „[...] ma denkt halt einfach äh in derselben Weise, jeder hat dieselben Probleme. Also, wenn man sich am Wochenende trifft, dann erzählt jeder, was er wieder erlebt hat unter der Woche (I: lacht) das ist / es ist enorm wichtig, jemanden zu haben, der einen versteht" (DB8: 544-547). Die deutschen Expatriates in Shanghai befinden sich in einer ähnlichen Situation und tauschen sich in ihrer Sprache darüber aus. Man ist unter sich und kann bei diesen Gelegenheiten chinaspezifische Anekdoten von der Arbeit austauschen. Dieser Austausch der Expatriates untereinander ist daher eine wichtige Gelegenheit zur (diskursiven) Konstruktion und Reproduktion eines (gemeinsamen) Chinabildes. Wenn sich Miller an anderen Stellen des Interviews auf ‚andere Expats' als Zeugen bestimmter Einschätzungen über China und die Chinesen beruft, stammen diese also sowohl aus dem Arbeitsumfeld als auch aus den privaten Netzwerken. In diesem diskursiven Raum entwickeln die Expatriates gemeinsam Narrative über China und die Chinesen.

Die Entsendungsdauer spielt für die hohe Fluktuation im sozialen Umfeld der Expatriates eine wichtige Rolle. Daraus ergibt sich die Notwendigkeit, beständig aktiv auf potentielle Bekannte zuzugehen und sich nicht auf dem bestehenden Bekanntenkreis ‚auszuruhen'. Für die ‚Neulinge' ist der Kontakt mit den erfahreneren Entsandten (‚Chinakenner') ebenfalls interessant, um alltagspraktische Probleme zu bewältigen. Gleichzeitig können auf diesem Weg die Erfahrungen der ‚Chinakenner' an die ‚Neulinge' weitergegeben werden: „[...] einer meiner ehemaligen Kollegen, hat mir mal mit ne Geschichte aufen Weg gegeben [...]" (DB7: 512-513); oder auch: „[...] also ganz am Anfang wo ich hier @ mal angekommen bin @, ehm da hab ich dann äh so zufälligerweise mal en Deutschen

---

[23]Auf der Website des Deutschen Clubs Shanghai (DCS) ist zu lesen: „Der Deutsche Club will unterstützen, verbinden und Brücken schlagen. Mitglied können gemäß der Vorgaben der hiesigen Autoritäten leider nur deutschsprachige Inhaber/innen eines nicht-chinesischen Passes werden, sowie Chinesen/innen, die mit einem/r Inhaber/in eines nicht-chinesischen Passes verheiratet sind." (http://www.schanghai.com/deutscherclub/?p=1, H.i.O. (Zugriff 25.01.2017).

getroffen[…], und der hat dann en paar Neulingen son bisschen erzählt von seinen Erfahrungen[…]" (DB8: 176-179). Auf diese Weise können etablierte Chinabilder, Differenzbeschreibungen und Alltagstheorien auch über den personellen Wechsel hinweg erhalten bleiben.

Den Entsendungsländern eilt im Kreis der Kollegen innerhalb der Unternehmen aber natürlich auch ein Ruf voraus:

> „Und deswegen hatten die Chinesen so'n / oder ja / bei vielen Kollegen halt nen schlechten Ruf, und das war halt auch das Einzige, was man / was ich immer mitbekommen hab, ne. Ehm, die Maschinenbauerei [die Maschine], die da gebaut ist, die heißt Z-2500, ne. Und ehm, wenn dann ein deutscher Monteur gesagt hat / gesagt bekommen hat: Du fährst nach China, nimmst da ne Z-2500 ab, und stellst die auf, dann war das wie ne Strafe, ne." (DB1: 264-267)

Je nach Art der Entsendung kann es sich bei den Kontakten der Expatriates um längerfristige Beziehungsnetzwerke handeln oder auch nur um einmalige Treffen mit Unbekannten, deren einzige gemeinsame Grundlage die gemeinsame (wahlweise deutsche, europäische oder westliche) Herkunft ist. Treffpunkte sind bestimmte Bars und Cafés oder von Deutschen (bzw. Westlern) in China betriebene Restaurants, die einerseits Räume national-kategorialer Rückbesinnung sind, andererseits aber auch übernational integrativ als große „Wir-Macher" wirken.[24] Stefan Kaiser (DB1) war als Inbetriebnehmer nur für vergleichsweise kurze Zeiträume in China. Er schildert seine sozialen Kontakte außerhalb der Arbeit, als er sich ohne deutsche Kollegen in China aufhält:

> „[…] ich sag mal so auch so viel europäisches Nightlife. Ist immer direkt neben dem Hotel war ne Art Lounge-Bar, und da haben sich äh abends immer diese ganzen Europäer getroffen, die da in dem / in der Industrie Rundrum arbeiten. Ja, und dann,

---

[24] Eine treffende Beschreibung solcher Lokalitäten findet sich bereits 1984 bei Edith Terry: „Bridge of Broken Dreams – The (Peking Hotel) coffee shop barely gets mentioned in guidebooks. But for the business person visiting Beijing, it is a more important landmark than the Forbidden City with its magnificent rose-colored gates and courtyards, a few blocks away. It is, for one thing, the place where the expatriates of Beijing – business people, diplomats, foreign students, and journalists – gather night after night, in a mutually reinforcing effort to maintain their humor and set a distance between themselves and the often maddening frustrations of living in China. Funny, malicious, and banal, the world view expressed around the tables of the coffee shop is that of all foreigners who, for one reason or another, come to grips with the Chinese working world. The newcomer absorbs it instantly and goes out to face Madame Wang or Mr. Zhou braced for enigma, ready to be casual about a disappointment, and already thinking through a new approach to the matter at hand." (Terry 1984: 22)

dann hast du auch jemanden gehabt mit dem du dich unterhalte konntest. Viele Holländer waren da, ne. Viele Holländer, Engländer, Amerikaner waren da. Aber dann auch Koreaner und so was alles, ne, die dann Englisch gesprochen haben, die saßen da Abends. Und das war manchmal recht, wie soll man sagen / gerade wo ich alleine da war in der ersten Zeit, wo ich den / diesen Platz da gefunden hatte, da war ich echt dankbar für. Hast du mal einen gehabt, mit dem du dich ein bisschen unterhalten konntest. (…) Ja (…)" (DB1: 631-640)

Für die eher kurzfristigen Aufenthalte der Inbetriebnehmer sind solche Bars eine wichtige Möglichkeit, außerhalb der Arbeit überhaupt soziale Kontakte zu haben, wenn längerfristige soziale Engagements privat, in Vereinen oder Sportclubs mit den Arbeitszeiten bzw. der Projektdauer nicht zu vereinbaren sind. Ein wichtiges verbindendes Element ist auch hier die Sprache. Natürlich sind auch die Gemeinsamkeiten in der Situation ‚alleine in der Fremde' ein verbindendes Element. Hier kann man sich über seine Erfahrungen austauschen und sich der eigenen Sichtweisen rückversichern.

Neben solchen Bars für ‚westliche' Geschäftsleute gibt es aber auch Orte, die mit Symbolen einer bestimmten nationalen Zugehörigkeit geradezu überladen sind und auf diese Weise besondere Referenz an die Heimatländer zollen. Diese Orte sind nicht bei allen Entsandten gleichermaßen beliebt:

„[…] so Oasen, also ne Kneipe in der äh nur Engländer, Deutsche und äh Amis sitzen irgendwie und pfpf / und und äh die verkaufen dann äh Linsen mit Spätzle mit China irgendwie, und äh das ist jetzt natürlich die Nummer eins da, weil das irgendwie jeder total urig und also (…) und da isch, des is dann des (.) Patriotismus aller höchster Kajü, da is man total ungern in so / in so Läden gegangen weil das ist echt / also das würd / da würd ich in Deutschland nie in so ne Kneipe gehen. Ehm aber natürlich is man da einmal rein, und äh fühlt man sich dann so unwohl, also nationalistisch wars net, aber aber sehr sehr patriotistisch. Also was weiß ich da hängen dann irgendwie sechsig Jahre Fußballmanschaften rum, und und keine Ahnung, man gibts ich blöde Spitznamen äh, am besten Hans, also einfach komisch. Ja aber das is glaub ich dann eher son Heimweh, was was die dann. […] Ja also äh ich glaub das da der arbeitende äh Mensch aus Europa Schrägstrich USA ehm da eher in ner Parallelwelt lebt, als wie äh das sich das mischen würde. Was man sich ja eigentlich eher wünschen würde. Oder ich mir wünschen würde, und das war in China am extremsten." (DB3: 879-891)

Der Inbetriebnehmer Jochen Kaufmann (DB3) empfindet den „patriotistischen Charakter" solcher ‚nationalen Oasen' in China besonders unangenehm und befremdlich. In China scheint aber eine Art Ausnahmesituation zu herrschen, in der Kaufmann – offenbar zusammen mit Kollegen – von der Regel („in Deutschland nie") abweicht und in diese Kneipe geht. Er vermutet, dass sich die Expatriates aus

Europa und USA innerhalb Chinas in einer Parallelwelt bewegen, die eine wünschenswerte ‚Vermischung' verhindert.

Das Preisniveau der Bars und Restaurants, die von den Expatriates besucht werden, unterstützt eine weitere Selektion:

> „[…] diese typischen Watering-Halls halt, wo ich hingehe, das is nichts für den durchschnittlichen Chinesen, also da können dann die / jetzt sagen wer mal äh die Kollegen hier nicht mithalten finanziell auch schon (I: mhm, mhm). Und die Chinesen, die man dort trifft, das sind dann schon wohlhabende und reiche Chinesen (I: mhm), und mit denen komm ich nicht so gut zurecht. Also die sind m / die sind einfach sehr sehr / wie soll man das sagen, sehr sehr materialistisch ja (I: mhm), also da gehts wirklich nur ums Geld, ja (lacht) (I: ja) (…)." (DB8: 658-663)

Obwohl sich also auch im Nachtleben Möglichkeiten zu Kontakten mit der lokalen Bevölkerung bieten, handelt es sich dabei doch nicht um die Kontakte, die sich Miller wünschen würde. Die wohlhabenden und reichen Chinesen sind dann nicht nur aufgrund ihrer national-kulturellen Mitgliedschaft fremd, sondern auch aufgrund ihres finanziellen Status, und kommen daher als soziale Kontakte für Miller nicht in Betracht.

In den Netzwerken verständigen sich die Entsendeten also über ihre Sichtweise auf ihre Erlebnisse in China und bestätigen sie sich gegenseitig auf diese Weise als akzeptierte Deutungsmuster. Die Oben genannten hierarchisierenden Fremdbeschreibungen (vgl. Kap. 5.1, 5.3) gehen den Interviewten wohl auch deswegen so relativ leicht über die Lippen, weil es sich dabei um akzeptierte Deutungsmuster innerhalb solcher diskursiven Räume handelt. Belege für solche Konstruktionen finden sich in den zahlreichen Verweisen auf die Kollegen und solche Netzwerke in den Interviews (vgl. Kap. 5.3). Die Deutungsmuster stammen zum einen aus dem tradierten Archiv deutscher bzw. westlicher Chinabilder, zum anderen versichern sich die Akteure in ihren Netzwerken mit bestimmten anderen Akteuren immer wieder über deren Gültigkeit und reproduzieren, aktualisieren und konstruieren so die kulturellen Eigenschaften der Chinesen in Abgrenzung zu ihren eigenen.

Die Expatriate-Netzwerke haben auch eine Entlastungsfunktion für die Interviewten, die immer wieder betonen, wie wichtig es ist, jemanden zu haben, der einen versteht und mit dem man sich austauschen kann. Im Interview wirken die Netzwerke ebenfalls entlastend, wenn die Bekannten als Zeugen herangezogen werden oder Kollegen Worte in den Mund gelegt werden können. Kaum eine Entsendungserzählung kommt ohne den Bezug auf diese abwesenden Dritten aus. Die Netzwerke haben dabei eine selektiv integrative Funktion und machen aus Deutschen, Europäern oder Westlern ein „Wir". Der mangelnde Kontakt zu Chinesen wird ganz unterschiedlich begründet (zu arm, zu reich, keine gemeinsame Sprache, keine Gemeinsamkeiten) und in einigen Fällen strukturell gestützt.[25]

---

[25]In meinem Sample gab es keinen Fall einer deutsch-chinesischen Eheschließung oder Familiengründung, lediglich Erzählungen über andere Deutsche die in China ‚hängengeblieben' (z.B.: DB1: 213) sind.

# Das ‚chinesische Gesicht' als Topos von Differenzerzählungen

# 6

„*Man genießt das aristokratische Vergnügen, sich die Verschiedenheiten aufzu-zählen: ich schneide meine Haare, er flicht sie; ich bediene mich einer Gabel, er braucht Stäbchen; ich schreibe mit dem Gänsekiel, er malt seine Schriftzeichen mit dem Pinsel; ich habe geradlinige Ideen, er hat krumme... Darin besteht die-ses Spiel mit den Verschiedenheiten: wenn sie eine weitere finden, wenn sie einen neuen Grund finden, um nicht zu verstehen, wird man ihnen in ihrem Land einen Preis für besondere Empfindsamkeit geben. Und niemand wird sich wundern, wenn diejenigen, die derart ihren Mitmenschen wie ein Mosaik aus unauflösbaren Anders-artigkeiten zusammensetzen, sich nachher fragen, wie in aller Welt man eigentlich Chinese sein könnte.*" (Sartre 1964: Situations V, nach: Bitterli 1991: 65)

Bei der Charakterisierung dessen, was in neueren westlich-sprachigen Texten in wissenschaftlicher (z.B.: Weidemann 2015; House et al. 2004; Thomas et al. 2003; Lin-Huber 2001; Liang 1998) oder populärwissenschaftlicher (z.B.: Ma/ Becker 2015; Huang 2012; Jing 2006; Cardon/Scott 2003) Absicht gemeinhin als ‚chinesische Kultur' bezeichnet wird, spielen verschiedene, mitunter zu „Buzz-words" (Breidenbach/Nyiri 2002) verkommene Begriffe eine wichtige Rolle. Gesicht/*face* (im Folgenden je nach sprachlichem Kontext: Gesicht oder Face), *Guanxi*, Konfuzianismus und Harmonie gehören zu dem Begriffsrepertoire, mit dem häufig gleichzeitig die Ursachen und die Ausprägungen nationaler bzw. kultureller Charaktereigenschaften beschrieben werden (u.a.: Huang et al. 2012; Faust/Yang 2012; Beier 2010; Diekmann/Fang 2008; Kotte/Li 2008; Langenberg 2007; Zinzius 2007, 2006; Jing 2006; Cardon 2006; Cardon/Scott 2003; Chen 2004; Thomas/Schenk 2001; Lin-Huber 2001; Bond 1991; Brunner/You 1988). Mit diesen Termini wird ‚chinesische Kultur' charakterisiert und identifiziert, und das Verhalten der Chinesen begründet.

© Springer Fachmedien Wiesbaden GmbH 2018
A. Dederichs, *Kulturelle Differenzierung in Wirtschaftskooperationen,*
https://doi.org/10.1007/978-3-658-20117-3_6

Hier wird zunächst (Kap. 6.1-6.2) Face/Gesicht – im Chinesischen *mianzi*, *lianzi* und *yan* – herausgegriffen, um verschiedene Deutungsmuster sichtbar zu machen, die für den Begriff seit dem Ende des 19. Jahrhunderts konstruiert werden. Anhand von Gesicht lässt sich auch nachvollziehen, wie chinesische Charaktereigenschaften zunächst als ‚rassisch', dann als ‚national' und schließlich als ‚kulturell' identifiziert werden. Die historisch gewachsenen Wissensbestände über Merkmale zur Charakterisierung werden im Zuge dessen mit kleinen Änderungen jeweils mit einer weiteren Mitgliedschaftskategorie verknüpft bzw. auf diese übertragen. Außerdem wird dabei die Interdependenz von Fremd- und Selbstbeschreibungen anhand solcher Charakterisierungen deutlich. Darauf aufbauend wird die Verwendung von Gesicht im vorliegenden Interviewmaterial analysiert (Kap. 6.3). Darin wird gezeigt, welch bedeutende Rolle die zur Verfügung stehenden Deutungsmuster bei der Wahrnehmung der ‚Anderen' haben.[1]

Wenn hier auch keine umfassende Darstellung der Entwicklung von Chinabildern in westlicher Literatur gegeben werden kann, so lässt sich bei der Identifizierung der Prägung eines Begriffes als Typisierungsmerkmal für ‚das Chinesische' nicht gänzlich auf eine Betrachtung westlich-sprachiger Chinabeschreibungen als Fundus für tradierte Stereotype und als Bezugsrahmen für Deutungsmuster im Zusammenhang mit Gesicht verzichten.[2]

Daher werden zunächst (Kap. 6.1) auf der Grundlage des Aufsatzes von Hu (1944) und Carr (1992/1993) einige Erläuterungen zur Verwendung der chinesischen Begriffe *mian*, *lian* und *yan* – im Deutschen alles Gesicht – gegeben, bevor anschließend (Kap. 6.2) die Darstellung und Verbreitung des Begriffes in einigen Bereichen westlich-sprachiger und chinesisch-sprachiger Literatur und

---

[1]Dabei beansprucht dieses Kapitel keine Vollständigkeit der Abbildung eines Diskurses im Sinne der Diskursanalyse (Keller 2005). Es werden aber wichtige Diskursfragmente präsentiert, an denen wesentliche Veränderungen nachvollziehbar gemacht werden. Außen vor bleibt z.B. die Verwendung des Topos in der Belletristik, siehe dazu Jentsch (2015).

[2]Ausführliche historische Studien zur Entwicklung europäischer China- bzw. Orientbilder u.a. in: Osterhammel 1998; Bitterli 1976; Fisch 1984; in Bezug auf China insbesondere van Kley 1971; Dawson 1967; Mason 1939.

in aktuellen Diskursen betrachtet wird.[3] Nach einem Zwischenfazit wird zuletzt (Kap. 6.3) auf die Verwendung von Begriffen wie Gesicht, Gesichtsverlust etc. im Interviewmaterial eingegangen.

## 6.1   Chinesische Begriffe für Gesicht (*mian, lian* und *yan*)

*Mian* (面), *lian* (臉) und *yan* (顏) sind drei unterschiedliche chinesische Lexeme für Gesicht, die zum einen mit dem physischen Gesicht als Vorderseite eines Kopfes, je nach Kontext aber u.a. auch mit ‚Prestige', ‚Ehre', ‚Stolz', ‚Status' und ‚Würde' übersetzt werden können. Hu Hsien Chin (1944) unterscheidet in einer anthropologischen Analyse die Begriffe *mian* und *lian*. *Mian* stehe demnach für Reputation im Sinne von sozialem Status, d.h. Prestige, das durch eigene Anstrengung angehäuft werden kann. *Lian* beziehe sich auf die moralischen Qualitäten einer Person. Unabhängig von sozialem Status und externen Einflüssen hat Ego seine Integrität gegenüber der Gesellschaft aufrecht zu erhalten, *lian* als moralischer Charakter macht Ego innerhalb der Gesellschaft erst funktionsfähig (ebd.: 45). Diese grundlegende Unterscheidung zwischen *lian* und *mian* wird von späteren Autoren (größtenteils) übernommen, und wenn sie auch nicht linguistisch verankert werden könne (Ho 1975: 868), gilt sie doch als sinnvolle Differenzierung (Hwang 1987: 73). Carr (1992) meint sogar, in den Wendungen *yao mianzi* ‚begierig auf Reputation' (wörtlich: ‚wollen Reputation/Gesicht') und *buyao lian* ‚Geringschätzung von Ehre' (wörtlich: ‚nicht wollen Ehre/Gesicht')

---

[3]Hus Aufsatz „The Chinese Concept of ‚Face'" (1944) ist immer noch einschlägig in Bezug auf die grundlegende Beschreibung verschiedener Aspekte des Phänomens des chinesischen Gesichts (deutsche Übersetzung in: Mühlmann/Müller 1966: 238-263). Die meisten folgenden Studien reproduzieren entweder Hus Beschreibungen anhand empirischer Daten (z.B.: Bond/Lee 1981), oder vertiefen die einzelnen Aspekte in verschiedenen wissenschaftlichen Disziplinen (z.B. konversationsanalytisch oder linguistisch: Ting-Toomey 1994; Lee-Wong 2000; Ji 2000). Gewinnbringend ist die Studie von Yang (1945), der die Verwendung von Face im dörflichen Kontext ethnographisch untersucht, der Text von Carr (1992/93), in dem er eine umfangreiche Auflistung an Lexemen zu *lian, mian* und *yan* und einen sprachwissenschaftlichen Vergleich der Verwendung von Gesicht liefert und schließlich die Texte von Matthes (1984; 1985; 2005), in denen er auf die transkulturellen Implikationen für lebensgeschichtliche Darstellungen hinweist und Gesicht als Bestandteil eines kulturellen Regelsystems (anstatt als Merkmal einer Entität) erklärt.

die Evidenz für eine linguistische Differenzierung erkennen zu können (ebd.: 60). Denn man könne zwar mehr Reputation wollen (*yao mianzi*), aber man könne sich nicht mehr Ehrgefühl aneignen: *yao lianzi* (wörtlich: ‚wollen Ehre/Gesicht') gibt es nicht. In einer neueren ethnographischen Studie macht Hsu (1996) allerdings eine andere Beobachtung. Die Interviewpartner verwendeten die Begriffe *mian* und *lian* nicht trennscharf voneinander (ebd.: 59).[4]

In seiner detaillierten sprachwissenschaftlichen Analyse weist Carr auf die zahlreichen Arbeiten zu Face in unterschiedlichen wissenschaftlichen Disziplinen und damit auf die große Verbreitung und Aufmerksamkeit hin, die der Begriff im 20. Jahrhundert erfahren hat: Von der Sinologie über die Anthropologie, die Soziolinguistik, die Soziologie, die Psychologie bis hin zur vergleichenden Politologie u.a.m. (1992: 40). In einem Vergleich von Lexikoneinträgen in verschiedenen Sprachen macht Carr über hundert Lexeme für Gesicht im Chinesischen aus.[5] Er weist darüber hinaus die Verbreitung von Gesicht als Ausdruck für Ehre oder Prestige als ‚unsichtbares' Lehnwort aus dem Chinesischen für europäische Sprachen, insbesondere für das Englische, nach (ebd.: 85). So werde *face* als Synonym für ‚Äußerlichkeiten' zwar schon in einer Übersetzung der Bibel aus dem 14. Jahrhundert verwendet, im Sinne von Prestige werde *face* aber erstmals 1913 in einem englischen Lexikon aufgeführt und fülle damit als Gegenstück zu negativen Bedeutungen wie *false face* eine semantisch Lücke (ebd.: 70-71).[6]

Im *Lexikon der Sprichwörtlichen Redensarten* (1973) werden erstmals im Deutschen die Wendungen ‚das Gesicht verlieren' und ‚das Gesicht bewahren' aufgeführt. Dabei sei die besondere Gebräuchlichkeit der Wendung im Sinne von Blamage an der Nominalisierung ‚Gesichtsverlust' zu erkennen, wohingegen eine Nominalisierung für ‚das Gesicht wahren' fehle (Carr 1993: 81f.). Ähnliche Wendungen wie *die Schamesröte steigt ins Gesicht* bringe Gesicht ebenfalls mit

---

[4]Zu ähnlichen Schlussfolgerungen kommt auch Weidemann (2015) in ihrer Studie über interkulturelles Lernen in Taiwan.

[5]Carr untersucht vor allem den Einfluss des Chinesischen Gesicht im Englischen und Japanischen, aber auch im Deutschen und zahlreichen anderen europäischen und asiatischen Sprachen. Nach dem Chinesischen machte Carr im Japanischen die meisten Lexeme für Gesicht (89) aus (1992: 74).

[6]In: *Funk and Wgnalls' New Standard Dictionary of the English Language* (1913), nach: Carr 1992. Nach dem Deutschen Wörterbuch *der Grimm* ist der Begriff ‚Gesicht' im Deutschen seit dem 13. Jahrhundert nachweisbar (Grimm/Grimm 1991).

Blamage in Verbindung.[7] Auffällig sei aber vor allem die viel geringere Anzahl der Lexeme mit Bezug auf *face* bzw. Gesicht im Englischen (5) und im Deutschen (2) im Vergleich zum Chinesischen (102). Den Grund für die immens große Bandbreite an Wendungen mit *mian/lian/yan* speziell im Chinesischen sieht Carr in der Zeitspanne der Verwendung seit ihrer historischen Entstehung: so geht der früheste Eintrag – *mianmu* im Sinne von ‚Ehre' – immerhin zurück auf das 10.-7. Jahrhundert v. Christus (vgl. unten).

Die mit Gesicht verbundenen Phänomene wie Ehre, Scham oder Prestige, so Carr, seien allerdings nicht spezifisch Chinesisch, sondern universell (ebd.: 89). Carr kommt zu dem Schluss: „There is a false myth that 'face' is peculiar to the Chinese rather than a force in every human society" (ebd.: 88). Diese Ansicht teilt auch Ho (1976), der für eine universelle Konzeptualisierung von Face als soziologischen Begriff (etwa im Sinne Goffmans, siehe unten) plädiert: „While it is true that the conceptualization of what constitutes face and the rules governing face behavior vary considerably across cultures, the concern for face is invariant. Defined at a high level of generality, the concept of face is universal." (Ho 1976: 881-2) Damit macht Ho sowohl die Generalisierbarkeit des Konzeptes als auch dessen Grenzen deutlich: Die mit *lian/mian* im Chinesischen und (beispielsweise) Ehre, Scham oder Prestige im Deutschen verbundenen Konzepte weisen zwar Schnittmengen auf, sind aber auch mit unterschiedlichen Deutungsmustern sowie verschiedenen praktischen Formen der Umsetzung verbunden.

Stover (1962) macht zwar auch einen deutlichen Unterschied zwischen *lian* und *mianzi*, widerspricht aber Hus Meinung:

> „She [Hu] understands face behaviour to represent the Chinese expression of an universal desire for prestige, also the native usages she records of the term <u>mian-tzu</u> [Wade-Giles Umschrift für *mianzi*, A.D.] to cover both the acceptable and non-acceptable limits to which prestige may be maximised, it is clear that she is treating a social ideology unique to Chinese culture." (ebd.: 2)

Stover sieht mit dem Terminus *mianzi* eher eine speziell chinesische Kultur verknüpft.

---

[7]Im Deutschen existiert der Begriff der Schamesröte, die ins Gesicht steigt. Chinesen dagegen lächeln aus Verlegenheit (das verlegene Lächeln wiederum gibt es ebenfalls im Deutschen).

## 6.2 Das chinesische Gesicht: Die Erfindung eines nationalen Charakterzugs?

Im Jahr 1890 überschreibt der amerikanische Missionar Arthur Smith das erste Kapitel seines Buches *Chinese Characteristics* mit „Face".[8] Darin unterstellt er ‚den Chinesen'[9] einen Hang zur Theatralik, den diese im öffentlichen Umgang wie Schauspieler wirken ließe, die sich in Förmlichkeiten verlieren, um ihr Gesicht (*face*) zu waren. Aber: „Once rightly apprehended, 'face' will be in itself key to combination lock of many of the most important characteristics of the Chinese" (Smith 1894 [1890]: 17). Für Smith ist Face also ein Schlüsselbegriff zum Verständnis des ‚Chinesischen'.[10]

---

[8]Arthur H. Smith (1845-1932) war ein amerikanischer Missionar des *American Board of Commissioners for foreign Missions*, der von 1872 bis 1926 in China lebte. Bekannt wurde er vor allem durch seine Bücher, die der westlichen Leserschaft die chinesische Kultur näherbringen sollten, und die zu dieser Zeit wesentlich das Chinabild im Westen mitprägte. Sein Buch *Chinese Characteristics* erschien erstmalig 1890 in Shanghai (Smith 1894: 11, Fußnote), 1894 in New York und gegen 1910 bereits in der 15. Auflage. Das Buch wurde in mehrere europäische Sprachen sowie ins Chinesische und Japanische übersetzt.

[9]Die Bezeichnung „Chinaman" geht wohl auf englischen Seeleute zurück, die sich die Namen der chinesischen Matrosen nicht merken konnten oder wollten, und sie daher ‚John Chinaman' riefen. Diese Bezeichnung ging in zahlreiche Gedichte, Lieder und Karikaturen ein, aber auch in journalistische Texte und Reiseberichte, z.B. in George Wingrove Crook, Korrespondent der London *Times* 1857-58 in China (Smith 1894: 9), und auch in Chester Holcombe's (1909 [1895]) *The Real Chinaman*, bei dem der Begriff sogar Titelgebend ist. Smith kritisiert die abwertende Bezeichnung der Chinesen als „Chinaman" in der englischsprachigen Literatur seiner Zeit, und spricht – damals politisch korrekt – von „the Chinese". In der deutschen Übersetzung von 1900, *Chinesische Charakterzüge* (Deutsch frei bearbeitet von F.C. Dürbig) wird „the Chinese" dann u.a. mit ‚die bezopfte Rasse' übersetzt (ebd.: 1), was in die Ressentiments der Europäer gegenüber China und das nationalistische Überlegenheitsgefühl dieser Zeit passt. Dies kommt beispielsweise in der als „Hunnenrede" Bekanntgewordene Ansprache Wilhelm II am 27.07.1900 an das deutsche Expeditionsheer auf dem Weg zu einer Strafexpedition nach dem Boxeraufstand (1900-1901) nach China zu einem blutrünstigen Höhepunkt: „Kommt ihr vor den Feind, so wird er geschlagen, Pardon wird nicht gegeben; Gefangene nicht gemacht. Wer euch in die Hand fällt, sei in eurer Hand. Wie vor tausend Jahren die Hunnen unter ihrem König Etzel sich einen Namen gemacht, […] so möge der Name Deutschlands in China in einer solchen Weise bekannt werden, daß niemals wieder ein Chinese es wagt, etwa einen Deutschen auch nur scheel anzusehen!" (nach: Soesemann 1976)

[10]Smith adressiert in der Einleitung der *Characteristics* die Schwierigkeit, die Chinesen einheitlich zu charakterisieren, und beschreibt den Chinesen als ein „bundle of contradictions" (1894: 11).

Über hundert Jahre später spricht Tauber in einem Wirtschaftshandbuch für China (2009) im Gegensatz dazu von der fast mystischen Überhöhung des Begriffes Gesicht in der China-Beraterszene, und relativiert: „Es gibt das Phänomen ‚Gesicht' tatsächlich, aber es handelt sich im Grunde genommen um eine Banalität, die auch jedem Deutschen prinzipiell vertraut ist. Haben sie sich schon einmal geschämt? War ihnen schon einmal etwas peinlich?" (Tauber 2009: 385) Tauber wendet sich gegen die Lehrmeinung der China-Beraterszene, und offenbar hält er die Bedeutung des Begriffes Gesicht für überbewertet.

Wie kommt es nun aber zu den völlig unterschiedlichen Einschätzungen dieses Phänomens durch Smith und Tauber, und wie konnte der Begriff überhaupt so prominent werden, dass Tauber dessen Relativierung notwendig erscheint? Der zeitliche Abstand zwischen den beiden Texten ist groß und die Einschätzung des Begriffes Gesicht bzw. Face hat keineswegs in einer linearen Entwicklung stattgefunden. Obwohl der Begriff im Chinesischen schon lange verwendet wird, werden westliche Autoren erst vergleichsweise spät, am Ende des 19. Jahrhunderts, als Charakteristikum des chinesischen ‚Volkscharakters' auf ihn aufmerksam. Verschiedene Autoren machen dabei unterschiedliche Aspekte des Begriffes besonders stark.

### Gesicht und Chinabilder

Die erste Verwendung des Terminus *mian* als *mianmu* (‚Prestige') geht zurück auf konfuzianische Texte, nämlich das *Shijing* aus dem 10.-7. Jahrhundert v. Chr. und das *Guanzi* aus dem 3. Jahrhundert v. Chr. (Carr 1992: 43). Obwohl die Termini mit dem gleichen oder ähnlichen semantischen Gehalt schon lange in Verwendung sind, findet der Begriff lange Zeit keinen Eingang in die Chinabeschreibungen westlicher Reisender oder Missionare. So findet man in den Schriften des jesuitischen Missionars Matteo Ricci aus dem 16. Jahrhundert in den Kapiteln über chinesische Bräuche zwar Hinweise zur Etikette am Kaiserhof, Gesicht aber findet überhaupt keine Erwähnung (Ricci/Trigault 1953).[11] Auch in den

---

[11]Der italienische Priester Matteo Ricci (1552-1610) verbrachte den größten Teil seines Lebens als jesuitischer Missionar zunächst in Goa (1572) und dann im China der Ming-Dynastie in Macau (1582), später u.a. in Nanjing und Beijing und dort auch in der Verbotenen Stadt. In Beijing starb er 1610, ohne dem Wanli-Kaiser (Regierungsperiode 1572-1620) je persönlich begegnet zu sein, erhielt aber von diesem posthum eine Grabstätte in Beijing. Seine Texte über China entstanden zwischen 1583 und 1610.

zahlreichen Reiseberichten zum China des 17. und 18. Jahrhunderts mangelt es zwar nicht an Beobachtungen und Einschätzungen chinesischer Verhaltensweisen, aber die Benennung des Phänomens Gesicht steht noch aus.

Im 18. und frühen 19. Jahrhundert durchläuft das westliche Chinabild einen Wandel, in dessen Verlauf auch die Sitten und Gebräuche der chinesischen Oberschicht eine neue Beurteilung erfahren. Eine positiv konnotierte oder zumindest neutrale Bewertung der höflichen Umgangsformen als Zeichen einer weit entwickelten Zivilisation weicht einer weniger schmeichelhaften Einschätzung des chinesischen Volkscharakters. Solche Bewertungen werden später auch auf das Konzept Gesicht projiziert.

So finden sich in der ersten Hälfte des 18. Jahrhunderts noch positive Beschreibungen der höfischen Etikette und des hohen Maßes an Affektkontrolle als Merkmale des Chinesischen. Der französischen Jesuitenpater Jean-Baptiste Du Halde (1674-1743) bemerkte:

> „Wenn man mit einem Chinesen was zu tun hat, so muß man sich sehr in Acht nehmen, daß man nicht allzu lebhaft und munter mit ihm umgehet. Die Beschaffenheit des Landes erfordert schlechterdings eine Beherschung der Leidenschaften, und vor allem die Unterdrückung der natürlichen Heftigkeit [...]. Es fehlet ihnen keineswegs an natürlichem Feuer und Munterkeit; sie sind aber von der Jugend auf angewiesen worden, sich selbst zu beherrschen." (Du Halde 1749 [1735]: 91, §3).[12]

Er bewertet das Betragen der chinesischen Oberschicht zwar als eine Art öffentliche Maske, führt dies aber nicht auf einen Mangel an Temperament oder Lebhaftigkeit zurück, sondern sieht es vielmehr als das Ergebnis einer langen Sozialisation (ebd.). Die unbequeme Förmlichkeit der Etikette werde aber abgelegt, sobald man jemanden erst einmal kennengelernt habe (ebd.: 92, §4).

Eine andere Auffassung vertritt am Ende des 18. Jahrhunderts John Barrow (1764-1848). Als Mitglied der ersten britischen Gesandtschaft nach China 1793/94 hielt Barrow seine Erfahrungen während der Macartney-Mission in seinem Buch

---

[12]Jean Baptiste Du Halde 1735: *Description géographique, historique, chronologique et politique de l'Empire de la Chine et de la Tartarie chinoise.* Das Zitat stammt aus der deutschen Übersetzung (1748) dieses Textes von Johann Lorenz von Mosheim.

*Travels in China* fest.[13] In den darin enthaltenen Betrachtungen zur chinesischen Gesellschaft und Ritualisierung des öffentlichen Lebens beschreit Barrow zwar ähnliche Phänomene wie Du Halde, bewerten diese nun allerdings nicht mehr neutral als chinesische Besonderheit oder gar als kulturelle Leistung, sondern als „Indiz für gesellschaftliche Versteinerung" (Osterhammel 2013: 345). Barrow *beklagt* – neben der „[...] Beschaffenheit des weiblichen Theils der [chinesischen, A.D.] Gesellschaft" – insbesondere den steifen Umgang bei der Erziehung der Kinder und innerhalb der Familien, der selbst unter Geschwistern jede „Knospe aufblühender Empfindung erstickt" (Barrow 1804: 169-173). Und weiter:

> „Es ist wahr, die Knaben kommen manchmal in den Schulen zusammen; aber das steife, ceremonielle Wesen, welches keinen unbeträchtlichen Theil ihrer Erziehung ausmacht, legt allen den kleinen Kindereien ihres Alters einen Zwang auf, und dämpft gänzlich den Geist der Thätigkeit und Unternehmung. Ein chinesischer Jüngling ist ohne Leben, förmlich und unthätig, weil er immerfort beflissen ist, den Ernst des männlichen Alters anzunehmen." (Barrow 1804: 174)

Zwar geht Barrow von dem Vorhandensein eines „natürlichen Charakters der Chinesen" (ebd.: 194) aus, sieht aber die schlechte moralische Verfassung des Volkscharakters gerade in dessen Veränderung unter dem Einfluss der Gesetze und Regierungsregime:

> „Während sie von Natur ruhige, duldsam und schüchtern sind, hat sie der Zustand der Gesellschaft und der Missbrauch der Gesetze, wodurch sie regiert werden, gleichgültig, fühllos, und sogar grausam gemacht, wie etliche Beispiele, die mir unter vielen andern aufstießen, klärlich beweisen werden." (Barrow 1804: 174)

---

[13]Die deutsche Übersetzung *Reise durch China von Peking nach Canton im Gefolge der Großbrittannischen Gesandtschaft in den Jahren 1793 und 1794* (1804) wurde von J.C. Hüttner angefertigt und kommentiert. An der Kniebeuge des Abgesandten Lord Macartney vor dem Kaiser Qianlong am 14. September 1793 im Rahmen dieser Mission wird der Wandel zu einem Eurozentrismus sinnfällig: Macartney verweigerte sich dem Kotau, ein Bestandteil des Hofzeremoniells, dem sich alle früheren europäischen Gesandten vor ihm unterworfen hatten. Im vierten Kapitel von Barrows Buch, „Abriß von dem Zustande der Gesellschaft in China. – Sitten Gebräuche, Gesinnungen und moralischer Charakter des Volkes", liefert er einige Beobachtungen sozialer Phänomene in China, und spricht dabei über die Stellung der Frau und das Verhältnis der Geschlechter in China, über Erziehung, Sexualleben, Opiummissbrauch, Festtage, Glücksspiel, die Tyrannei der Beamten, den moralischen Charakter des Volkes u.v.a.m.

Barrow geht also von einem natürlichen Charakter der Chinesen aus, der durch die Erziehung nicht veredelt, sondern verdorben wird.

In Barrows Bericht wird im allgemeinen ein Umbruch westlicher Chinawahrnehmung gesehen, die sich von den Bildern eines „märchenhaften Wunderlandes" (Fisch 1984) bei Marco Polo entfernt, und schließlich zu der Vorstellung von einem vollständig abgeschlossenen und erstarrten Land gelangt – die Karl Marx zu der Metapher einer „in einem hermetisch abgeschlossenen Sarg aufbewahrten Mumie" (Marx/Engels 1960: 95) verleitete – das nach der gewaltsamen Öffnung unweigerlich zerfallen müsste, wie die Mumie nach der Öffnung des Sarkophags.[14] So weicht auch bei der Betrachtung von Verhaltensphänomenen eine vorteilhafte oder doch zumindest neutrale Darstellung chinesischer Besonderheit deren negativer Beurteilung.[15]

Wenn auch in diesen Beschreibungen dem Begriff Gesicht noch keine Aufmerksamkeit geschenkt wird, so kommen hier doch grundlegende Deutungsmuster zum Ausdruck, die später sowohl bei der Identifizierung von Gesicht als auch des ‚Chinesischen' überhaupt eine bedeutende Rolle spielen werden: Die modernisierungshemmende konfuzianische Erziehung, die Erstarrung in Formalitäten und ein Mangel an Authentizität. In dieser negativen Beurteilung der chinesischen Gesellschaft spiegelt sich eine Entwicklung zu einem eurozentrischen Überlegenheitsgestus wieder, das vereinzelt in der Reiseliteratur des 18. Jahrhunderts auftritt und im Verlauf des 19. Jahrhunderts zum dominanten Topos westlichsprachiger Asienliteratur wird (vgl. Osterhammel 2013; 1987). Die Beschreibung Barrows passt damit in die Vorstellungswelt eines eindimensionalen, linearen Fortschrittsmodells, das Europa gegenüber Asien und China selbstverständlich in der zivilisatorisch überlegenen Position sieht.[16]

---

[14]Vgl. auch Mittag (2000: 193). Möglicherweise geht Marx' Formulierung in seinem 1853 erschienenen Leitartikel „Die Revolution in China und Europa" in der *New York Daily Tribune* auf eine Formulierung Herders zurück, auf den er in seinem Artikel auch anspielt: „Das Reich ist eine balsamirte Mumie, mit Hieroglyphen bemahlt und mit Seide umwunden; ihr innerer Kreislauf ist wie das Leben der schlafenden Winterthiere" (Herder 1909 [1787]: 13).

[15]Zum Wandel des Chinabildes im 18. und 19. Jahrhundert, siehe z.B. Osterhammel (2013). Im Zusammenhang mit der Bewertung des Konfuzianismus, siehe Lee (2003: 222 ff.).

[16]Fisch (1984) beschreibt detailliert die schrittweise Umkehrung des Topos von China als in allen Bereichen überlegenen ‚Wunderlandes' seit dem 13. Jahrhundert (Marco Polo) zu einem Fortschrittsmodell europäischer Überlegenheit im späten 18. und frühen 19. Jahrhundert, zunächst nur in Religion, dann in Wissenschaft und Technik, und schließlich militärisch, politisch und wirtschaftlich.

Wesentliche Voraussetzung für die Auseinandersetzung mit dem Phänomen Gesicht war es, neben einem Verständnis der chinesischen Sprache, überhaupt ein Interesse am alltäglichen Leben und den Verhaltensroutinen der Menschen zu entwickeln, insbesondere auch an den Umgangsformen der einfachen Bevölkerung. Weiter bedurfte es dazu empirischer Erfahrungen, also auch der Möglichkeit zu genauer Beobachtung und Beschreibung. Diese Möglichkeit bot sich den Europäern und Amerikanern im Zuge der gewaltsamen (politischen) Öffnung Chinas durch die sogenannten Opiumkriege[17], insbesondere nach dem ‚zweiten

---

[17]Seit Beginn des 18. Jahrhunderts trieben die Europäer in Guangzhou Handel, ab dem 19. Jahrhundert war dabei das überwiegende Handelsgut Opium aus den britischen Kolonien. Der zunehmende und illegale Opiumimport führte ab 1830 zu einer negativen Handelsbilanz für China, weil große Mengen Silberdollar aus China abflossen. 1839 wurde der Beamte Lin Zexu mit einer strengen Durchsetzung des Opiumverbots beauftragt, der daraufhin britischen Händler gefangen setzen und Schiffsladungen beschlagnahmen ließ. Dies diente dem englischen Parlament als Anlass, Kanonenboote und 4000 Marinesoldaten zu entsenden, die Guangzhou Mitte 1840 erreichten. Nach der Niederlage Chinas in dem von der *Times* als „Opiumkrieg" bezeichneten Konflikt wurde 1842 in Nanjing ein Vertrag unterzeichnet, in dem China sich u.a. zu der Öffnung von fünf Häfen bereit erklärte und den Briten dort Exterritorialität einräumte. Der Vertrag von Nanjing war der erste in einer Reihe von ‚ungleichen Verträgen' zwischen China und westlichen Nationen sowie Japan, und Handelsvorrechte aus dem Vertrag von Nanjing wurden später durch die Meistbegünstigtenklausel und weitere Verträge auf andere Westmächte ausgedehnt. Der ‚zweite Opiumkrieg' beschreibt eine Reihe von militärischen Auseinandersetzungen zwischen 1856 und 1860 mit China auf der einen, sowie England und Frankreich auf der anderen Seite, mit dem Ziel, China weiter für die westlichen Interessen öffnen. Im Zuge der Auseinandersetzung wurde der Sommerpalast in Beijing von den westlichen Truppen in Brand gesteckt und geplündert. Der kurz darauf im Oktober 1860 unterzeichnete Vertrag von Beijing verpflichtete China u.a. zu weiteren Entschädigungszahlungen, zu der Öffnung weiterer Häfen, zur Aufnahme von Opium in die Zolltarife und der Ausdehnung der Exterritorialität auf Zivilprozesse. Außerdem konnten Ausländer mit einem von den chinesischen Behörden ausgestellten Pass nun auch außerhalb der offenen Häfen reisen. (Bastid-Bruguière 2003) Neben der wirtschaftlichen Belastung durch Reparationszahlungen und den Opiumhandel waren die Auswirkungen der Opiumkriege für China vor allem politischer und kultureller Natur, da das Kaiserreich zum einen zu einer Anpassung an europäische „Verfahrensweisen und Völkerrechtspraxis" (Osterhammel 1989: 126) gezwungen wurde. Zum anderen zwangen diese Entwicklungen die Chinesen aber auch dazu, den Blick über die Grenzen ihres „selbstgenügsamen Kosmos" (Lippert 1979) hinauszuwerfen und sich mit westlichem Denken und westlicher Zivilisation auseinanderzusetzen. Wirtschaftlich war China bereits seit dem 16. Jahrhundert in die interkontinentalen Warenströme (insb. Edelmetalle) angeschlossen und damit weltwirtschaftlich eingebunden. Der erste Opiumkrieg markiert in den Augen vieler Chinesen den Beginn eines ‚Jahrhunderts der Demütigung' (百年恥辱 *bainian chiru*), das mit der Niederlage Japans im Zweiten Weltkrieg (zugleich Niederlage im zweiten Sino-Japanischen Krieg (1937-1945)) endete.

Opiumkrieg', ab 1960. In dessen Folge wurde Ausländern nicht nur der Zutritt zu den Handelshäfen sondern auch zum Hinterland gewährt (Osterhammel 1984: 174). Einer der ersten Europäer nach Marco Polo, der China auch außerhalb der Handelshäfen intensiv bereiste, war der deutsche Geograph Ferdinand von Richthofen (1833-1905), dem neben einer systematischen geographischen Erfassung Chinas während seiner Forschungsreisen (1868-1872) auch detaillierte Beobachtungen der Lebensweise der chinesischen Bevölkerung – freilich aus der Perspektive des fraglos überlegenen Europäers geschrieben – zu verdanken sind.[18] Etliche der Autoren der zahlreichen Chinabeschreibungen vor Richthofens Reisebericht hatten das Land selber nie betreten. (Osterhammel 1987: 171) Trotz Richthofens detaillierten Aufzeichnungen fehlt weiterhin eine Beschreibung des chinesischen Gesichts, was möglicherweise auch auf seine nur rudimentären Kenntnisse des Chinesischen Zurückzuführen ist.

Neben Richthofens Aufzeichnungen gab es in der zweiten Hälfte des 19. Jahrhunderts noch zahlreiche andere Werke über China und die Chinesen, in welchen die Chinesische ‚Rasse' (‚Rasse' war eine verbreitete Differenzierungskategorie, z.B.: Nevius 1869; Holcombe 1895) nicht ausschließlich negativ dargestellt wurden. Es gibt auch anerkennende Beschreibungen der chinesischen Höflichkeit, allerdings ebenfalls ohne Verweis auf das chinesische Gesicht bzw. Face (Mason 1939: 137ff.).

Erst im Jahr 1890 hebt Arthur Smith die Bedeutung von Face als besonders bemerkenswertes chinesisches Charakteristikum hervor. Die große Verbreitung seiner Schriften und die Erwähnung von Face in einigen anderen Texten über China zu Beginn des zwanzigsten Jahrhunderts dürften weiter zu Verbreitung des Konzeptes beigetragen haben.[19] In der Einleitung seines Buches adressiert Smith

---

[18]Von Richthofens Bericht wurde in dem fünfbändigen Werk *China. Ergebnisse eigener Reisen und darauf gründender Studien* (1877-1912) von ihm und zum Teil posthum von seinen Schülern veröffentlicht. Aufschlussreich in Bezug auf seine Sichtweise über die „Gewohnheiten einer niederen Rasse" (von Richthofen 1907, Bd. 2: 140,) – gemeint sind die Chinesen – sind *Ferdinand von Richthofen's Tagebücher aus China* (1907).

[19]Nicht alle Autoren dieser Zeit erkannten Face gleichermaßen als Verständnisschlüssel für das Chinesische wie Smith. So beschreibt Holcombe in seinem Werk *The Real Chinaman* (1895) im Kapitel „Etiquette and Ceremony" zwar Situationen, die mit der Wiederherstellung von Ehre zu tun haben, bringt das aber nicht mit Face in Verbindung. Eine umfassendere Analyse der westlich-sprachigen Berichterstattung über und Darstellung von China an der Wende zum 20. Jahrhundert wäre wünschenswert, um die Verbreitung des Face-Konzeptes noch detaillierter nachzuzeichnen, geht aber über die Möglichkeiten dieser Arbeit hinaus.

(1894: 17) noch die Schwierigkeit, „the Chinese" als „bundle of contradictions"
einheitlich zu charakterisieren. Er sieht aber in Face den Schlüssel zu den wichtigsten chinesischen Charakteristiken:

> „At first sight nothing can be more irrational than to call that which is shared with
> the whole human race a 'characteristic' of the Chinese. [...] In order to understand,
> however imperfectly, what is meant by ‚face,' we must take account of the fact that
> as a race the Chinese have a strongly dramatic instinct. [...] Upon very slight pro-
> vocation, any Chinese regards himself in the light of an actor in a drama. He throws
> himself into theatrical attitudes, performs the salaam, falls upon his knees, prostrates
> himself and strikes his head upon the earth, under circumstances which to the Occi-
> dental seem to make such actions superfluous. [...] All this, be it clearly understood,
> has nothing to do with realities. The question is never of facts, but always of form."
> (Smith 1894: 16)

Face ist hier nicht mehr nur steife Etikette sondern gesellschaftliche Maske, ja
Maskerade. Es wird darin nicht nur, wie noch knappe hundert Jahre zuvor bei
Barrow, die Unfähigkeit zum Ausdruck des Gefühlslebens gesehen, sondern ein
Mangel an Authentizität. Das Leben wird zum Theaterstück und die Aufführung,
dieser Auffassung ist Smith, habe mit der Realität nichts zu tun. Die Realität
verbirgt sich hinter der Maske. Den dramatischen Instinkt, der für dieses Schau-
spiel notwendig sei, spricht Smith ‚den Chinesen' als „Rasse" (*race*) zu. Mit der
Beurteilung dieses Schauspiels adressiert Smith auch die moralischen Urteile
anderer Autoren, wie das des Professor Kidd: „'Falsehood, duplicity, insincerity,
and obsequious accommodation to favourable circumstances are national features remarkably prominent'" (Smith 1894: 266).[20] Obwohl Smith nicht umhin
kann im 25. Kapitel („The Absence of Sincerity") seines Buches die Bewunderung einiger seiner Zeitgenossen für die chinesische Geschichtsschreibung, als
Arbeiten ‚no doubt far in advance of the times' zu teilen, kommt er doch zu dem
Schluss „that [...] we are ready enough to admit that in China truth is confined
to histories" (Smith 1894: 268-70). Und er urteilt über die Chinesen: „The ordi-
nary speech of the Chinese is so full of insincerity, which yet does not rise to the
dignity of falsehood, that it is very difficult to learn the truth in almost any case"
(ebd.: 271). Smith ist mit seinem Urteil über diesen chinesischen Charakterzug
nicht der Erste. Das Bild verlogener chinesischer Kaufleute, insbesondere der

---

[20]Gemeint ist wahrscheinlich der englische Missionar und spätere Professor Samuel Kidd
(1804-1843). Sein 1841 erschienenes Werk: *China, or Illustrations of the Philosophy,
Government, and Literature of the Chinese*, London, war nicht greifbar.

Kantonesen, geht bereits auf das 17. Jahrhundert zurück (Demel 1992).[21] Smith
Betrachtung fügt sich auch in die Überlegenheitsrhetorik Europas des 19. Jahrhunderts ein, die vor moralischen Bewertungen nicht Halt machte. Smith bemüht
sich auch, den „Mangel an Aufrichtigkeit" mit den konfuzianischen Klassikern in
Verbindung zu bringen: „He who peruses the Chinese Classics with discerning
eye will be able to read between the lines much indirection, prevarication, and
falsehood which are not distinctly expressed" (Smith 1894: 267). Und als Beleg
führt Smith einen Auszug aus der Übersetzung der Analekten des Konfuzius
(*Lunyu*) und aus dem Menzius (*Mengzi*) an. Obwohl Smith Face als relevantes
Konzept betrachtet, gibt er das pejorative Typenbild vom ‚lügenden Chinesen'
noch nicht auf. So bezeichnet er Handlungen, die er selber in Zusammenhang
mit Gesichtswahrendem Verhalten bringt, auch als „mock modesty" (Smith 1894:
278-279).

Aber Smith Beobachtungen zu Face finden Verbreitung und werden in der
Folge auch von anderen Autoren aufgegriffen. So schreibt der deutsche Journalist
Eugen Wolf[22] 1901 in *Meine Wanderungen – Im Innern Chinas*:

> „Hin und Rückreise durch den interessanten chinesischen Teil Hankows geschahen
> in Sänften, die auch mit über den Hanfluss übergesetzt wurden, denn der Delegierte
> des Vizekönigs wäre um keinen Preis zu Fuss gegangen; sein face (Gesicht, Anse-
> hen, moralischer Kredit, das englische ‚moral standing' ist vielleicht eine bessere
> Uebersetzung für das, was der Chinese unter ‚face' versteht) hätte dadurch bedeu-
> tend gelitten." (Wolf 1901: 282)

Wolf war mit dem Konzept des chinesischen Gesichts also durchaus vertraut. Das
hält ihn nicht von der Feststellung ab: „Kein Chinese, vom höchsten Würden-
träger bis herab zum Hauskuli, ist um eine sofortige Lüge verlegen, sie sprudelt
eben so rasch und klar hervor wie bei einem Kinde die Wahrheit" (ebd.: 74).

---

[21]Der englische Geistliche und Verfasser von Reiseliteratur Samuel Purchas (1577-1626)
urteilt 1625: „China lying is prudence" (nach: Demel 1992: 152-160). Aber auch in den
Mitschriften der Vorlesungen Georg W. F. Hegel wird 1822/23 vermerkt: „Ferner sind die
Chinesen höchst verschmitzt und diebisch und betrügerisch. Sie haben große Gelenkig-
keit der Glieder. Besonders gegen die Europäer sind sie betrügerisch, weil es ihnen an der
innerlichen Rechtlichkeit fehlt." (Hegel 1968: 129). Für zahlreiche weitere Beispiele, vgl.
Demel (1992) und Osterhammel (1998).

[22]Eugen Wolf (1850-1912) war Nationalist und arbeitete auf seinen Reisen für eine Expansion der Weltpolitischen Rolle des deutschen Reiches.

In Edward Hardys Chinabeschreibung *John Chinaman at Home* (1905) finden sich nur knappe Verweise auf die Bedeutung von Face: „After cold water there is nothing the Chinese so much fear as ridicule and disgrace or the ‚loss of face.' A district magistrate who was to be beheaded asked that as a special favour he might wear his robes of office in order to save his face!" (Hardy 1905: 105)

Während das Kapitel „Face" bei Smith gerade mal eineinhalb Seiten umfasste, beschreibt Macgowan (1912) im 23. Kapitel seines Buches *Men and Manners in Modern China* den Begriff bereits ausführlicher auf zwölf Seiten:

> „'Face' is one of the most potent, and at the same time one of the most amusing words in the Chinese language. It is not meant to describe the countenance of any one of the four hundred millions that inhabit this empire. It represents rather an idea that permeates the whole of society. It may be said to be the one dramatic element that makes every Chinese a play-actor, and his own life the stage on which he acts the farces and comedies that are constantly being played in everyday life. A Chinese is dominated by one passion, viz., to look well before his fellow-men. To do this successfully is to have 'face.' To fail or to appear in disgrace is to 'lose face.' He is well aware of the power of scenic effect, and so he is always arranging the play that he may give the onlooker the best view of himself." (Macgowan 1912: 301)

Macgowan liefert dann zahlreiche kurze Geschichten als Beispiele für Situationen, in denen Face für die sozialen Interaktionen eine Rolle spiele (ebd.: 301-312).

Neben der Unterstellung der Schauspielerei ist die Annahme wichtig, dass es sich bei Face um eine der Gesellschaft zugrundeliegende Bedeutungsstruktur handelt, die für das tagtägliche Verhalten in allen Situationen von Gewicht ist und daher für die Chinesen als ‚Rasse', Volk oder Nation bezeichnend. Das ältere Bild des unaufrichtigen Chinesen (bzw. Orientalen) ist bei Smith mit der Betrachtung zu Face verwoben und tritt auch bei Macgowan auf. Weiterhin ist bei Smith die Bemühung zu erkennen, seine Argumentation in den konfuzianischen Klassikern zu verankern.

**Gesicht aus der Perspektive einiger chinesischer Autoren**

Die erste Metabetrachtung[23] zu Face[24] in einem chinesisch-sprachigen Text, in der die Verwendung des Begriffs als ‚westliche' Fremdbeschreibung des chinesischen reflektiert wird, stammt aus dem sozialkritischen Essay des chinesischen

---

[23]Zur literarischen Verwendung und Verarbeitung des Phänomens in Romanen, vgl. Stover 1963: 356-366.

[24]Es ist anzunehmen, dass den hier behandelten chinesischen Autoren die Fremdbeschreibung des Chinesischen anhand von Face zunächst in englischer Sprache entgegentrat, obwohl beispielsweise Lin Yutang (vgl. Kap. 6) auch in Deutschland und Frankreich studierte.

Schriftstellers Lu Xun[25] aus dem Jahr 1934: „The term ‚face' keeps cropping up in our conversation, and it seems such a simple expression that I doubt wether (sic) many people give it much thought. […] But what is this thing called face?"[26] (1980 [1934]: 131) Lu wundert sich darüber, dass die Ausländer in dem Begriff offenbar den Schlüssel zum Verständnis des chinesischen Geistes sehen. Er zeigt einige Beispiele für die ‚eigenartige' und oft widersprüchliche Verwendung von Face in der chinesischen Gesellschaft auf. Freilich geht es Lu nicht um einen interkulturellen Vergleich chinesischer Umgangsformen. Die Beispiele, die er verwendet, machen eher auf die ungleichen Klassenverhältnisse innerhalb Chinas und auch auf die unterlegene politische Position Chinas gegenüber dem Ausland aufmerksam (ebd.: 131-134). Lu beklagt, dass ‚das Gesicht wahren' und ‚kein Gesicht Wollen' kaum noch zu unterscheiden seien, und kritisiert damit die Verdrehung moralischer Standards: „It is a good thing that the Chinese want face; the pity is, that this face is so flexible, so constantly changing, that it becomes confused with not wanting face" (Lu 1980: 134).

Später wird der Begriff von weiteren chinesischen Autoren aufgegriffen. So beschreibt Lin Yutang[27] Face in seinem populärwissenschaftlichen Werk *My Country and my People* (1935) zugleich als ein interessantes Studienobjekt und auch als eines der größten Probleme der chinesischen Gesellschaft seiner Zeit.

> „Interesting as the Chinese physiological face is, the psychological face makes a still more fascinating study. It is not a face that can be washed or shaved, but a face that can be 'granted' and 'lost' and 'fought for' and 'presented as a gift'. […] But it

---

[25]Lu Xun 魯迅 (1881-1936) war der wohl einflussreichste chinesische Schriftsteller und Intellektuelle Chinas im 20. Jahrhundert und gilt als Begründer der modernen chinesischen Literatur.

[26]Der Originaltext ist mit „*Shuo ‚Mianzi'*" (說'面子', Lu 1934 (nach: Lu 1998)) betitelt. Lu diskutiert darin einige Wendungen, in denen sowohl *mian* als auch *lian* auftauchen (z.B. *you mianzi* oder *diulian*), schenkt diesem Unterschied aber keine weitere Beachtung. Eine aktuelle deutsche Übersetzung des Textes legte Jin (2015: 20ff.) mit „Über ‚die Reputation'" vor, in der *mianzi* als ‚Reputation' und *lian* als ‚Gesicht' übersetzt wird.

[27]Lin Yutang 林語堂 (1895 – 1976) war ein chinesischer Schriftsteller, der in den Vereinigten Staaten und Deutschland studierte, später unter anderem als Professor der Englischen-Abteilung an der Peking University arbeitete, bevor er nach 1935 überwiegend in den Vereinigten Staaten lebte. Sein erstes Buch *My Country and My People* veröffentlichte Lin 1935 in den USA, wo es zum Bestseller wurde. Später wurde das Buch in verschiedene europäische Sprachen und erst 1938 ins Chinesische übersetzt. Nicht nur in dem populärwissenschaftlichen Werk *My Country and My People*, sondern auch in seinen Romanen setzt sich Lin immer wieder mit der Überbrückung von Unterschieden zwischen China und dem Westen auseinander.

is easier to give an example of Chinese face than to define it. [...] Face cannot be translated or defined. It is like honor and is not honor. It cannot be purchased with money, and gives a man or a woman material pride. It is hollow and is what men fight for and what women die for. It is invisible and yet by definition exists by being shown to the public. [...] It is that hollow thing which men in China live by." (Lin 1939 [1935]: 199-200)

Lins Beschreibung verweist auf verschiedene Praktiken des Umgangs mit Face, die das westliche Ehrkonzept miteinschließen aber auch darüber hinausgehen. Er betont, dass es sich um ein chinesisches Spezifikum handelt („To confuse face with Western 'honor' is to make a grievous error" (ebd.: 200-201)) und er gibt einige vergleichende Beispiel. Lin bedient sich dabei der Dichotomie China-Westen. Dem „hohlen Ding" gibt Lin auch die Schuld zahlreicher struktureller Übel in ‚seinem Land', und seine pessimistische Prophezeiung lautet:

„So it seems that while it is impossible to define face, it is nevertheless certain until everybody loses his face in this country, China will not become a truly democratic country. The people have not much face anyway. The question is, when will the officials be willing to lose theirs? When face is lost at the police courts, then we shall have save traffic, when face is lost at the law courts, then we shall have justice. And when face is lost in the ministries, and the government by face gives way to a government by law, then we shall have a true republic." (Lin 1939: 203)

Die Herausstellung von Face als etwas originär Chinesischem und die Betonung der Unmöglichkeit der Übersetzung und Definition von Face heben Lins Betrachtung besonders von der Lus ab.[28]
   Erste akademische Auseinandersetzungen mit dem Begriff Face finden ab den 1940er Jahren statt. Im Jahr 1944 legte Hu mit „The Chinese Concepts of ‚Face'" eine umfangreiche Analyse der verschiedenen Wendungen mit *lian*, *mianzi* und *yan* vor, und das Konzept fand nun ein sich rasch verbreitendes Interesse in unterschiedlichen Wissenschaftsdisziplinen.

---

[28]Ähnliche Vorwürfe wie Lin gegenüber den Sitten in China macht auch Mao Zedong (1937) in seinem Text „In Opposition to Liberalism" (*Fandui ziyouzhuyi*): „Failing to start an argument in principle with a person, even when you know he is in the wrong, letting things slide for the sake of peace and cordiality, all because he is an old friend, a fellow villager, a fellow student, a close friend, someone beloved, an old colleague, or an old subordinate. Or, failing to make any clear decision, speaking about the error in allusions in order to preserve harmony and unity; as a result, the group is harmed as well as the individual" (nach: Wright 1953). Markus Jentsch (2015: 120ff.) meint dazu, Mao habe das ‚Gesicht' attackiert, um noch mehr revolutionäre Kräfte freizusetzen.

Ein Jahr später beschreibt Martin Young[29] in der Dorfstudie *A Chinese Village* (1945) in der damals ländlichen Küstenprovinz Chinas, Shandong (süd-östlich von Beijing) die sozialen und ökonomischen Verhältnisse seines Heimatdorfes. Dabei geht er auch auf das Phänomen Face und seine Bedeutung für soziale Phänomene innerhalb des Dorfes ein:

> „Since a number of village conflicts are caused by hurting somebody's ‚face', it is necessary to discuss the losing or gaining of ‚face'. [...] When we say in Chinese that one loses face, we mean that he loses prestige, he has been insulted or has been made to feel embarrassment before a group. When we say that a man wants a face, we mean that he wants to be given honor, prestige, praise, flattery, or concession, whether or not these are merited. Face is really a personal psychological satisfaction, a social esteem accorded by others." (Yang 1968 [1945]: 167)

Yang macht dabei einige Faktoren aus, die bei Gesichtsverlust oder -gewinn im dörflichen Umfeld eine Rolle spielen können: Die Ebenbürtigkeit des sozialen oder anderen Status' der beteiligten Personen; die Differenz des sozialen Status der Beteiligten; die Anwesenheit von Zeugen in der Situation des Gesichtsverlustes und die Intimität der sozialen Beziehung zu dieser dritten Partei; der soziale Wert, der einem Gesichtsverlust zugrunde liegt und die sozialen Sanktionen, die mit einem Gesichtsverlust verbunden sind; das Bewusstsein des eigenen sozialen Prestiges und schließlich das Alter der Beteiligten (ebd.: 167-170). Ein Auszug aus Yangs Beispielen:

> „When an upper class family is attacked with bad words or violent actions by another of similar social status, a serious conflict will arise. When village leaders come to settle it, the injured family very likely says: 'Money, property, these are insignificant in comparison with our family's face! Just consider it from our point of view. How could we life on as usual if our face were lost to that infamous family? We cannot tolerate this. We must fight on till our enemy admits his guilt.' If the mediators continue their effort, the family may finally give in, but say: 'All right, we may give up the fight if you gentlemen will guarantee that our face will be safe.' And the guarantee is given: 'Surely, we will see that everyone's face is saved.'" (Yang 1968: 170)

---

[29]Yang ist in dem Dorf Taitou, dass er in dieser Studie untersucht, geboren und aufgewachsen bis er das Oberschulalter erreichte. Seine wissenschaftliche Ausbildung erhielt er an der Abteilung für Anthropologie an der Columbia Universität in New York. Seine wissenschaftliche Methode ist also westlich geschult. Kulturell ist Yang sowohl mit der amerikanisch-städtischen als auch mit der chinesisch-dörflichen Gesellschaft vertraut. Er ist ein ‚marginal man', ein Umstand den sein Mentor an der Columbia Universität, Ralph Linton, kommentiert: „Any individual who has participated intimately in two cultures is in a position to see both with heightened clarity" (Yang 1968: vii). Es gibt bei Yang keine Hinweise darauf, ob er Hus (1944) Text zur Kenntnis genommen hat.

Neben einigen der oben angesprochenen Aspekte wird hier noch die Bedeutung einer dritten Partei, nicht nur im Sinne von Zeugen, sondern im Sinne einer vermittelnden Instanz deutlich. Der Gesichtsverlust wird als argumentative Ressource verwendet und der erlittene oder drohende Schaden als Argument gegenüber der vermittelnden Partei ins Feld geführt. In Yangs Beispiel wird der ideelle Wert des Gesichts der Familie sogar noch über materielle Werte gestellt.

Obwohl Yangs Buch schon im Titel darauf hinweist, dass es sich hier um die Studie zu einem *chinesischen* Dorf handele, so sind die Schilderungen im genannten Kapitel vor allem in ihrer Bedeutung für das Dorfleben von Interesse und werden nicht speziell als *nationale* Charaktereigenschaften hervorgehoben; diese herauszuarbeiten ist nicht Yangs Anliegen. Auch kritisiert er das Phänomen nicht; Face ist bei Yang nicht Ausdruck gesellschaftlicher Maskerade, einer minderwertigen Moral oder Phänomen einer korrumpierten Gesellschaft wie bei Lin oder den chinesischen Kommunisten, vielmehr versucht er eine erklärende Beschreibung.

Yang und Hu verzichten bei der Beschreibung von Face nun erstmals auf (moralische) Bewertungen, wie in den Fremd- und Selbstbeschreibungen zur Jahrhundertwende (Smith 1894 [1890]; Macgowan 1912) und den sozialkritischen bzw. politischen Betrachtungen der 30er Jahre des 20. Jahrhunderts (Lu 1980 [1934]; Lin 1939 [1935]). Die bislang stark anekdotenhaften Darstellungsweisen weichen analytisch-systematisierenden Erklärungen, was natürlich auch dem wissenschaftlichen Anspruch der Texte von Yang und Hu geschuldet ist.

**Gesicht als Rezept für den Umgang mit China und Chinesen**
Nur wenige Jahre nach Lins Text von 1935 wird – in einer Art frühem Vorläufer moderner interkultureller Ratgeber – in den USA mit dem *Pocket Guide to China* (1943) ein Ratgeberband für amerikanische Soldaten im Ausland veröffentlicht, der sich auch mit dem Begriff Face auseinandersetzt.[30] Der *Pocket Guide to China* (im Folgenden: *Pocket Guide*) sollte die amerikanischen Truppen

---

[30]Die Army Service Forces United States of America gaben seit den 1940 Jahren länderspezifische Pocket Guides heraus. Dabei handelt es sich wahrscheinlich um die Ergebnisse von Nationalcharakterforschung, wie sie auch von Ruth Benedict und Margaret Mead als Distanzstudien über Japan und andere Länder betrieben wurde. In den Pocket Guides werden allerdings keine einzelnen Autoren genannt, lediglich die Special Service Division der Army Service Forces treten als Herausgeber in Erscheinung.

auf die Zusammenarbeit mit dem *gallant allay* (gemeint ist China)[31] im Kampf gegen den gemeinsamen Feind (die Japaner) vorbereiten. Der Stil und Impetus dieses *Pocket Guide* hat mit seinem Hang zu Simplifizierungen bemerkenswerte Ähnlichkeiten mit moderner Ratgeberliteratur.[32] Er unterstreicht aber gerade die Gemeinsamkeiten von Amerikanern und Chinesen, anstatt Unterschiede als ständige Bedrohung von (Geschäfts-)Interessen zu betonen. Auch stilistisch den modernen Ratgebern sehr ähnlich, leitet der *Pocket Guide* mit einem chinesischen Sprichwort ein: „When you enter a neighborhood, ask what is forbidden; when you enter a country, ask what the customs are" (*Pocket Guide* 1943: 1). Hier wird also zum respektierenden Umgang mit den Bräuchen anderer Länder aufgefordert. Und dann: „It is the purpose of this guide to tell you about some of these customs. It will take only about 20 minutes to read, but, by helping you to understand China and the Chinese people, it can add interest to your stay in their country and help you to do a better job for America" (ebd.: 2). Mit dem Hinweis auf den geringen Zeitaufwand und den enormen Nutzen, den die Lektüre mit sich bringen wird, erinnert der Text an die Vermarktungsstrategien heutiger Ratgeberliteratur.[33]

---

[31]Hier zeigt sich die Gefahr der Homogenisierung der Bevölkerung einer Nation als Gruppe: Amerika unterstützte zu dieser Zeit vor allem die chinesischen Nationalisten unter der Führung des Generalissimus Chiang Kai-shek militärisch und finanziell als Alliierte im Kampf gegen Japan, hatte aber auch Kontakte zum kommunistischen Lager, mit dem die Nationalisten seit Mitte der 1930er Jahre in einem erbitterten Bürgerkrieg um die Vorherrschaft über China rangen. Der *Pocket Guide* irrte in seiner Annahme: „Today the Generalissimo holds firmly the leadership of the several groups in Chinese political life. Though these groups differ as widely as political parties in our American life differ, they are united, under the leadership of Chiang Kai-shek, in their determination to be free. They have in him the necessary unity to win the war" (*Pocket Guide* 1943: 34). Schon wenige Jahre später sollten 1951 die Amerikaner – nach der Gründung der Volksrepublik China 1949 – der Volksbefreiungsarmee Chinas im Koreakrieg (1950-1953) als Feinde gegenüberstehen.

[32]Dadurch unterscheidet sich der *Pocket Reader* beispielsweise auch von der 1946 erschienenen anthropologischen Studie *The Crysanthemum and the Sword – Patterns of Japanese Culture* von Ruth Bedendict, die dem amerikanischen Leser den besiegten Kriegsgegner Japan gerade anhand kultureller Muster zu beschreiben sucht, aber keine konkreten Ratschläge für den täglichen Umgang mit Japanern gibt.

[33]Beispielsweise ist in Jing (2006) *30 Minuten für mehr Chinakompetenz* der geringe Zeitaufwand für das Lesen schon in den Titel eingelassen.

Der *Pocket Guide* ist im Sinne des gemeinsamen Kampfes[34] gegen die japanischen Truppen in China sehr darum bemüht, das chinesisch-amerikanische Verhältnis in ein positives Licht zu rücken und Gemeinsamkeiten zu betonen („The first thing you should learn to say is: 'I am an American.' It is the best passport you can have" (*Pocket Guide* 1943: 2)). Dabei versucht der *Pocket Guide* zunächst potentiellen rassistischen Ressentiments seiner Leser entgegenzuwirken, und entlarvt daher rassisch begründete Differenzierung zwischen Chinesen und Amerikanern als japanische Propaganda: „If you think of the Chinese as a yellow skinned people of totally different race from us, you probably will never get to know them. What's more, you'll be playing right into the hands of Hitler and the Japs" (ebd.: 2).[35]

---

[34]Seit Beginn des so genannten zweiten Japanisch-Chinesischen Krieges 1937 (als Auslöser wird der Zwischenfall auf der Marco-Polo Brücke am 7. Juli 1937 gesehen) brachten japanische Truppen große Teile Nord-Ost Chinas unter ihre Kontrolle und richteten dabei verheerende Massaker unter Kriegsgefangenen und in der Zivilbevölkerung an. Diese Kriegsverbrechen belasten das Chinesisch-Japanische Verhältnis bis in die heutige Zeit. Am 9. September 1945 schließlich kapitulierten die japanischen Truppen in China.

[35]Hier scheint sich das Bild gelbhäutiger Chinesen bzw. Asiaten bereits durchgesetzt zu haben. Die erste ,Entdeckung' einer „gelben Rasse" geht auf Immanuel Kant zurück, der in seiner Vorlesung „Von den verschiedenen Racen der Menschheit" (1775) die Menschheit in vier Rassen unterteilte, deren Hautfarbe sich nach den klimatischen Bedingungen richtete. Die Chinesen waren dabei nur eine „Halbrasse", d.h. eine Mischung aus Indern, Skythen und Hunnen, oder aber eine „angehende Rasse", d.h. eine Rasse die sich noch in der Anpassung an die vorgefundenen klimatischen Bedingungen befindet. Als „gelbe Rasse" bezeichnete Kant daher nicht die Chinesen, sondern die Bewohner des indischen Subkontinents. Der Einflussreiche Rassentheoretischer Friedrich Blumenbach (1752-1840) arbeitete die Typologien der Rassen weiter aus und beschreibt 1825 die „mongolische Rasse" als „meist waizengelb" (nach: Demel 1992: 651). Insgesamt ergibt sich ein Bild, nachdem diejenigen, die den Chinesen wohlgesonnen waren, diese eher der ,weißen Rasse' zuordneten, während jene, die auf die Chinesen herabblickten, diese als irgendwie ,farbig' beschrieben. Da sich die Europäer selbst als ,Weiße' und kulturell überlegen betrachteten, so konnten im Umkehrschluss die kulturell niedriger Angesiedelten nicht weiß sein. Da man in Europa gegen Ende des 18. Jahrhunderts einerseits von der Inferiorität der Chinesen überzeugt war, andererseits aber eine bemerkenswerte Kulturhöhe Chinas in der Vergangenheit nicht bestritten werden konnte, bedurfte man einer Farbe zwischen braun und weiß. Entgegen kam dieser europäischen Farbsymbolik auch die der Chinesen selbst, die sich als ,gelbes' Volk im Sinne ihrer Entstehung im Bereich des ,gelben Flusses' und in ihrer kulturellen Abstammung von dem mythologischen ,gelben Kaiser' betrachteten. (vgl. Demel 1992) Mit dem Begriff der ,Gelben Gefahr' münzte auch Ferdinand von Richthofen seine Beobachtungen politisch um, wenn er sagt, die Chinesen seien den Europäern in allen Gebieten unterlegen, außer in dem der Fortpflanzung (nach: Osterhammel 1987: 175). Die Angst vor der *yellow peril* (,Gelbe Gefahr') als Menschenflut aus Ostasien war auch in USA seit dem 19. Jahrhundert verbreitet (Gollwitzer 1962).

Dann wird dargelegt, dass die Chinesen in der Tat wie die Amerikaner seien: „The Chinese People Are Like Americans" (Kapitelüberschrift, ebd.: 4). Dies wird einerseits auf die Ähnlichkeit der geographischer Gegebenheiten der Nation (die Größe und Weite des Landes), andererseits auf die beiderseitige Liebe zur Unabhängigkeit und individuellen Freiheit zurückgeführt: „We are alike, too, because we both love independence and individual freedom" (ebd.).[36] Drittens teile man ein Verständnis für Humor, viertens den Sinn fürs Pragmatische, fünftens die Liebe zum Heim und der Familie, und sechstens, als abschließender Höhepunkt: „We are alike, also, because of our natural democratic tendencies" (ebd.: 8). Dieser letzte Punkt liest sich aus heutiger Perspektive besonders merkwürdig.

In diesem Guide findet sich auch ein kurzes Kapitel mit der Überschrift „What does ‚face' mean?". Darunter wird wie folgt ausgeführt:

> „THE Chinese are a proud people and also a courteous one. This means that they consider it important not to hurt anyone's feelings and they will appreciate consideration of their own feelings. This is sometimes called 'face' which simply means self-respect. There is about as much of it in one country as another, but the Chinese pay more attention to preserving it than we do, and there are certain rules of courtesy, particular to the old, from the young. Old people in China are highly respected, even revered, and their advice valued. Lack of respect to the old is therefore a sign of bad manners.
> Don't worry about 'face' and complicated courtesy. Simply be an American, in the best sense. The Chinese don't expect you to know all their ways of polite behaviour. They will not think less of you if you break a rule or two if they are convinced you wish to respect them and to be friendly with them." (*Pocket Guide* 1943: 8-9)

Auch in der Beschreibung von Face betont der *Pocket Guide* Gemeinsamkeiten zwischen Amerikanern und Chinesen und versucht Face mit einer Übersetzung als ‚self-respect' einfach verständlich zu machen. Chinesen widmeten Respektsbekundungen lediglich mehr Aufmerksamkeit, insbesondere gegenüber Älteren. Es käme jedoch weniger auf die genaue Einhaltung aller Höflichkeitsregeln an, da die Chinesen dies von Amerikanern (bzw. dem Leser) ohnehin nicht erwarteten. Wichtiger sei, sie von einer grundsätzlich respektvollen und freundlichen Einstellung zu überzeugen. Auch gibt der *Pocket Guide* Hinweise, was es zu vermeiden gelte: „Try not to lose your temper. You will see plenty of Chinese lose

---

[36]Die Tendenz, Lebensart und Einstellung auf den natürlichen Lebensraum einerseits und auf einen Volkscharakter andererseits zurückzuführen sind beide bereits im 18. Jahrhundert Darstellungsmuster der Chinabeschreibung (Osterhammel 1987).

theirs, but they are looked upon and look on themselves as lower class when they do so" (ebd.: 42). Und in einer noch heute zeitgemäß wirkenden und illustrierten *Don't*-Liste ist zu lesen: „4. Loss of temper means loss of face" (ebd.: 43) – ein Hinweis, den Du Halde bereits in ähnlicher Form im 18. Jahrhundert gab. Der *Pocket Guide* geht dabei fast selbstverständlich auf Face als chinesisches Charakteristikum ein, präsentiert es aber in einem positiven Sinne als landesübliche Höflichkeitsform, nicht aber als Zeichen von Unaufrichtigkeit oder eines korrumpierten Staates. Dabei ist der *Pocket Guide* als Ratgeberhandbuch im Vergleich zu den wissenschaftlichen Texten von Yang und Hu simplifizierend in der Darstellung, zudem gibt er konkrete Handlungsanweisungen (*Do's* und *Dont's*) zum Umgang mit dem Phänomen. Face ist dabei eine nationale Spezialität, die man zwar nicht übernehmen muss, um zurechtzukommen, die man aber respektieren soll. Im Zusammenhang mit Face wird die Aufforderung formuliert, Verständnis aufzubringen für alterierende, aber prinzipiell als egalitär anzusehende Bräuche der Bevölkerung eines anderen Landes.

In diese Darstellung des Aufeinandertreffens der Angehörigen unterschiedlicher Nationen gesteht der *Pocket Guide* den Chinesen einiges an Reflexivität im internationalen Umgang in Bezug auf landesspezifische Höflichkeitsformen zu, deren Missachtung der heutigen Ratgeberliteratur häufig als Ursache von Missverständnissen oder des Scheiterns von Kommunikation in Szene gesetzt werden. Dabei verzichtet der *Pocket Guide* vollständig auf Kultur als Konzept der Beschreibung von Alterität (tatsächlich wird der Begriff ‚Kultur' im ganzen Bändchen nicht ein einziges Mal verwendet). Stattdessen ist die Rede von *the Chinese*, *the Chinese people*, *Chinese courtesy*, *Chinese customs* etc. Einige Verhaltensweisen werden mit der Natur der Chinesen erklärt (z.B. „natural democratic tendencies" (ebd.: 8)), oder aus der Beschaffenheit ihres Landes heraus (ebd.: 4). Eine Bewertung nach ‚Rassen' wird abgelehnt, eine kulturhistorische Erklärung wird aber nicht versucht.

Aber Face wurde nicht nur als Erklärungsmodell für individuelles Verhalten verwendet, sondern auch für das Verhalten ganzer Nationen als politische Akteure. In der *New York Times* 1955 und 1960 veröffentlichte Artikel stellen China als „country of face" (Durdin 25.09.1960) dar. Darin wird das politische Verhältnis der U.S.A. zur Volksrepublik China anhand des Face-Konzeptes erklärt. Eine Berücksichtigung des chinesischen (und asiatischen) Gesichts für den politischen Umgang mit China wird darin dringend angeraten, um Konflikte zu vermeiden (Durdin 23.01.1955). Insbesondere wird auf den ‚kollektiven Gesichtsverlust' Chinas durch den westlichen Imperialismus hingewiesen.

**Facework-Theorien: Chinesische Charakteristik oder Universaleigenschaft**

Erving Goffman entwickelt in seinem Aufsatz „On Face-Work" (1955)[37] eine Theorie über Interaktionsrituale, nach der die Teilnehmer darum bemüht sind, im Interaktionsverlauf ein positives Selbstbild aufrecht zu erhalten. Es mag nützlich sein, sich Goffmans Definition von Face noch einmal vor Augen zu führen:

> „The term face may be defined as the positive social value a person effectively claims for himself by the line others assume he has taken during a particular contact. Face is an image of self-delineated in terms of approved social attributes-albeit an image that others may share, as when a person lacks a good showing for his profession or religion by making a good showing for himself." (Goffman 1955: 214)

In der auf die Definition folgenden Fußnote verweist Goffman (ebd.: 214) auf die Beschreibung von Face-Konzepten in der chinesischen und amerikanisch-indigenen Kultur, und lässt sich an vielen Stellen seines Aufsatzes offenbar durch die Texte von Hu (1944), Yang (1945), Macgowan (1912) und Smith (1894) inspirieren. Im Deutschen geht mit der Übersetzung von *face* als ‚Image' die auffällige Ähnlichkeit zum chinesischen Gesicht verloren.

In Anschluss an Goffmans Ansatz unterscheiden Brown und Levinson (1987: 61) in ihrer Studie über Höflichkeit im Sprachgebrauch zwei Aspekte von Face: Ein „negative face", nachdem die Interaktionsteilnehmer in Hinblick auf ein persönliches Territorium und gewisse persönliche Belange erwarten unbehelligt zu bleiben, und ein „positive-face" (beide: ebd.) mit dem sie nach sozialer Anerkennung durch ihre Mitmenschen streben. Daraus entwickeln Brown und Levinson eine Taxonomie angeblich allgemeingültiger Höflichkeitsstrategien, die große Verbreitung gefunden hat. Doch inzwischen werden Brown und Levinson für ihre Perspektive kritisiert, mit der sie in ethnozentristischer Manier ihren Ansatz für universal erklärten (Liang 1998: 20). Auch wird darauf hingewiesen, dass ihr Ansatz, der in der zweiten Hälfte der 80ger Jahre auch in China vorgestellt wurde, dort kaum Aufmerksamkeit erregt hätte, obwohl doch das chinesische Bedürfnis nach der Wahrung des Gesichtes gemäß Brown/Levinson nach den chinesischen Höflichkeitsnormen besonders ausgeprägt sein soll (Liang 1998: 278).

Speziell zu chinesischen *face-savingstrategies* forschte Michael H. Bond in Hong Kong (vgl. Bond/Lee 1981). Im Jahr 1991 veröffentlich Bond *Beyond the Chinese Face*, bei dem die Unterstellung der Maskenhaftigkeit des chinesischen Gesichts als Charakterisierungsmerkmal des Chinesischen bereits titelgebend ist.

---

[37]Deutscher Titel: „Techniken der Imagepflege" (Goffman 1971).

In einer Weiterentwicklung des linguistischen Ansatzes von Brown und Levinson gehen andere Autoren (Ting-Toomey 1991, 1994, 1998; Ji Shaojun 1999; Lee-Wong 2000) wiederum von kulturellen Spezifika in der universell angelegten Facework-Theorie aus.[38] Die Behauptung der universellen Gültigkeit der Facework-Theorie wird aufrechterhalten und um jeweils kulturelle Ausprägung in deren praktischer Ausführung ergänzt. In diesem Sinne geht es bei der Beschreibung von Facework nicht um ‚das' Face als spezifisch chinesisches Phänomen. So macht Ting-Toomey (1994) unterschiedliche Facework-Strategien in verschiedenen Kulturen aus und begründet sie nach Hofstede (1980) entlang der antagonistischen Kulturdimension Individualismus-Kollektivismus (Ting-Toomey 1994: 314-315). Da sich Face als Praxis zwar beobachten und beschreiben lässt, als ein einer Kultur zugrundeliegender, integrativer Wert aber unzulänglich zu sein scheint, beschreibt Ting-Toomey dabei explizit den Einfluss von Kultur auf Facework. Daraus resultieren dann „individualistic facework strategies" (Ting-Toomey 1994: 315) im Westen und kollektivistische Facework-Strategien in Asien (ebd.). Das ‚chinesische Gesicht' ist dann nicht mehr Schlüssel zum Verständnis ‚des Chinesischen', sondern nur noch kulturell manipulierte Ausprägung eines an sich universalen Phänomens der Höflichkeit.

Trotz ihres individualistischen Verständnisses von *facework* geht Ting-Toomey davon aus, dass Konzept sei chinesischen Ursprungs: „The concept of face originated in chinese culture" (Ting-Toomey et al. 2001: 237). Von chinesischer Seite wird das Konzept als spezifisch chinesischer Kulturbestandteil auch zum Aspekt einer nationalen Identitätsbildung verwendet (etwa: Wu 2004; Wan 2011). Matter (2012: 29ff.) macht darauf aufmerksam, dass es allerdings auch in chinesisch-sprachigen Texten durchaus keine einhellige Meinung über den Ursprung des Gesicht-Konzeptes gibt: Einige Autoren beziehen sich auf westliche Autoren wie Smith (Yan et al. 2007: 119) und Goffman (Tan 2011: 15), andere bestehen auf den chinesischen Ursprung des Konzeptes und sehen in der Übernahme des Gesicht-Konzeptes als universalistische Theorie die Aneignung eines indigen-chinesischen Konzeptes durch westliche Forschung. Mitunter wird in chinesisch-sprachigen Texten eine besondere Gesichts-Sensibilität aber auch anderen

---

[38]Der Begriff *facework* wird dabei in der Literatur nicht einheitlich verwendet, bleibt aber trotz differierender Definitionen und im Anschluss an Brown und Levinson (1978) – die sich damit auf ausschließlich verbale Kommunikation beziehen – überwiegend linguistisch besetzt.

Kulturen zugeschrieben, um sich von ihnen abzugrenzen. So schreibt Li Jingmei in einem Ratgeber für den Umgang mit *japanischen* Geschäftsleuten:

> „Das Gesicht *japanischer* Geschäftsleute: [...] Sie denken, ‚Gesichtsverlust' sei das größte Unglück, ‚Gesichtsverlust' bringt nicht nur Schande über sie selbst, sondern auch über ihre Familie. Japaner verhandeln gerne indirekt und meiden direkte Konfrontationen. Um Sie nicht zu brüskieren, kommt es manchmal vor, dass sie Ihren Bedingungen scheinbar zustimmen. Aber in Wirklichkeit ist das nicht der Fall und man sollte diese Höflichkeit auf gar keinen Fall als Zustimmung des Gegenübers missdeuten." (Li 2007: 72; A.D.)

Das in westlichen Augen typisch chinesische (oder Asiatische) wird hier im chinesischen Text zum fremdartig empfundenen japanischen Charakteristikum. Es gibt also eine (anhaltende) Debatte um die Universalität (Yu 2003) bzw. Sinozität (Jia 2001) von Gesicht.

## Das chinesische Gesicht in der internationalen Managementforschung und in Business-Ratgebern

Anders als in der universal angelegten Facework-Theory wird *face* als Praxis in der Business-Literatur gerade als Marker für etwas speziell Chinesisches hervorgehoben. Spätestens mit Hofstedes *Culture's Consequences* (1980) gewinnt Kultur als Erfolgsfaktor Einzug in die Managementforschung und die Literatur zum Thema Interkulturalität wächst an (vgl. Kap. 2.2). Inzwischen gibt es eine kaum zu überschauende Masse an interkulturellen Business-Ratgebern, von denen eine große Anzahl speziell China und seine ‚kulturellen Charakteristiken' behandelt (z.B.: Huang et al. 2012; Faust/Yang 2012; Beier 2010; Diekmann/Fang 2008; Kotte/Li 2008; Langenberg 2007; Zinzius 2007, 2006; Jing 2006; Chen 2004; Thomas/Schenk 2001; Lin-Huber 2001; Brunner/You 1988; vgl. außerdem Pörner 2009). Zu Beginn der 1980er Jahre aber waren explizite Kulturalisierungen von den Verhaltensweisen ‚der Anderen' noch nicht immer Bestandteil von Business-Ratgebern. So finden sich in Edith Terrys *The Executive Guide to China* (1984) keine Kapitel zu kulturellen Phänomenen, und Begriffe wie *li* (‚Sitten') oder *guanxi* (‚Beziehungsnetzwerk') werden eher beiläufig angesprochen (ebd.: 211). Face findet gar keine Erwähnung.

In deutscher Sprache erschien 1982 der erste „‚Knigge' für den Umgang mit Chinesen" (Helms 1986).[39] Der Autor verzichtet auf den Begriff ‚Kultur' oder ‚kulturell'

---

[39]Erstmals erschienen in: Garms 1982. Überarbeitet und als eigenständiges Büchlein wurde der Text 1986 neu aufgelegt.

zur Beschreibung der chinesischen Gäste bzw. Gastgeber oder deren Verhaltensweisen. Der Text ist kurz nach der Öffnung der Volksrepublik China hauptsächlich für den Umgang mit chinesischen Delegationen und für das (geschäftliche) Reisen in China in alphabetisch sortierten Stichwortartikeln geschrieben. Zum Stichwort „Behandlung von Chinesen" steht darin zu lesen:

> „Die uns besuchenden Chinesen gehören gehobenen und gut ausgebildeten Kreisen in China an. Es ist alte asiatische Tradition, keine zu starken Gefühle zu zeigen, im Umgang stets höflich zu sein und den Partner nicht in eine ausweglose Situation hineinzumanövrieren, in der er ‚sein Gesicht verliert'. Man sollte daher nicht erwarten, daß ein Chinese ‚aus der Haut fährt' oder sonstwie seine Fassung verliert. Natürlich sollte man auch umgekehrt seine Contenance nicht verlieren, sondern sich stets höflich und ruhig verhalten." (Helm 1986: 464, A.D.)

Stichworteinträge zu ‚Harmonie' oder ‚Konfuzianismus' sind nicht enthalten. Unter dem Stichwort „Rangfolge" wird chinesisches Hierarchieverhalten beschrieben und auf peinlich genaue Einhaltung gedrängt, aber kein Versuch einer kulturellen Erklärung des Phänomens unternommen. Auch zu „Gesicht verlieren" gibt es einen Stichworteintrag:

> „Dieser häufig zu hörende Ausdruck hat große Bedeutung für den Chinesen, läßt sich jedoch für westliche Gemüter schwer erklären. ‚Gesicht verlieren' heißt, sich in einer Situation zu befinden, aus der man nur auf eine Weise herauskommt: indem man von seinem Ansehen oder von seiner Selbstachtung opfert. Diese für einen Chinesen unerträgliche Situation sollte man unbedingt vermeiden. Man manövriere also einen Chinesen nie in eine Lage, aus der er keinen anderen Ausweg sieht, als mit ‚Gesichtsverlust' herauszukommen. Man lasse ihm Spielraum, man biete ihm Alternativen und setze ihn bei Entscheidungen nicht unnötig unter Zeitdruck! [...] Vieles, was mit ‚Gesicht' zusammenhängt, läßt sich nicht erklären, man muss es spüren!" (Helm 1986: 469).

Auch hier gibt der Autor keine Hinweise auf kulturelle Ursachen für dieses Verhalten. Andererseits finden sich aber kognitivistische Argumente bei der Beschreibung ‚der Chinesen'.[40]

---

[40]Unter dem Stichwort „Optische Hilfsmittel" ist folgendes zu lesen: „Aufgrund der großen Vielfalt chinesischer Schriftzeichen (es gibt ca. 50.000 Zeichen, die aus bis zu 23 Strichen bestehen können) und deren Erlernung hat jeder Chinese eine weit bessere optische Auffassungsgabe als der westliche Mensch. Darum ist es immer von Vorteil, bei Erklärungen und Diskussionen optische Hilfsmittel einzusetzen. [...]" (Helm 1986: 19).

Wie schon der *Executive Guide* so ist auch Helms „Knigge" reich an allerlei
Hinweisen zu praktischen Fragen, von der Ausfuhr von Antiquitäten, über Hotel
Adressen und Listen mit Telefonnummern bis hin zu Wechselraten und Visa wird
alles geklärt und aufgelistet, was wohl auch an der Entstehung des Textes im
‚vordigitalen Zeitalter' liegt.

Mit der zunehmenden Entwicklung interkultureller Forschung bot sich immer
mehr Material für solche Ratgeber, um spezifische Phänomene kulturell zu erklären. Heute kommen internationale Business-Ratgeber und auch die Lehrbücher
für internationales Management als wissenschaftliche Disziplin kaum mehr an
einer ausführlichen Diskussion von Kulturphänomenen vorbei (z.b.: Zinzius
2007; Faust/Yang 2010; Huang 2012; Kutschker/Schmid 2011; vgl. auch Kap.
2.2). Anders als der *Army Pocket Guide* haben sowohl die Autoren von Business-
Ratgebern als auch die Autoren wissenschaftlicher Texte nun an der Betonung
kultureller Unterschiede ein existenzielles Interesse.

So schreiben Ma und Becker in ihrem *Business Guide to China* (2015):
„Erfolgreiches Agieren in China eröffnet riesige Chancen, unbedachtes Verhalten kann gewaltigen Schaden anrichten. Deshalb erfahren Leser hier, wie sie sich
möglichst effektiv in der chinesischen Business-Kultur bewegen" (ebd.: V).

Um zu diesem effektiven Verhalten anzuleiten wählen die Ratgeber unterschiedliche Wege und Darstellungen, in denen sich grob zwei Darstellungsmodi
bzw. Argumentationslinien ausmachen lassen: Zum einen die Aufschlüsselung
der chinesischen Kultur entlang universaler Werte- bzw. Kulturdimensionen
(z.B.: Rothlauf 2009; Ma/Becker 2015). Dieses Muster geht im Prinzip zurück
auf die Ansätze universaler Kulturdimensionen (Hofstede 1980), die auf der Vorstellung von ‚Kulturen' zugrundeliegender Werte basieren. Den unterschiedlichen
Ausprägungen der Dimensionen wird dann Erklärungskraft für die Phänomene
zugeschrieben. Zum anderen erfolgt die Darstellung entlang beobachtbarer Phänomene, die dann als Besonderheiten kulturell erklärt oder selber zur kulturellen
Ursache werden (z.B.: Jing 2006; Thomas/Schenk 2001). Oder aber, es werden
beide Darstellungsweisen vermischt. Unabhängig von der Darstellungsweise wird
Gesicht eine wichtige Rolle zugeschrieben. So schreibt Jing:

> „Gesicht ist das wichtigste gesellschaftliche Kapital jedes Chinesen und er reagiert
> höchst empfindlich auf alles, was dieses Kapital bedroht. Gesichtsverlust bedeutet
> soziale Entwertung. Jeder achtet daher nicht allein auf das Bild, das er nach außen
> abgibt, sondern vermeidet alles, was das Gesicht anderer verletzen könnte." (Jing
> 2006: 29)

Damit verbunden sei auch das Verhalten, sich bei begangenen Fehlern nicht offen
korrigieren oder entschuldigen zu können. Ebenso typisch für das Gesichtskonzept

sei es, autoritäre Lösungen in Abstimmungsprozessen zu vermeiden und Einvernehmen anzustreben (ebd.: 28-29). Hier wird ‚Gesichtwahren' als Erklärung für ein Verhalten eingesetzt, das aus westlicher Sicht häufig als ‚Uneinsichtigkeit' oder auch ‚Lüge' gedeutet wurde (vgl.: Smith 1894; Macgowan 1912) und wird (vgl. Kap. 6.2). Außerdem wird Gesichtswahren mit dem hier nicht explizit bezeichneten ‚Harmoniestreben' in Zusammenhang gebracht. Und an anderer Stelle: „Aus Furcht vor Gesichtsverlust, aber auch aus wenig ausgeprägtem Ich-Bewusstsein heraus agieren viele Chinesen äußerst vorsichtig" (Jing 2006: 34). Damit wird auf den Aspekt von China als kollektivistische Gesellschaft angespielt. Mit diesem Konzepten wird versucht, eine chinesische Identität abzugrenzen.[41]

Die Individuen werden als Akteure im Sinne Parsons (vgl. Kap. 2.1) konzeptualisiert, die sich entlang verinnerlichter gesellschaftlicher Normen verhalten: „Dabei muss das gesellschaftliche Urteil nicht erst ausgedrückt werden. Jeder spürt die Instanz als Schamgefühl in sich und fühlt, wie die anderen ihn beurteilen" (Jing 2006: 29) ‚Gesichtwahren' ist hier als „Kern der chinesischen Höflichkeit" zugleich sowohl selbst Phänomen als auch Ursache anderer Verhaltensweisen (ebd.: 30), zum Beispiel für den Umgang mit Hierarchiestrukturen: „Zur Wahrung des Gesichts gehört auch die strenge Beachtung der Hierarchien" (ebd.).

Ma und Becker sehen die Bedeutung von Face vor allem in Zusammenhang mit sozialem Status:

„Orientierung am sozialen Status ist in der chinesischen Kultur stark verwurzelt. […] Status ist wegen des Kollektivismus in der chinesischen Gesellschaft noch wichtiger als in anderen Kulturen. […] Das Individuum weiß, dass sich sein Verhalten auf die gesamte Gruppe auswirken wird. Status äußerst sich im Zugewinn von **miànzi** (Gesicht) als Maß für die soziale Bedeutung. *Miànzi* entscheiden darüber ob eine Person und deren Familie respektiert werden (Hwang 2004). Gesichtswahrung ist daher eine der wichtigsten chinesischen Kulturnormen und spielt eine zentrale Rolle für die erfolgreiche Kommunikation und Zusammenarbeit mit Chinesen. Dabei wird Gesicht vor alle gewonnen über soziale Beziehungen, formelle Positionen, Bildung, Reichtum und Tugend. Man bewahrt bzw. verliert das Gesicht nur innerhalb eines Kreises wichtiger Bezugspersonen, dem **guānxi**. Außerhalb dieses Personenkreises muss man nicht unbedingt das Gesicht bewahren bzw. schenken." (Ma/Becker 2015: 14, Hervorheb. i. Orig.)

---

[41]Zur Identitätsthematik siehe auch Schmidt-Glintzer (2007), der sich im Rahmen einer Auseinandersetzung mit dem Gegenstand der Sinologie für eine geschichtsbewusste Gegenwartsorientierung ausspricht und bemerkt, „… daß es eine abgrenzbare chinesische Identität nicht gibt […]" (ebd.: 11).

Dies habe natürlich auch für den Business-Alltag konkrete Auswirkungen, darum empfehlen die Autoren: „Überreicht oder empfängt man etwas (etwa eine Visitenkarte), sollte das immer mit beiden Händen geschehen, sonst ist es schnell ein Gesichtsverlust" (ebd.: 15). Und es folgen noch etliche Ratschläge für Kontaktaufnahme, Kooperation und Verkauf. In Ma und Beckers Argumentation wird Status anhand kulturhistorischer Verwurzelung mit der Kulturdimension Kollektivismus und dem Phänomen des ‚Gesichtwahrens' zusammengeführt. Ganz anders als im *Pocket Guide* wird die Einhaltung der und Anpassung an die Kulturnorm für ein erfolgreiches Handeln (im Wirtschaftsbereich) aber dringend empfohlen. So argumentieren auch Preyer und Krause (2014) sich für ein erfolgreiches Handeln in China an die chinesischen Erwartungen anzupassen:

> „Die strategische Zielverfolgung im Umgang mit Chinesen sollte sich daran orientieren, dass die bisherigen Erfolgsstrategien aus anderen Gesellschaften auf China nicht zu übertragen sind. Es ist im Gegenteil zu empfehlen, sie von der chinesischen Innenperspektive aus abzuwandeln und die Erfolgsstrategien fortlaufend auf die chinesischen Erwartungen umzustellen." (Preyer/Krause 2014: 161)

Thomas und Schenk (2001) schreiben dem chinesischen Gesicht eine hohe Bedeutung zu. Insbesondere bezeichnet er die gewaltsame Öffnung Chinas Anfang des 20. Jahrhunderts als kollektiven Gesichtsverlust für die Chinesen. Dieser Schock wirke im Umgang mit Ausländern noch immer nach. Außerdem sei „das ‚Gesicht wahren' … eines der ältesten Konzepte der Eigenwahrnehmung und Selbstdefinitionen im sozialen Umgang und im moralischen Verhalten der Chinesen" (Thomas/Schenk 2001: 75). Die Verwendung des Begriffes in den konfuzianischen Klassikern veranlasst auch Liang und Kammhuber (2003: 171-185) zu folgender „Kulturhistorische[n] Verankerung":

> „Das Konzept des Gesichtgebens- und nehmens ist ein konfuzianisches Prinzip, das für die Einhaltung aller moralischen Tugenden wie Loyalität, Einhaltung der Hierarchie und Pietät steht. Im *Zuozhuan*, einem konfuzianischen Klassiker aus dem 2. Jahrhundert v. Chr., werden zahlreiche Geschichten erzählt, die das Gesichtskonzept zum Thema haben. Sie enden zumeist im Suizid als letzter Möglichkeit, das eigene Gesicht zu wahren. In einer Gesellschaft, in der Identität in verknüpften Beziehungsnetzen gedacht wird, ist es unabdingbar, dass das soziale Miteinander ausführlich geregelt wird. Dem Gesichtskonzept und den gesichtsbezogenen Handlungen kommen (sic) daher eine überaus große Bedeutung zu." (Liang/Kammhuber 2003: 179)

Damit wird das Gesichtskonzept rückgebunden an konfuzianische Texte, das Vorhandensein des Begriffes in den konfuzianischen Klassikern wird (wie schon bei Smith 1894) gewissermaßen zum Beleg für eine mehr als 2000jährigen kulturelle Konstante.

Das Konzept des chinesischen Gesichts wird häufig kombiniert mit dem Hinweis auf das Streben der Chinesen nach ‚Harmonie' (*hexie*), das unter Hu Jintao in Form der ‚Harmonischen Gesellschaft' (*hexie shehui*) zum politischen Programm wurde. Auch Richard Lewis gibt 1996 in seinem ‚Global Guide' *When Cultures Collide* den etwas vagen Rat: „Preserve harmony by saving face for everybody on all occasions. This is guiding principle number one" (Lewis 2009: 496). In diesem Ratschlag erklären sich die Konzepte Harmonie und Gesicht gegenseitig.

Kaum ein Chinaratgeber der letzten zwanzig Jahre kommt ohne den Face-Begriff aus. Gesicht erweist sich dabei als hinreichend flexibles Konzept, um es mit unterschiedlichen Ansätzen zu kombinieren. Die Qualität solcher Ratgeber variiert, auch wurde die Ratgeberliteratur über China bereits wegen ihrer mangelnden eigenkulturellen Reflexion und ihren Parallelen zu tradierten und gegenwärtigen Chinabildern ausführlich kritisiert (vgl. Pörner 2009).

**Das chinesische Gesicht in einigen medialen Fremd- und Selbstdarstellungen**
Als Darstellungsmittel ‚des Chinesischen' wird Face heute aber nicht nur in Ratgeberliteratur sondern auch in (deutschen und chinesischen) öffentlichen Medien verwendet. Im November 2012 behandelte ein längerer Feuilleton-Artikel „Ohne iPad verliert man das Gesicht" (Siemons 01.11.2012) einen Vorfall, bei dem eine chinesische Studienanfängerin in einer Apple–Filiale in Shanghai von ihrer Mutter das „obligatorische Apple-Studienset" (iPhone 4S, iPad 3 und Macbook) verlangte, da sie an der Universität sonst das Gesicht verlöre. Diese Anekdote war der Aufhänger des Artikels für die Auseinandersetzung mit dem wirtschaftlichen Erfolg des Kommunikationskonzerns Apple in China. Der Vorfall hatte zuvor bereits in den chinesischen Online-Medien Verbreitung gefunden. So fragte eine chinesisch-sprachige Nachrichtenseite in der Überschrift „Verliert man das Gesicht, wenn man kein dreiteiliges Apple-Set hat?" (ETtoday 13.08.2012) China Radio International titelt: „Warum denkt Uni-Studentin man verliert Gesicht, wenn man nicht ‚Apple' kauft?" (CRIonline 14.08.2012). Der Vorfall erlangte auch in der chinesisch-sprachigen Netzgemeinde eine gewisse ‚Viralität'.[42] Bei der Diskussion über den Vorfall in verschiedenen Blogs und Internet-Foren empören sich die Autoren einerseits über die pietätlose Tochter, die ihren Eltern solchen Kummer bereite, andererseits schimpfen sie auf die Überbewertung von

---

[42]Die Suche nach dem Begriffen *pingguo+diumian* (‚Apfel/Apple+Gesichtsverlust') über die chinesische Suchmaschine Baidu am 5. November 2012 ergab über 1,9 Millionen Treffer, die Google-Suche am selben Tag über 3,4 Millionen Treffer.

Apple-Produkten mit dem Tenor, man verlöre das Gesicht nicht, wenn man kein dreiteiliges Apple-Set hat.[43] In verschiedenen Karikaturen wird die Tochter als typische ‚kleine Prinzessin' (*xiao gongzhu*) dargestellt.[44]

Das Erscheinen solcher Meldungen in den deutschen Medien ist bemerkenswert. Es spiegelt die Wahrnehmung von ‚Gesichtsverlust' als etwas ‚typisch Chinesischem' wieder. Ein ähnlicher Fall ereignete sich mit der Berichterstattung der Mitteldeutschen Zeitung über den „No-Face-Day" (*wulianri*) einer chinesischen Dienstleistungsfirma in Handan, Provinz Hebei. Die Mitarbeiter der Firma setzten zur Reduzierung des Stresses, den das Aufrechterhalten einer freundlichen Maske – des lächelnden Gesichts – mit sich bringe, an einem Tag im Monat Plastikmasken auf, mit der die Vorderseite des Kopfes be- bzw. verdeckt wird: „'No-Face-Day' in China – Mitarbeiter tragen Masken, damit sie nicht lächeln müssen" (MZ 15.07.2015). Und in der Unterüberschrift: „Chinesen sind bekannt für ihr stets freundliches Lächeln – aber im Arbeitsalltag kann das auf Dauer ganz schön anstrengend sein. Am ‚No-Face-Day' dürfen Mitarbeiter deshalb Masken tragen, um sich und ihre Gesichtsmuskeln zu entspannen." (MZ 15.07.2015) Berichte über diesen ‚No-Face-Day' fanden sich in etlichen westlich-sprachigen Online-Zeitungen, und kommen einem Fremdbild entgegen, in dem gleich zwei Stereotypen des Chinesischen bedient werden: Erstens, die mit Gesicht in Zusammenhang stehenden Fremdvorstellungen, die Gesicht zu etwas speziell Chinesischem machen – kein Wunder also, wenn es gerade in China einen ‚No-Face-Day' gibt. Und Zweitens, den Stereotypen des immer lächelnden und undurchschaubaren Chinesen, für den dieses fortwährende Aufrechterhalten einer gesellschaftlichen Maske so stressig ist, dass es in China jetzt sogar schon einen ‚No-Face-Day' gibt.[45] Offenbar handelte es sich bei dem ‚No-Face-Day' aber um eine bald darauf kopierte PR-Aktion, denn am 23. September 2015 fand unter gleichem Titel ein ähnlicher Aktionstag in Hangzhou, Provinz Zhejiang, statt, bei dem neben dem Tragen der Masken auch die Inszenierung einer Kissenschlacht zum Stressabbau beitragen sollte. [46] In diesem Fall trugen die Mitarbeiter allerdings

---

[43]Ein Beispiel für eine der zahlreichen chinesischen Forumsdiskussionen zu diesem Vorfall: Kaixin001 13.08.2012. Ein Beispiel für einen Blog-Eintrag: Sciencenet 18.08.2012.

[44]Exemplarisch für die Karikaturen, siehe Chinadaily 25.08.2012. Die Begriffe ‚kleine Prinzessin' (*xiao gongzhu*) oder ‚kleiner Kaiser' (*xiao huangdi*) bezeichnet die Söhne und Töchter chinesischer Ein-Kind-Familien und sind als typisches Phänomen der Ein-Kind-Politik bekannt.

[45]Vgl. China Daily 15.07.2015.

[46]Vgl. Wenxuecity 24.09.2015.

sehr unterschiedliche Masken, die den Mund und daher das (fehlende) Lächeln gar nicht immer verbargen.[47] Die Berichterstattung über diesen zweiten ‚No-Face-Day' und die dazugehörige Kissenschlacht blieb in den deutschen Medien denn auch aus.

## Zwischenfazit

Wenn die Literatur zu Face bzw. Gesicht heute auch sehr umfangreich ist, so ist sie doch zeitlich recht eindeutig begrenzt. Der Begriff des ‚Gesichts' zur Fremdbeschreibung von Interaktionsphänomenen, die als charakteristisch für ‚das Chinesische' angesehen wurden und werden, gewann erst zum Ende des 19. Jahrhunderts an Bedeutung. In der ersten Hälfte des 20. Jahrhunderts wurde der Begriff von verschiedenen chinesischen Autoren aufgegriffen und zur Beschreibung und Erklärung der Situation in China in unterschiedlichen Kontexten verwendet. Seit den vierziger Jahren des 20. Jahrhunderts findet in verschiedenen Fachgebieten eine wissenschaftliche Auseinandersetzung mit dem Phänomen statt. Insbesondere im Rahmen der Facework-Theory setzt man sich dabei mit der Frage auseinander, inwiefern es sich dabei um ein ausschließlich chinesisches oder doch um ein universales Phänomen handelt. Parallel dazu entwickelten sich im Deutschen Begriffe wie ‚Gesichtsverlust' oder ‚Gesicht wahren' auch als Deutungsmuster und zur Typisierung chinesischer Verhaltensweisen, wobei das chinesische Gesicht zugleich als kulturelles Phänomen und als kulturelle Ursache von Verhaltensweisen betrachtet wird. Pejorative Typisierungen des Chinesischen aus dem 18. und 19. Jahrhunderts, beispielsweise das Bild des ‚unaufrichtigen Chinesen', erfahren in diesem Zusammenhang eine Umdeutung, und damit in Verbindung stehende Verhaltensweisen werden nun mit spezifisch kulturellen Bedürfnissen, z.B. mit dem Drang zur Wahrung des Gesichts bzw. mit der Angst vor Gesichtsverlust bei den Chinesen erklärt. Das Konzept des chinesischen Gesichts wird dabei in Zusammenhang zu verschiedenen anderen kulturellen Charakteristiken bzw. Ausprägungen (etwa dem Harmoniestreben oder dem Kollektivismus) gesetzt und zugleich mit der Rückbindung an klassische konfuzianische Texte eine historische Erklärung der Entstehung dieses Phänomens angeboten.

Auf chinesischer Seite wird Gesicht als Konzept einer chinesischen Selbstbeschreibung in einer Metabetrachtung zum ersten Mal von Lu Xun (1934) als Reaktion auf westliche Fremdwahrnehmungen aufgegriffen. Heute ist Gesicht sowohl als Konzept westlicher Fremddarstellungen als auch als Konzept chinesischer Selbstdarstellungen in Verwendung und kann an andere Konzepte anknüpfen. Von

---

[47]Vgl. Chinanews.com 24.09.2015; auch: Renminwang 24.09.2015.

Seiten der Volksrepublik gab und gibt es im Zuge der Bemühungen um einen iden-
titätsstiftenden Nationalismus ein starkes Bestreben nach der Revitalisierung und
Nutzbarmachung des Konfuzianismus als integratives kulturelles Erbe (Billioud
2007; Billioud/Thoraval 2007; Meissner 2006; Lee 2003).[48] Das Face-Konzept
kann als Bestandteil dieses konfuzianistischen Überbaus funktionieren (etwa: Jia
2001).

Über den Verlauf dieser Entwicklung wird Face als Charakteristikum dabei an
der Wende des 19. zum 20. Jahrhundert zunächst den Chinesen als Volk (*people*)
oder ‚Rasse' (*race*) zugeschrieben (z.b.: Smith 1894; Macgowan 1912), später als
Teil des Nationalcharakters beschrieben (z.b. Lu 1932; Lin 1935; *Pocket Guide*
1943) und schließlich als kulturelles Phänomen verstanden (z.b.: Hu 1944; Yang
1945; Thomas 2003; Weidemann 2015). Die Merkmale zur Charakterisierung
bleiben die gleichen, die Deutungsmuster können sich in Zusammenhang mit der
dafür jeweils verwendeten Kategorie verändern.

Nur weil das Gesichtskonzept bekannt ist, heißt das noch nicht, dass auf
‚ältere' Typisierungen wie ‚unaufrichtiger Chinese' verzichtet wird. Vielmehr
besteht es parallel zum Gesichtskonzept weiter. Als Deutungsmuster der Verhaltensweisen chinesischer Kollegen taucht Gesicht auch in den Interviews in
meinem Sample auf. Wie das Konzept dort verwendet wird, wird im folgenden
Unterkapitel (6.3) dargestellt.

## 6.3  Kulturelle Differenzierung entlang des Gesicht-Konzeptes in der deutsch-chinesischen Zusammenarbeit

Das Konzept Gesicht bzw. Gesichtsverlust ist ein weit verbreitetes typisieren-
des Merkmal in Selbst- und Fremdbeschreibungen des Chinesischen (vgl. Kap.
6.1-6.2). Auch die Interviewten in meinem Sample greifen darauf zur Schilderung ganz unterschiedlicher Phänomene zurück. Dabei lassen sich unterschiedliche Perspektiven auf das Gesichts-Konzept unterscheiden: Die erste Perspektive
nimmt das Phänomen als kulturelle Spezifik ernst und unterstreicht dessen
Bedeutung für den Umgang mit den chinesischen Kollegen. Die zweite Perspektive relativiert die Bedeutung des Konzeptes als kulturelle Spezifik. Die dritte

---

[48]Seit den religionssoziologischen Studien Max Webers (1991 [1915-1920]) wird der
Konfuzianismus in westlichen Fremdbeschreibungen anhaltend als Ursache für zum Teil
gegensätzliche Entwicklungen und Phänomene verantwortlich gemacht; zur Konfuzianis-
musthese vgl.: Sasumikat 2004; Lee 2003; Pohlmann 2000.

Perspektive negiert die Bedeutung des Gesicht-Konzeptes und unterstellt eine
Verwendung des Konzeptes lediglich als argumentative Ressource. In allen Fällen
aber ist Gesicht für die Beschreibung der Chinesen und ihrer Verhaltensweisen als
kulturelles Konzept moralisch und politisch unverfänglich.

Der Inbetriebnahmeleiter Stefan Kaiser (DB1) nimmt das Konzept im Prinzip
als kulturelle Spezifik ernst. Er kommt in seiner Schilderung verschiedener Erlebnisse bei der Arbeit z.B. auf „chinesische Sturheit" zu sprechen:

> „War schon, war schon / war sehr witzig (.) ja. Ja und dieses eingeschnappte das äh,
> das hast du eigentlich an / oder, weiß ich nicht / mir haben auch immer alle so gesagt,
> das ist diese Chinesische Sturheit. Das wenn du irgendwas gegen (.) deren Weg sagst,
> wie die das machen wollen, das die relativ schnell einschnappen, und das man da ga:nz
> behutsam vorgehen soll, ne. (.) Das einzige, was man mir gesagt hat, ist zum Beispiel,
> dass man die nicht vor versammelter Mannschaft runtermachen soll, wenn man irgend-
> was entdeckt. Man soll sich denjenigen um die Ecke holen, und so sagen: ‚Hier hör-
> mal, das müssen wir irgendwie anders machen', oder so was, ‚das / das war blöd jetzt'.
> Weil äh, ja, weil das wohl immer noch so ist mit denen ihrer Gesichtsverliererei, ne.
> [unverständlich] Dass das wohl ziemlich unhöflich ist, ne." (DB1: 115-123)

Kaiser gibt hier die Empfehlung wieder, die er selber für den Umgang mit chinesischen Kollegen und ‚chinesischer Sturheit' erhalten hat, nämlich nieman-
den „vor versammelter Mannschaft" runter zu machen und „das man ga:nz
behutsam vorgehen soll", da die Chinesen leicht „einschnappen". Das alltagspraktische Konzept ‚chinesische Sturheit' dient der Beschreibung eines vage formulierten Phänomens („wenn du irgendwas gegen (.) deren Weg sagst, wie die
das machen wollen, das die relativ schnell einschnappen"), das einen behutsamen
Umgang mit den Chinesen erfordert. Zurückgeführt wird deren Verhalten auf die
„Gesichtsverliererei", wobei hier schon in der Formulierung eine im Grunde nicht
ganz ernst zu nehmende Ursache und Rückständigkeit bezeichnet wird („weil das
wohl *immer noch* so ist mit denen ihrer *Gesichtsverliererei*, ne"; A.D.). Das Konzept Gesichtsverlust wird als Deutungsmuster und Begründung einer schablonen-
haften Verhaltensanweisung herangezogen, nach der chinesische Kollegen diskret
und keinesfalls öffentlich auf Fehler hinzuweisen sind.[49] Der Gesichtsverlust
wird bereits als Charakteristikum von anhaltender Gültigkeit vorausgesetzt.

---

[49]Vor öffentlicher Bloßstellung chinesischer Kollegen wird auch in der Ratgeberliteratur
eindringlich gewarnt. So bei Harold Chee und Chris West (2006: 118): „Vermeiden Sie es,
jemanden vor anderen zu kritisieren. Respektieren Sie die Bedeutung, die Chinesen Gesicht
und Ehre beimessen." Vergleichbare Aufforderungen findet man weit verbreitet (etwa: Thomas & Schenk 2001: 59ff.; Huang et al. 2012: 104ff.; Jing 2006: 29ff.).

Auf direkte Nachfrage hin schildert auch die Personaldirektorin Luise Schmitz (DB7) das Phänomen Gesichtsverlust und bemüht sich dabei um eine relativierende Darstellung:

> „Es gibt Situationen, die / die macht man vielleicht in Deutschland, dass man jemand vielleicht in nem Meeting auch mal runterputzen kann, was heißt runterputzen, was heißt runterputzen also es passiert einfach mal, das man sacht: ‚Mensch da haste aber Mist gebaut.' (I: mhm) Ehm, das vermeidet man hier (I: mhm) vor versammelter Mannschaft, weil derjenige dann wirklich einfach sein / sein Gesicht verliert. Oder man sacht / man sacht niemandem vor ver-/ versammelter Mannschaft, der ne gewiss Position hat: ‚Mhm, dass is aber Murks, was du gemacht hast.' Dann verliert derjenige vor den Nächstuntergebenen sein Gesicht und auch seine / seine / seine Stellung. Das ist (I: mhm) auf der einen Seite würd ich sagen, hier sehr ausgeprägt, auf der andern Seite komme ich auch immer wieder zu dem Schluss: Das geht uns doch eigentlich nicht anders, nur das wir vielleicht damit besser umgehen können, das wir ‚mgulk' wir schluckens runter und dann isses wieder gut, aber wenn dass einer bei uns macht, vor anderen runtergeputzt zu werden oder vor anderen im Prinzip die Ansage bekommt: ‚Das war aber Murks!', is uns das genau so unangenehm und peinlich (I: mhm). Und äh, man kämpft im Prinzip mit dem eigenen Selbstwertgefühl mit dem eigenen äh Ego mit dem inneren, nur das wirs in Europa einfach (.) besser verknusen […]." (DB7: 693-705)

Damit spricht Schmitz zum einen die größere Sensibilität chinesischer Mitarbeiter gegenüber öffentlicher Bloßstellung an. Andererseits verweist sie aber auch auf eine universale Komponente des Phänomens, das den Deutschen ja nicht grundsätzlich fremd sei. Der Unterschied bestehe lediglich darin, dass die Deutschen diese Form von Kritik „besser verknusen " könnten. Schmitz sieht in der Verarbeitung von öffentlicher Kritik einen Kampf mit dem Selbstwertgefühl. Eine symmetrische Darstellung anhand ähnlicher Phänomene aus dem Arbeitsalltag in Deutschland gelingt Schmitz fasst, allerdings können die Deutschen in ihren Augen mit öffentlicher Kritik einfach „besser umgehen". Schmitz geht also von so etwas wie einer transkulturellen Praxis des Gesichtwahrens bzw. Gesichtsverlustes aus und setzt sie unter diesem Stichwort in ein Verhältnis zueinander. Sie berücksichtigt dabei aber nicht die spezifischen Kontexte, in die diese Phänomene – bei aller Vergleichbarkeit der Sachverhalte – eingebettet sind.

Eine andere Darstellung, in der die große Relevanz und der exotisierende Effekt des Konzeptes kritisch reflektiert wird, nimmt der Manager Bernd Hämmerle (DB2) vor:

> „Ehm, es wurde immer über den Gesichtsverlust gesprochen, (..) ich steh der ganzen Sache sehr sehr kritisch gegenüber, bei uns heißts halt: ‚blamiern', nix anders, bin / des ma da son riesen Theater macht mit Gesichtsverlust also (atmet hörbar ein).

Ehm, klar, soll ich einen net vor versammelter Mannschaft zusammenstauchen, soll
ma aber hier au net. Des ich zu einem net: ,Arschloch' sag, oder halt in Kinesisch
irgend en Schimpfwort, vor versammelter Mannschaft macht ma hier ja auch nich."
(DB2: 411-416)

In diesem Ausschnitt aus einem längeren Redezug von Hämmerle, in dem er
zunächst über den Kundenkontakt und dann über chinesisches Arbeitsverhal-
ten spricht, kritisiert der Manager die seiner Meinung nach übertriebene Betonung und Exotisierung des Gesichtsverlustes in Bezug auf China („es wurde
immer über den Gesichtsverlust gesprochen… bei uns heißts halt: ,blamieren',
nix anders… des ma da son riesen Theater macht mit Gesichtsverlust…"). Seine
Kritik bezieht sich vermutlich auf interkulturelle Trainings und Ratgeber, die er
an anderer Stelle auch als „Geldmacherei" (DB2: 1418) bezeichnet, und in denen
diese Thematik oft ausführlich behandelt wird (vgl. Kap. 6.2). Hämmerle geht
davon aus, vergleichbare Verhaltensrichtlinien gelten auch in Deutschland und
seien ohnehin selbstverständlich. Hämmerles Skepsis besteht zum einen gegenüber der behaupteten Sinozität des Phänomens („bei uns heißts halt: ,blamiern',
nix anders"), zum anderen gegenüber der in dieser Passage nicht explizit aus-
gesprochenen Aufforderung in den Ratgebern, angesichts des Phänomens des
Gesichtsverlustes einen besonders rücksichtsvollen Umgang mit den chinesischen
Kollegen zu pflegen. Dazu sieht Hämmerle offenbar keinerlei Anlass. Im Gegenteil, er sieht in dem Gesichtsverlust sogar ein Konzept, mit dem Ausländer von
Chinesen absichtlich benachteiligt werden:

„Kinesen haben mir teilweise gsagt übern Gesichtsverlust: ,Ja ja, das nehmen wir
gerne um euch Ausländer, um mir en Vorteil gegenüber euch Ausländer zu verschaffen.' Also, ham mir einige Kinesen gesagt. Es is sicherlich was anders ob ich inner
Kunden Lieferantenbeziehung bin, oder sag ich mal, mehr in der Firma bin, äh Vorgesetzter. Weil Kunden Lieferantenbeziehung, da nutzt natürlich der Kunde des aus,
ganz klar: ,kannscht doch jetzt net machen, i verlier mein Gsicht!' Also der tut das
ganz bewusst vielleicht auch einsetzen." (DB2: 416-421)

In dieser Darstellung wird „Gesichtsverlust" als argumentative Ressource für Verhandlungen genutzt (vgl. Kap. 6.2). Hämmerle sieht darin einerseits die Gefahr,
von Chinesen übervorteilt zu werden, wenn diese um besondere Rücksicht aufgrund
drohenden Gesichtsverlustes bitten. Allerdings beschränkt er diese Interpretation
letztendlich nicht auf chinesisch-ausländische Beziehungen, sondern dehnt sie auch
auf Kunden-Lieferantenbeziehung ganz allgemein aus. Die Anwendungsmöglichkeiten im Alltagsleben für „Gesichtsverlust" als argumentative Ressource sind sehr
vielfältig (man denke an den Apple-Vorfall, vgl. Kap. 6.2), und nicht auf den internationalen Kontakt – etwa zwischen ,Chinesen' und ,Westlern' – beschränkt.

Hämmerle ist darüber hinaus mit mehreren unterschiedlichen Facetten des
Konzeptes Gesichtsverlust vertraut, wie an folgendem Auszug deutlich wird:

> „[…] War auch unser oberster Chef, wo wir wegen Bauplatz gsprochen ham, da
> wo mer unser Werk bauen wollten, ehm, hat er gesagt: ‚Ja, und da nebendran das
> Grundstück, das ist doch noch frei', hat der von der Industriezone gsagt: ‚Ja.' ‚Ja
> dann, dann kriegen wir das.' ‚Ja.' ‚Sehen Sie Herr Hämmerle, so einfach sichert
> man das Nebengrundstück.' Hab i gsagt: ‚Ja, fragen se'n morgen doch nochmal.'
> ‚Warum?' Hab i gsagt: ‚Des ‚Ja', des war doch nur ne Höflichkeitsantwort. Der kann
> jetzt hier net ‚Nein' sagen oder ‚weiß ich nicht': Gesichtsverlust − vor dem andern,
> also wird er immer ‚Ja' sagen, er wird ihnen immer des ‚Ja' sagen, und morgen
> kommt dann der Kollege, net ER, und der sagt dann: ‚Oh, geht leider net, hammer
> doch leider / hat unser Chef nicht gewusst, und und und.' So wars dann auch. Und
> des sind dann so die Sachen, wo dann halt der Deutsche rein / oder der Ausländer
> reinfällt […]" (DB2: 1136-1146)

Hämmerle schildert hier einen drohenden Gesichtsverlust für den Industriezonenbeauftragten, der dem deutschen Firmenchef in der Situation die Bitte nach
dem Nachbargrundstück nicht öffentlich abschlagen oder Unwissenheit über die
Verfügbarkeit des Grundstückes nicht zugeben könne. Gleichzeitig kann Hämmerle mit dieser Anekdote seine intimen Chinakenntnisse und seinen Wissensvor-
sprung gegenüber seinem Chef darstellen. Hämmerle kritisiert also einerseits die
übermäßige Betonung des Konzeptes Gesichtsverlust in China und unterstreicht
dessen Universalität („‚blamiern', nix anders"), andererseits verwendet er es aber
auch zur Beschreibung und Erklärung ‚typisch chinesischer' Verhaltensweisen
(Beispiel: Industriezonenbeauftragter). Er geht also sowohl von der Existenz und
Wirksamkeit von ‚Gesichtsverlust' als Einflussfaktor als auch von dessen Spezifi-
tät für ‚das Chinesische' aus.

Das Phänomen, dass Chinesen keine offenen Ablehnungen aussprechen oder
Unwissenheit nicht eingestehen könnten beschreibt Hämmerle noch an einem
anderen Beispiel, mit dem er gleichzeitig seinen Umgang damit illustriert:

> „Also (.) deswegen, ich traue nichts mehr, also alles sehen, des was ich sehe und
> selber erfahren hab oder meine vertrauten Personen erfahren haben, denen glaub
> ich, aber sonst, mittlerweile, des is son Aha-Erlebnis in Kina, nichts vertrauen, was
> ma net selber wirklich nachgeprüft hat. Und des geht so weit in Besprechungen,
> des der Produktionsleiter sagt: ‚Machen wir!' Alles lacht am Tisch. Weil die wis-
> sen genau, das ich die jetzt aufsteh und runtergehen werd. Und ich sag ihm noch,
> solln mehr rauf aufstehen und runtergehen, hät er ja seinen Gesichtsverlust / er hätte
> gleich sagen können: ‚Weiß i net! Guck ich nach, ich sag dir nachher bscheid!' Ne:
> ‚Machen wir!' Na hab i gsagt: ‚Solln mer runter gehen, kannscht du mir des zei-
> gen?' Sagt er immer noch: ‚Machen wir!' Wär die zweite Möglichkeit gewesen.

Und umso mehr rennt er sich ja rein. Und es lacht wirklich alles am Tisch. Da sag ich: ‚Warum lacht ihr alle?' Sagen die Leute ganz klar: ‚Haja, weil ers doch eh net macht!' Und er ist dabei, und er reagiert net. Wir gehen runter, schauens uns an: ‚Oh. Ja, an dem Teil net, aber da drüben an dem Teil.' Hab i gsagt ‚O.k. Lass uns rüber gehen.' Da nachgschaut, oh, auch net. Also / und des is was, was ich nicht versteh, der hat hundertprozentig gewusst, das mers net machen, warum sagt der dann noch ja. Weil der kinesische Chef: ‚Ja, o.k.' Abgehakt. Ich sag: ‚Ne, zeigen.' Und, obwohl ses wissen, behaupten mer trotzdem noch, ja, ich verstehs wirklich nicht. Des (.) des sind so, ja, die die andern Arbeitsweisen was ich so als Erfahrung hab. […]" (DB2: 1356-1374)

In dieser Schilderung rahmt Hämmerle die Situation mit der Frage nach Vertrauen und Zuverlässigkeit von chinesischen Mitarbeitern. In der Auseinandersetzung mit dem Produktionsleiter während einer Besprechung (Stichwort: ‚vor versammelter Mannschaft') führt Hämmerle diesen systematisch vor und prüft dessen Aussagen nach, von denen er bereits vermutet, dass sie falsch sind. Nach Hämmerles Ansicht hätte der Produktionsleiter einen Gesichtsverlust verhindern können, indem er seine Unkenntnis eingesteht. Anders als ein chinesischer Chef wolle er Beweise („Ich sag: ‚Ne, zeigen!'"), und er sei nicht dazu bereit, die Sache einfach so abzuhaken, so Hämmerle. Für ihn geht es in diesem Zusammenhang um Zuverlässigkeit und Aufrichtigkeit.[50] Das Verhalten beschreibt er als ihm unverständlich („Und obwohl ses wissen, behaupten mer trotzdem noch, ja, ich verstehs wirklich nicht."). Seine Bewältigungsstrategie für die Situation kann als eine Art Erziehungsmaßnahme zur Aufrichtigkeit betrachtet werden. Der Produktionsleiter hingegen ist entweder tatsächlich der Ansicht, seine Aussage sei korrekt, oder aber er verlässt sich bis zum Ende darauf, dass seine Aussage nicht konsequent nachgeprüft wird. Und das vielleicht nicht einmal, weil er davon ausgeht, sein deutscher Vorgesetzter werde ihm schon glauben, sondern weil er

---

[50]Joachim Matthes (2005 [1991]: 453-457) schlägt vor, das Phänomen des Gesichtsverlustes nicht als kulturspezifische Ausprägung einer als Entität gedachten Kultur zu betrachten, sondern als in spezifische Kontexte eingebettete Regelsysteme. Im europäischen Kontext habe der Einzelne für sein Fehlen und Versagen ‚einzustehen'. Durch das wahrnehmbare ‚Einstehen', durch tätige Reue und Buße werde die Wahrung des Gesichts vollzogen. Demgegenüber verlaufe die Grenze des Gesicht-Wahrens bzw. des Gesicht-Verlierens im „fernöstlichen Kontext" (ebd.: 456) entlang der Grenze der sozialen Kreise der Akteure, innerhalb derer das Gesicht nur als Ganzes bewahrt oder verloren werden könne. Es geht dabei nicht um das Selbstwertgefühl des Einzelnen sondern um das Aufrechterhalten der Vertrauensbeziehungen innerhalb der primären Verpflichtungszusammenhänge.

sich einfach nicht vorstellen kann, dass man ihn derart ‚das Gesicht verlieren lässt'. Alternativ könnte man das den chinesischen Chefs unterstellte Verhalten, Dinge einfach bloß abzuhaken, ja auch so interpretieren, dass die zur Debatte stehende Problematik zwar in der konkreten Situation nicht weiter diskutiert wird, aber keineswegs abgehakt ist. Hämmerle scheint seinen Mitarbeitern das oben geschilderte Verhalten abgewöhnen zu wollen. Obwohl Hämmerle die Situation mit dem Konzept Gesichtsverlust in Verbindung bringt, wird deutlich, dass die bloße Kenntnis um die Anwendbarkeit des Konzeptes auf eine Situation noch kein Garant für die Verwendung des gleichen Interaktionsskriptes für die Handhabung dieser Situation darstellt. Es sollte ebenfalls klar sein, dass Hämmerle seine Erziehungsstrategie besonders gut aus seiner Vorgesetztenposition heraus gegenüber seinen Mitarbeitern anwenden kann. Gegenüber dem Industriezonenbeauftragten oder Kunden würde die Erziehungsstrategie völlig deplaziert wirken.

Die in diesem Auszug geschilderte Sichtweise auf den Gesichtsverlust bringt ihn in Verbindung mit Unaufrichtigkeit oder Unfähigkeit, Fehler einzugestehen, etwa: Chinesen können Fehler nicht zugeben, weil sie dann das Gesicht verlieren. Dem setzt Hämmerle das ‚Fehler machen können' entgegen:

> „Ehm (.) vielleicht ham sie die / gehen die etwas anders mit der Blamage um, etwas / beschäftigen sich mehr damit, ja des sicherlich, aber ehm, auf der andern Seite hab ich meiner Meinung nach die Erfahrung gmacht, wenn ma denen auch vorlebt, dass ma Fehler machen kann, ehm, dann ist das ganz in Ordnung. Ich hab das also meinen Leuten ganz klar vorgelebt, i hab IT Training und wenn ich da was Falsches erklärt hab, bin ichs Nächste mal auch reingegangen und hab gsagt: ‚Leut, was ich euch da s letzte Mal erklärt hab, das war falsch, da hab ich euch / warn Fehler, so und so is es richtig', des die Leute sehen bitte?" (DB2: 421-428)

Der richtige Weg zum Umgang mit der Unfähigkeit, Fehler einzugestehen, bestehe im Vorleben eines offenen Umgangs mit Fehlern, wie ihn Hämmerle schildert und selber vorlebt. Für ihn ist das Eingestehen von Fehlern eine wichtige Komponente des Umgangs mit diesen Fehlern. Es geht dabei um das offene und öffentliche zugeben, mit dem aufrichtiges und konsistentes Handeln demonstriert werden kann.

In seiner Darstellung vermischt Hämmerle allerdings zwei widersprüchliche Perspektiven auf das Phänomen. Hämmerle betrachtet nämlich Gesichtsverlust einerseits als strategisches Instrument der Chinesen, das bewusst gegenüber den „Ausländern" eingesetzt wird, nimmt es aber zugleich als kulturelles Phänomen ernst, wenn er schildert, dass die chinesischen Mitarbeiter (zunächst) Fehler nicht offen zugeben können, und er es ihnen daher durch Vorleben beibringen müsse.

Ähnlich, aber ohne pädagogischen Anspruch, beschreibt auch Stefan Miller (DB8) seine Erfahrungen mit dem Phänomen Gesichtsverlust:

> „Ja äh also, für die ischs schwierig sich Fehler einzugestehen, äh oder / oder ja en Fehler zuzugeben. Äh da verlieren se die Kinesen dann schnell / oder also allgemein son bisschen die Asiaten verlieren dann ihr Gesicht, und und deshalb wenn dann halt Sachen äh schiefgehen / eigentlich auch net weiter schlimm, des was eigentlich immer passiert, ehm ja dann stehen die net dazu und sagen ‚Ja, ich wars' oder so. (…) Is halt immer schwierig dann. (.) Und man darf au nie, jetzt au jemand direkt äh mal so auf die Fehler direkt ansprechen oder so, man muss das dann immer schon gut verpacken. Ja also wir Europäer oder wir Deutsche sind da viel zu direkt. Wenn / wenn wir so äh uns so verhalten wie wir das gewohnt sind, na des geht hier net gut. (..) Da muss ma sich dann schon auch en bisschen anpassen. (fünf Sekunden) Genau." (DB8: 607-616)

Miller sieht ebenfalls die Unfähigkeit der Chinesen bzw. Asiaten, aufgrund eines drohenden Gesichtsverlustes Fehler einzugestehen. Anders als der COO Hämmerle sieht der Projektingenieur Miller in diesem Zusammenhang aber die Notwendigkeit zur Anpassung bei den Deutschen. Im Zusammenhang mit Gesichtsverlust beschreibt Miller auch die ‚Unzuverlässigkeit' der Chinesen („Maybe") und ihre Art, Problemen aus dem Weg zu gehen:

> „B: […] Ja es gibt kein ‚Ja' oder kein ‚Nein' es is immer ‚Maybe', also es sagt keiner: ‚Ja wir machen' oder ‚Nein, wir machen nicht', sondern es will sich eigentlich immer keiner festlegen, des is immer so man lässt sich en Hintertürchen offen, dann doch irgendwie noch was anders gehen kann. Und ja ich sag was auch noch typisch is äh, ja man geht Problemen halt gern ausem Weg, also bei uns is ja eher so, wenn ma en Problem hat, dann versucht ma das anzupacken, wie kann ma das lösen, also en Kinese versucht dann zuerst zwei dreimal dem Problem ausem Weg zu gehen, hofft, dass es dann vergessen wird oder net wieder auftaucht, und wirklich, wenns dann nimmer anderst geht, dann versuchen mer das dann irgendwie zu lösen, aber, zuerscht äh ja zwei drei mal irgendwie ja vielleicht merkts keiner, vielleicht isses doch kein son großes Problem oder ja. (.) Hängt dann wahrscheinlich au mit dem Gesichtsverlust zusammen oder wie auch immer (..)" (DB8: 591-602)

Eine andere Sichtweise auf und Strategie für den Umgang mit Gesichtsverlust schildert die Managerin Ursula Baumgartner (DB10):

> „B: ‚Weiß ich jetzt nicht', oder / ja ‚Weis ich nicht' kann / könn / kann kein Chinese sagen, und sagen se eben / denken sich irgendwas aus, das merkt man dann aber schon, dass es Quatsch is. Und dann sacht man nur: ‚O.k. vielleicht musst du da nochmal drüber nachdenken', oder ich sag immer ‚double-check', und dann hat mein Gegenüber das Gesicht nicht verloren, weil ich frag ja nur das nochmal zu checken, und dann kann ja bei dem zweiten Checken etwas anderes dabei rauskommen.

I: Aha, im / im selben Gespräch?

B: Ne ne, da muss man dann / da wart ich dann en Tag (I: ach so) oder ne Woche, und dann frag ich nochmal, (I: mhm) wie issen das jetzt mit der Mailbox oder so (I: mhm. Ach so). Äh, und das, das hab ich ja / das hab ich gelernt, dass das auch geht, (I: ja) oder das es sinnvoll ist, dass so zu machen (I: mhm) [...]." (DB10: 651-667)

Im Unterschied zu Herrn Hämmerle wählt Frau Baumgartner eine weniger konfrontative Umgangsweise für Situationen, auf die sie das Konzept Gesichtsverlust zur Beschreibung und Erklärung des Verhaltens chinesischer Mitarbeiter und zur Darstellung von Bewältigungsstrategien für diese Situationen anwendet. Damit ist nichts darüber gesagt, welche Vorgehensweise erfolgversprechender ist, aber beide Vorgehensweisen nehmen Gesichtsverlust als Kulturphänomen ernst. Baumgartner antizipiert das Antwortverhalten ihrer Mitarbeiter und passt ihre eigene Vorgehensweise entsprechend an, wohingegen Hämmerle eher eine Umerziehung der chinesischen Mitarbeiter anstrebt. Dazu muss zunächst ein Konzept vorhanden sein, um solche Verhaltensweisen ausfindig zu machen, beispielsweise als ‚Unfähigkeit der Chinesen, Unwissenheit zuzugeben'.[51] Dieser Vorgang wiederum scheint intuitiv zu verlaufen: „das merkt man dann schon, dass es Quatsch is." Die Lösung besteht für Baumgartner dann anders als für Hämmerle darin, den Mitarbeiter nicht mit diesem „Quatsch" zu konfrontieren, sondern eine Chance für eine gesichtswahrende Korrektur der Aussage zu geben.

Einen weiteren Aspekt in diesem Zusammenhang spricht Luise Schmitz an:

„ehm Gesichtsverlust auch noch ne andere Geschichte in ne andere Richtung. Ehm wenn wir / wenn wenn en Europäer hier austickt, weil er die Geduld verloren hat, dann is es nicht der Kinese der in dem Moment sein Gesicht verliert, sondern der Europäer (I: mhm) weil er ausgetickt is. Das / das is spannend, und das is wirklich unterschiedlich, man / weil man sich so verhält, wie man sich das hier in China / oder wie man sich einfach hier verhält, man wird hier nicht ein / nich laut (I: mhm). Selbst nicht / in gewissen Situationen wird man einfach nicht laut, das macht man einfach nicht. Ehm, aber wenn mans dann doch macht, dann verliert derjenige der laut wird sein Gesicht. Des is schon anders, denn bei uns is es ja dann eher so, das derjenige der runtergeputzt wird, in Anführungszeichen sein Gesicht verliert (I: mhm, gut). Aber ehm, (...) Mm." (DB7: 706-713)

---

[51]„You will rarely hear a Chinese say ‚I don't know' when you ask him a question. ‚Yes' is a stock answer and that can make for no little confusion if you don't watch out. But if you explain carefully and protect his self-respect you won't have any trouble." (*Pocket Guide* 1943: 24)

Auch dieses Phänomen ist bereits aus der Literatur bekannt. So steht etwa im *Pocket Guide* zu lesen: „Try not to lose your temper. You will see plenty of Chinese lose theirs, but they are looked upon and look on themselves as lower class when they do so" (*Pocket Guide* 1943: 42).

**Zwischenfazit**

Allen aus Deutschland stammenden Interviewpartnern war das Konzept des Gesichtsverlustes vertraut. Das Konzept wird Wahlweise zur Erklärung verschiedener Verhaltensweisen herangezogen oder soll einfach die chinesischen Mitarbeiter charakterisieren.

Bei gleichzeitigem Wissen der Interviewten um ein chinesisches Konzept von Gesicht, wird den chinesischen Kollegen in Zusammenhang damit häufig ein Mangel an Aufrichtigkeit und Zuverlässigkeit vorgeworfen. Das heißt, obwohl das Konzept des Gesichtsverlusts bekannt ist, ist dies keine Garantie für die Anwendung entsprechender Deutungsmuster und Bewältigungsstrategien für damit zusammenhängende Phänomene. Das Wissen um das Konzept Gesichtsverlust reicht nur bedingt aus, um in konkreten Situationen handlungsanleitend wirken zu können. Je nach Interpretation werden auch ganz unterschiedliche Umgangsstrategien für das Phänomen entwickelt: Während der eine seinen chinesischen Mitarbeitern die Unaufrichtigkeit austreiben will, findet die andere eine in ihren Augen gesichtsschonende Handlungsstrategie.

Unabhängig davon, welche Handlungsstrategie gewählt wird, gehört das chinesische Gesicht in Augen der Befragten eher zu den hinderlichen Charakteristiken des Chinesischen im Sinne von *Kultur als Handicap*. Wenn man es auch nicht gerade austreiben muss, so behindert es doch eine direkte und effiziente Kommunikation im Alltag.

Die zum Gesichtsverlust gehörenden Phänomene und Verhaltensweisen sind schon lange bekannt und Umgangsweisen dafür formuliert. Dennoch sind Vorstellungen von Unaufrichtigkeit und Unzuverlässigkeit parallel dazu verbreitet. Auch werden ganz unterschiedliche Verhaltensbeschreibungen recht zwanglos mit dem Gesichtsverlust als Charakteristikum des Chinesischen in Verbindung gebracht, beispielsweise wenn die Beschreibung der „chinesischen Sturheit" auf die „Gesichtsverliererei" (beide: Kaiser) zurückgeführt wird. Die Bereitschaft, ein bestimmtes Charakteristikum zu benennen oder Verhaltensweisen in dessen Rahmen zu beschreiben, scheint alleine durch das Wissen um das Vorhandensein dieses Charakteristikums gegeben.

In den Darstellungen der Befragten wird Gesichtsverlust recht eindeutig als chinesisches Charakteristikum bezeichnet. Auch wenn eine gewisse Universalität des Phänomens gesehen wird (z.B. Schmitz), so wird dessen Ausprägung in

China doch für typisch (und häufig für übertrieben) gehalten. Den geschilderten Beispielsituationen für Gesichtsverlust ist ihr typisierender Charakter deutlich anzumerken, der sich u.a. in den fast wortgleichen Formulierungen der Illustration solcher Situationen („vor versammelter Mannschaft") bei Hämmerle, Schmitz und Kaiser widerspiegelt.

Am Interviewmaterial zeigt sich außerdem, dass es keineswegs notwendig ist, ein tieferes Verständnis für das Konzept des chinesischen Gesichts zu entwickeln – geschweige denn einen sensiblen Umgang dafür zu finden – um es zur Fremdcharakterisierung zu verwenden. Vielmehr wird es häufig einfach als handlungsleitend vermutet („Hängt dann wahrscheinlich au mit dem Gesichtsverlust zusammen" (Miller)), generalisierend zugeschrieben („Gesichtsverliererei" (Kaiser)) oder es wird aktiv ignoriert („Ich sag: ‚Ne, zeigen.'" (Hämmerle)).

Gesicht und insbesondere Gesichtsverlust gehören damit zu den Wissensbeständen, die mit der Mitgliedschaftskategorie „Chinese" verknüpft werden können. Am Interviewmaterial zeigt sich dabei auch die Verwobenheit von alten Stereotypen (‚die unaufrichtigen Chinesen') mit neuen kulturellen Deutungsmustern (‚Gesichtsverlust'), so dass die ‚chinesische Unaufrichtigkeit' in den Alltagstheorien der Akteure heute gewissermaßen kulturell begründet wird. Das Gesichts-Konzept ist dabei mit anderen Vorstellungen und tradierten Chinabildern vernetzt.

# Entsandte eines chinesischen Unternehmens in Deutschland 7

## 7.1 Fallbeispiel: Herr Li Si

In diesem Kapitel werden die Umstände der Entsendung des chinesischen Ingenieurs Herrn Li Si (CB4) in ein deutsches Unternehmen anhand seiner eigenen Darstellung der Entsendung betrachtet. Das erste von zwei Interviews fand elf Monate nach dem Eintreffen Lis in Deutschland statt, das zweite etwa ein Jahr später, kurz vor Lis Rückkehr zum Mutterkonzern nach China. Zum besseren Verständnis der Gesamtsituation wird zunächst eine Einführung in die Umstände der Entsendung gegeben (7.1.1). Anhand eingehender Analyse wird anschließend die Entsendungsgeschichte und Selbstpositionierung in Zusammenhang mit Lis Aufgabenverständnis beschrieben (7.1.2), und anschließend die Darstellung der Arbeitstätigkeit, die im Verlauf zweier Interviews zunehmend als eine Kette von Enttäuschungserfahrungen präsentiert wird (7.1.3). Daraus ergeben sich schließlich die Selbst- und Fremdbeschreibungen Lis, in denen positive Narrative über Deutschland als Zielland der Entsendung in einem Spannungsverhältnis mit der eigenen Erfahrung stehen (7.1.4). Das Fallbeispiel wird mit einem Zwischenfazit abgeschlossen, in dem die Kategorien für den Vergleich mit weiteren Fällen festgehalten werden (7.1.5).

© Springer Fachmedien Wiesbaden GmbH 2018
A. Dederichs, *Kulturelle Differenzierung in Wirtschaftskooperationen*,
https://doi.org/10.1007/978-3-658-20117-3_7

### 7.1.1 Chinesischer Großkonzern schluckt deutsche Mittelstandsperle: Umstände der Entsendung von Herrn Li

Herr Li Si[1] verbrachte zwei Jahre bei dem deutschen mittelständischen Unternehmen, der SOLUTION GmbH. Nachdem der chinesische Konzern YANGBO – Weltmarktführer in seiner Branche – die SOLUTION GmbH im Jahr 2011 gekauft hatte, wurde am Standort des Stammhauses der SOLUTION GmbH zunächst das Büro für den chinesischen Kommunikationsmanager Zhang Yi (CB3) eingerichtet. Herr Zhang hat in seinem Büro noch weitere chinesischstämmige Mitarbeiter, die alle schon seit längerer Zeit in Deutschland leben und arbeiten und auch Deutsch sprechen. Einige Zeit später kamen dann sechs chinesische Ingenieure – Li selbst und fünf Kollegen, die ursprünglich für YANGBO in China und in Deutschland gearbeitet hatten – im Rahmen eines zweijährigen ‚Austauschs' in das Stammhaus der SOLUTION GmbH, um dort nach eigenen Aussagen etwas über die deutsche Arbeitsweise („Management-Aspekte") und Technik („technische Aspekte", beide: CB4-1: [10-12]) zu lernen.

Während der Kommunikationsmanager Zhang und seine beiden Mitarbeiter zum Zeitpunkt des Interviews beim YANGBO-Konzern angestellt waren, standen die Ingenieure für die Zeit ihres Aufenthalts in Deutschland bei der deutschen SOLUTION GmbH unter Vertrag. Dieser Umstand hatte bereits Implikationen für die Kontaktaufnahme zu den Interviewten, da meine Interviewanfrage bei der SOLUTION GmbH abgelehnt wurde, bevor der Kontakt schließlich doch über den YANGBO-Konzern indirekt vermittelt werden konnte.

Wie bei allen größeren Übernahmen deutscher Unternehmen durch chinesische Investoren in den letzten Jahren, so hatte auch dieser Merger für einige mediale Aufmerksamkeit und Warnrufe vor Know-how Transfer nach China gesorgt (vgl. Kap. 1). Im Unternehmen kam es zu einem spontanen Protest der Belegschaft aus Angst vor Stellenabbau. Es existiert jedoch eine langfristige Vereinbarung zwischen YANGBO und SOLUTION, nach der hinsichtlich des Zusammenschlusses der beiden Unternehmen über einen längeren Zeitraum am

---

[1]Gemäß der chinesischen Namensschreibweise steht der Nachnahme zuerst. Herr Li Si ist also Herr Li, Herr Zhang Yi ist Herr Zhang. In dieser Arbeit wird die Anredeform (Herr/ Frau) der Befragten jeweils einführend zur Orientierung der Lesenden verwendet und entfällt im Anschluss, wenn nicht die damit zugleich benannte Geschlechterkategorie hervorgehoben werden soll. Aus ‚Herr Zhang' wird also ‚Zhang', aus ‚Frau Schmitz' wird ‚Schmitz'.

deutschen Standort keine Stellen abgebaut würden – betriebsbedingte Kündigungen aufgrund von Konjunkturschwäche allerdings weiterhin möglich seien. Der Protest der deutschen Belegschaft hatte bei YANGBO bereits einige Besorgnis erregt, die aber vom Unternehmenschef der SOLUTION GmbH, Herrn Mattis, ausgeräumt werden konnte. In zahlreichen Interviews gegenüber verschiedenen deutschen Medien lobte Mattis außerdem die Fürsorglichkeit des chinesischen Investors und betonte die Freiheiten, die YANGBO ihm bei der Führung der SOLUTION GmbH lasse, die als eigenständige Marke bestehen bleibt.[2] Auch sehe man keine Gefahr von Know-how Transfer in Verbindung mit Stellenabbau in Deutschland. Trotz dieses Lobliedes auf den harmonischen Verlauf des Mergers und die Qualitäten des chinesischen Investors hatte die hohe mediale Aufmerksamkeit auch auf Seiten der SOLUTION-Führung zu einiger Sensibilität geführt und trug mutmaßlich auch zu der Ablehnung meiner Forschungsanfrage an die SOLUTION GmbH bei.

Als Vertreter von YANGBO traten mir Zhang (und seine Assistenten chinesischer Herkunft) in den Büroräumen von YANGBO auf dem Gelände der deutschen SOLUTION-GmbH zu gewöhnlichen Arbeitszeiten gegenüber, was dem Interview einen gewissen offiziellen Charakter verlieh (Terminvereinbarung über die Assistenten, Anmeldung beim Sicherheitsdienst, Besucherausweis auf dem Firmengelände, Interview im Büro). Die Interviewtermine mit den Ingenieuren hingegen fanden jeweils am Wochenende in einer Privatwohnung statt (möblierte Mietwohnung (Eichenfurnier), heißes Wasser zum Interview in der Sofaecke), in der mehrere von ihnen gemeinsam untergebracht waren. Die Ingenieure gaben also als Privatpersonen Auskunft über ihre Entsendungserfahrungen in Deutschland, wohingegen mir Zhang in seinem geräumigen Managerbüro in offizieller Position (und Pose) gegenübertrat. Interessant zum Umgang mit dieser Situation ist noch anzumerken, dass die Ingenieure es im Interview eher vermieden, Firmennamen zu verwenden – Li beispielsweise unterbricht sich selbst mehrfach bei der Nennung der Firmennamen und ersetzt durch „die chinesische Firma" bzw. „die deutsche Firma", obwohl die Anonymisierung schriftlich und mündlich zugesichert war.

---

[2]Die deutschen Manager solcher Merger schwärmen mitunter davon, dass die Chinesen, anders als die Amerikaner, bei einer Übernahme die Führungsebene des Unternehmens nicht auswechselten (Fichter et al. 2013).

**Verlauf des Aufenthalts in Deutschland**

Li verbrachte mit seinen fünf chinesischen Ingenieurskollegen fast 10 Monate mit der Arbeit an einem (noch aus China mitgebrachten) Projekt, das sie in erster Linie selber bearbeiteten. Nur bei Meetings mit den deutschen Kollegen gab es dazu Rückmeldungen von Seiten der SOLUTION GmbH. Dabei waren die Sechs außerdem räumlich zunächst so untergebracht, dass es bei der täglichen Arbeit kaum zu einem Austausch mit den deutschen Kollegen kam. Die Sechs teilten sich einen gemeinsamen Arbeitsraum, separiert von den deutschen Kollegen. Die räumliche Unterbringung verstärkte den Effekt der Selbstwahrnehmung und Selbstbeschreibung dieser Ingenieure als Gruppe. Erst zu Beginn des zweiten Jahres, ungefähr zwei Wochen vor meinem ersten Interviewtermin, wurden die chinesischen Ingenieure unterschiedlichen Abteilungen von SOLUTION zugewiesen. In diesen Schritt setzte die Gruppe die Hoffnung, neue Technik kennen zu lernen und neue Arbeitsweisen zu erlernen.

> „[73] Dann können wir direkt tief in deren Arbeitsprozessen eintauchen und darin lernen, wie deren konkretes Arbeitsverfahren ist, außerdem über welche Dinge während der Planung nachgedacht wird, sehr viele (chch) sehr viele dieser Detailaspekte der Dinge da denke ich, die sind noch / das Konkrete kann man erst lernen, wenn man in deren Arbeitsprozess mitten drin ist. [74] Wenn es die ganze Zeit so gewesen wäre, dass wir Sechs zusammen in einem Büro gearbeitet hätten, wenn das in der Art gewesen wäre ich / so wäre das nicht so gewesen wie wir es gewollt hätten. (I: Mhm)." (CB4-1: [73-74])[3]

Allerdings deutet sich zum Zeitpunkt des ersten Interviews bei Li bereits Enttäuschung über die geringe Komplexität der ihm zugewiesenen Aufgaben und mangelnde Rückmeldung zu seinen Leistungen seitens seines Vorgesetzten an (CB4-1: 100-114).

Beim zweiten Interviewtermin kurz vor Ende des Aufenthaltes der Sechs äußerten die Befragten auch Enttäuschung über die Arbeit in den verschiedenen Abteilungen. Vor allem wurde eine nur mangelhafte Einbindung in Projekte moniert, die in den Interviews zum Teil auf fehlende Sprachkenntnisse (Deutsch) der Sechs, zum Teil auf die mangelnde Bereitschaft der Abteilung, Projektsitzungen auf Englisch abzuhalten, zurückgeführt wurde. Obwohl vor allem die

---

[3]Da mit den Ingenieuren jeweils zwei Interviews geführt wurden, verweist das Kürzel CB4-1 hier auf das erste von zwei Interviews mit Li. Die Angabe in den eckigen Klammern sind Satznummerierungen, die zur besseren Nachvollziehbarkeit bei der Übersetzung der chinesisch-sprachigen Interviews in die Transkripte eingefügt wurden.

deutsche Arbeitsweise als besonders gründlich und durchdacht gelobt wird, fällt
Lis Urteil über die neu erlernten Fähigkeiten eher negativ aus. Der Erfolg und
Nutzen des ganzen Aufenthaltes wird offen in Frage gestellt:

> „[43] Das heißt, die zwei Jahre, die wir Sechs hier hergekommen sind, waren wirk-
> lich nicht einfach. [44] Die Firma hat sehr viel investiert. [45] Aber tatsächlich, nach
> zwei Jahren, nachdem ihr Sechs zurückgekehrt seid, was könnt ihr eigentlich für die
> Firma eh wie viel Gegenleistung [könnt ihr erbringen]?" (CB4-2: [43-45])

Während der Entsendung gab es für die Betroffenen selbst offenbar kaum Möglichkeiten, ihre Situation zu ändern. Das chinesische Büro des Kommunikati-
onsmanagers Zhang im Stammhaus der SOLUTION GmbH hielt zwar Kontakt
mit den sechs Ingenieuren, war aber offiziell nicht Weisungsbefugt, da die Ingenieure bei der SOLUTION GmbH unter Vertrag standen. Eine Berichterstattung
der Sechs nach YANGBO in China war während des Aufenthalts in Deutschland nicht vorgesehen aber Gegenstand von Überlegungen der Befragten für die
Zeit nach der Rückkehr: Erstens, weil die Sechs die Ergebnisse des Aufenthalts
dann würden vorstellen müssen, zweitens, weil Li Vorschläge zum Ablauf des
„Austauschprogrammes" machen wollte. Vom chinesischen YANGBO-Konzern
wird ein Bericht über die Tätigkeiten während des zweijährigen Aufenthalts in
Deutschland eingefordert, der von deutscher Seite bestätigt werden muss. Für die
Zeit nach der Rückkehr der Sechs nach China war bereits die Entsendung weite-
rer Ingenieure von YANGBO in China nach SOLUTION in Deutschland geplant.

## 7.1.2   Entsendungsgeschichte, Positions- und Aufgabenbeschreibung

Seine Entsendungsgeschichte schildert Li in der Eingangspassage des Interviews
als konditionale aber erfreuliche Entwicklung, die außerdem mit gesteigerter
Projektverantwortung einhergeht. Die Darstellung seiner Entsendung ist dabei
eng verknüpft mit der Übernahme der SOLUTION GmbH durch YANGBO. Er
beginnt die erste längere Sequenz, indem er mich in die aktuelle Firmensituation
einführt:

> „I: [8] (..) Wie ist es dazu gekommen, dass Sie in Deutschland bei dieser Firma
> arbeiten?
> B: [9] eh ganz am Anfang war (.) [U/] Unser Firmensitz ist in W-Stadt [chinesische
> Stadt über 5 Mio. Einwohner], W-Stadt in China, (I: mhm) sie (.) hat in null eh zwei-
> tausendzwölf ein deutsches Unternehmen aufgekauft. [10] Diese [unverständlich] / in

dieses / dieses Unternehmen entspricht / [es] ist in den technischen Aspekten in dieser Branche ein besonders gutes Unternehmen. [11] Dann, nachdem unsere Firma dieses Unternehmen aufgekauft hatte, hat man uns Sechs noch nach hier entsendet. [12] Eh, um unter technischen Gesichtspunkten und unter Gesichtspunkten des Management die verschiedenen deutschen Herangehensweisen hier zu studieren (I: mhm). [13] Danach / (chch) damals war ich sehr erfreut darüber, die Verantwortung als Projektleiter eines K-Projektes zu übernehmen (schnalzt mit der Zunge), danach dann/dann/ dann wurde der Termin festgelegt und [wir] sind hergekommen (I: mhm). [14] Weil / Weil dieses K-Projekt ist mit eh Deutschland ist äh ist von Deutschland initiiert worden, das heißt sozusagen, dass die deutsche (chch) deutsche Firma hier das Projekt machen / will / machen will. [15] Und dann eben weil wir Sechs aus China das gemacht haben (I: Mhm) deshalb (chch) e war das damals als diese sechs Leute ausgewählt wurden, da wurde unser Projekt gerade noch bearbeitet, dann / später nachdem sechs Leute festgelegt waren, dann […] (chch) […] / weil aber während der Teilnahme an diesem Projekt, gab es noch einen anderen, aber der ist nicht hergekommen. [16] Daher [kann man] sagen […] wurde dieses Projekt abgezogen (I: mhm, mhm). [17] Daher war das so, dass wir Sechs bis zum Schluss an diesem Projekt gearbeitet haben (I: mhm). [18] Dann sind wir Sechs Leute dann eben hergekommen (I: mhm)." (CB4-1: [8-18])

Auf meine Frage holt Li mit seiner Antwort zeitlich vor den Beginn seines Aufenthaltes in Deutschland aus („ganz am Anfang"), unterbricht sich selbst mit einer kurzen Pause und beginnt die Erzählung über seinen Aufenthalt in Deutschland aus der Perspektive der Unternehmensgeschichte des chinesischen Konzerns YANGBO. Seine Entsendung stellt er damit in den Rahmen der Erzählung der Übernahmegeschichte. Mit der Formulierung „unser Firmensitz ist in W-Stadt [chinesische Großstadt], Chinas W-Stadt", wird gleichzeitig eine Identifizierung mit dem Heimatunternehmen YANGBO von Li deutlich („*unser* Firmensitz"), der zum Zeitpunkt des Interviews ja bei der deutschen SOLUTION GmbH unter Vertrag steht. Der Firmenname wird dabei nicht genannt, die Identifizierung findet über eine Benennung des Ortes statt. In das „unser" sind die fünf Kollegen, mit denen er nach Deutschland kam, möglicherweise eingeschlossen, zumal er im übernächsten Satz [11] auf diese Sechsergruppe zu sprechen kommt. Die Entsendungsgeschichte wird als gemeinsame Geschichte einer Gruppe konstruiert. Durch die geographische und nationale Verortung des Firmensitzes – einer chinesischen Großstadt – wird der Aspekt der räumlichen Differenz zum aktuellen Aufenthaltsort – einer Kleinstadt in Deutschland – besonders deutlich. Der Satz geht weiter „(I: mhm) sie (.) in null eh zweitausendelf hat [sie] ein deutsches Unternehmen aufgekauft." Damit wird der zeitliche Rahmen genauer abgesteckt und die SOLUTION GmbH als „ein deutsches Unternehmen" eingeführt. Bei dieser Formulierung dient abermals die nationale Kategorie „deutsch" als Differenzierungsmerkmal für SOLUTION, der Name des Unternehmens wird hier (noch) nicht genannt. In Hinsicht auf die Frage des Interviewers wird in der Antwort nun die Brücke zwischen dem Heimatunternehmen und dem aktuellen Aufenthalts- und Arbeitsort gebaut.

SOLUTION wird hier als „ein deutsches Unternehmen" umschrieben, steht also zunächst unbestimmt als ein Unternehmen unter vielen Möglichen. Dann qualifiziert Li das Unternehmen näher: „[10] […] / dieses Unternehmen entspricht / [es] ist in den zu dieser Branche gehörenden technischen Aspekte ein besonders gutes Unternehmen." SOLUTION wird jetzt näher bestimmt als in technischer Hinsicht besonders gut. Damit wird die Qualität des Unternehmens einerseits betont und seine Stärke andererseits *nur* in technischen Aspekten besonders hervorgehoben. So wird implizit eine mögliche Motivation für die Übernahme von SOLUTION durch YANGBO geliefert. Das YANGBO dazu in der Lage war, SOLUTION aufzukaufen, gibt aber auch einen Hinweis auf mögliche wirtschaftliche Schwächen oder Schwachstellen von SOLUTION im Gegensatz zu den technischen Stärken der GmbH. Mögliche Schwächen werden hier aber nicht weiter thematisiert.

Mit Satz [11] wird die Gruppe der sechs Ingenieure als Einheit im Gesamtprozess der Firmenübernahme explizit eingefügt. Li präsentiert sich selber als Teil dieser Gruppe („uns Sechs entsendet"), und die Entsendung scheint sich konsequent als Folge aus der Übernahme zu entwickeln. In Satz [12] wird der Auftrag der Sechsergruppe beschrieben, das Studium der deutschen Arbeitsstile unter technischen und organisatorischen Gesichtspunkten. Dieser Auftrag gibt auch den Rahmen wieder, in dem Li die Beziehung von YANGBO und den Ingenieuren zu SOLUTION schildert, nämlich als Lehr-Lernverhältnis. Die SOLUTION GmbH wurde erworben, weil man sich davon einen technischen Know-how-Zuwachs verspricht. Die Selbstpositionierung als Lernende ist mit der Differenzerwartung in Sachen technischer Qualität verknüpft, und diese Differenzerwartung motiviert bereits die Anwesenheit der Ingenieure in Deutschland. Hypothetisch denkbare alternative Motivationen für die Entsendung der sechs Ingenieure, etwa die Umstrukturierung der deutschen Firma oder die Schulung der SOLUTION Mitarbeiter in der Arbeitsweise von YANGBO, werden mit dieser Formulierung aus dem Entsendungsauftrag ausgeschlossen.

Mit Satz [13] (erst) führt der Interviewte sich selbst als Einzelperson in die Erzählung ein, und er erläutert die eigene professionelle Position im Rahmen seiner Entsendung: Projektleiter eines so genannten „K-Projektes". Das K-Projekt wird dann näher erläutert, wobei die genaue zeitliche Reihenfolge der Ereignisse mit weiteren Informationen zum Projekt vermischt wird, die sich in der Erzählung überlagern und die Passage etwas verwirrend machen. Besagtes Projekt wurde offenbar schon in China von den Sechsen bearbeitet. Erst kurz vor der

Entsendung nach Deutschland hat Li die Rolle des Projektleiters für das Projekt übernommen. Bei dem Projekt geht es außerdem um ein von SOLUTION entworfenes Produkt. Erst etwas später wird deutlich, dass dieses Projekt wesentlich zu der Auswahl gerade dieser sechs Mitarbeiter beigetragen hat.

Mit dieser Sequenz sind bereits etliche wichtige Aspekte des Interviews angesprochen: Die Positionierung und Aufgabe sowohl der Sechsergruppe als auch die Selbstpositionierung von Li als Teil dieser Gruppe, die Zuordnung des Heimatunternehmens und des aufgekauften Unternehmens in nationale Kategorien, die Erwartung an die technische Qualität (Produktimage) bei SOLUTION und das daraus resultierende Lehr-Lernverhältnis, sowie das „K-Projekt" als erster konkreter Tätigkeitsbereich.

Vor der Entsendung gab es noch in China ein Auswahlverfahren, in dem die Kandidaten, sowohl von Seiten des YANGBO-Konzerns als auch von Seiten der SOLUTION GmbH, für die Entsendung auf ihr fachliches Niveau und ihre Englischkenntnisse, überprüft wurde. Li verzichtet aber auf eine übermäßige Betonung des Erfolges bei diesem Auswahlprozess, obwohl er sich dabei gegen eine größere Konkurrenz durchgesetzt hat. Aber die Entscheidung für die letztendlich entsendeten Ingenieure beruhte offenbar nicht nur (und vielleicht nicht einmal in erster Linie) auf dem Auswahlverfahren, wie aus der folgenden Sequenz hervorgeht:

„[23] (chch) e da zu dieser Zeit musste man sich auch anmelden (I: mhm) in der Firma (chch) e damals haben sich auch sehr viele Leute in unserer Abteilung angemeldet. [24] Aber / aber ich / ich bin (chch) nicht / nicht / habe nicht geplant / nach hier zu kommen. [25] Der Grund dafür ist bloß weil damals unser Abteilungsleiter auswählte / mich auswählte, um für dieses Projekt zu arbeiten, denn dieses Projekt ist vollständig von hier aus Deutschland initiiert, das heißt [unverständlich], das ist von dem deutschen Unternehmen ein / ein Projekt, ein Produkt (I: mhm). [26] Aber wichtig ist, dass hier von China die Verantwortung für die Planung übernommen wird. [27] Damals war ich der Hauptverantwortliche dieses Projekts, daher kann man sagen, damals als dieses Projekt aufgesetzt wurde, (chch) wie soll man sagen, damals war der Plan so, das es (für) dieses Projekt von hier aus Deutschland für uns Unterstützung bei der Bearbeitung der technischen Aspekte geben sollte. [28] Dann haben wir Chinesen das Design gemacht, die konkrete Produktion ist auch in China, das Hauptziel ist [unverständlich] die Senkung der Kosten. [29] Aber danach, also weil da gab es so einen (.) einen Talent- / einen Austausch: das heißt, es sollen sechs Leute bestimmt werden die hierher nach Deutschland kommen, dann hat der chinesische Leiter dieser Angelegenheit gesagt: eh, gerade dieses Projekt soll nichts mit China zu tun haben. [30] Ihr paar Leute hier geht einfach direkt rüber (I: mhm), [31] um dieses Projekt richtig gut zu bearbeiten (unverständlich) (I: mhm)." (CB4-1: [23-31])

Es ging also bei der Entsendung eher um eine Strategie, die dabei helfen sollte, das Produktimage des K-Projektes zu verbessern, indem es unter der Marke SOLUTION entwickelt würde, aber mit Ingenieuren von YANGBO und mit Produktion in China, so dass die Kosten gesenkt werden könnten. Da der Abteilungsleiter ihn für dieses Projekt ausgewählt habe, sei er für die Entsendung nach Deutschland in Frage gekommen, so Li.

Darüber hinaus schildert Li selbst seine Einstellung zur Entsendung nach Deutschland durchaus ambivalent:

> „[32] Das heißt, zu dieser Zeit ich / kann man sagen das ist / meine persönliche Meinung / ich wollte nicht unbedingt nach hier kommen. [33] Weil (lacht) ich war mit meiner Frau gerade [erst] verheiratet, dann gerade in diesen beiden Jahren würden / würden wir ein (I: eh) in / in / in / in China vielleicht würden wir / auch / äh ein Kind kriegen (I: mhm). [34] Das heißt (chch) wenn ich herkäme, könnte das einige unangenehme Seiten mit sich bringen (I: mhm, mhm). [35] Dann / danach war es so (.) auch / war auch ehm / zu dieser Zeit habe ich mit meiner Frau auch einige dieser Probleme / dieser Dinge besprochen, (chch) [habe] gesagt: für eine noch bessere Entwicklung später ist es auch eine sehr gute Erfahrung nach Deutschland zu kommen, und zwei Jahre [dort] zu bleiben ist auch eine sehr gute Erfahrung (I: mhm) hem. [36] Mein / Meine Frau diese / hat in dieser Angelegenheit die ganze Zeit nicht / hat nicht / hat mir keine das heißt / (schnalzt) sehr / sehr / keine sehr klare Antwort gegeben. [37] Sie hat gesagt, sie lässt mich selbst entscheiden (I: mhm). [38] Dann habe ich gesagt: Dann / dann gehe ich doch lieber nach Deutschland. // (beide lachen) // (I: eh) [39] Letztendlich ist es auch eine einmalige Gelegenheit. (I: Mhm) Richtig (I: mhm)." (CB4-1: [32-39])

Wenn die Entsendung in Lis Wahrnehmung auch eine Chance für eine „noch bessere Entwicklung später" darstellt, so entsteht daraus doch ein Konflikt für das Privatleben in der noch jungen Ehe und für die Familienplanung (tatsächlich wurde Li im Verlauf seiner Entsendung Vater). Die Entscheidung sei ihm von seiner Frau überlassen worden, sie habe sich nicht eindeutig dazu geäußert. Li entscheidet sich schließlich für die „einmalige Gelegenheit", zwei Jahre in Deutschland zu arbeiten. Hier deutet sich ein innerfamiliärer Konflikt über die Entsendung an. Die Antwort auf die Frage, ob Li sich auf die Entsendung aktiv beworben hat, ist eher ausweichend: „[23] (chch) e da zu dieser Zeit musste man sich auch anmelden (I: mhm) in der Firma (chch) e zu der Zeit haben sich auch sehr viele Leute in unserer Abteilung angemeldet." Aus den Interviews mit Lis Kollegen geht aber hervor, dass eine aktive Anmeldung für die Entsendung notwendig war, eben weil die Entsendung auch für das familiäre Leben Konsequenzen haben würde (vgl. CB6-1: [4-7]; Kap. 7.2). Lis Rolle in dem Auswahlprozess für die Entsendung war also nicht bloß passiv. Die Entscheidung für die

Entsendung begründet Li mit besseren Zukunftsaussichten („für eine noch bessere Entwicklung später") und der Einmaligkeit der Gelegenheit.[4] Die Entscheidung gegen die Option, bei seiner Frau zu bleiben, wird parasprachlich in einem Lachen am Ende des Satzes aufgelöst: „[38] Dann habe ich gesagt: Dann / dann gehe ich doch lieber nach Deutschland. // (beide lachen) //." Lis Bewertung des Aufenthaltes und der Entsendung muss daher immer auch im Lichte dieses Konfliktes mit seinem Privatleben betrachtet werden, mit dem er sich die Gelegenheit für diese Erfahrung erkauft.[5]

### 7.1.3    Eine Kette von Enttäuschungen: Die Schilderung von Ab- und Ausgrenzungserfahrungen während der Entsendung

Aus Lis Beschreibung der Entsendung und seiner konkreten Aufgaben geht hervor, wie sich seine Einschätzung des Arbeitsaufenthaltes während dessen Verlauf entwickelt. Im folgenden Abschnitt aus dem ersten Interview beschreibt Li zunächst seine Aufgaben:

„I: [50] Mhm. Was sind zur Zeit bei der Arbeit ihre Aufgaben?
B: [51] Ehm, meine Arbeit, in der Vergangenheit / wir sind jetzt schon seit einem Jahr hier, nicht wahr? (I: mhm) [52] [das] wissen [sie]. [53] Im vergangenen Jahr bestand unsere hauptsächliche Arbeit in der Verantwortung für dieses K-Projekt (I: mhm). [54] Die heutige Kommunikation mit / Kommunikation mit der Marketing Seite, dann mit der hiesigen Technik / dem Personal / mit den Technikern das heißt / das heißt (chch) das ist dieser (chch) dieser ziemlich erfahrene alte Ingenieur in [dieser] unserer[/n] deutschen Firma, die Kommunikation in diesem Bereich, zum Beispiel: [55] Wir bringen unsere Sichtweise vor, unsere Ideen zum Design (I: mhm) dann lassen wir die anderen betrachten und beurteilen (I: mhm). [56] Dann ist meine Hauptaufgabe dazwischen die Review-Meetings abzustimmen, das ist meine

---

[4]Das zeigt auch, dass Li in der Auslandsentsendung eine Karrierechance sieht. Bei deutschen Expatriates ist die Einstellung gegenüber Entsendung deutlich verhaltener. Die ‚Erwartung von Nachteilen für die eigene Karriere' sind der vierthäufigste Ablehnungsgrund von Entsendungen (vgl. Ganter 2008: 14). Bei den deutschen Interviewten in meinem Sample wurde die Entsendung niemals als Karrierechance beschrieben, die bessere Zukunftsaussichten ermögliche.

[5]Eine nicht unwesentliche Rolle könnte auch der finanzielle Anreiz einer solchen Entsendung gewesen sein, der durch die unterschiedliche Bezahlung der Angestellten in Deutschland und in China zustande kommt. Allerding spricht Li dieses Thema nicht an.

gegenwärtige [unverständlich] eine Arbeit. [57] Eine weitere Aufgabe ist auch noch die Verantwortung für das konkrete Design, am Computer Pläne anzufertigen (I: mhm). [58] Das konkrete Design machen / hauptsächlich sind das diese beiden Dinge." (CB4-1: [50-58])

Bei der Beschreibung seiner Arbeit bezieht Li sich hier auf die zurückliegende Zeit in Deutschland und die Beschreibung der Projektaufgaben. Damit wird der Aufenthalt in Deutschland bereits implizit in zwei Phasen aufgeteilt. Durch inkludierende Formulierungen („wir sind jetzt schon…", „unsere hauptsächliche Arbeit…", „wir bringen unsere Sichtweise vor…") beschreibt Li seine Tätigkeiten immer als Teil der (chinesischen) Projektgruppe. Seine konkreten Tätigkeiten sind dabei die Kommunikation mit verschiedenen Abteilungen der SOLUTION Seite, insbesondere die Koordination der Review-Meetings mit den deutschen Ingenieuren. In diesen Meetings wird die Arbeit der Projektgruppe „betrachtet und beurteilt" (评审 *pingshen*), wie Li es formuliert, was die Wahrnehmung des Verhältnisses zu SOLUTION als Lehr-Lernverhältnis unterstreicht. Dazu kommt die Aufgabe des Designs von Plänen am Computer, die Gegenstand des Gesprächs bei den Review-Meetings sind. Dabei stellt Li die Ausarbeitung eigener Ideen und Sichtweisen der Projektgruppe zum Design der Beurteilung durch die „Anderen" gegenüber.

„I: [59] Bei / arbeiten sie dabei mit Deutschen zusammen?
B: [60] Mmh, es gibt eigentlich ziemlich viel Zusammenarbeit. [61] Weil / weil unsere eigene / diese Designideen (ah), können nicht die von SOLUTION repräsentieren. [Sätze 62-64 aufgrund Anonymisierung gestrichen] [64] […] (.) Dann (chch) in dieser Firma eh ist das Wichtigste bei der Zusammenarbeit mit denen ist die Kommunikation über technische Aspekte. [65] In der Diskussion heißt das / die Zeitplanung der technischen Entwürfe / oder das heißt eh wir haben einige / Dinge, die wir nicht verstehen, dann frage ich die auch, den relativ erfahren Ingenieur (I: mhm). [66] Die mit uns / helfen uns, das heißt sie geben einige Ratschläge, das Wichtigste sind diese Punkte (I: mhm)." (CB4-1: [59-66])

Li beschreibt den Umfang der Zusammenarbeit mit deutschen Kollegen mit „ziemlich viel". Das sei auch notwendig, weil die von der Projektgruppe entwickelten Designideen nicht die SOLUTION GmbH repräsentieren könnten, unter deren Namen das Produkt ja später verkauft würde. Die *Lehr*position der SOLUTION Mitarbeiter und die *Lern*position der entsendeten Projektgruppe wird erneut sichtbar.

In der folgenden Sequenz wird nun die mit der Projektgruppenarbeit verbundene räumliche Abgrenzung der chinesischen Ingenieure sowie die Darstellung von den Auswirkungen dieser Abgrenzung auf das praktische Arbeitshandeln deutlich:

„I: [67] (.) Eh, also sie / arbeiten sie jeder einzeln oder arbeiten sie alle Sechs zusammen?
B: [68] Mhmm, wir sind gerade seit einem Monat aufgeteilt worden, in den über zehn Monaten davor saßen wir zusammen in einem Büro. [69] Jeder (hatte) einen Computer. [70] Dann diese Umgebung [in der wir waren] war auch wegen (.) neben uns gab es keinen Deutschen und auch keine / keine / das heißt da haben insgesamt [nur] wir sechs Chinesen zusammengearbeitet. [71] Also haben wir untereinander nur Chinesisch geredet (I: mhm) falls es wechselseitig irgendetwas gab [konnte man das] direkt besprechen, war auch sehr praktisch (I: mhm), aber eben diese Umgebung (chch) fühlte sich nicht so passend an / wir waren die ganze Zeit zusammen (chch). [72] Dann haben wir vorgebracht, [...] / dass wir etwas Konkretes nur in deren Arbeitsprozess lernen können. [73] Dann können wir direkt tief in deren Arbeitsprozessen eintauchen und darin lernen, wie deren konkretes Arbeitsverfahren ist, außerdem über welche Dinge während der Planung nachgedacht wird, sehr viele (chch) sehr viele dieser Detailaspekte der Dinge da denke ich, die sind noch / das Konkrete kann man erst lernen, wenn man in deren Arbeitsprozess mitten drin ist. [74] Wenn es die ganze Zeit so gewesen wäre, dass wir Sechs zusammen in einem Büro gearbeitet hätten, wenn das in der Art gewesen wäre ich / so wäre das nicht so gewesen wie wir es gewollt hätten (I: mhm)." (CB4-1: 67-74)

Die oben als intensiv geschilderte Zusammenarbeit mit den deutschen Kollegen in den Review-Meetings steht der Beschreibung der Projektarbeit in einem gemeinsamen Büro, völlig *ohne* Kontakt zu deutschen Kollegen, gegenüber. Obwohl diese Form der Arbeit auch den Vorteil einfacher Kommunikation hatte, beschreibt Li dieses Setting insgesamt doch vorsichtig als „unpassend", wenn es dauerhaft so geblieben wäre. Dieser ersten Phase des Aufenthalts, für die eine abgeschiedene gemeinsame Arbeit der chinesischen In-Group kennzeichnend ist, wird dann die zweite Phase gegenübergestellt, für die es weiterhin hohe Erwartungen an mögliche konkrete und detaillierte Lernerfahrungen aufgrund der erhofften Einbindung in die Arbeitsprozesse von SOLUTION gibt. Diese hohen Erwartungen an die Lernerfahrung ergeben sich auch aus einer sehr positiven Bewertung der deutschen Arbeitsweise und der deutschen Produkte (vgl. Kap. 7.1.4, z.B.: CB4-1: [75-100]). In diesem Abschnitt ist die Aussicht auf eine positive Entwicklung zu einer lohnenswerten Entsendung im Sinne der Erwartungen von Li noch enthalten.

Erst in der Schilderung der Erlebnisse während der Arbeit in der zweiten Phase (aber noch im ersten Interview) des Aufenthalts wird Lis Unzufriedenheit mit der Arbeitssituation deutlich:

„I: [99] (räuspern) Also (7) können Sie ein Beispiel nennen: Wie ist ihre derzeitige Arbeit, was tun Sie jeden Tag? Was machen sie täglich bei der Arbeit?
B: [100] Mmmh, weil wir jetzt bereits auf deren verschiedenen Abteilungen verteilt sind (I: mhm) erzähle ich jetzt einfach mal ich / was ich derzeit in dieser Abteilung für Sachen mache (I: mhm). [101] In der Abteilung, der ich gerade zugeordnet bin, bin ich seit ungefähr drei Wochen/ mehr als zwei Wochen. [102] Dann danach, dann habe ich zu ihm, zu diesem/ diesem Abteilungsleiter gesagt, habe ich gesagt ich / im Moment bin ich eh ich/ ich / ich/ meine Verantwortung/ meine gegenwärtige Projektverantwortung ist momentan schon fertig. [103] Ich kann im Moment schon ein bisschen Zeit nehmen, und ein wenig schauen, ob ich die Aufgaben eurer Abteilung machen kann, euren eh die Arbeitsbelastung ein bisschen reduziere, weil die / ich habe oft gesehen, dass die besonders beschäftigt sind. (I: lacht / atmet hörbar) [104] Eh, @ungefähr alle Sachen im Laufschritt [erledigen]@ (I: lacht) ziemlich beschäftigt. [105] Das heißt/ ich habe gesagt: (chch) eh auch normalerweise eh ich / ich kann auch daraus einige Kenntnisse erhalten. [106] Dann haben die / zu dieser Zeit / zu dieser Zeit hat der Abteilungsleiter/ ich/ ich/ ich habe diese Sache mit ihm zweimal besprochen, das heißt, ich bin im Moment/ *'I'm free* (I: mhm) *you can give me some assessment'* (I: mhm) [106] Aber / aber er (..) Mein Ansinnen bei diesen beiden Malen hat [er] nicht / er hat mir nicht ernsthaft irgendetwas zu tun gegeben // (lacht) (I: mhm, aha)//. [107] Dann, als ich [das] zum dritten Mal wiederholt habe, da hat er (..) da hat er mir jemand anderen gesucht / hat jemand anderen gesucht und dann, hat jemand anderen mir eine kleine Aufgabe geben lassen, diese Sache habe ich dann auch sehr schnell erledigt und ihm dann übergeben. (I: Ehe) [108] Aber (chch) es/ weil diese Sache, die ich erledigt habe / ich / was ich wollte war / Nn / ‚Du sollst mir sagen, wie das was ich gemacht habe, geworden ist (I: mhm) [109] ob das so geworden ist wie in den Anforderungen in eurem (.) diesen / diesen / diesen Entwurfsanforderungen' (I: mhm). [110] Nachdem ich ihm diese Sache übergeben habe, da hat er auch überhaupt nicht mit mir besprochen, wie ich diese Sache gemacht habe (I: mhm). [111] Das heißt von/ von da ist das/ die Sache vor diesen zwei Wochen. [112] Von da an bin ich / bin ich jeden Tag hingegangen, ich habe zuerst/ zuerst habe ich diese (.) was wir zuerst umgesetzt haben/ geplant haben dieses/ eh dieses Produkt, weil (chch) mhm das Produkt mit dem K-Entwurf, es ist/ das heißt/ als wir/ wir warten. [113] Es gab einen Knotenpunkt, er sagte wenn dieser Knotenpunkt nicht gelöst würde, dann können wir alle nicht weiterkommen. (I: mm) [114] Daher kann man sagen ich/ ich bin gerade erst deren Abteilung zugeteilt worden um deren Aufgaben zu machen (I: mhm). [115] Wenn wir diesen Knotenpunkt schon erreicht hätten, wäre vielleicht/ W/ W/ dann wäre meine Hauptaufgabe vielleicht wieder die, dieses Projekt zu bearbeiten (I: mhm). [116] Ich weiß nicht, ob sie das wissen oder nicht, nachdem das Produktionsdesign herausgekommen ist, wird eine Planungsanalyse durchgeführt, um zu sehen ob [Anonymisierung, zwei Wörter] ausreicht (I: mhm). [117] Das heißt, wir warten im Moment auf das Ergebnis dieser Analyse (I: mhm). [118] Wenn dieses / wenn dieses Untersuchungsergebnis wie soll ich sagen (..) eh schon / schon / ist schon ein halbes Jahr verschoben worden (..) eh nach dem normalen Plan hätte man nach ungefähr einen Monat schon die Analyse abgeschlossen (I: mhm). [119] Hätte man schon Ergebnisse herausbekommen. [120] Dann hätten wir schon sehr schnell Fortschritte machen können, […] [122]

Aber die haben diese Arbeit immerzu aufgeschoben (I: mhm), dann war es schon ein halbes Jahr verschoben, eh daher / ich / ich / wir Sechs warten jetzt sozusagen auf die Ergebnisse (I: mhm). [123] Während wir auf die Ergebnisse warten, beteiligen wir uns an deren / beteiligen wir uns an den Aufgaben, mit denen die gerade (sehr) beschäftigt sind (I: mhm). [124] Denn die eh/ wir/ wir/ die übertragen uns Aufgaben, und nachdem wir die zügig fertig gemacht haben, sagen wir zu denen: Wir haben diese Aufgabe erledigt. [125] Dann gebt mir/ gebt mir etwas Neues zu tun (I: mhm, mhm, mhm, mhm). [126] Mhmm, die tagtäglichen Dinge sind / sind am Computer sitzen, Pläne zeichnen, designen, (jiu)/ so ist das. // lacht) (I: lacht)//. Sehr/ sehr monoton. [...]" (CB4-1: [99-126])

Li beginnt mit einer Beschreibung seiner aktuellen Tätigkeiten, das heißt mit den Aufgaben nach der Aufteilung der Projektgruppe auf die verschiedenen Abteilungen. Nach Lis Darstellung verhält es sich in der neuen Abteilung nun aber so, dass er aktiv und mehrmals nach Aufgaben fragen muss und nicht in bestehende Projekte eingebunden wird, und das, obwohl die Abteilung recht ausgelastet sei, wie Li feststellt. Doch die Möglichkeit, aus diesen Tätigkeiten neue Kenntnisse zu gewinnen, wird aus Lis Sicht davon durchkreuzt, dass er nach der Erledigung seiner Aufgaben kein Feedback über seine Leistung erhält. Li erwartet von seinem deutschen Vorgesetzten, dem er größere Erfahrung zuspricht, eine Bewertung seiner Arbeit. Oder um es anders auszudrücken: In seinem Verständnis des Aufenthaltes bei SOLUTION als Lehr-Lernsituation erwartet Li von seinem Vorgesetzten, dass er sich verhält wie ein Lehrer. Darüber hinaus fühlt Li sich in der Fortführung des K-Projektes behindert. Die Ergebnisse einer Analyse müssten für die Weiterarbeit schon längst vorliegen, von der SOLUTION-Seite aber heißt es, es müsse erst ein zentrales Problem gelöst werden, bevor die Arbeit am K-Projekt fortgesetzt werden könne. Insgesamt empfindet Li die Arbeitssituation als unbefriedigend und sich in der Fortführung des Projektes behindert („Aber die haben diese Arbeit immerzu aufgeschoben..."). Der ganze Redezug wird als Antwort auf die Frage nach der täglichen Arbeit produziert. Die Unzufriedenheit mit der aktuellen Situation durchzieht bzw. überlagert die Schilderung der aktuellen alltäglichen Arbeit vollständig.

Nachdem im ersten Interview die Kritik an der Abschottung und den mangelnden Aufgaben bei SOLUTION auf diese Weise bereits zum Ausdruck kommt, wird die ganze Entsendung direkt zu Beginn des zweiten Interviews mit Li in einer kritischen Rekapitulation zu einer Erzählung mit negativem Gesamtverlauf:

„[1] (chch) mmm, weil zur Zeit ihres letzten Interviews waren wir (chch) hatten wir Sechs eh sozusagen mit den Deutschen ein gemeinsames Projekt. (I: Mhm) [2] Daher hatten (.) [haben wir] dieses Projekt vom Anfang bearbeitet (I: (räuspert sich)). [3] Danach wurden wir damals in Sechs verschiedene von deren Abteilungen aufgeteilt. (.) [4] Nachdem wir aufgeteilt/ in unterschiedliche Abteilungen aufgeteilt wurden, danach waren die Dinge, die bearbeitet wurden ganz anders als die zuvor. [5] Eh, manch / manchmal haben die (klick, chch) [...] uns ein bisschen was von deren Projekten gegeben, die sie gerade bearbeitet haben, [von] ihrer eigenen Arbeit. [6] Dann haben [die] uns das zu tun gegeben. [7] (chch) Dann danach/ danach [habe/n ich/wir] festgestellt, ganz langsam, danach die Sachen, die die uns gegeben haben / die sie uns tun ließen waren nicht so viele (I: Mhm). [8] Ehm, (chch) eh ich / ich / so wie ich das verstehe, kann das zwei Ursachen haben: [9] Eine ist, dass die vielleicht festgestellt haben, unter Kommunikationsgesichtspunkten, dann wenn uns die Arbeit zugeteilt wurde, festgestellt, dass [sie] sehr viel Zeit für die Vorbereitung aufbringen müssen, uns [das] zu erklären. [10] Und uns dann zu erklären, wie man das erledigt, und dann / in welche / Form man das bringen muss, (shen)/ das heißt (.) es kann sein (chch) das die Zeit, die Dauer dieses Prozesses relativ lang war. (I: Mhm). [11] Dann haben die festgestellt, dass es doch schneller geht, wenn sie es selber machen. (I: @) [12] Dann seitdem haben die uns langsam / haben sie uns nicht so viel Arbeit übertragen. (I: Mhm)." (CB4-2: [1-12])

Li setzt in seiner Erzählung nach der Aufteilung der Sechsergruppe in die verschiedenen Abteilungen ein. Er formuliert seine Erfahrungen weiterhin als Erfahrungen aller Beteiligten dieser Gruppe und stellt die Gruppenmitglieder den noch nicht näher bestimmten *Anderen* gegenüber („wir... wurden aufgeteilt", „manchmal haben die ... uns ein bisschen was von *deren* Projekten gegeben" (A.D.)). Die Position der Gruppe ist dabei eine erleidende („die Sachen, die die uns gegeben haben / die sie uns tun ließen waren nicht so viele"), was getan werden soll, wird von außen vorgegeben und unterliegt nicht dem Einfluss der Sechs. Die Zuteilung von Aufgaben nimmt im Verlauf der Zeit außerdem weiter ab. Li entwickelt eine Theorie darüber, nach der die Schwierigkeiten der Kommunikation, bzw. die Notwendigkeit der zeitraubenden Einarbeitung schließlich dazu führten, dass die deutschen Kollegen die Aufgaben doch lieber selber erledigten. Aber Li sieht noch eine zweite mögliche Ursache:

„[13] Dann ehm / ein anderer Aspekt ist, dass der Grund für das Herkommen von uns Sechs sozusagen der der Schulung ist. [14] (.) Das wir von China nach Deutschland gekommen sind, das Hauptziel war ja ausschließlich noch mehr zu lernen / lernen / lernen einige (chch) damit wir, wenn wir zurückkehren für unsere chinesische Firma noch einige nützlichere Sachen in technischen (I: mhm) Aspekten haben. [15] Und das die uns in Hinblick darauf ein paar Schulungen machen lassen. [16] Aber in diesem Schulungsprozess haben wir festgestellt (chch), dass das ünberhaupt nicht so war, wie wir gedacht hatten, das heißt/ die Sachen die wir gerne gelernt hätten, tatsächlich aus der Anwendung heraus konnten / lernen zu können. [17] Tatsächlich ist es so (chch) eh wurden unsere Erwartungen da auch nicht vollständig erfüllt / das heißt, das, was wir lernen wollten, ehrlich gesagt (.) n hatten wir das schon gelernt? Nein, in Wirklichkeit nichts. [18] Das / darin (.) vielleicht ist das auch so::

umfasst eh (chch) eh einige politische Aspekte der Firmenebenen. [19] Unser / unser eigenes Verständnis von der Sache ist halt so äh: ist es nicht so, dass die deutsche Firma diese (chch) Befürchtung hat: ‚Sobald wir [ich] einmal die ganze (.) Technik von hier äh, unsere wettbewerberischen Kernkompetenzen, sobald ihr die mal gelernt habt, geht ihr zurück [nach China]. [20] Nach der Rückkehr stellt ihr fest, ehm der Gebrauchswert unserer Firma für eure Firma, ist:: hat keinen / hat keinen so großen Gebrauchswert, und dann werdet ihr vielleicht/ und dann wird diese chinesische Firma vielleicht hier die äh Angestellten [als Material] ausnutzt.' (I: Mhm) [21] Ich / ich / ich das ist mein eigenes Verständnis, ich weiß nicht ob die Deutschen so viel darüber nachdenken. [22] (.) Eh weil ich habe deswegen dieses Verständnis weil deren / die deutsche Firma hier hat […] / hat / hat / hat vereinzelte das heißt [die] Führungsetage, das Gefühl was die uns vermitteln ist einfach so. [23] Die sind so (chch) äh einige Schulungen sind / nur (.) visieren nur die Angestellten in deren Firma an, und dann isolieren die uns Sechs dann an diesem Ort, und [die Schulungen] sind nicht auf uns ausgerichtet. [24] (I: Mhm) Es gibt noch einige weitere Arbeiten, wenn es irgendwie möglich ist, uns die nicht bearbeiten zu lassen, dann lassen [die sie] uns auch nicht bearbeiten. [25] Ich nehme das so wahr, (ts chch), vorher bei / bei der Arbeit / nachdem wir dieses Projekt gemacht hatten und dann in die einzelnen Abteilungen aufgeteilt worden sind, [habe ich] festgestellt, dass der Nutzen nicht mehr so groß ist wie zuvor (I: mhm) so ungefähr ist das. [26] //(unverständlich) (I: mhm)// (chch) Ich bin immer noch ziemlich / ziemlich / ziemlich enttäuscht, das heißt (chch) ich denke (chch) es gibt keine richtige Aufgabe, es gibt nichts äh wie ich es mir vorgestellt habe, von dem man nach zwei Jahren nachdem wir zurückgegangen sind wirklich sehr zuversichtlich zur chinesischen Firma sagen könnte: ‚Äh ich / nachdem ich zurückgekommen bin ist das wirklich (chch) werde ich sehr gut diese ideologische Vorstellung, den Kern von Forschung und Technik, kann ich der Firma wirklich große Vorteile mitbringen. [27] Darin habe ich überhaupt keine Zuversicht' // lacht (I: lacht) //." (CB4-2: [13-27])

Li betont zunächst noch einmal das Ziel des Aufenthalts, neue technische Aspekte kennen zu lernen, die seiner Ansicht nach in Schulungen hätten vermittelt werden sollen. Doch diese Erwartung wurden „nicht vollständig erfüllt" in dem Sinne, dass die Sechs Ingenieure das, was sie lernen wollten, nicht erfahren haben (CB4-2: [13-17]). Li entwickelt dann seine Theorie, nach der die deutsche Firma SOLUTION dem chinesischen Konzern YANGBO misstraut, einen Transfer der Kernkompetenzen nach China befürchtet und in Folge mit einer Schließung der deutschen Standorte rechnet (CB4-2: [18-21]).[6] Auch an anderer Stelle wiederholt Li die Vermutung, SOLUTION würde ihnen misstrauen (CB4-2: [47]). Zu diesem Schluss kommt er aufgrund des Verhaltens der deutschen Führungsebene

---

[6]Tatsächlich trifft Li damit ziemlich genau den Diskurs, der in den deutschen Medien über chinesische Direktinvestitionen geführt wird, vgl. Kap. 1.

ihm und seinen chinesischen Kollegen gegenüber: Schulungen, die nur auf die
deutschen Kollegen abzielen; die Zuweisung kleiner und belangloser Aufgaben (CB4-2 [35]); die anfängliche Isolierung der Sechs und die anschließende
Verteilung auf die verschiedenen Abteilungen, bei der nicht die erhofften Möglichkeiten zum Lernen entstünden oder die Sechs gar gezielt von bestimmten
Aufgaben ferngehalten würden: „Es gibt noch einige weitere Arbeiten, wenn es
irgendwie möglich ist, uns die nicht bearbeiten zu lassen, dann lassen [die sie]
uns auch nicht bearbeiten." (CB4-2: [24]) Li bringt seine Enttäuschung explizit
zum Ausdruck („Ich bin immer noch ziemlich / ziemlich / ziemlich enttäuscht,
[…]" (CB4-2: [26])). Er erläutert sein Dilemma gegenüber der chinesischen
Firma, weil sein Aufenthalt in Deutschland YANGBO nicht die von ihm erhofften Vorteile liefert, eine Sichtweise, die er im Interview später wiederholt (CB4-
2: [43-46]). Er sieht sich in der Pflicht, für die Investitionen von YANGBO als
Gegenleistung auch Ergebnisse vorzuweisen.

Bei der deutschen Führungsebene von SOLUTION vermutet Li folgende
Sichtweise auf die Situation:

> „[40] ,Das ist so, ihr Sechs seid mein / deutsch / die deutsche Firma bezahlt euer
> Gehalt. [41] Ihr sollt mir gehorchen (I: mhm) das heißt, für unsere Firma, welche
> Aufgaben ich dich momentan auch machen lasse, die musst du fertigstellen, ich / ich
> gebe dir keine Schulung, oder die Aufgaben die ich dich nicht machen lasse, damit
> hast du nichts zu tun, das heißt, du sollst mir einfach nur gehorchen, egal was ich
> dich machen lasse, das hat für dich zu passen' (I: mhm)." (CB4-2: [40-41])

In dieser Darstellung zeichnet sich sein deutlich negatives Bild von der deutschen
Unternehmensleitung ab, die die chinesischen Ingenieure ohne Rücksicht auf
deren Interessen für ihre Zwecke nutzt.

Nach einem weiteren Jahr in den einzelnen Abteilungen bei SOLUTION
wurde nun auch die im ersten Interview geäußerte Hoffnung in die Einbindung
in den einzelnen Abteilungen enttäuscht. Während des zweiten Interviews wird
deutlich, wie die verschiedenen Entscheidungen und Ereignisse während der Entsendung zur retrospektiven Bewertung des Aufenthaltes durch Li führen. Während vor der Entsendung der Auslandsaufenthalt als große Chance bewertet und
ihm daher der Vorzug vor dem gemeinsamen Familienleben gegeben wird, wird
diese Auffassung bereits im ersten Jahr des Aufenthaltes relativiert. Räumliche
Abschottung und mangelnde Einbindung in die Arbeitsprozesse bei SOLUTION
tragen wesentlich zu Lis Unzufriedenheit mit der Arbeitssituation bei. Als wichtiger Wendepunkt wird die Aufteilung der Projektgruppe auf die Abteilungen bei
SOLUTION beschrieben, der den Arbeitsaufenthalt in die zwei Phasen vor und

nach diesem Ereignis unterteilt. Doch während im ersten Interview noch eine Erleichterung darüber deutlich wird, nun endlich aus der räumlichen Abschottung heraus zu kommen, wird im zweiten Interview auch die Enttäuschung über die mangelnde Einbindung in die Arbeitsprozesse innerhalb der Abteilungen deutlich, bei der letzten Endes nicht einmal die abschließende Bearbeitung des K-Projektes möglich war.

## 7.1.4   Selbst-, Fremd- und Differenzbeschreibungen

Mit diesen Schilderungen seiner Erlebnisse während der Entsendung formuliert Li bereits eine Reihe von Fremdbeschreibungen: Die gebieterische Leitung der deutschen Firma („du sollst mir einfach nur gehorchen"), das Misstrauen der Vorgesetzten („,Sobald wir [...] einmal die ganze (.) Technik von hier äh, unsere wettbewerberischen Kernkompetenzen, sobald ihr die mal gelernt habt, geht ihr zurück [...]' "), und der Unwille der deutschen Kollegen, mehr Zeit für die Kommunikation (auf Englisch) aufzubringen, oder die chinesischen Kollegen einzuarbeiten. Auch der Bericht über die Unterbringung der Sechs in einem (ab-) gesonderten Büro sagt einiges über die ‚Integrationspolitik' der SOLUTION-GmbH auf der Mitarbeiterebene. All diese Punkte stellen die von den Managern solcher Merger in den Medien beschworene ‚harmonischen' Zusammenarbeit deutscher Unternehmen mit chinesischen Investoren eine eher disharmonische Perspektive gegenüber (vgl. Kap. 1).

Natürlich ergibt sich aus der Sonderstellung Lis während der Entsendung keine größere Objektivität in der Beschreibung der Situation. Lis Fremdbeschreibungen müssen immer auch in Zusammenhang mit den in der Situation enthaltenen Bedingungen der Entsendung und insbesondere mit seinen während des Aufenthalts enttäuschten Erwartungen betrachtet werden, die in die Fremdbeschreibungen eingewoben sind. Wie beschreibt also Li seine deutschen Kollegen:

> „[137] Der Eindruck, den ich hatte (schnalzt) ich meine die Deutschen sind doch ziemlich / ziemlich konservativ (I: mhm). [138] (schnalzt) Eh vielleicht / vielleicht ist das nicht/ ist nicht mein/ mein/ meine Sichtweise trifft vielleicht nicht auf alle Deutschen zu @a@ (I: mhm). [139] Vielleicht trifft das nur auf die zu, die ich/ mit denen ich in Kontakt gekommen bin/ die Deutschen, mit denen ich bei der Arbeit in Kontakt gekommen bin (I: mhm)." (CB4-1: [137-139])

Li kommt zu der allgemeinen Aussage, die Deutschen seien doch „ziemlich / ziemlich konservativ", was der Interviewer mit (,,mhm") quittiert. Sogleich schränkt

Li seine Aussage mit mehreren relativierenden Äußerungen ein, wobei er mehrmals zur Formulierung ansetzt („Vielleicht trifft das nur auf die zu, die ich/ mit
denen ich in Kontakt gekommen bin / die Deutschen, mit denen ich bei der Arbeit
in Kontakt gekommen bin.") Das Prädikat „konservativ" will er also auf diejenigen Deutschen beschränken, mit denen er bei der Arbeit in Kontakt gekommen ist.
Unklar bleibt bis dahin, was eigentlich genau mit „konservativ" gemeint ist. Im
Folgenden versucht er konkreter zu formulieren:

> „[140] Mmmh, manchmal denke ich das die (h) / (.) haben einige (.) (schnalzt) das
> heißt gegenüber den Dingen, die sie selbst […] / das was / die entworfenen Dinge,
> sind sie besonders (.) mhm (.) (te) eg / sind sie / sind sie / wie soll ich sagen / sind
> [sie] ganz besonders selbstsicher, etwas besser gesagt / das was [sie] selbst entwor-
> fen haben und auch gegenüber eigenen Projekten. [141] Sie denken einfach: Ich bin
> einfach der Beste (I: mhm). [142] Die Produkte, die ich entwerfe, sind auch die bes-
> ten (I: mhm). Und dann [sind die] in diesem Punkt einfach ganz besonders selbst-
> sicher. [143] Und dann denke ich manchmal, vielleicht ist das / ist das ein bisschen
> übertrieben." (CB4-1: [140-143])

Li nimmt mehrere Anläufe zur Formulierung. Er beschreibt das Selbstbewusstsein und die Selbstsicherheit der Deutschen Kollegen in Bezug auf die von ihnen
entworfenen Produkte und kritisiert vorsichtig „und dann manchmal denke ich,
vielleicht ist das / ist das ein bisschen übertrieben." Li geht es hier aber nicht nur
um die Selbstsicherheit der deutschen Kollegen in Bezug auf die eigenen Produkte, sondern offenbar noch um mehr:

> „[144] Du / (n) du darfst ja der Beste sein, aber (chch) wir sind hergekommen, weil
> wir / was wir lernen wollen sind (ja) die besten Dinge. (I: @Mmmh, mhm@) [145]
> Aber manchmal wollen die dir gar nicht bereitwillig sagen / diese Sachen sagen.
> [146] Richtig. (.) Dieses / dieses / das ist vielleicht wegen diesen (schnalzt) diesen
> Dingen zwischen / vielleicht existiert diese Sache mit dem Profit-Aspekt zwischen
> zwei Firmen (I: mhm). [147] Daher repräsentiert das sicherlich nicht von allen
> Deutschen die / das ist also mein Eindruck von den Deutschen. (I: Mhm) [148] Das
> kann vielleicht nur / vielleicht auch ein / vielleicht dies / dieser Eindruck umfasst
> vielleicht auch die Interessen zwischen (diesen) zwei Firmen gegenüber / gegenüber
> mir (I: mhm)." (CB4-1: [144-148])

Die Kritik an der deutschen ‚Selbstsicherheit' rührt also offenbar auch aus dem
Gefühl, dass die deutschen Kollegen kein Interesse daran zu haben scheinen, die
Informationen darüber, was ihre Produkte so ausgezeichnet macht, mit ihm zu
teilen. Diese Fremdbeschreibung fügt sich einerseits in den deutschsprachigen
Bedrohungsdiskurs über ‚die Chinesen', die das deutsche Know-how klauen, ein.

Die Qualität deutscher Produkte und der Nimbus des ‚Made in Germany' wird implizit bestätigt, wenn Li ‚von den Besten lernen' will („was wir lernen wollen sind (ja) die besten Dinge"). Bedenkt man diese Rahmung des Verhältnisses zu den Deutschen als Lehr-Lernverhältnis, die Li schon zu Beginn des ersten Interviews aufmacht und hier reproduziert, wird deutlich, dass die deutschen Kollegen nicht seiner Erwartungshaltung an den Aufenthalt und die Arbeit in Deutschland entsprechen, wenn sie „diese Sachen gar nicht bereitwillig sagen" wollen. Implizit wird den Kollegen also eine gewisse Arroganz in Bezug auf die von ihnen hergestellten Produkte vorgeworfen, gepaart mit dem Vorwurf, den chinesischen Kollegen bewusst Informationen vorzuenthalten. Diese Einschätzung der deutschen Kollegen als unkooperativ lässt sich vor einer Erwartungshaltung erklären, die eine bereitwillige Weitergabe technischen Know-hows voraussetzt, die aufgrund der Übernahme der SOLUTION-GmbH durch YANGBO als legitim erachtet wird. Eine unterschwellige Rivalität zwischen den Firmen trotz offizieller Bemühungen um einen Arbeitsaustausch und Zusammenarbeit wird hier auf der Ebene alltäglicher Arbeitspraxis deutlich. Allerdings zeigt sich auch eine gewisse Naivität in den von Li formulierten Erwartungen. Die Rivalität zwischen den Firmen reflektiert er dann im nächsten Satz („der Profit-Aspekt zwischen zwei Firmen" (CB4-1: [146])), und folgert, dass sein Eindruck daher „sicherlich nicht repräsentativ" für alle Deutschen sei (CB4-1: [147]). Bezieht man nun die Fremdbeschreibung bis zu diesem Punkt auf das Attribut „konservativ", so würde damit einerseits große Selbstsicherheit, andererseits große Verschlossenheit der Deutschen beschrieben.

Abgesehen von Arbeitsinteraktionen beschreibt Li die deutschen Kollegen aber auch als herzlich. Ein deutscher Kollege in seiner Abteilung interessiert sich für chinesische Taschenmesser und chinesische Medizin, was beiden Anlass zu einem privaten Austausch am Arbeitsplatz bietet:

„[149] Richtig. Dann wenn man von der Arbeit absieht, zu normalen Zeiten nach der Arbeit, unsere Kontakte, unser Austausch, da kann man fühlen, dass die Deutschen doch sehr herzlich sind (I: mhm). [150] Also zum Beispiel, meine / meine / meine / [in meiner] derzeitigen Abteilung gibt es einen Kollegen, der mehrmals in China gewesen ist. [151] [Der] sammelt gerne solche Chinesischen kleinen / kleinen Taschenmesser. [152] Ab und zu ruft er mich einfach so rüber. [153] Und dann zeigt er mir seine Sammlung (I: mhm) […] [158] Und dann hat er / dann habe ich / wir beide haben uns dann sehr @gut@ verstanden. (I: lacht) (..) Der Eindruck war sehr herzlich, (..) (schnalzt) (..) (I: mhm) (.)" (CB4-1: [149-158])

Mit der Beschreibung dieses Austauschs zeigt Li die erfreulichere, private Seite seiner Kontakte mit seinen deutschen Kollegen. Allerdings bleibt dieser Kontakt hier sehr begrenzt. Dabei wird China als gemeinsamer Bezugspunkt wichtig, für den einen als Zielland seiner Arbeitsreisen, für den anderen als Herkunftsland. Die nationale bzw. kulturelle Mitgliedschaft von Li wird selbst zu einer relevanten Motivation für den Kontakt.

Li greift im ersten Interview nicht auf kulturelle Aspekte zur Erklärung von Verhaltensweisen zurück. Weder erhebt er Anspruch auf eine allgemeine Gültigkeit seines Eindrucks der Überheblichkeit, noch versucht er das deutsche Selbstbewusstsein kulturell, historisch oder gesellschaftlich herzuleiten. Nur an einer Stelle des ersten Interviews äußert Li sich explizit zu *kulturellen* Besonderheiten, als ich ihn direkt nach dem Vorhandensein von Besonderheiten in der Kommunikation mit den Deutschen frage:

„[199] Zum Beispiel, um ein ganz einfaches Beispiel zu nennen: Hem (…) Sie mögen es, oft das Fenster aufzumachen, (I: mhm) um ein bisschen frische Luft zu schnappen, aber ich / mir wird schnell kalt (I: mhm). [201] Wenn man jetzt sagt, ich bin Chinese, nach der chinesischen Denkweise würde ich jetzt vielleicht Kleidung anziehen und raufgehen. (I: Mhm) [202] Dann / oder so (.) im inneren möchte ich, dass Sie das Fenster schließen (I: mhm) aber ich werde nicht direkt hingehen // (I: @mhm@) und es ihnen sagen //. [203] Ich / werde innerlich zögern, [204] Weil / weil Sie / weil dieses Fenster von Ihnen aufgemacht wurde. (I: Mhm) [205] Vielleicht werden Sie auch Ihre eigene Wahrnehmung in Betracht ziehen. [206] Wenn ich jetzt einfach das Fenster schließen würde, dann würde danach vielleicht / (chch) würde [ich] innerlich spüren, dass das Ihnen gegenüber einen schlechten / einen schlechten Eindruck macht (I: mhm, mhm) [207] Das heißt / das heißt das [ich] Sie nicht respektiere oder so etwas. (I: Mhm) [208] (ren) / das heißt also ich / ich / ich würde versuchen mich selbst zu ändern aber nicht aktiv hingehen und Sie ändern (I: mhm), Sie das Fenster schließen lassen (I: mhm). [209] Aber (chch) nach meinem Verständnis, nach Sichtweise der Deutschen er / er wird nicht sagen das heißt wird nicht sich nicht so viele Gedanken machen (I: mhm). [210] Wenn Sie / das was Sie getan haben, einen Einfluss auf mich hat, dann werde ich direkt zu Ihnen gehen und diese Angelegenheit besprechen: (I: mhm) ,Das kannst du so nicht machen' (I: mhm). […] [212] Das heißt in sehr kleinen Dingen, meine ich, sind die Deutschen manchmal von der Kommunikation her sehr direkt. [213] Die reden dir gegenüber nicht lange um den heißen Brei herum, […]." (CB4-1: [199-213])

Li beschreibt den Kommunikationsstil der Deutschen als sehr viel direkter und weniger rücksichtsvoll in Hinsicht auf die Gefühle der Anderen („Die reden dir gegenüber nicht lange um den heißen Brei herum."). Das chinesische Verhalten beschreibt er als ausgesprochen zurückhaltend.[7] Andererseits scheinen die unterschiedlichen Kommunikationsstile für Li auch kein besonders schwerwiegendes Problem darzustellen:

> „[215] Daher (chch) manchmal denke ich, wenn man mit den Deutschen spricht, muss man ein bisschen direkter sein. [216] Was man sich innerlich denkt, direkt sagen. (I: mhm) [217] Man darf nicht […] / drumherumreden, nicht zum Punkt kommen (I: mhm) ja. (…) [218] Dann inzwischen [können] wir auch / können wir auch relativ [gut] akzeptieren, das heißt die Deutschen sind uns gegenüber / welche Ansicht die Deutschen uns gegenüber haben. [219] Die können das direkt sagen, und wir können jetzt langsam auch / können das akzeptieren (I: eh), innerlich werden wir auch nicht mehr dieses (unverständlich) Druckgefühl haben (I: ehe)." (CB4-1: [215-219])

Li, er spricht hier erneut im Plural, hat nach den ersten zehn Monaten seines Aufenthalts in Deutschland unterschiedliche Kommunikationsstile zwischen Deutschen und Chinesen erkannt und Strategien für den Umgang damit entwickelt. Die unterschiedlichen Kommunikationsstile werden hier nur anhand hypothetischer Beispiele problematisiert, die eigentliche Problematik seiner Situation betreffen sie nicht. Das soll nicht heißen, dass es im Verlauf seiner Entsendung nicht zu solchen Situationen gekommen ist, in denen unterschiedliche Kommunikationsstile eine Rolle gespielt hätten. Vielmehr bedeutet es, dass dies aus Lis Sicht nicht das zentrale, ja noch nicht einmal ein großes Problem bei der Arbeit mit den deutschen Kollegen darstellen.

### Hierarchisierende Differenzbeschreibung: Deutsche Produktionsprozesse und Arbeitsorganisation

Li stellt aber durchaus Differenzen zwischen China und Deutschland fest, und zwar zunächst in Bezug auf den Produktionsablauf in Deutschland:

> „[78] Richtig. Das ist eine Art, […] / weil / weil in / aus Sicht der Chinesen scheint es, dass Deutschland ein relativ / ein relativ gewissenhaftes Land ist (I: mhm). [79] […] um ein Beispiel zu nennen sagen wir mal: Einige Produkte aus Deutschland, vielleicht solche wie ich sie hier im Moment schon mache, werden vielleicht in den nächsten fünf bis zehn Jahren nicht geändert werden (I: mhm). [80] Aber [in] China ist [das] anders. [81] China / zum Beispiel wenn mein Produkt bereits hergestellt wurde, kann es in den ein zwei Jahren danach sein, dass der Kunde auf einige

---

[7]Der so genannte ‚indirekte Kommunikationsstil' der Chinesen wird ausführlich in der Forschung und in den Business-Ratgebern behandelt (z.B.: Günthner 1993; Chee/West 2006).

Sachen hinweist und dich [die] anpassen lässt, lässt / lässt / lässt dich einige Sachen korrigieren (I: mhm). [82] Du sagst, während der Planung/ aber die Planungszeit steht nicht in der Perspektive des Kunden. [83] Ich / warum plane ich an dieser Stelle so: Von / alles / das ist alles überhaupt nicht nach den Wünschen des Kunden geplant, das ist nur so wie ich dieses Produkt herstellen möchte (I: mhm). [84] Ich werfe [das Produkt] zuerst auf den Markt, dann beobachte ich den Markt, dann erst kriege ich Feedback. (I: mhm) [85] Dann / in der Planung aus Deutschland, aus / aus meiner Sicht (chch) ist die [Planung] nicht gleich. [86] Er / zuerst nimmt er die Dinge die der Kunde haben will, die Vorstellungen des Kunden […] und macht eine umfassende Analyse, das heißt, all das / die Kundenanforderungen, nachdem die klar und deutlich gemacht sind, erst dann stellt er das Produkt her. [87] Ich meine, das […] ist eine / eine Frage der Denkweise, die ist einfach nicht gleich (I: mhm). [88] Vielleicht (chch) vielleicht sind wir nicht nur hier, um die konkrete Planung zu lernen […] [89] […] vielleicht ist das, weshalb wir hauptsächlich hier sind das ist (chch) können / [das wir] erlernen können / von euch Deutschen diese Art / ein Konzept in dieser Art von Planungsdingen." (CB4-1: [78-89])

Hier beschreibt Li ausführlich die unterschiedlichen Produktionsansätze in Deutschland und China. Er stellt die Produktplanung der Deutschen als besonders sorgfältig aber auch zeitraubend dar, eine Darstellung die sich mit der chinesischen Perspektive auf Deutschland decke. Die Deutschen würden der Produktion eine ausführliche Analyse der Kundenbedürfnisse voranstellen, so dass das fertige Produkt diesen Anforderungen entspricht. In China dagegen würden Produkte auf den Markt geworfen und die Notwendigkeit von Korrekturen im Nachhinein in Kauf genommen. Das eigentliche Feedback über die Fähigkeiten, Stärken und Schwächen des Produktes liefere sogar erst der Markt. Diese Differenz in der Produktionsweise wird von Li an dieser Stelle mit unterschiedlichen Denkweisen begründet (vgl. Satz [87]), er liefert aber hier keine Theorie darüber, wie diese unterschiedlichen Produktionsabläufe zustande kommen. Er sieht darin jedoch eine erstrebenswerte Arbeitsweise (vgl. Satz [89]).

Auch im zweiten Interview beschreibt Li neben der Gewissenhaftigkeit bei der Planung eine Reihe von Aspekten, die er als Faktoren für die Produktqualität in Deutschland ausmacht. Li nimmt in einem Vergleich deutscher und chinesischer Produktionsweisen auch Selbst- und Fremdbeschreibungen vor:

„I: […] [51] Haben sie von in technischen Aspekten nichts gelernt, was sie, wenn sie nach China zurückgegangen sind gebrauchen können?
B: [52] Mhmm, de facto nachdem ich diesen Zeitraum von zwei Jahren erlebt habe, habe ich festgestellt, die technischen Aspekte / weil das was wir / das Produkt das wir gemacht haben, (chch) man kann überhaupt nicht sagen, dass die Technik sehr / dass das ein Produkt mit einem sehr hohen Schwierigkeitsgrad war (I: mhm). [53] Der technische Inhalt war überhaupt nicht so hoch, wie wir uns vorgestellt hatten

(I: mhm). [54] […] da haben [wir] festgestellt, das es sehr viele / eh sehr viele Faktoren gibt, die Einfluss nehmen, das heißt, warum die Maschinenindustrie der Deutschen so stark ist. [55] Sehr viele Faktoren, und man kann keineswegs sagen, deren / äh Kerntechnologie wäre so hoch. [56] Vielmehr ist es so, dass jedes einzelne deutsche dieses (.) Anbietersystem das heißt jedes einzelne Bauteil stammt von einem anderen Anbieter, und jeder Anbieter / und alle Anbieter machen ihr eigenes Bauteil am besten. [57] Dann werden alle besten Bauteile zusammengenommen. (I: mhm) [58] Diese / diese / diese Ausstattung, die Leistungsfähigkeit von deren Maschinen wird [so] sehr sehr hoch (I: mhm, mhm)." (CB4-2: [51-58])

Diese Interviewpassage steht ebenfalls in Zusammenhang mit der enttäuschten Lernerwartung Lis. Die hochwertigen deutschen Produkte hätten wider Erwarten keine besonders hohe Kerntechnologie. Die Produktqualität liege vielmehr in der sehr hohen Qualität jedes einzelnen Bauteils. Diese Feststellung veranlasst Li zu einem Vergleich zwischen Deutschen und Chinesen, zu einer hierarchisierenden Differenzbeschreibung, in der der Begriff Kultur zunächst keine Rolle spielt:

„[59] Aber […] aber in China kriegen wir diesen Aspekt einfach nicht hin. [60] […] Man kann sagen du / es gibt sozusagen einen geringfügigen Mangel / Dinge mit einem kleinen Schönheitsfehler, jeder einzelne kumuliert und dann diese / diese / diese ganze / die äh Leistungsfähigkeit der ganzen Gesellschaft, die Qualität, alle erreichen nicht die Erwartungen (I: Mhm)." (CB4-1: [59-60])

Die Vergleichskategorie ist hier die Nationalgesellschaft. Li rechnet sich zu dem chinesischen Kollektiv („aber in China kriegen wir…"), das als Gesamtheit nicht dazu in der Lage sei, ein solches (deutsches) Herstellungsniveau zu erreichen, weil die Kumulierung kleiner Mängel letzten Endes zu schlechteren Ergebnissen führe. In einem Beispiel vergleicht Li dann die Arbeitsmotivationen deutscher und chinesischer Werkarbeiter. Die chinesischen Arbeiter betrachteten die Arbeit als ein „Werkzeug zum Geld verdienen. Das heißt: Ich schweiße, und wenn ich fertig bin, gibst du mir Geld, dann reicht das" (CB4-2: [63-64]). Demgegenüber stünde die Einstellung der deutschen Arbeiter, deren letztendliches Ziel neben dem Gehalt sei, „diese Sache gut [zu] machen" (CB4-2: [67]). Und fast schon resigniert schließt er den Redezug: „mir ist klar geworden, es ist / in diesen Aspekten hat unser China // (I: @) [euch] noch nicht erreicht // (I: mhm)" (CB4-2: [68]).

Erst auf direkte Nachfrage hin gesteht Li einen gewissen kulturellen Einfluss auf dieses beobachtete Phänomen zu, macht aber sogleich einen Unterschied zwischen kulturellen Einflüssen und der gesellschaftlichen Gesamtsituation Chinas, und entwickelt dann seine Theorie über deren Einfluss auf die unterschiedlichen

Arbeitsweisen der Deutschen und Chinesen, und über die Entwicklung Chinas, die es lohnt, ausführlich zu zitieren:

„I: [69] Also das / kann man sagen, dass das ein kulturelles Problem ist?
B: [70] Ehn, der kulturelle Aspekt hat / aber / hat / hat sicherlich etwas Einfluss. [71] Aber ich denke, es ist doch die ganzen (chch) gesellschaftliche (schnalzt) generelle Situation. [72] Weil sich China zu schnell entwickelt hat (I: mhm). [73] In den letzten Jahren hat sich China zu schnell entwickelt, alle Leute sind einfach (.) können über die Arbeitsangelegenheiten nicht so viel nachdenken. [74] Aber die Deutschen sind / habe ich festgestellt / sind relativ / relativ stabil. [75] Das heißt ich / ich hab nicht so viele Sorgen um die Familie, ich muss nur meine vorliegende Arbeit bestmöglich erledigen, dann ist es gut (I: mhm). [76] Aber in China muss jeder besonders viel nachdenken. [77] Äh sagen / ich / ich wenn ich in dieser Angelegenheit zum Beispiel sage: Wenn ich nicht fleißig Geld verdiene, dann bin ich vielleicht äh dann sieht sich die Familie mit dem Wohnungskredit konfrontiert. [78] Oder es ist die Frau oder die Kinder / die kann man alle nicht mehr versorgen, diese / es gibt viele Sorgen um Familienangelegenheiten. [79] Daher kann man sagen, [du] steckst nicht so viel Überlegungen dahinein, dich tatsächlich vollständig in deiner Arbeit zu spezialisieren. [80] Aber in Deutschland habe ich bemerkt, äh, das deutsche Wohlfahrtssystem, und auch die ganze Gesellschaft, äh und andere Strukturen sind alle / sind alle ziemlich vollkommen. [81] Es gibt wirklich nicht so viele Sorgen um die Familie / du brauchst nicht / du brauchst dir einfach nicht so viele Gedanken zu machen. [82] Die Regierung des Landes wird / wird für dich nachdenken (I: mhm). [83] Also kann man sagen, wenn du deine wesentliche Energie dahinein steckst, deine Arbeit gut zu machen, dann ist das ausreichend (I: mhm). [84] Aber in China ist das / ist es das nicht. [85] Wenn du zum Beispiel sagst, in / wenn du dir in China nicht / nicht selber Gedanken machst, dann wird sich die Regierung des Landes nicht für dich um so viele Dinge Gedanken machen (I: mhm). [86] Richtig. [87] Denken sie an die medizinische Versorgung, dann noch an die Arbeitslosenversicherung und solche Sachen. [88] Ich hatte ein Erlebnis, ein deutscher Kollege äh / ist von einem deutschen Familienunternehmen / das ist genau unsere jetzige Firma, ähm nachdem er entlassen worden ist hat [die Firma] ein halbes Jahresgehalt ausgegeben (I: mhm), und dann, nachdem er jetzt eine neue Arbeit gefunden hat, erstatten sie dir noch die Kosten / lassen dich / helfen / helfen dir umzuziehen, solche / solche / solche Sachen (I: mhm). [89] [Ich habe] Bemerkt (unv.) diese Politik ist in China / ist / ich denke das ist [in China] nicht zu verstehen // (I: lacht) @wie man das macht@ // diesen (I: mhm) diesen Standard gibt es in China nicht (I: mhm). [90] Deshalb kann man sagen, ich habe festgestellt, dass die Deutschen mmm, (schnalzt) in sehr vielen Bereichen sehr gut sind / hat doch / hat doch seine Gründe. [91] Manchmal, denke ich, ist die gesamte gesellschaftliche Atmosphäre ein sehr großer Einflussfaktor. [92] Die Entwicklungstendenz ist relativ stabil, ziemlich vollkommen (.) und errichtet für dich so eine Umgebung. [93] Aber in China ist das so, so eine Umgebung / im Großen und Ganzen gibt es dort so eine Umgebung nicht (I: mhm). [94] Richtig. [95] Aber ich bin sicher (chch) ehm wenn noch einmal zehn oder zwanzig Jahre vergangen sind, dann ist es vielleicht (I: lacht) @das heutige@ ist es vielleicht / so eine Situation wie zur Zeit in Deutschland ehm / wird in

China auch langsam (I: mhm) so ein Zustand erreicht (I: mhm). [96] Jeder Mensch wird etwas mehr Sicherheit haben [...]. [97] Dann eh wird es nicht mehr so rastlos sein (lacht) (I: lacht). [98] Das heißt, das Herz kann sich festlegen und in einer Frage spezialisieren (I: mhm). [99] Richtig. (6)" (CB4-2: [69-99])

Li verweist auf die gesamtgesellschaftliche Situation Chinas und die rasante Entwicklung des Landes in den letzten Jahrzehnten. Er stellt eine relative Stabilität in Deutschland einer unstabilen und unsicheren gesellschaftlichen Situation der Menschen in China gegenüber. Dabei geht es ihm vor allem um soziale Sicherungssysteme in Deutschland, um die medizinische Versorgung, Arbeitslosenversicherung, Arbeitnehmerrechte bei Kündigungen, um Deutschland als „vollkommen[en]" Wohlfahrtsstaat, in dem die Regierung sich um die soziale Sicherheit seiner Bevölkerung kümmert. Diese Stabilität ermögliche es den deutschen Angestellten, sich voll auf ihre Arbeit zu konzentrieren und darin zu spezialisieren. Demgegenüber stehe China, ein Staat in dem jeder selber einen erheblichen Teil seiner Energie dazu aufbringen müsse, für seine eigene und die soziale Sicherheit seiner Familie zu sorgen, weil entsprechende soziale Sicherungssysteme fehlen oder schwach entwickelt sind.[8] Aus äußerlicher Notwendigkeit, durch die „rastlose" gesellschaftliche „Atmosphäre", nicht aber aus einer inneren kulturellen Prägung ergebe sich ein Unterschied im *Spezialisierungsgrad* und in der *Perfektion* bei der Arbeit. Aspekte wie Kreativität, Initiative oder Hierarchieverhalten werden damit noch gar nicht angesprochen. Die deutsche Sozialpolitik sei in China nicht zu verstehen, so Li. Er sieht jedoch optimistisch in die Zukunft: „Aber ich bin sicher (chch) ehm wenn noch einmal zehn oder zwanzig Jahre vergangen sind, dann ist es vielleicht (I: lacht) @das heutige@ ist es vielleicht / so eine Situation wie zur Zeit in Deutschland ehm / wird in China auch langsam (I: mhm) so ein Zustand erreicht (I: mhm). Jeder Mensch wird etwas mehr Sicherheit haben [...]. Dann eh wird es nicht mehr so rastlos sein (lacht) (I: lacht)" (CB4-2: [95-97]). Er sieht also nicht nur die deutsche Arbeitsweise, sondern auch die deutsche Gesellschaft bzw. den Sozialstaat als Entwicklungsvorbild für das gegenwärtige China.

Hier werden den Erklärungsstrategien für die hierarchische Differenzierung andere Kategorien zugrunde gelegt. Nicht kulturelle Konstanten seien ausschlag-

---

[8]Das soziale Sicherungssystem der Volksrepublik China (‚*Zhongguo shehui baozhang zhidu*') ist in einem beständigen Ausbau begriffen. Erhebliche Unterschiede im Anspruch auf Leistungen bestehen dennoch weiterhin zwischen Stadt und Land sowie zwischen abhängig und unabhängig Beschäftigten (vgl. Stepan 2014).

gebend, sondern gesellschaftliche (insbesondere sozialstaatliche) Kontexte und die wirtschaftliche Entwicklung Chinas. Dabei wird außerdem ein zeitlicher Ausblick auf die Umsetzung einer solchen Entwicklung gegeben („wenn noch einmal zehn oder zwanzig Jahre vergangen sind, dann ist es vielleicht [...] wird in China auch so ein Zustand erreicht [wie momentan in Deutschland]"). Die Ursachen, die zu der Hierarchisierung in der Differenz führen, sind dann also als vorrübergehend zu betrachten und eine Symmetrisierung wird in der Zukunft erwartet.

## 7.1.5 Zwischenfazit

Anhand der exemplarischen Analyse des Interviews mit Li Si konnten folgenden Aspekte innerhalb seines Entsendungsnarratives herausgearbeitet werden: 1) Die Selbstpositionierung von Li in der Rolle des Lernenden aus der Definition des Entsendungsauftrages heraus. Daraus ergibt sich zwischen ihm und den Kollegen der SOLUTION GmbH eine Lehr-Lernbeziehung. Der Nimbus des ‚Made in Germany' wird im zweiten Interview zum Teil dadurch revidiert, dass nicht der Unterschied um das Know-how in der Kerntechnologie das entscheidende Element für die letztendliche Produktqualität sei (CB4-2: [54-55]). 2) Die Entsendung wird zunehmend als negativer Verlauf beschrieben, in dem die anfänglich hohen Erwartungen schrittweise enttäuscht werden. 3) Die deutschen Kollegen, Vorgesetzten und die Firmenleitung sind durch die Ausgrenzung zu Beginn des Aufenthaltes und die mangelnde Einbindung der YANGBO-Ingenieure in dessen weiteren Verlauf in Lis Erzählung verantwortlich für die Enttäuschung der Erwartungen. Daraus ergibt sich auch eine kritische Fremdbeschreibung der deutschen Kollegen (arrogant, stolz), die mit einem positiven Bild von deutscher Produktqualität und auch einem positiven Eindruck von den erfahrenen Arbeits- und Produktionsabläufen in Deutschland konkurriert. 4) Die hierarchische Differenzbeschreibung zwischen deutscher und chinesischer Arbeitsweise sowie deutschen und chinesischen Produkten ist für Li erklärungsbedürftig und wird hier auf gesellschaftliche bzw. sozialstaatliche Kontexte zurückgeführt und damit begründet. Eine entsprechende Entwicklung Chinas in dieser Richtung (eine Art Aufholjagt) wird in Aussicht gestellt. Als ‚kulturell' ausgeflaggte Differenzen spielen weder bei der Beschreibung der alltäglichen Arbeit während der Entsendung noch im Rahmen der hierarchischen Differenzdarstellung eine bedeutende Rolle.

Im folgenden Unterkapitel (7.2) werden die ersten beiden Aspekte Anhand der Darstellung der anderen YANGBO Mitarbeiter weiter herausgearbeitet. Die Fremdbeschreibungen werden im Rahmen der hierarchisierenden Differenzdarstellung in Kapitel 8 wieder aufgegriffen.

## 7.2    Chinesische Entsendenarrative

In diesem Kapitel werden die Ergebnisse der exemplarischen Fallanalyse von Herrn Li (CB4) mit dem Interviewmaterial seiner chinesischen Kollegen von YANGBO verglichen. Dabei werden vor allem die Aspekte Selbstpositionierung und Aufgabenbeschreibung (7.2.1), Phasen der Entsendung (7.2.2) sowie Ausgrenzungserfahrungen und Sprache (7.2.3) näher beleuchtet.

### 7.2.1    Selbstpositionierung und Aufgabenbeschreibung

Der Einstieg in die Entsendungsgeschichte und die Schilderung des Auswahlprozesses gibt Einblicke in die Selbstpositionierung und das Aufgabenverständnis der Befragten. Anhand der Analyse der Entsendungsgeschichte von Frau Schmitz (DB7) und Herrn Liu (CDB2) (vgl. Kap. 5) sowie Herrn Li (vgl. Kap. 7.1) wurde bereits deutlich, dass sowohl Selbstpositionierung als auch die Aufgabenbeschreibung relevant für die Selbst- und Fremdbeschreibungen sind. Im Falle von Li wurde zu Beginn der eigenen Entsendungsgeschichte ein starker Bezug auf die Übernahme von SOLUTION durch YANGBO deutlich, aber auch der Zusammenhang mit dem K-Projekt, in das die entsendeten Ingenieure schon vor ihrem Aufenthalt in Deutschland eingebunden waren. Als Entsendungsgrund nennt Li das Erlernen technischer und organisatorischer Aspekte bei der SOLUTION GmbH in Deutschland. Aus seiner Perspektive befinden er und seine chinesischen Kollegen sich sowohl vom technisch Know-how als auch hierarchisch am schwächeren Ende eines Lehr-Lernverhältnisses.

Die Darstellung seines Ingenieurs-Kollegen Herrn Zhao Liu (CB6) weicht davon ein wenig ab:

„I: [1] Wie sind Sie denn nach Deutschland zu dieser Firma gekommen?
B: [2] Äh, also, wie sie wissen gibt es zwischen YANGBO und SOLUTION eine Zusammenarbeit, (I: mhm) und dann, und dann wollten wir gerne einen technischen Austausch, und wenn einige Ingenieure den Auftrag kriegen würden, nach hier zu kommen, dann/ relativ/ wäre die Zusammenarbeit relativ direkt. [3] Und dann in unserer inneren Abteilung, auf die Empfehlung vom Chef unserer Firma, und dann [haben die] von dem Verantwortlichen der Forschungs- und Entwicklungsabteilung von SOLUTION, haben die sich einem Vorstellungsgespräch unterzogen, und dann wurden ausgewählt/ wir sechs Leute ausgewählt." (CB6-1: [1-3])

Zhao beschreibt auf meine Einstiegsfrage hin zunächst den Merger von SOLUTION und YANGBO, hier aber (anders als Li) als Zusammenarbeit (*hezuo* 合作),

nicht als Aufkaufen (*shougou* 收购). Er kommt dann auf den Rahmen der Entsendung als „technischen Austausch" zu sprechen. Die Entsendung würde und sollte einen sehr direkten Austausch ermöglichen. Dabei spricht er zunächst nur die technischen Aspekte des Austauschs an. Im Vergleich fällt auch die Formulierung „Austausch" (*jiaoliu*) auf, wohingegen Li (CB4-1 [11-12]) die Entsendung sehr klar als Lernaufenthalt beschreibt („[...] nachdem unsere Firma dieses Unternehmen aufgekauft hatte, hat man uns [...] entsendet [...], um [...] die verschiedenen deutschen Stile hier zu studieren") beschreibt. Im Unterschied zu Li betont Zhao aber weder die besonderen technischen Qualitäten von SOLUTION, noch expliziert er das Erlernen von technischem Know-how oder von Managementaspekten bei SOLUTION als Entsendungsgrund. Die Formulierung des ‚technischen Austauschs' impliziert einen wechselseitigen Vorgang, die Formulierung ‚Erlernen der technischen Aspekte' beschreibt einen Wissenstransfer in nur einer Richtung.

Anschließend beschreibt Zhao die verschiedenen Stufen des Auswahlprozesses (interner Auswahlprozess bei YANGBO, Interview mit einem Manager von SOLUTION). Auf den Zusammenhang der Entsendung mit der Bearbeitung des K-Projektes geht er zunächst nicht ein. Dafür gibt Zhao hier deutlichere Einblicke in den Umgang mit der Problematik der temporären familiären Trennung durch die Entsendung. Die Freiwilligkeit der Entsendung ist genau deswegen ein wichtiger Punkt:

„I: [4] Haben Sie sich dafür selber gemeldet?
B: [5] Ah, dafür musste man sich selber melden, weil das auch mit einbezog/ das bedeutete auch, dass du vielleicht zwei Jahre keine Möglichkeit hast, dich um deine Familie zu kümmern, dieser Punkt hängt vom Prinzip der Freiwilligkeit ab, ein [Punkt] ist Freiwilligkeit. [6] Und das Zweite war vielleicht, weil es vielleicht doch relativ viele Leute gab, die herkommen wollten, vielleicht gab es/ haben die noch eine vorangehende Empfehlung des Chefs durchlaufen, das heißt du meldest dich, bekommst aber vielleicht nicht unbedingt die Chance nach hier gehen zu können (2) der Organisator von SOLUTION, der heißt Herr Yang, der hier als Assistent fungiert heißt Herr Yang Shi, kam nach dort und führte die Interviews, also wurden zum Schluss ein Teil der Leute die sich gemeldet hatten ausgewählt um nach hier zu kommen. [7] Als die mit Herrn Yang Shi zusammenwaren hat der auch gefragt: ‚Sie werden zwei Jahre lang kommen, wird Ihre Familie damit einverstanden sein?' Um als Mitarbeiter vielleicht in Frage zu kommen, musst du das auch mit deiner Familie klären, wird die Familie das unterstützen, dass du herkommst, zum Schluss/ so/ erst/ dann wurde es erst etwas besser." (CB6-1: [4-7])

Zhao wird gefragt, ob er sich für diesen Austausch selbst gemeldet hat. Zhao bejaht mit dem Hinweis, dass dieser Aufenthalt auch die familiäre Situation betreffen würde, da man während des zweijährigen Aufenthalts von der Familie getrennt lebe. Daher sei die Freiwilligkeit notwendig. An Bewerbern mangelte es offenbar nicht. In einem zweiten Schritt bekamen einige Bewerber dann eine Empfehlung einer Führungsperson von YANGBO und wurden daraufhin zu einem Interview mit einem Vertreter von SOLUTION zu eingeladen. Herr Yang habe ebenfalls noch einmal danach gefragt, ob die Familie mit der Entsendung einverstanden sei. Die Entsendung der Ingenieure von YANGBO zu SOLUTION erfolgt ohne Familie. Einige der Ingenieure haben bereits ein Kind, das jeweils mit der Mutter in China geblieben ist. Der Zeitraum der Entsendung ist auf zwei Jahre festgelegt, die Dauer der familiären Trennung also absehbar.

Zhao beschreibt den Merger von YANGBO und SOLUTION als Zusammenarbeit, wodurch die Übernahme der SOLUTION GmbH durch den Konkurrenten YANGBO sehr freundlich formuliert wird. Zum anderen steckt in dieser Formulierung aber auch kein Gefälle in Hinsicht auf technische Qualität oder Arbeitsorganisation, wie das bei Li der Fall ist. Die Entsendungsgeschichte beginnt Zhao mit dem der Entsendung vorangehenden, mehrstufigen Auswahlprozess, wobei er die Notwendigkeit einer Empfehlung durch den Chef und die Freiwilligkeit der Entsendung gesondert aufzählt.

### Manager Zhang – „international people like me"

Die Trennung von der Familie für die Zeit der Entsendung markiert einen wichtigen Statusunterschied der YANGBO-Ingenieure zu dem YANGBO-Manager Herr Zhang Yi (CB3), der gemeinsam mit seiner Familie nach Deutschland gezogen ist. Auch hat Zhangs Aufenthalt in Deutschland eine längere zeitliche Perspektive, so dass ein gemeinsamer Umzug als notwendig erachtet wird.[9] Sowohl die Ingenieure als auch Zhang als Manager reklamieren dabei die Unterstützung ihrer Familie für ihre Arbeit für sich. Die einen, weil sie die temporäre Trennung in Kauf nehmen, der andere, weil seine Familie, insbesondere seine Frau, eigene Bedürfnisse und Interessen zurückstelle:

> „Äh, but my wife is very supportive and eh, and eh so she come here with me, and eh / it's a lot of sacrifice for her on her side, because eh she gave up eh the environment she is familiar with, her friend et cetera. And m/ more importantly the sense of stability. (I: Mhm) ya. […] so a lot's of uncertainty I guess (I: mhm) ya. This is actually äh one of the challenge I guess for the international people like me ya

---

[9]In Deutschland sind „familiäre Gründe" die häufigste Ablehnungsursache von Entsendungen (vgl. Ganter 2008: 14). Bei längeren Aufenthalten werden Expatriates aus Deutschland in der Regel mit Familie entsandt.

(I: mhm). We/ we/ we/ we value family very much, that's why we are willing more on my wife's side / she is willing to sacrifice some of her interests I guess or sense of äh stability to come here with me. Otherwise it would be very difficult for me as well (I: mhm)." (CB3: 144-152)

Der Verlust der vertrauten Umgebung, der Freunde, und eines allgemeinen Gefühls von Stabilität sei eine Herausforderung für „international people like me". Zhang präsentiert sich damit als internationaler Mensch. Mit dem Selbstverständnis als international erfahrener Manager positioniert sich Zhang auch zum Intervieweinstieg:

„I: […] So (.), what I would like to ask you is ehm, how did it happen that you came to Germany for this job.
B: Well äh (..) fi/ first äh, it happened that SOL/ SOLUTION GMBH was / is acquired by a Chinese company. I was involved from the very beginning and äh s/ when Mister Mattis, the CEO of SOLUTION GMBH [unverständlich] to China meet the YANGBO first time, I was there, and then I will show the negotion/ negotiation process, and äh so ah when eh the board of YANGBO is convinced that they need somebody to station here to facility the communication äh I become a very natural candidate. (I: Mhm) Well partly because of my background, I'm Chinese and äh went to USA äh now fourteen, thirteen years ago, and eh did my PHD there, and worked there for ten years (I: mhm) so I have the understanding of the Chinese culture and the Western culture, not particular German culture, and also I can speak pretty good English, and äh also I have the trust of the YANGBO-board, and äh and also I/ my position in the YANGBO hierarchy is high enough that eh I have good understanding of the overall strategic role of SOLUTION GMBH (I: mhm) in the overall YANGBO strategy. So that made me a quite natural choice I guess for this critical position (I: mhm) ja." (CB3: 10-25)

Auch Zhang beginnt die Darstellung der Entsendungsgeschichte mit der Übernahme von SOLUTION durch YANGBO. Zhang formuliert: „SOLUTION was/ is acquired by a Chinese company", und lässt damit bereits erste Gelegenheiten einer Identifizierung mit YANGBO (etwa durch Formulierungen wie „we took over", „acquired by *our company*") verstreichen. In den Prozess der Direktinvestition von YANGBO in die SOLUTION GmbH ist Zhang von Beginn an verwickelt, nämlich ab dem Zeitpunkt, als der CEO der SOLUTION GmbH sich zum ersten Mal mit Vertretern von YANGBO getroffen hat. Auch am anschließenden Verhandlungsprozess sei er beteiligt gewesen. Der YANGBO-Vorstand sei überzeugt gewesen, dass die Kommunikation mit SOLUTION durch einen stationären Manager vor Ort geregelt werden sollte. Zhang präsentiert sich dann als natürliche Wahl: Zum Ersten aufgrund seiner bisherigen umfangreichen Auslandserfahrung in USA und seiner Sprachkenntnisse (an dieser Stelle bringt er bereits chinesische und westliche Kultur ins Spiel), zum Zweiten mache ihn seine hohe Position im Management und sein Verständnis für den Platz, den SOLUTION innerhalb von YANGBOs Gesamtstrategie einnimmt, zum geeigneten Kandidaten für diese „critical position". Mit dem Hinweis auf die Rolle der SOLUTION GmbH in der YANGBO-Strategie weist er SOLUTION außerdem eine Teilfunktion in der übergeordneten Strategie von YANGBO zu.

Zhangs Internationalität stellt einen Teil seiner erworbenen Qualifikationen dar, sowohl die Kenntnisse der englischen Sprache als auch die der amerikanischen Kultur sind absichtsvoll erworbene Kompetenzen. Anders als der aus Deutschland entsandte Liu (CDB2), dem kulturelle und sprachliche Fähigkeiten vor allem aufgrund seiner familiären Herkunft ‚anhaften', hat Zhao sich diese Fähigkeiten in einem Ausbildungs- und Arbeitsaufenthalt in den USA selber angeeignet, präsentiert sich auch als „international" und verzichtet auf starke nationale Selbstidentifikation (wie Liu: „Ich bin Deutscher"). Auch an der Bedeutung seiner Stellung und an der Relevanz seiner Person lässt er keinen Zweifel.

Zhang stellt innerhalb der ‚Gruppe' chinesischer Entsandter am SOLUTION Standort einen maximalen Kontrast zu den Ingenieuren dar. Der große Unterschied in der Firmenhierarchie zwischen den Ingenieuren und Zhang macht sich an verschiedenen Stellen bemerkbar. Mit großer Selbstverständlichkeit positioniert sich Zhang als „natural candidate" für seine jetzige Position, ohne dass er einen regelrechten Auswahlprozess schildert. Zhang ist weiterhin bei YANGBO angestellt und sozusagen Vertreter dieses ‚neuen Herren' der Firma SOLUTION, wenn er auch seine Aufgabe (Kommunikation zwischen den beiden Firmen – nicht etwa Kontrolle) und Position nicht in Machtdifferenzen beschreibt. Zhang über seine Position:

"I: If you would äh try to describe your own position here at SOLUTION GMBH, would you say it's a, ehm kind of äh middle position between YANGBO and SOLUTION GMBH so that the both sides could communicate better?
B: Yes, that's exactly what I do, ya. And YANGBO and SOLUTION GMBH wants to do a lot together, but äh ähhh in order to do that effectively, äh both sides needs to understand that the other side very well, and äh we always run into issues, we have to find a solutions. With somebody like me here, and äh we can äh we can find ways / as I say they find a solution which is acceptable by both sides, yeah (I: mhm). And also I think I can help to find out opportunities which we can work on together yeah (I: mhm).
I: So, if you are ehm communicating within SOLUTION GMBH here, äh who is your direct partner, who are you talking to?
B: Well I talk to the CEO of SOLUTION GMBH, the CTO, and also like the Chief Operating Officer [COO] the CFO and even the äh marketing guys, whoever I need to talk to, I guess I will go to talk to him or her (I: mhm). Well it's primary

äh me and people in the top management level (I: mhm) and also you see I have
a office, so we're running a bunch of projects, so sometimes I join them to talk to
the engineers ore coordinators (I: mhm) to make sure the project will be äh running
smoothly and äh to achieve the expected outcome." (CB3: 160-179)

Zhang beschreibt sich hier in der Rolle des Vermittlers, damit sich beide Seiten,
SOLUTION und YANGBO, gegenseitig besser verstehen, und um akzeptable
Lösungen für beide Seiten und Gelegenheiten zur Zusammenarbeit zu schaffen. Um das Einführen von Standards, Arbeitsweisen oder um Kontrolle geht es
nicht. Zhangs Ansprechpartner sind selbstverständlich die führenden Manager
bei SOLUTION und der Vorstand von YANGBO. Die deutsche Sprache stellt
für ihn kein Problem dar, weil seine Ansprechpartner ausreichend gutes Englisch sprechen und er Assistenten hat, die sowohl Chinesisch als auch Deutsch
beherrschen. Er ist nicht abhängig vom guten Willen der deutschen Kollegen, um
Arbeiten zugewiesen zu bekommen. Vielmehr kümmert er sich darum, dass alles
„smoothly" läuft.

## 7.2.2 Phasen der Entsendung und Ausgrenzung

Ein wichtiger Aspekt der Entsendungserfahrung für die Ingenieure ist der Ein-
schnitt in die Arbeitstätigkeiten, nämlich der Wechsel von der Arbeit am K-Projekt zur Arbeit an Aufgaben in den Abteilungen von Solution. Dieser Wechsel
gliedert die Entsendung in zwei Phasen, die mit sehr unterschiedlichen Aufgaben
und sehr unterschiedlichen räumlichen und sozialen Settings verbunden sind, die
wesentlich zur spezifischen Wahrnehmung des Aufenthaltes beitragen. Wie schon
Li so beschreibt auch Zhao den Aufenthalt entlang dieser beiden Phasen wie
folgt:

„I: [12] Was sind denn jetzt ihre wesentlichen Aufgaben?
B: [13] Ah, unsere Aufgaben sind/ aufgeteilt/ weil, bis jetzt lässt sich das in zwei
Phasen aufteilen. [14] In der ersten Phase haben wir/ haben wir sechs Leute zusammen ein ganzes Projekt bearbeitet. [15] Dieses Projekt ist (3) die K-Tochtergesell-
schaft von SOLUTION hat das aufgesetzt als Produkt mit den Besonderheiten, dass
genau für K-Anforderungen des Marktes entwickelt ist, und dann, weil die Kapa-
zität der Forschung und Entwicklung in Deutschland hier für/ für die Entwicklung
eines [anderen Projektes] gebraucht wurde, gab es nicht mehr so viele Ingenieure
die dieses Projekt bearbeiten konnten. [16] Also gut, dann sollten wir besser, also,
ach, wir hoffen dass wir mit K-SOLUTION kooperieren können, deshalb sind wir
hergekommen um dieses [Projekt] zu entwickeln. [17] Bis dieses Jahr ungefähr
bis letzten/ letzten Monat, haben wir dieses Projekt entwickelt, unsere Aufgabe als

Ingenieur ist im Grunde abgeschlossen. [18] Jetzt warten wir wieder auf die nächste Phase. [19] Dann/ das ist die erste Phase. [20] Die zweite Phase ist, nachdem wir das fertiggestellt hatten, haben wir das verlassen, dieses Büro in dem wir Sechs zusammen gearbeitet haben, und sind auf die Büros der Kollegen von SOLUTION aufgeteilt worden, haben mit denen zusammen gesessen und deren Projekte bearbeitet, zum Beispiel haben die uns ein paar (3) relativ kleine Bauteile gegeben, ../ oder Pläne, oder etwa Design, denn wir sind erst seit gerade einem Monat hochgekommen, vielleicht noch nicht ganz ein Monat, ungefähr ein Monat. Und dann/ zur Zeit geben sie uns langsam/ langsam einige Aufgaben zu tun." (CB6-1: [12-20])

Ich frage Zhao nach seinen momentanen Hauptaufgaben. Zhao bezieht die Frage nach der gegenwärtigen Aufgabe direkt auf die Gruppe („*unsere* Aufgaben sind", A.D.), und zwar als die Gruppe der sechs Ingenieure. Er unterteilt die Zeit des Deutschlandaufenthaltes in zwei Phasen (vgl.: [13]). Die erste Phase, in dem die Sechs zusammen an dem so genannten „K-Projekt" arbeiteten. In der Darstellung des K-Projektes durch Zhao kommen die chinesischen Ingenieure zu der Arbeit an diesem Projekt auch als Entlastung für die belegten Kapazitäten des deutschen Mutterhauses. In diesem Sinne stellt die Entsendung dann tatsächlich eine Art Austausch dar, den man als ‚Know-how gegen Arbeitskraft' skizzieren könnte. Zhao betrachtet das K-Projekt als so gut wie fertiggestellt (anders als Li, der es als unfertig betrachtet, weil es noch nicht in Produktion ist).

Die Zweite Phase des Aufenthalts beginnt in Zhaos Darstellung mit dem Verlassen des Büros, in dem die sechs chinesischen Ingenieure zusammengearbeitet haben, die räumliche Veränderung ist ausschlaggebend. Die eigentlich gemeinsame Arbeit (am selben Projekt) der Sechs wird beendet und die Gruppe wird ‚verteilt' (*fendao*). Nun sitzen die Sechs jeweils einzeln in den Büros der Kollegen bei SOLUTION (nicht: *women de tongshi* ‚unserer Kollegen') in verschiedenen Abteilungen, und arbeiten an „deren" Projekten. Dort geben ihnen die Kollegen kleinere Aufgaben (Bauteile, Pläne, Designs) zur Bearbeitung, weil sie gerade erst in den Abteilungen angekommen sind. Zhao erwartet offenbar noch eine Entwicklung hin zu größeren Aufgaben. Von einer regelrechten Integration in die Projekte spricht er nicht.

Zhao spricht von Anfang bis Ende von „wir", bleibt also bei der Eigenbeschreibung stets im Plural der chinesischen Gruppe, selbst nachdem diese Gruppe bereits aufgeteilt ist. Auch bei Zhao ist die Aufteilung ein einschneidendes Ereignis. Die gesamte Darstellung der Entsendungssituation stellt die Gruppe der sechs Ingenieure den *Anderen* (SOLUTION) gegenüber. Zhao formuliert keine Enttäuschungen oder Konflikte über die Zusammenarbeit mit den deutschen Kollegen nach der Aufteilung, wie das Li tut.

### 7.2.3 Sprache und Ausgrenzung

Eine ähnliche Darstellung des Entsendungsverlaufes gibt auch Herr Liang Ba (CB8), als ich ihn auf seine Arbeitszufriedenheit anspreche. Herr Liang hatte vor der Arbeit bei SOLUTION bereits drei Monate lang für YANGBO-Deutschland in Hamburg gearbeitet. Doch als dieser Standort aufgrund der „Zusammenarbeit" (CB8-1: [3]) von YANGBO und SOLUTION weniger wichtig wird, ergreift Herr Liang die „Chance" (CB8-1: [6]), und bewirbt sich für den Austausch bei SOLUTION. Der Auswahlprozess beschränkt sich auf ein Vorstellungsgespräch bei SOLUTION. Trotz dieser etwas anderen Anknüpfung an diese Entsendung schildert Liang den Verlauf sehr ähnlich. Auch bei ihm ist die Aufteilung ein einschneidendes Ereignis, er beschreibt aber auch sprachliche Probleme bei der Anpassung nach der Aufteilung:

„I: [33] Sie / also es sieht so aus als ob sie mit dieser, mit ihrer gegenwärtigen Arbeit ganz zufrieden sind?
B: [34] Hmmm, die jetzige Arbeit, gegenwärtig kann ich nur sagen ist es noch/ noch in der Anpassungsphase, mit/ mit/ denn/ denn vorher haben wir/ vorher als wir gekommen sind, da waren wir noch zu sechst, da haben wir sechs Chinesen zusammengesessen und gearbeitet, da hatten wir überhaupt keinen intensiven Kontakt mit den deutschen Kollegen. [35] Und dann, das war ungefähr (3) vor einem/ vor einem Monat, dann sind wir sechs auf unterschiedliche Abteilungen aufgeteilt worden. […] [37] Daher kann man sagen, ich sitze jetzt, jetzt mit/ mit den Kollegen aus meiner Abteilung in einem Büro zusammen, unsere Abteilung hat ungefähr/ insgesamt 18, 19 Leute, 18, 19 Kollegen, und darin sitze ich als einziger Chinese. [38] Dann, weil unser Deutsch jetzt noch nicht ausreicht, auf Deutsch geht noch nicht, sehr/ sehr einfache Kommunikation geht so gerade, aber in Bezug auf die Arbeit geht das überhaupt nicht. [39] @daher, diese Dinge müssen sich langsam anpassen. [40] @ [ich] möchte gerne das es sich anpasst, aber nur Englisch für die Kommunikation zu benutzen, das ist überhaupt nicht ausreichend. [41] Denn/ denn letztes Endes wie/ wie unsere Abteilung, da gibt es/ gibt es einige erfahrene[alte] Ingenieure, in relativ hohem Alter, und deren Englisch, also ist nicht besonders gut, daher sind die nicht so bereit auf Englisch mit dir zu sprechen. [42] Daher, daher ist dieser Prozess immer noch ein bisschen/ ein schleppender Prozess. [43] Die Arbeitsatmosphäre ist schon ganz gut. [44] Die Kollegen, die Kollegen aus der Firma sind mir gegenüber recht gut. [45] Der Hauptpunkt ist (3) im Moment ist die Kommunikation noch nicht intensiv genug. [46] Außerdem ist es nur, wie soll ich sagen, es ist nur ein gegenseitiges Grüßen. [47] Der größte Teil der Kollegen ist so, außer vielleicht denen die neben mir sitzen, diese Leute reden vielleicht noch ein bisschen, zumindest kann man sich mit denen ein bisschen unterhalten, reden/ die reden über einige interessante Dinge in Deutschland, und ich erzähle denen etwas über interessante Sachen in China@ so eben." (CB8-1: [33-47])

In Zusammenhang mit seiner vergleichsweise langen Anstellung bei YANGBO bzw. SOLUTION mutmaße ich mit meiner Frage, dass Liang mit seiner gegenwärtigen Arbeit ganz zufrieden sei.

Liang nimmt die Frage an („Hmmm") und verzögert die Antwort, er antwortet nicht direkt mit ‚Ja', aber auch nicht mit ‚Nein'. Ein ‚Ja' hätte in diesem Fall eine Bestätigung meiner Unterstellung bedeutet und wäre nicht unbedingt weiter zu erläutern gewesen. Mit ‚Nein' hätte Liang meiner Annahme widersprochen, was fast zwangsläufig hätte gut begründet werden müssen. Stattdessen lässt nun „hmmm" aber als ausbleibende Bejahung ebenfalls eine Abweichung von meiner Unterstellung vermuten. Liang hebt den temporalen Bezug auf die aktuelle Tätigkeit besonders hervor („die jetzige Arbeit"), die sich dadurch von anderen Zeiträumen abgrenzen lässt. Die aktuelle Tätigkeit verläuft offenbar nicht zu seiner vollständigen Zufriedenheit. Allerdings möchte er wohl nur ein vorläufiges Urteil über seine Situation abgeben („gegenwärtig kann ich nur sagen ist es noch / noch in der Anpassungsphase"), das er außerdem noch als unvollständig einstuft („kann nur sagen"), und in Bezug auf meine Frage nicht eindeutig ist. Begründet wird dies mit der Formulierung „Anpassungsphase", die sowohl Temporarität (Phasen haben einen Anfang und ein Ende) als auch Veränderung (Anpassung ist ein Prozess der Veränderung) ausdrückt. Innerhalb dieser Phase ist eine endgültige Aussage daher auch gar nicht möglich. Jedenfalls wird damit aber wohl auch die Hoffnung ausgedrückt, dass nach der Anpassungsphase noch etwas kommt, in dem diese Anpassung dann abgeschlossen ist. In Hinblick auf die Gesamtdauer der Entsendung von zwei Jahren und dem Umstand, dass bereits zehn Monate davon vergangen sind, stellt sich die Frage, ob diese Phase während des Aufenthalts überwunden werden kann, oder ob der Anpassungsprozess nicht bis zum Ende anhalten wird. Dazu ist es notwendig, eine genauere Vorstellung von den Umständen der Anpassung zu bekommen.

Die Notwendigkeit einer Anpassung ergibt sich aus der Veränderung des Arbeitsumfeldes: „[…] vorher als wir gekommen sind, da waren wir noch zu sechst, da haben wir sechs Chinesen zusammengesessen und gearbeitet, da hatten wir überhaupt keinen intensiven Kontakt mit den deutschen Kollegen." Hier erfolgt (wie auch bei Li und Zhao) die Einteilung des Aufenthaltes in zwei Phasen. In der ersten Phase habe es „überhaupt keinen intensiven Kontakt mit den deutschen Kollegen" gegeben. Diese Aussage weicht von der anfänglichen Darstellung von Li ab, der als Projektverantwortlicher mehr Kontakt zu den deutschen Kollegen gehabt zu haben scheint (CB4-1: [59-61]). Erneut finden sich Elemente der Gruppenkonstitution („da waren wir noch zu sechst", „da haben wir sechs Chinesen zusammengesessen und gearbeitet") über die gemeinsame Tätigkeit und räumliche Unterbringung im Büro, diese Aspekte fallen hier mit der Mitgliedskategorie chinesischer Nationalität zusammen. Eine Konstitution der Gruppe findet auch durch Abgrenzung statt: Das chinesische „Wir" hatte überhaupt keinen Kontakt mit „den deutschen Kollegen" – eine zweite (national kategorisierte) Gruppe. Diese Abgrenzung wird durch verschiedene Aspekte begünstigt, nationale Zugehörigkeit ist dabei eine Kategorie, die in diesem Fall mit verschiedenen anderen Eigenschaften zusammenfällt. Das chinesische „Wir" zeichnet sich aus durch geteilte Sprache, ähnliche Schul- und Ausbildungserfahrungen, zuvor die Arbeit in dem gemeinsamen Mutterkonzern, gleichzeitiger Beginn der Arbeit in SOLUTION an einem gemeinsamen Projekt und ein gemeinsamer Arbeitsplatz im ‚Ausland', hierarchisch ungefähr gleiche Positionierung und ähnliches Alter.

‚Die Anderen' werden in der Nationalkategorie als Deutsche zusammengefasst und sind allesamt Mitarbeiter der aufgekauften Firma, sind aber sehr viel zahlreicher und in ihrer Zusammensetzung auch viel heterogener. Sie unterscheiden sich von der Gruppe der chinesischen Ingenieure in mehreren Aspekten: Sprache, Herkunft, Ausbildung, Hierarchieposition, Alter etc.

Eine wichtige Zeitmarke bildet die Aufteilung der Gruppe: „Und dann, das war ungefähr (3) vor einem / vor einem Monat, dann sind wir sechs auf unterschiedliche Abteilungen aufgeteilt worden." Nach der gemeinsamen Arbeit in der Sechsergruppe folgt die Aufteilung auf unterschiedliche Abteilungen vor ungefähr einem Monat – so lange hält also Liangs Anpassungsphase bereits an. Die Zuordnung der chinesischen Expatriates auf mehrere Abteilungen wird als Aufteilung der Sechsergruppe beschrieben: Aufgeteilt werden kann nur etwas, das vorher in irgendeiner Form zusammengehörte. Die ohnehin stark von Gemeinsamkeiten geprägte Gruppe der chinesischen Expatriates wird in ihrer Zusammengehörigkeit noch bestärkt durch die gemeinsame Arbeit und die räumliche Absonderung von den deutschen SOLUTION-Mitarbeitern. Im Büro der Chinesen wird Chinesisch gesprochen, Kontakt nach Außen gibt es kaum. Der räumliche Kontakt zu den chinesischen Kollegen wird nicht als problembehaftet beschrieben, die Abtrennung unterstützt ein als natürlich empfundenes Gruppengefühl. Diese Gruppe wird nun durch die Verteilung der Ingenieure auf verschiedene Abteilungen von SOLUTION getrennt, obwohl Kontakte natürlich weiterhin bestehen bleiben: Wenn nicht am Arbeitsplatz, so in der Freizeit, schon aufgrund der gemeinsamen Wohnsituation. Auch bleibt ein ‚Wir-Gefühl' in der Gruppe weiterhin erhalten, entsprechende inkludierende Formulierungen finden sich in den Interviews fast durchgehend.

Demgegenüber steht die Arbeitssituation nach der Aufteilung: „Daher kann man sagen, ich sitze jetzt, jetzt mit /mit den Kollegen aus meiner Abteilung in einem Büro zusammen, unsere Abteilung hat ungefähr / insgesamt 18, 19 Leute,

18, 19 Kollegen, und darin sitze ich als einziger Chinese" (CB8-1: [37]) Schon
die Beschreibung der neuen Situation klingt distanziert: Ich sitze mit den Kollegen aus meiner Abteilung zusammen in einem Büro, und nicht etwa *„wir* sitzen
in *unserer* Abteilung zusammen in einem Büro". „Unsere Abteilung hat 18, 19
Kollegen" und nicht: „wir sind 18, 19 Kollegen", dabei steht eher die Beschreibung der Abteilung im Vordergrund, als die einer Gruppe. Und in dieser Abteilung nun „sitze ich als einziger Chinese". Die Nationalität wird hier als Differenz
wieder explizit in den Vordergrund gerückt: Alleine unter Fremden.

Als nächstes werden mangelnde Sprachkenntnisse als Problem der Zusammenarbeit angesprochen.

> „Dann, weil unser Deutsch jetzt noch nicht ausreicht, auf Deutsch geht noch nicht,
> sehr / sehr einfache Kommunikation geht so gerade, aber in Bezug auf die Arbeit
> geht das überhaupt nicht. @ daher, diese Dinge müssen sich langsam anpassen. @
> [ich] möchte gerne das es sich anpasst, aber nur Englisch für die Kommunikation
> zu benutzen, das ist überhaupt nicht ausreichend. Denn / denn letzten Endes wie/
> wie unsere Abteilung, da gibt es / gibt es einige erfahrene[alte] Ingenieure, in relativ
> hohem Alter, und deren Englisch, also ist nicht besonders gut, daher sind die nicht
> so bereit auf Englisch mit dir zu sprechen. Daher, daher ist dieser Prozess immer
> noch ein bisschen/ ein schleppender Prozess." (CB8: [38-41])

Liang beschreibt zunächst mangelnde Deutschkenntnisse als problematisch und
die Sprachbarriere als Hindernis der Anpassung. Denn: „nur Englisch für die
Kommunikation zu benutzen, das ist überhaupt nicht ausreichend." Im ersten Jahr
der Entsendung wurde für die Ingenieure zwar auch ein wöchentlicher Sprach-
kurs finanziert (zwei Stunden pro Woche). Allerdings reiche die knappe Zeit und
auch die Motivation neben der Arbeit nicht aus, um den Deutschlevel auf ein bei
der Arbeit anwendbares Niveau zu heben. (CB6-1: [49-62]) Daher kommunizieren die chinesischen Ingenieure mit den deutschen Kollegen auf Englisch. Die
Schwierigkeit besteht darin, dass die erfahrenen und älteren Ingenieure „nicht so
gut" Englisch sprechen. Nach Liangs Einschätzung sind sie aus diesem Grund
nicht so gerne dazu bereit, Dinge mit ihm zu besprechen. Daher ist die Anpassung ein „schleppender Prozess". Darüber hinaus sind die deutschen Kollegen ihm
gegenüber zwar freundlich, den kommunikativen Austausch beschreibt Liang aber
als oberflächlich. Die fehlenden Sprachkenntnisse verhinderten so auch private
Kontakte und das Schließen von Freundschaften (CB8-2: 13:00-14:00). Es ergeben
sich asymmetrische Beteiligungschancen an Aufgaben aufgrund des Sprachunter-
schiedes. Diese problematische Situation steht der im Grunde barrierefreien Kommunikation innerhalb der chinesischen Gruppe gegenüber, die als Bezugspunkt
auch nach der Aufteilung erhalten bleibt (z.B. in „unsere Deutschkenntnisse") aber

auch als eine Gruppe, in der die Kommunikation – im Gegensatz zur Situation mit den deutschen Kollegen – reibungslos funktioniert.

Eine ähnliche Einschätzung gibt Zhao (CB6-1: [70-71]) ab, der insbesondere die mangelnde Bereitschaft eines erfahrenen deutschen Kollegen beklagt, Englisch zu sprechen. Die Einschätzungen über Sprache sind aber durchaus unterschiedlich. Li beispielsweise sagt über die englische Kommunikation mit den deutschen Kollegen:

> B: [Das ist] Bestimmt kein sehr großes Problem. [263] Weil, eh, weil der Großteil der deutschen Ingenieure, der deutschen Kollegen, die können normalerweise alle Englisch (I: mhm). [264] Das Englischniveau ist im Allgemeinen ungefähr so wie unseres (I: mhm). [265] Eh wenn man die alltägliche Arbeit erledigt, zum Beispiel wenn wir nur / wenn wir vollständig nur auf Englisch kommunizieren, dann kostet das schon ein wenig Mühe, aber das ist noch machbar. [266] Eh aber wenn man sagt, man könnte in / könnte in einem begrenzten Zeitraum, konzentriert auf einen Zeitraum von ein paar Monaten vollständig freigestellt werden, das heißt nicht arbeiten, sondern nur Deutsch lernen, und wenn dann dein Deutschniveau langsam angehoben würde, so dass man es bei der Arbeit benutzen kann, dann denke ich wäre die Effektivität noch höher (I: mhm). [267] Einfach mit den Deutschen die Arbeitsangelegenheiten kommunizieren (I: mhm). [268] Aber / aber dafür sind diese zwei Jahre ein bisschen zu kurz (I: mhm). [...]" (CB4-2: [262-265])

Li schildert die Kommunikation in englischer Sprache also im Gegensatz zu seinen Kollegen nicht als besonders großes Problem, wenn er auch einräumt, dass die Effektivität bestimmt größer wäre, wenn man mit den deutschen Kollegen auf Deutsch kommunizieren könnte. Weder er noch seine Kollegen erwarten von den deutschen SOLUTION-Mitarbeitern, Chinesisch zu lernen. Zugleich ist Englisch aber auch nicht ‚Konzernsprache', wie bei dem amerikanischen Konzern Ford (vgl. Frohnen 2005), mit der die Mitarbeiter auf eine gemeinsame Konzernkultur verpflichtet werden sollen.

Insgesamt stellt Liang seine gegenwärtige Tätigkeit weder als besonders befriedigend noch als unbefriedigend dar. Der angesprochene Anpassungsprozess ist aber schleppend und wird durch mangelnde Deutschkenntnisse (chinesischerseits) und mangelnde Englischkenntnisse auf deutscher Seite behindert. Unzufrieden ist Liang über den Mangel an Intensität der Kommunikation, in dem sich eine Art der Ausgrenzung fortsetzt, die nun zwar nicht mehr in räumlicher Abgrenzung sichtbar ist, sich aber in asymmetrischen Beteiligungschancen während der täglichen Kommunikation ausdrückt. Da die chinesischen Ingenieure (anders als der Manager Zhang) auf die Zuteilung von Arbeit und Unterstützung durch ihre deutschen Kollegen und Vorgesetzten angewiesen sind, die deutschen Kollegen und Vorgesetzten aber offenbar auf die Mitarbeit der chinesischen Ingenieure auch verzichten können (ebenfalls anders als bei Manager Zhang), kann der Sprachunterschied an dieser Stelle als ‚natürliches Hemmnis' wirksam werden oder auch bewusst so genutzt werden.

## 7.2.4  Zwischenfazit

Im Vergleich zu den Interviews mit Li (CB4) können anhand der Analyse weiterer Fälle Eigenschaften der Kategorien *Selbstpositionierung und Aufgabenbeschreibung*, *Ab- und Ausgrenzungserfahrungen* in Zusammenhang mit *Phasen der Entsendung* und *Sprache* weiter herausgearbeitet werden. Dabei wurden auch einige Unterschiede zu Lis Schilderung nachgezeichnet. So beschreibt Zhao die Entsendung nicht als Schulungsaufenthalt, sondern als ‚technischen Austausch', Liang beschreibt sie als ‚Zusammenarbeit'. Die Darstellungen machen den Eindruck, dass Zhao und Liang insgesamt geringere Erwartungen an die Entsendung haben als Li. Während die Ingenieurskollegen sich ja mit Li in einer fast identischen Arbeitssituation befinden, schildert der Kommunikationsmanager Zhang die Übernahme von SOLUTION durch YANGBO aus einer Perspektive des Konzernstrategen, der versucht, zwischen beiden Unternehmen zu vermitteln und zum gegenseitigen Verständnis beizutragen.

Gemeinsam ist allen Darstellungen der YANGBO-Ingenieuren die konstant dominante Differenzdarstellung zwischen dem „wir" der sechs Ingenieure gegenüber „den Deutschen" bzw. den SOLUTION Mitarbeitern. Die Phasen der Entsendung werden von allen gleichermaßen geschildert. Während in der ersten Phase der Entsendung die räumliche Ausgrenzung wesentlich zur Aufrechterhaltung einer Differenz zwischen den YANGBO-Ingenieuren und den SOLUTION-Mitarbeitern beitrug, tragen unterschiedliche Sprachen während der Arbeit der YANGBO-Ingenieure in den einzelnen SOLUTION-Abteilungen als Hindernisse in der Kommunikation zu asymmetrischen Beteiligungschancen an der Arbeit bei. Während z.B. Liang darin eine Ursache für mangelnde Zusammenarbeit sieht, schildert Li die Kommunikation in der Fremdsprache Englisch als eher kleines Problem. Er stellt die mangelnde Einbeziehung der YANGBO-Ingenieure in die Arbeitsabläufe der Abteilungen als absichtliches Vorenthalten von Lernerfahrungen dar.

Diese unterschiedlichen Darstellungen der YANGBO-Ingenieure scheinen dabei zwar einen großen Einfluss auf den Grad der geschilderten Enttäuschung zu haben (Li spricht als Einziger regelrecht von einer Enttäuschung), sie haben hingegen kaum Einfluss auf die Differenzierung zwischen dem chinesischen „Wir" und „den Deutschen". Die Befragten relativieren dabei durchweg die Reichweite ihrer Äußerungen über die Deutschen (regional begrenzt, nur bei SOLUTION) und auch die Fremdbeschreibungen ähneln sich sehr. Gemeinsam ist ihnen auch eine hierarchisierende Differenzdarstellung, die mit unterschiedlichen Strategien begründet wird (vgl. Kap. 7.3).

## 7.3 Differenzbeschreibungen

Anhand des Falles von Herrn Li Si (CB4) habe ich exemplarisch die Wechselwirkung zwischen den Erwartungen an die Entsendung und den Erfahrungen während der Entsendung mit den Fremd- und Selbstwahrnehmungen in Differenzbeschreibungen aufgezeigt (Kap. 7.1). Im Vergleich mit den Darstellungen seiner Kollegen konnte die Bedeutung der Kategorien *Selbstpositionierung und Aufgabenbeschreibung* ins Verhältnis gesetzt werden. Gemeinsamkeiten zeigten sich außerdem in der Differenzierung der chinesischen „Wir-Gruppe" der YANGBO-Ingenieure gegenüber den deutschen SOLUTION-Mitarbeitern. In diesem Kapitel werden die Selbst- und Fremdbeschreibungen ‚der Chinesen' und ‚der Deutschen' aus den Interviews der verschiedenen YANGBO-Mitarbeiter verglichen. Dabei wird deutlich werden, dass Kultur als Erklärungsfaktor in den Differenzbeschreibungen eine eher untergeordnete Rolle neben anderen Narrativen spielt, mit denen sich hierarchische Differenzen erklären lassen.

### 7.3.1 Hierarchische Differenzierung in Selbst- und Fremdbeschreibungen

**Positive Fremdbeschreibungen**
Im Vergleich zu den Differenzbeschreibungen der deutschen Entsandten sind in den Entsendungsgeschichten der YANGBO-Mitarbeiter vor allem die positiven Beschreibungen der Deutschen auffällig.[10] Lobend wird immer wieder die Produktqualität und der Produktionsprozess bei SOLUTION in Deutschland hervorgehoben, sowie auch die Sorgfalt und die Sachkompetenz der deutschen Kollegen bei der Arbeit.

---

[10]Dabei spielt das Interviewsetting wahrscheinlich keine unwesentliche Rolle. Immerhin ist der Interviewer Deutscher und sitzt dem jeweiligen chinesischen Befragten gegenüber. In Hinsicht auf ‚soziale Erwünschtheit' sind die Interviewten dann aber auch erstaunlich offen und kritisch in ihren Äußerungen über ‚die Deutschen'.

So gibt Li eine deutlich positive Bewertung der bei SOLUTION erlebten Produktionsabläufe ab, indem er die kundenorientierte, systematische und vorausschauende Planungsarbeit dort als besonders vorbildlich hervorhebt (vgl. Kap. 7.1.4). Er begründet die unterschiedlichen Vorgehensweisen zwischen Deutschland und China bei der Produktion zum einen mit der raschen wirtschaftlichen Entwicklung Chinas, die es notwendig mache, Markt-Nischen möglichst schnell mit eigenen, wenn auch unausgereiften Produkten zu füllen (CB4-2 [220-225]). Er erwähnt aber auch eine relativ willkürliche Vorgehensweise bei der Produktentwicklung, die sich an den Entscheidungen der einflussreichen Akteure innerhalb der Unternehmen orientiert, die nicht durch eine Marktanalyse und Risikokalkulation rationalisiert wird. Auf die Frage hin, was seine wichtigste Erfahrung in Deutschland war, vergleicht Li die deutsche und chinesische Produktionsweise:

> „[169] [...] bei uns ist es normalerweise der Manager aus dem oberen Führungskreis, der gibt eine Anweisung, „Ah, so, wir wollen dieses Produkt machen. Wir wollen dieses neue Produkt machen." [170] Danach machen dann die unteren / die unteren normalen Mitarbeiter gehen auf den Markt und recherchieren. [171] Aber das Ergebnis der Untersuchung ist dann manchmal auch nicht so gut (.) wie man sich vorgestellt hat. [...] [173] Aber, weil / aber weil der Chef eine Entscheidung getroffen hat: „Ich will dieses Projekt machen." (.) [174] Daher ist das so, dass die unteren Mitarbeiter die die Forschung machen, die werden dir nicht / nicht so viele negative Faktoren sagen. [...] [178] Daher kann man sagen, ehm wenn ich / wenn ich diese / wenn ich diese Marktforschung mache, dann werde ich die tatsächliche Situation nicht sehr objektiv an den Chef berichten und sagen, dein / das Projekt, dass du machst, hat diese und jene Probleme (I: mhm). [179] Eh das heißt, aber in Deutschland ist das in diesen Punkten nicht so. [180] Da wird er diese Marktuntersuchung sehr deutlich machen." (CB4-2: [169-180])

Bei der Produktentwicklung fehle eine ausführliche Marktanalyse auch deswegen, weil die Rückmeldung über die Ergebnisse dieser Analyse an die nächsthöhere Hierarchieebene keine ausreichende Berücksichtigung findet und unter Umständen auch gar nicht „objektiv" berichtet werde. Das deutet auf Schwierigkeiten bei der Kommunikation über Hierarchieebenen hinweg hin. Ausführlich beschreibt Li auch die Penibilität und die Berücksichtigung der Kundenbedürfnisse bei der Produktentwicklung. Dies ist ein Punkt, den Li nach seiner Rückkehr nach China der „chinesischen Firma [als] Anregung geben möchte" (CB4-2: 219).

Im Verlauf seines Aufenthaltes relativiert sich aber auch Lis Einschätzung in Bezug auf die technische Überlegenheit der deutschen Produkte: „[...] man kann keineswegs sagen, deren / äh Kerntechnologie wäre so hoch" (CB4-2: [55]). In Sachen Technik, so Li an anderer Stelle, habe er nicht viel gelernt:

> „Das heißt, wenn ich etwas herausnehmen würde und es den Leuten in China dann zeige, dass die alle sagen würden „Wow diese @diese / diese / diese@ //(I: lacht) @diese Technik ist echt super@//. (I: eh) Tatsächlich existiert auch in / in / in den deutschen Unternehmen selbst diese Art von Technik nicht (I: mhm)." (CB4-2: [102-103])

Der Qualitätsvorsprung entstünde eben vielmehr aus Kumulation der hohen Qualität jedes einzelnen Bauteils: „[…] jedes einzelne Bauteil stammt von einem anderen Anbieter, und jeder Anbieter / und alle Anbieter machen ihr eigenes Bauteil am besten. Dann werden alle besten Bauteile zusammengenommen. (I: mhm) […] aber in China kriegen wir diesen Aspekt einfach nicht hin." (CB4-2: [55-59]). Das wiederum führt er auf die unsicheren sozialen Umstände und den wirtschaftlichen Entwicklungsstand Chinas zurück, seine persönliche Begründung für das Qualitätsgefälle (vgl. Kap. 7.1.4).

Seine Kollegen stellen eine als deutsch markierte Produktions- und Arbeitsweise ebenfalls positiv dar. So kommentiert Liang Ba (CB8), die deutsche Arbeitsweise mit der chinesischen Redewendung „Langsame Arbeit bringt ausgezeichneten Produkte hervor"[11] (CB8-1: [24]). Und direkt auf den Zusammenhang von Kultur und Arbeitsweise angesprochen sagt er:

> „[83] Glauben Sie, dass die deutsche Kultur Einfluss auf die Arbeit hat?
> [84] Das ist für China, zumindest meiner Ansicht nach, für chinesische Unternehmen ist das etwas, was sehr gut als Vorbild geeignet ist. [85] Denn […] die Deutschen, die machen die Dinge sehr langsam, aber sehr sorgfältig, aber (3), deren Sachgebiet / das heißt das Sachgebiet, auf das sie sich konzentrieren, das ist sehr klein, aber die können sehr tief darin eindringen. Daher / aber in China ist das nicht so. [86] Das / jedenfalls wenn man mich fragt. [87] […] also ich kann alles ein bisschen, aber @ aber keine Sache richtig exzellent. [88] Aber die deutschen Kollegen, diese deutschen Kollegen, die teilen die Arbeit sehr sehr fein, da kann es sein das ich ein kleines Teil bearbeite, ein anderer bearbeitet eine anderes kleines Teil, jetzt sagen wir mal ich würde zu dir gehen und dich etwas fragen diesen Kollegen, ihn fragen, ihn etwas fragen über ein Teil, für das er nicht verantwortlich ist, dann würde er/ würde er das im Wesentlichen nicht wissen, dann würde er zu mir sagen, ich bin für dieses Teil nicht zuständig, geh mal, du kannst mal den und den fragen, die entsprechende Person. [89] Aber die/ in dem Sachgebiet das sie selber

---

[11]*Mangong chu xihuo* (忙工出细活).

bearbeiten, da sind sie wirklich sehr gut. [90] @ weil er nur / er muss / weil er jeden Tag darüber nachdenkt, wie man dieses Ding gut machen kann, aber nicht alle / nicht seine Energie auf unterschiedliche Aspekte verteilen muss." (CB8-1: [84-90])

Liang hebt zunächst noch einmal die Sorgfalt der Deutschen hervor und betont, dass er diese Arbeitsweise für vorbildlich auch für chinesische Unternehmen hält. Ähnlich wie Li beschreibt er die hohe Kompetenz seiner deutschen Kollegen in ihren Arbeitsbereichen, auf die sie sich konzentrieren könnten. Er führt diese hohe Kompetenz aber nicht auf kulturelle bzw. anerzogene Besonderheiten zurück, sondern sieht sie strukturell in der Arbeitsorganisation verankert. Weil ihre Konzentration nicht auf viele unterschiedliche Bereiche gestreut sei, könnten sich die deutschen Kollegen voll und ganz auf den ihnen zugewiesenen kleinen Teil der gesamten Aufgabe konzentrieren. Dieses Bild kontrastiert er mit sich selbst als Beispiel, da er von sich das Gefühl hat, er könne in seinem Arbeitsbereich alles ein bisschen, aber nichts richtig gut. In seiner Beschreibung der Kollegen kann man natürlich auch die Kritik einer Überspezialisierung lesen, vergleichbar mit der Beschreibung der Deutschen als konservativ (bei Zhao und Li) und unflexibel (bei Zhang). Er reagiert damit auf die Frage nach Kultur, führt aber die von mir evozierte Unterscheidungskategorie konzeptionell nicht weiter aus

Auf die Frage nach deutschen Besonderheiten bei der Art und Weise zu Arbeiten lobt auch Zhao Liu die deutschen Arbeitskollegen (CB6-1: [111-121]) als besonders fleißig, weil sie bereits um sieben Uhr mit der Arbeit beginnen würden, während die sechs chinesischen Ingenieure erst um acht Uhr beginnen würden. Er beschreibt die Deutschen zweitens als sehr kompetent in ihrem jeweiligen Fachgebiet, und drittens als sehr ernsthaft und systematisch. Das Lob gipfelt in der Formulierung: „[...] @einfach/ einfach sehr *one two three four*, einen Schritt nach dem anderen machen [...]" (CB6-1: [118]). Diesen, mit einem Lachen eingeleiteten Kommentar innerhalb seiner Aufzählung von positiven Eigenschaften der Deutschen würzt er zusätzlich noch mit einem englischsprachigen Einschub. Lobend kommentiert er außerdem die Sachbezogenheit der Kommunikation:

„Sie werden deiner Sichtweise nicht so häufig widersprechen, sie werden dich fragen ‚warum'. Das ist anders als bei einigen chinesischen / als bei einigen chinesischen Vorgesetzten. Sie [die Deutschen] sind nicht so arglistig, du musst nur an dein eigenes Design denken, du hast deine Gründe, er denkt das ist angemessen, dann geht das auch." (CB6-1: [119-121]).

Ähnlich wie Li (CB4-2: [169-180]) verweist auch Zhao die Schwierigkeiten der Kommunikation über Hierarchieebenen hinweg in China.[12]

Die positive Fremdbeschreibung der Deutschen Produktions- und Arbeitsweise geht hier mit einer Abwertung bestimmter, als eigenen oder chinesisch empfundenen Arbeitsweisen einher.

### Die Deutschen: „Arrogant" – „very proud of yourself" – „number one"

Es bleibt aber nicht ausschließlich bei der Beschreibung von positiven Aspekten. Zhao nennt auch einige negative Aspekte, die seiner Meinung nach charakteristisch für die deutschen Kollegen sind:

> „[124] Ah, und dann (2) was gibt es noch? [125] Ich spreche jetzt mal beispielsweise über relativ alltägliche Eindrücke. Was sind das für Eindrücke, zuerst einmal ziemlich/ ziemlich höflich. [126] Offensichtlich sind alle ziemlich (3) ziemlich freundlich, normalerweise. Und dann (3) dann gibt es auch noch einen *negativen* Aspekt, ich denke es ist vielleicht diese Gegend, oder es ist/ dieses ganze/ relativ/ ist relativ konservativ, ein bisschen, und auch ein bisschen / die meinen (3) manchmal das Deutschland im Maschinenbau einfach die *number one* ist, am allerbesten. [127] Das ist ein bisschen konservativ, und auch ein bisschen arrogant, oder *very proud of yourself*. [128] Das ist etwa im Vergleich mit/ mit/ weil ich kenne auch ein paar amerikanische Freunde, die sind äußerlich betrachtet, äußerlich betrachtet sind die verglichen mit den Deutschen/ mit den deutschen Kollegen noch ein bisschen mehr *open*, noch ein bisschen lebhafter." (CB6-1: [124-128])

Die Formulierung negativer Beschreibungen der Deutschen durch Zhao gerät etwas stockend mit mehreren längeren Pausen. Ein Grund dafür mag sein, dass Zhao nun mir gegenüber negative Aspekte über meine Landsleute vorbringt und sich dabei möglicherweise unsicher ist, wie seine Meinung aufgenommen werden wird. Jedenfalls formuliert er vorsichtig. Er kündigt die negativen Aspekte an, und steigert sich dann von „ein bisschen konservativ", über „*number one*" bis hin zu „arrogant" und „*very proud of yourself*". Gleichzeitig beschränkt er die Gültigkeit dieser Einschätzung aber topographisch („vielleicht diese Gegend"), möchte sein Urteil also nicht auf ganz Deutschland ausdehnen. Auffällig sind die englischsprachigen Formulierungen, die schon wie in der Positivbeschreibung („*one two three four*") aus dem ansonsten chinesisch-sprachigen Interview her-

---

[12]Dieser Aspekt wird innerhalb der Kulturdimensionen nach Hofstede (1980) mit dem Konzept der *Machdistanz* erfasst. Im Rahmen der Kulturstandards wird solch ein Verhalten u.a. auf das konfuzianisch geprägte Autoritätsverhalten zurückgeführt (Thomas 2003; Lin-Huber 2001: 36 ff.).

vorstechen. Dadurch hebt Zhao sie einerseits hervor. Andererseits verlieren sie durch die Formulierung in der Fremdsprache an Schärfe, auch weil es sich bei den eingeworfenen englischen Brocken eigentlich nicht um direkte Kritik handelt – *„number one"* und *„proud of yourself"* sind keine pejorativen Formulierungen. Nur im Kontext der Zuschreibung von Arroganz wird daraus eine Kritik. Außerdem vergleicht Zhao die Deutschen mit den Amerikanern, die er äußerlich betrachtet für offener hält, bzw. für „mehr *open"* – Fremdbeschreibungen formuliert Zhao offenbar am liebsten in Englisch.

Eine ähnliche Kritik an einem überschäumenden Selbstbewusstsein der deutschen Kollegen wie bei Zhao findet sich auch bei Li: „Sie denken einfach: Ich bin der Beste (I: mhm). Die Produkte die ich entwerfe sind auch die besten (I: mhm). Und dann [sind die] in diesem Punkt einfach ganz besonders selbstsicher. Und dann manchmal denke ich, vielleicht ist das / ist das ein bisschen übertrieben" (CB4-1: [141-143]; vgl. auch Kap. 7.1.4). Li stellt das in Zusammenhang mit der Lehr-Lernbeziehung und äußert seine Enttäuschung darüber, dass die deutschen Kollegen nicht bereit sind, ihr Wissen weiter zu geben.

**Antisimplifizierung: Flexibilität und Disziplin**
Manager Zhang Yi (CB3) sieht, bedingt durch seine Position und seine Funktion als Vermittler zwischen YANGBO und SOLUTION, die Zusammenarbeit der Unternehmen unter einem anderen Blickwinkel. Auch er schildert unterschiede entlang nationaler Grenzen. Lobend schildert Zhang seine ersten Eindrücke über Deutschland und die Deutschen:

> „I: Mhm, so ehm what was your first impression of Germany when you got here?
> B: Well we all know that Germany is a technological powerhouse, very strong in manufacturing. German people are very disciplined (.), you guys have a, a set rules on many things and do things in a very disciplined way. So when I first visited Germany three years ago, I looked over my window, which äh is near at the München airport, I saw the bushes was organized in a way that it was cut into a very äh very defined shape, it's a rectangular actually (I: mhm), and with a very well defined a pattern on the ground. So I thought 'oh, this is Germany' // (I: lacht) (lacht) // 'Everything has to be come short to perfectly' // (lacht) (I: lacht) //." (CB3: 46-54)

Mit großer Selbstverständlichkeit wird Deutschland hier als „technological powerhouse" beschrieben. Die Deutschen (inklusive dem Interviewer: „you guys") seien sehr diszipliniert und regelorientiert. Dann schildert er seine Eindrücke bei seinem ersten Aufenthalt in Deutschland und bringt in seiner Beobachtung die Form der zurechtgeschnittenen Büsche mit einem deutschen Perfektionismus in

Verbindung (die Kohärenz des kulturellen Ganzen spiegelt den deutschen Perfektionismus so auch in jedem einzelnen Busch wider).

Nach meiner Rückfrage elaboriert Zhang nun über seine weiteren Eindrücke von Deutschland. Dabei gibt er auch einige Fremdbeschreibungen über die „German people":

> „I: And do you find, that this first impression is äh still ehm (..) do you still think that way? (lacht)
> B: Äh, yes. pretty much the same (I: mhm) and äh (5) German people are very good at äh analyzing things and set rules, settle strategy or whatever or process and that / that's what I know about Germany, of German people. And äh, on the other side, people may think that the German people are not very flexible, and äh sometimes it's very difficult to change German peoples mind, and äh / Personally I think äh that there's a good side about that, and also maybe sometimes äh we can be a little more flexible, but äh, a lot's of time I think äh being determined or strict on something, is a good, in particular I think äh Chinese or YANGBO needs to learn this type of discipline (I: mhm). And äh discipline in a way, is helping to ensure long term success, or long term consistent, predictable quality of products and the work. And sometimes too flexible äh means your might be able to gain something in short term, but äh in the long run you may lose something, yeah (I: mhm). That's my view (I: lacht)." (CB3: 56-74)

Zunächst gibt Zhang einige positive Beschreibungen. Die Deutschen seien gut im Festlegen von Regeln und Strategien, andererseits seien die Deutschen auch unflexibel. Er formuliert die Kritik sehr vorsichtig und demonstriert durch die Formulierung eine Distanz zu dieser Kritik („people may think"). Dann präsentiert er seine persönliche Meinung zu beiden Aspekten („Personally I think") als Balance zwischen den zwei Charakteristiken. Erst dann bringt er konkrete *Andere* als Gegenpart zu den Deutschen ins Spiel, nämlich zunächst „Chinese", eine Kategorie, die er dann aber weiter eingrenzt und dabei auf seine Mutterfirma („or YANGBO") fokussiert. Ab diesem Punkt verlaufen die gegenüberstellenden Vergleiche zwischen Deutschland und China in seiner Darstellung nicht im nationalen Kategorien-set, sondern zwischen den Organisationen YANGBO und SULOTION. Damit zieht er zur Abgrenzung von Kollektiven in erster Linie die beiden Unternehmen heran, obwohl die Nationalitäten weiterhin indirekt auch durch die Unternehmen vertreten sind: Ein deutsches Unternehmen und ein chinesisches Unternehmen.

Zhang vertritt im Folgenden die Ansicht, dass YANGBO von den erwiesenermaßen erfolgreichen Produktionsprozessen der SOLUTION GmbH etwas lernen könne. Die Relevanz von Flexibilität für den Erfolg des Unternehmens hebt er hervor, wenn es um die Anpassung an den chinesischen Markt geht:

„Well I think äh, (.) in general I think äh we can learn more from ah the German way, because eh, it's a proven prog / process I guess, it has proven success and eh, but we need to be flexible in terms of adapting some of the practice eh: in China, because äh, China has a very different for market environment." (CB3: 106-109)

Und Zhang hebt in Zusammenhang damit auch die Bedeutung des Entwicklungsstandes des jeweiligen Marktes hervor, wobei er den chinesischen Markt indirekt als etwas unreif beschreibt: „I think as the Chinese market become more mature, I think that, we would [...] adapt more German way of äh doing business, at least in the individual discipline level, like a electronics, hydraulics, mechanical design et cetera." (CB3: 113-116)

Nach diesen Allgemeinen Stellungnahmen zu unterschiedlichen Arbeitsweisen und Geschäftsstrategien und unterschiedlichen Märkten folgt eine Distanzierung von verallgemeinernden und vereinfachenden Ursache-Wirkungs-Zusammenhängen. Diese Distanzierung unterscheidet sich in mehrfacher Hinsicht von einer Positionsabsicherung im Interview:

„But eh, you know those things are complicated, you probably, we can not simply say: SOLUTION GMBH is more – how to say – disciplined oriented or YANGBO is more flexible, that's why YANGBO is successful in Chinese market and SOLU-TION GMBH was successful / is successful in the world market, we cannot just simply say, due to one factor (I: Mhm), I think it has to be, äh, there are many many factors (I: mhm) ya (I: mhm). I don't / I shall not mislead you say: that's my opinion why SOLUTION GMBH was not that successful in China, because it's not flexible. No, I'm not saying that (I: mhm) ya (I: mhm). [...]" (CB3: 116-123)

Zhangs Gegenüberstellung von nationalen Kategorien verläuft vermittelt durch die Organisationen YANGBO und SOLUTION und deren pauschalisierte Arbeits- und Wirtschaftsstrategien. Er argumentiert kaum auf einer Ebene von individuellen Alltagsinteraktionen. Sein Hinweis auf die Komplexität der Situation und die Vielzahl von Faktoren, die zum Erfolg einer Firma beitragen, widersprechen aber auch nicht seiner vorangehenden Charakterisierung der beiden Unternehmen. Er sagt aber, dass diese Eigenschaften (diszipliniert bei SOLUTION, flexibel bei YANGBO) nicht die einzigen Faktoren für Erfolg sind. Seine Anti-Simplifizierung bezieht sich auf die Menge der unterschiedlichen Aspekte, nicht auf die Beschreibung von Unternehmenscharakteristiken. Die Einschätzung der nationalen Charakteristiken ist davon nicht betroffen.

Ganz nebenbei teilt Zhang in diesem Abschnitt aber auch seine Ansicht mit, dass SOLUTION in China nicht erfolgreich war, womit er auch eine Hierarchisierung der beiden Unternehmen YANGBO und SOLUTION in Bezug auf den Erfolg in China vornimmt, bei dem SOLUTION schlechter abschneidet als YANGBO.

Zhang definiert die Beziehung zwischen den Unternehmen YANBO und SOLUTION nicht als Lehr-Lernbeziehung, bei denen das chinesische Unternehmen YANGBO dem deutschen Unternehmen SOLUTION technisch unterlegen und entwicklungsbedürftig gegenübertritt. Aus seiner Perspektive werden Faktoren, die für den Unternehmenserfolg auf dem Weltmarkt eine Rolle spielen und auch für die Erfolglosigkeit von SOLUTION auf dem chinesischen Markt, zu einem wichtigen Aspekt des Vergleichs der beiden Unternehmen.

## 7.3.2 Begründungsstrategien

Im Vergleich zu den deutschen Interviewten haben die entsandten Ingenieure aus China ein anderes Problem bei der Verwendung hierarchisierender Differenzbeschreibungen. An vielen Stellen schildern sie eine technische oder organisatorische Überlegenheit im deutschen Unternehmen. Um zu erklären, wie es dazu kommt, finden die Befragten verschiedene Begründungsmuster:

**Soziale Unsicherheit und die Mentalität des schnellen Geldes**
In Zusammenhang mit den Differenzbeschreibungen steht auch die Konstruktion von Selbst- und Fremdbildern, die dazu beitragen, diese Differenzen zu erklären. Li stellt dazu das Bild einer stabilen gesellschaftlichen Gesamtsituation im Wohlfahrtsstaat Deutschland einem unruhigen und vergleichsweise unsicheren gesellschaftlichen Klima in China gegenüber, dass die Arbeitsleistung des Einzelnen negativ beeinflusse:

„In den letzten Jahren hat sich China zu schnell entwickelt, alle Leute sind einfach (.) können über die Arbeitsangelegenheiten nicht so viel nachdenken. [74] Aber die Deutschen sind / habe ich festgestellt / sind relativ / relativ stabil. [75] Das heißt ich / ich hab nicht so viele Sorgen um die Familie, ich muss nur meine vorliegende Arbeit bestmöglich erledigen, dann ist es gut. (I: mhm) [76] Aber in China muss jeder besonders viel nachdenken. [79] Daher kann man sagen, [du] steckst nicht so viel Überlegung dahinein, dich tatsächlich vollständig in deiner Arbeit zu spezialisieren. [80] Aber in Deutschland habe ich bemerkt, äh, das deutsche Wohlfahrtssystem, und auch die ganze Gesellschaft, äh und andere Strukturen sind alle / sind alle ziemlich vollkommen." (CB4-2: [73-80]; vgl. Kap. 7.1.4).

Auch Liang gibt eine eher kritische Selbstbeschreibung von China, als ich ihn nach der hohen Fluktuation der Mitarbeiter in Firmen in China frage:

„I: [23] Ich habe gehört in China, die Leute in China wechseln relativ häufig die Stelle.
B: [24] Weil / Weil in China, das/ ist die Umgebung nicht wie in Deutschland, das heißt, die Arbeitsumgebung, Lebenskontexte, erreichen die deutsche / wie (3) wie soll ich sagen, wie kann ich das möglichst gut formulieren? [25] @ das heißt ein relativ langsamer Rhythmus, um es mit einer chinesischen Redensart auszudrücken, ‚Langsame Arbeit führt zu ausgezeichneten Produkten', das heißt, etwas wird sehr langsam erledigt, aber das was rauskommt ist sehr gut. [26] @aber, in China ist das (3) denn in China/ denn China/ Chinas / dies / dies / dies / in den letzten über zehn Jahren, hat sich die Wirtschaft sehr schnell entwickelt. [27] Aber, weil sich die Wirtschaft so schnell entwickelt hat, gab es sehr viele negative Einflüsse. [28] Gleichzeitig, diese Firma, auch / nur / sehr viele Firmen haben überhaupt nicht, haben überhaupt nicht auf die langfristigen Gewinne der jeweiligen Firma geschaut, sondern nur / sondern nur gesagt, mich interessiert nur wie ich Geld verdienen kann, wie kann ich sehr schnell Geld verdienen, und dann haben die irgendetwas produziert. [29] Dann hat in der Schule auch langsam diese Stimmung begonnen. [30] Dann / so hat in der ganzen Gesellschaft diese Art / diese Art Stimmung angefangen, das heißt so eine Art Stimmung des ‚auf den schnellen Profit aus sein'. [31] Daher denken alle, vielleicht auch bei der Arbeit / ich denke / ich denke / das die Menschen meinen, das Geld ist relativ wenig, wenn ich in dieser Firma bleibe, und ich habe/ habe auch keine große Perspektive, dann geh ich besser und wechsle in eine andere Firma. [32] So." (CB8-1: [23-32])

Liang führt die große Fluktuation in chinesischen Unternehmen auf eine allgemein unruhige Stimmung (‚auf der Suche nach dem schnellen Geld') in der chinesischen Gesellschaft zurück. Davon unterscheidet er die deutschen Bedingungen (Arbeitskontext, Lebenssituation) mit einer chinesischen Redensart: „Langsame Arbeit führt zu ausgezeichneten Produkten". Die Arbeit in Deutschland gehe zwar vergleichsweise langsam voran, aber die hergestellten Produkte seien ausgezeichnet. In China aber machten sich die Menschen aufgrund der sehr schnellen wirtschaftlichen Entwicklung des Landes in den vergangenen Jahrzehnten nicht so sehr über langfristige Entwicklungen Gedanken, sondern nur über schnelle Gewinne. Eine Stimmung, die sich seiner Einschätzung nach über die Schulen in der ganzen Gesellschaft verbreitet habe. Bei den Entscheidungen spiele daher auch langfristige Planung für eine stabile Entwicklung der Unternehmen keine Rolle, sondern nur der kurzfristige Gewinn. Der Erklärungsansatz von Liang zielt auf den Unterschied der wirtschaftlichen und sozialen Entwicklungen in China bzw. die wirtschaftliche und soziale Stabilität in Deutschland ab. Liang begründet die Differenzbeschreibung in der Kategorie der Nationalität (Deutschland und China) entlang gesellschaftlicher, insbesondere wirtschaftlicher Entwicklung, nicht anhand von konstanten kulturellen Charakteristiken, sondern entlang relativ neuer Prozesse der gesellschaftlichen Veränderung in China.

**Nationales Unterlegenheitsgefühl**

Eine andere Theorie über das Zustandekommen der Unterschiede in der Qualität von Produkten und Innovation entwickelt Zhao auf die Frage, wie er die Lernerfahrung in Deutschland einschätzt:

> „I: [134] [...] *denken sie es ist hilfreich etwas zu lernen/ nach Deutschland zu kommen und die Art und Weise zu lernen, wie die Dinge hier getan werden, für Sie selbst und vielleicht für ihr Unternehmen?*
> B: [135] Ja, gut, das kann man. [136] Das heißt, dass wir hergekommen sind/ das Ziel / wir denken wir haben doch ziemlich viel gelernt. [137] Und es gibt noch sehr viele Dinge, egal ob das jetzt von fachlicher Seite, also aus technischer Sicht, Maschinenkenntnisse sind, also im Bereich des so genannte *mechanic knowledge*. [138] Oder von dieser Arbeitsmethode, von der *manner* her, für / für uns ist zumindest die Forschung und Entwicklung, das umfasst auch Management, das ist alles sehr / das hilft uns alles sehr. [139] Das heißt, in China, wie sie wissen, sind unsere Innovationen noch nicht ausreichend. [140] Sehr oft ist es von uns Ingenieuren aus so, das umfasst die Angestellten der Forschungs- und Entwicklungsabteilung, sind wir uns [selbst] gegenüber gar nicht besonders selbstsicher, wir denken immer, das Ausländische, deren Designs, alles ist das Beste, das ist alles richtig, und dann fangen wir an / sehr oft, fangen wir an die zu kopieren, dann, eigentlich / aber nicht so wie die Japaner, die die Dinge der Anderen sehr tief ergründen, so dass sie etwas davon lernen aber es nicht genau so machen. [141] Jetzt wo wir hergekommen sind, tatsächlich, wenn ich mir ansehe wie sie forschen und entwickeln, dann weiß ich, eigentlich haben die auch nicht, auch keine viel tieferen Kenntnisse als wir, das heißt sehr viele Kenntnisse, von denen wir nichts wissen. Die Kenntnisse die die verwenden, die haben wir auch alle, aber warum sind die Dinge die wir herstellen nicht so gut wie deren? [142] Das / das hat sehr viel mit Selbstvertrauen zu tun. Aber auch mit uns selbst in sehr vielen Aspekten, dass das Lernen, das auch die Ausbildung unangemessen ist, weitergehend / wenn man das noch ein bisschen tiefer diskutiert, tatsächlich ist es in unserer (2) Grundschule, Mittelschule und Oberschule und umfasst auch die Lehrer der Universität, von denen gehen auch viele nach Übersee, sie schauen nur aufs Ausland, das umfasst Deutschland, Amerika, einige Arbeitsmaterialien oder etwas, das sie selbst beim Auslandsstudium gelernt haben, lehren sie uns, dann kann es sein dass die das selber nicht so besonders gründlich studiert haben, das führt dann dazu dass wir in einer Situation sind, die wir nicht verstehen, dass wir meinen, dass andere viel besser wären als wir. [143] Aber eigentlich, wenn wir nur selbst dieses Wissen heranziehen würden und mittels unserer eigenen Überlegungen, und auch gemäß der zugrundeliegenden Prinzipien arbeiten würden, dann ich sicher, dass wir das langsam genauso gut wie die machen könnten. [144] Und dann noch die Methode, wie die Sachen gemacht werden, dieser Punkt, in der Forschungs- und Entwicklungsabteilung, da denke ich ist die deutsche Art ziemlich gut, die lassen die Angestellten aus der Forschungs- und Entwicklungsabteilung nicht viel Zeit mit Arbeit verschwenden, die mit Entwicklung, mit *research* eigentlich / nicht so viel zu tun hat, die Arbeiter unterrichten, oder sich mit den Arbeitern beschäftigen. [145] Vielleicht/ dann müssen wir uns

noch über die Denkweise der Führung Gedanken machen. [146] Und in diesem Punkt, Führungsebene und Beschäftigte, zumindest in fachlichen Angelegenheiten sind alle gleich, wenn deine Meinung Sinn macht, ok, dann geht das. [147] Dann/ daher kann man sagen, die haben hier wenig Leute, aber die können hier manchmal auf ziemlich guten Ideen kommen. [148] Aber in China wird unsere Zeit sehr oft auf andere Angelegenheiten verwendet. [149] Verschwendung, sehr große Verschwendung. [150] @Das hat vielleicht etwas mit östlicher und westlicher/ der Kultur und Denkweise der Mensch zu tun." (CB6-1: [133-150])

Zhao bewertet die Entsendungserfahrung in Deutschland als positive und hilfreiche Lernerfahrung. Er meint, dass sie (auch er spricht von den entsandten Ingenieuren als ,wir') nicht nur an technischem Know-how, sondern auch in der Arbeitsweise („*manner*") viel gelernt hätten. Er macht allerdings keine Angaben zur Verwendbarkeit des Wissens nach der Rückkehr nach China. Zhao beschreibt China als noch nicht innovativ genug. Das Wissen über eine chinesische Innovationsproblematik setzt er bei mir offenbar voraus („wie sie wissen"). Die Ursache dieser Problematik sieht er in der Unsicherheit der chinesischen Ingenieure in Bezug auf sich selbst und ihre eigene Arbeit. Bei der Darstellung wählt er nationale Kategorien des Vergleichs. Er stellt China dem Ausland im Allgemeinen und Deutschland und USA (also mehreren Nationen) im Besonderen gegenüber. Aus der chinesischen Unsicherheit heraus entwickele sich die Sichtweise, in der alles Ausländische prinzipiell als besser und richtig betrachtet werde. Daraus entstehe wiederum oft die Tendenz, diese Dinge zu kopieren. Anders als die Japaner (die ebenfalls vom Ausland lernten), würde man die Dinge nicht so gründlich durchdringen und könnte entsprechend auch keine eigenen, den Originalen ähnliche aber von ihnen abweichende Produkte entwickeln. China steht in Zhaos Vergleich an Innovationskraft Japan näher als Deutschland oder USA. Zhao räumt den Japanern in der Arbeitsweise aber einen gewissen Vorsprung gegenüber China ein.

Durch seinen Aufenthalt hier habe Zhao feststellen können, dass die Kenntnisse der Deutschen gar nicht so viel tiefer seien als die eigenen (ähnlich bei CB4-2: [52-60]), das nötige Wissen sei auch in China vorhanden. Die Ursache für den Qualitätsunterschied zwischen deutschen und chinesischen Produkten sieht Zhao vielmehr in mangelndem Selbstvertrauen, dass sich aus einem fehlgeleiteten Ausbildungssystem ergebe. Darin werde „nur aufs Ausland geschaut", wobei die Lehrer selbst die Dinge nicht vollständig verstünden, was in einer Annahme genereller Überlegenheit des Auslands münde. Zhao ist der Meinung, dass die Chinesen, denen er sich mit dem inkludierenden „wir" zuordnet, mit der Zeit genauso gut arbeiten würden, wie die *Anderen*, wenn sie nur das vorhandene Wissen einsetzen und die zugrundeliegenden Prinzipien beachten würden.

Die Begründungsfigur für die hierarchische Differenz ist die eines nationalen, aber zunächst nicht explizit als kulturell gekennzeichneten und zum Ausdruck gebrachten Minderwertigkeitsgefühls, dessen Wirkungsweise u.a. durch die Verbreitung über das Bildungssystem plausibilisiert wird.

Zhaos äußerst kritische Selbstbeschreibung reflektiert über mögliche Ursachen für eine empfundene Innovationsschwäche Chinas und sieht diese vor allem in mangelndem Selbstbewusstsein, gespeist aus einer übertriebenen und im Bildungssystem vermittelten Ehrfurcht vor ausländischen (als Beispiele dienen USA und Deutschland) Erzeugnissen. Dabei wird nicht der Kenntnisstand in China oder die grundsätzliche Befähigung zu Innovationen in Frage gestellt. Gar nicht vorhanden sind Begründungen, die einen Mangel an Innovation mit traditionellen Kulturbeständen (etwa dem Konfuzianismus) oder Praktiken (etwa dem Gesichtwahren) in Verbindung brächten. Kritisch angesprochen wird aber das Hierarchieverhältnis, das nach Zhaos Ansicht einen sachlichen Austausch über Produkte zwischen Vorgesetzten und Mitarbeitern erschwert, weil deren Ansichten in der Diskussion ungleich gewichtet werden (vgl. Kap. 7.3.1).

Die hierarchisierende Differenzbeschreibung zugunsten Deutschlands durch Zhao kommt zunächst vor allem durch die besondere Wertschätzung gegenüber deutschen bzw. ausländischen Produkten zustande. Die Produkte der *Anderen* seien besser als die eigenen Produkte. Diese Wertschätzung geht anfänglich mit der Annahme umfangreicherer und tiefergehender Kenntnisse bei den *Anderen* einher. Diese Begründung möchte Zhao nun aber nicht mehr gelten lassen:

> „Jetzt wo wir hergekommen sind, tatsächlich, wenn ich mir ansehe wie sie forschen und entwickeln, dann weiß ich, eigentlich haben die auch nicht, auch keine viel tieferen Kenntnisse als wir, das heißt sehr viele Kenntnisse, von denen wir nichts wissen. Die Kenntnisse die die verwenden, die haben wir auch alle, aber warum sind die Dinge die wir herstellen nicht so gut wie deren?" (CB6-1: [141])

Während der Entsendung eröffnet sich Zhao durch den Aufenthalt in Deutschland die Möglichkeit, die „eigentliche" Schwäche seines Heimatlandes in der *Annahme* der Überlegenheit des Auslands bzw. des Ausländischen und dem eigenen mangelnden Selbstvertrauen zu erkennen. Die Schwäche des eigenen Landes bestehe in einem verinnerlichten Unterlegenheitsdiskurs, der sich über das Ausbildungssystem verbreite. Ähnlich den Theoretisierungen deutscher Entsendeter (etwa Liu Er oder Luise Schmitz) liegt die Ursache für die Verbreitung bestimmter Mängel im Schulsystem. Anders als in den Theorien der deutschen Expatriates handelt es sich dabei jedoch nicht um unzureichende Vermittlung von Wissen oder praktischer Erfahrung, sondern um die mangelnde Vermittlung eines (natio-

nalen) Selbstvertrauens. Damit schließt Zhao implizit an chinesische „Selbstbe-
hauptungsdiskurse" (Lackner 2008) an, in denen Chinas kulturelle Überlegenheit
gegenüber dem imperialistischen Westen (insbesondere den USA) behauptet
wird.[13]
   Nach dieser Theoretisierung über die Ursachen wahrgenommener Differenzen
zwischen Deutschland und China kommt Zhao auf die Art und Weise der Arbeitsorganisation zu sprechen, die er ja zu Beginn des Redezuges bereits als lehrreich
hervorgehoben hat. Dabei spricht er die Aspekte Arbeitsteilung und Kommunikation über Hierarchiegrenzen an: Die deutsche Arbeitsweise erlaube es den Ingenieuren in Forschung- und Entwicklung, sich auf ihre Kernarbeit zu konzentrieren,
wohingegen die Entwickler in China häufig mit Aufgaben abgelenkt würden, die
nicht direkt zu ihren Kernaufgaben, eben der Entwicklung, gehörten. Außerdem
sei die Kommunikation über Hierarchiegrenzen hinweg ausgeglichener, so dass
in fachlichen Dingen in Deutschland, im Gegensatz zu China, alle gleich seien.
Zhao ergänzt damit seine vorherige Aussage über die deutschen Kollegen, nach
der in der Diskussion lediglich inhaltliche Argumente zählten (siehe: CB6-1:
[119-121]). Aus diesen Punkten ergebe sich eine größere Effizienz und Innovation als in China, so dass die Entwicklungsabteilungen in Deutschland trotz
geringerer personeller Größe „manchmal auf ziemlich gute Ideen" kämen. In
China hingegen sieht Zhao einen ineffizienten Umgang mit der Arbeitszeit der
Ingenieure: „Verschwendung, sehr große Verschwendung." Er beendet den Redezug mit der Formulierung: „@Das hat vielleicht etwas mit östlicher und westlicher / der Kultur und Denkweise der Mensch zu tun."
   Mit dem abschließenden Satz stellt Zhao das Gesagte in den Kontext einer
Differenzierung zwischen östlicher und westlicher Denkweise und geht damit
über die in meiner Frage evozierte nationale Differenzierung zwischen Deutschland und China in zweifacher Hinsicht hinaus: Erstens wechselt er die Kategorie
von Nationen auf „Kultur und Denkweise", und zweitens erweiterte er die Größe
der Homogenität beanspruchenden Räume auf „östlich" und „westlich" (wobei
die Grenzen dieser Räume unklar bleiben). Offenbar setzt Zhao aber auch diese
Unterscheidung als bekannt voraus, da er keinen Bedarf einer näheren Erläuterung sieht.
   Der Zusammenhang zu kulturell unterschiedlichen Denkweisen wird hier eher
zaghaft formuliert („hat vielleicht etwas zu tun mit"), insbesondere im Kontrast

---

[13]Diese Diskurse fanden beispielsweise auch Ausdruck in den nationalistisch ausgerichteten und vielzitierten China-kann-nein-sagen Büchern (Sausmikat 2004: 339).

zu der recht konkreten Theoretisierung über gesellschaftliche Entwicklung und mangelndes Selbstvertrauen zuvor bleibt dieser Satz eher vage. Es wird auch nicht ganz deutlich, auf welche Aspekte des Gesagten sich diese letzte Unterscheidung eigentlich bezieht. Zur Unterscheidung von chinesischer und japanischer Arbeitsweise benutzt er die Unterscheidung östlicher und westlicher Kultur und Denkweise *nicht*. Vielmehr sieht er Japan im Bereich der Innovationen näher an China, da die Japaner (ebenfalls) die *Anderen* kopierten. So kommt es zu einer Überlagerung von zwei Differenzierungskategorien, bei der Japanern und Chinesen ein national unterschiedliches Verhalten zugeschrieben wird, sie aber in Kultur und Denkweise als Osten einem Westen gegenübergestellt werden.

Zhao bringt diese unterschiedlichen Arbeitsweisen zwar in Zusammenhang mit Kultur, versucht sich aber nicht an einem kulturellen Erklärungsmodell für die Handlungsweisen seiner deutschen Kollegen, dass auf Werte oder im Schulsystem vermittelte Ideale abzielt. Deutlich eindringlicher schildert er seine Theorie des mangelnden nationalen Selbstvertrauens.

**Symmetrisierung**

Eine weitere bemerkenswerte Ansicht vertritt Zhang auch bei der Beschreibung kulturellen Unterschieden zwischen der Unternehmen SOLUTION und YANGBO. Er spricht dabei zunächst über unterschiedliche Organisationsstrukturen und die dadurch entstehenden Probleme bei der Abstimmung zwischen den beiden Unternehmen:

„I: How would you describe the differences in the organizations, the cultural once?
B: (seufzt) (…) SOLUTION is a structure / is a / is a organization with very clearly defined structure. YANGBO is not (I: Mhm). Eh::, we are still (…) to some extend consensus building organization. Also Mr. Kang who owns the majority of the shares [von YANGBO] has the absolute power to (.) to to to to make the decision. But eh, eh:: very often eh the de/ the commando chain was not defined that well, and also the responsibility area was not very well defined. That's something I see we are trying to improve (I: mhm) So that's one of the reason why sometimes eh the efficiency is not that high in bring the two companies together, or try to do something together. And this is not necessarily a / a Chinese German issue, it's more like a eh newly eh / how to emerged (.) economic power or industry power versus a well (I: Mhm) established industry power, maybe more because of that (I: mhm) less then differences between German and Chinese (I: Mhm, mhm) yeah. And eh / I think the Chinese people appreciate more about the modern industry, modern society probably the differences in those area will be smaller, ya. (..) We don't know. And eh, you know, Japan is a developed country, Korea is eh very well developed, but there are still huge differences I guess in the way / in the culture in the way they run the business. So it's difficult to say which is good and which is bad (I: mhm)." (CB3: 355-375)

Zuerst unterscheidet Zhang deutlich die klar definierte Organisationsstruktur von SOLUTION von der bei YANGBO. Dort habe Mr. Kang als größter Anteilseigner die absolute Macht. Dennoch beschreibt Zhang YANGBO als konsensbildende Organisation. Mängel in der Definition der Verantwortungsbereiche und Weisungsstruktur des Unternehmens würden aber dazu führen, dass die Koordination der beiden Unternehmen wenig effizient wäre. Seine Erklärung für diese Differenz besteht nun aber nicht in nationalen oder kulturellen Unterschieden. Stattdessen ist seine Erklärung für diese Differenz die Dauer des Bestehens der wirtschaftlichen bzw. industriellen Macht, wobei nicht ganz deutlich wird, ob er sich mit der „industrial power" auf Nationen oder Unternehmen bezieht.

Wie oben gezeigt vermeidet Zhang eine hierarchisierende Differenzdarstellung zwischen YANGBO und SOLUTION, wenn er auch kein Problem mit der Charakterisierung deutscher (diszipliniert) und chinesischer (flexibel) Eigenschaften hat. Auch in diesem Abschnitt scheut er sich davor, gute und schlechte Geschäftskulturen auszumachen. Stattdessen stellt er die neue „industry power" der Etablierten gegenüber, und stellt eine Angleichung im Bereich moderner Industrien zwischen Deutschland und China in Aussicht.

## 7.3.3 Zwischenfazit

Fremdbeschreibungen sind immer relativ zum Standpunkt des Beobachters. Die Beschreibung der Differenzen zwischen Deutschen und Chinesen, bzw. die Beschreibung der Differenzen zwischen Deutschland und China der befragten chinesischen Expatriates nehmen als Ausgangspunkt die Erfahrungen aus China und beziehen sich auf „chinesische Diskurse" der Selbst- und Fremdbeschreibung. Gleichzeitig scheint der Aufenthalt in Deutschland den Sechsen neue Perspektiven auf die Arbeitssituation in China zu eröffnen. So zeigt sich bei Zhao und Li eine ‚Entzauberung' der deutschen Produkte, wenn sie feststellen, dass der Unterschied der Kerntechnologie nicht so groß ist wie angenommen. Möglicherweise ergibt sich daraus bei Li auch die Enttäuschung über den Aufenthalt, weil die Erwartung an die Lernerfahrungen im technischen Bereich zu hoch waren.

Die deutschen Kollegen werden zwar einerseits als freundlich und herzlich beschrieben (das ist zugleich ein symmetrisierender Bestandteil der Darstellung), allerdings auch als arrogant und übertrieben selbstsicher. Zumindest bei Li wird deutlich, dass diese Einschätzung sich auch aus der Behandlung durch die Führungsebene bei SOLUTION ergibt. Li sowie auch anderen YANGBO-Ingenieure beklagen vor allem die anfängliche räumliche Abgrenzung und die spätere Ausgrenzung in den Entwicklungsabteilungen von SOLUTION. Dabei verorten sich die Befragten gleichermaßen selbst in einer Zugehörigkeit zum unternehmen YANGBO, als auch zu einem chinesischen „Wir". Die Teilungsdimension der Nationalität fällt zusammen mit der Unternehmenszugehörigkeit.

Die entsandten chinesischen Ingenieure im Sample sind während ihres Aufenthaltes in Deutschland permanent mit ethnischen Grenzziehungen konfrontiert, die sich unter anderem in räumlicher und sprachlicher Marginalisierung ausdrücken. Kulturelle Unterschiede zwischen Deutschen und Chinesen werden von den chinesischen Entsandten dabei zwar wahrgenommen, sind aber für die chinesischen Interviewten kein bedeutender Aspekt ihrer marginalisierten Position im deutschen Unternehmen. Die Wahrnehmung der Deutschen als arrogant und übertrieben selbstsicher wird nicht kulturell begründet, sondern auf die fachliche Überlegenheit der Deutschen bezogen.

Auch bei dem Kommunikationsmanager Zhang, der sich selbst in einer hierarchisch besser gestellten Position befindet, spielen kulturalistische Argumentationsmuster bei der Beschreibung von Differenzen keine herausragende Rolle.

Die chinesischen Ingenieure im Sample haben ein anderes Problem als die deutschen Entsandten. Ihr chinesischer Mutterkonzern hat zwar das deutsche Unternehmen übernommen, die entsandten Ingenieure haben aber nicht die Aufgabe, die Standards ihres Unternehmens durchzusetzen, sondern sind entsandt worden, um von dem deutschen Unternehmen zu lernen. Bereits im Entsendungsauftrag werden also Wissensasymmetrien vorausgesetzt. Als Begründung dafür liefern die chinesischen Befragten allerdings nicht kulturelle Konstanten, sondern den anhaltenden Prozess gesellschaftlicher, unternehmens-organisatorischer und marktwirtschaftlicher Veränderungen. Das Narrativ ist also nicht das einer Rückständigkeit aufgrund kultureller Faktoren, sondern das eines Aufholjagt Chinas zu Deutschland bzw. zum Westen.

# Zusammenfassung

Anhand der Diskussion des Kulturbegriffes konnte nachgezeichnet werden, wie Kultur in den Wirtschaftswissenschaften als zunehmend relevanter Einflussfaktor auf wirtschaftliches Handeln betrachtet wird (2.2). Insbesondere die internationale Managementforschung stützte sich dabei lange Zeit fast ausschließlich auf ein aus der Kulturanthropologie importiertes Kulturverständnis, in dem Akteure als Vertreter ihrer distinkten und in sich homogenen Kulturen und als Ausführende kultureller Muster betrachtet werden. Kulturen werden dabei häufig durch topographische Einteilung entlang nationaler bzw. staatlicher Grenzen als kulturelle Räume konstruiert (vgl. Kap. 2.2.2).

Daraus ergibt sich das Problem, dass Kultur bei der Untersuchung internationaler Zusammenarbeit *a priori* als relevanter Einflussfaktor betrachtet wird. Um diesem Problem zu entgehen, und um nicht alltagsweltliche Unterscheidungen als analytische Kategorien zu verwenden, wurde für diese Arbeit in Anlehnung an Sacks (1992) das Konzept der Mitgliedschaftskategorien herangezogen (vgl. Kap. 3). Kultur wird auf diese Weise zu einer Mitgliedschaftskategorie unter vielen. Die analytische Fruchtbarkeit dieser Perspektive hat sich an der Analyse der Leitfadeninterviews mit den Entsandten gezeigt.

Als Antwort auf die in Kap. 3 entwickelten Fragen werden hier zunächst die Konfigurationen von Kultur als Mitgliedschaftskategorie aufgelistet, so wie sie sich im Sample dieser Arbeit dargestellt haben. Anschließend wird Kultur als Mitgliedschaftskategorie systematisch in Bezug zu den Differenzbeschreibungen aus den Entsendungsnarrativen gesetzt. Dabei werden verschiedene Darstellungstypen der Differenzbeschreibungen deutscher und chinesischer Entsandter erläutert.

© Springer Fachmedien Wiesbaden GmbH 2018
A. Dederichs, *Kulturelle Differenzierung in Wirtschaftskooperationen,*
https://doi.org/10.1007/978-3-658-20117-3_8

**Konfiguration von Kultur als Mitgliedschaftskategorie**

Zur Überwindung der dominanten Perspektive auf Kultur hat sich das Konzept der Mitgliedschaftskategorien als nützlich erwiesen. Kultur wurde bei der Analyse des Materials als Mitgliedschaftskategorie betrachtet. Welche Eigenschaften hat nun Kultur, wenn man sie als Mitgliedschaftskategorie betrachtet? Nach der Analyse des Interviewmaterials lassen sich in Anlehnung an Garfinkels Auflistung von Annahmen über Eigenschaften einer „natural, normally sexed person" (1984: 122-123) zu den Annahmen der befragten Expatriates über Kultur als Kollektivkategorie in alltagspraktischer Verwendung folgende Aussagen treffen:

1. Alle Menschen sind Mitglied einer (National-)Kultur, (National-)Kultur kann zumindest teilweise erlernt bzw. abtrainiert werden.
2. Alle Menschen haben in der Regel nur eine (National-)Kultur, können aber mehrere (National-)Kulturen haben. Bei Kultur handelt sich um ein multipolares Kategorien-Set. Für den Fall von Mehrfachmitgliedschaft ergeben sich Fragen der Zuordnung der Person. Die Multipolarität von Kultur kann außerdem reduziert oder es kann eine Bipolarität hergestellt werden, indem die praktische Unterscheidung nicht zwischen multiplen Kulturen, sondern zwischen der eigenen Kultur (dem ‚Eigenen') und fremder Kultur (dem ‚Fremden') gemacht wird (Bipolarität), oder indem die Kontingenz kultureller Grenzen genutzt wird, und beispielsweise topologisch aus diversen nationalen Kulturen größere homogene Kulturräume gemacht werden. Die kulturvergleichende Forschung liefert dazu passende Kultur-Taxonomien, die Kulturgrenzen äußerst flexibel, form- und dehnbar handhaben.
3. Die Punkte 1. und 2. bestehen aus *gesellschaftlichen*, nicht aus *biologischen* Gründen. Der ontologische Status von ‚Kultur' als Kategorie ist kein natürlicher, sondern eben ein kultureller (Goffman 1977: 31ff.). Das ist wichtig, weil eine bio-deterministische Zuschreibung von Eigenschaften als politisch nicht korrekt bzw. moralisch verwerflich abgelehnt wird und sozial oder rechtlich sanktioniert werden kann. Kulturelle Prägung und ihre Charakteristiken werden daher auch als prinzipiell veränderbar (beispielsweise durch Trainings oder Erziehung) betrachtet.
4. Das Alltagswissen über die multipolare Zugehörigkeit steuert den Zuordnungsprozess von Individuen zu Kategorien in der Alltagspraxis: Jede Kultur hat ihre Charakteristiken, und Menschen lassen sich aufgrund dieser Charakteristiken Kulturen zuordnen. Für die Zuordnung zu einer Kultur können andere Kategorien und das Wissen über andere Kategorien hinzugezogen werden (z.B.: Nationalität, Ethnizität, ‚Rasse').

5. Kultur als Mitgliedschaftskategorie steht in einem engen Verweisungszusammenhang mit den Kategorien Nationalität, ‚Rasse' und Ethnizität. Kulturelle Mitgliedschaften werden häufig über nationale Mitgliedschaften *benannt*. Sie werden aber offenbar auch anhand somatischer Merkmale (also ‚rassisch') *erkannt* bzw. zugeschrieben.

Diese Annahmen über Kultur als Kollektivkategorie haben Auswirkungen auf die Verwendung von Kultur als Differenzierungskategorie bei der Selbst- und Fremdbeschreibung.

**Hierarchisierende und symmetrisierende Differenzbeschreibungen: Changieren zwischen pejorativen Fremdbeschreibungen und Imperativen der Gleichwertigkeit**

In Auseinandersetzung mit dem theoretisch sensibilisierenden Konzept der Mitgliedschaftskategorien lag der Fokus auf der Frage, wie Kultur in den Darstellungen der Interviewten als Differenzkategorie relevant gemacht wird. Anhand des empirischen Materials konnte dabei gezeigt werden, wie die Befragten in ihren Darstellungen wahrgenommene Phänomene als kulturelle Phänomene markieren (z.B. mangelnde Kreativität) und ihre Entstehung und Wirksamkeit plausibilisieren (etwa über das Schulsystem). Daher kann es bei der Forschung in der internationalen Zusammenarbeit zwischen Deutschen und Chinesen nicht darum gehen, Kultur einfach als gegebenen Einflussfaktor zu betrachten, der je nach kultureller Ausprägung oder Charakteristik auf die Akteure einwirkt. Vielmehr ist es angebracht, das relevant Setzen von Kultur, also kulturelle Differenzierung bzw. deren Ausbleiben, systematisch zu berücksichtigen. Das bloße Gegenüberstellen der Ausprägungen von Kulturdimensionen oder kulturellen Charakteristiken wird den situativen Differenzierungen der Akteure nicht gerecht. Voraussetzung dafür ist es, internationale Zusammenarbeit nicht als das Aufeinandertreffen von Individuen als Träger und Ausführende kultureller Muster zu betrachten, sondern als Prozess der wechselseitigen Zuschreibung und relevant Setzung von diversen Mitgliedschaftskategorien durch Deutungsmächtige Akteure.

Beim Konstruieren kultureller Charakteristiken der Anderen greifen die Befragten auf etablierte Wahrnehmungsmuster und Fremdbilder zurück, mit denen sie ihre eigenen Erfahrungen beschreiben und diese Bilder auf diese Weise reproduzieren und gleichzeitig aktualisieren. Anhand des Beispiels des chinesischen Gesichts (vgl. Kap. 6) konnte gezeigt werden, wie das Konzept des Gesichtsverlustes beinahe beliebig angewendet wurde, um beobachtete Phänomene als chinesische zu kennzeichnen. Gleichzeitig wurde daran deutlich, dass das Wissen um dieses Konzept noch nicht ausreicht, um zu konkretem Handeln anzuleiten. Selbst wenn das Handeln des chinesischen Gegenübers als Handeln in Bezug auf ein bestimmtes kulturspezifisches Konzept (z.b. Gesichtsverlust) ‚erkannt wird', muss dieses Konzept wiederum gedeutet werden (z.b. als echtes wirksames Kulturmuster oder als Trick des chinesischen Gegenübers), um zu konkreten Handlungen zu führen.

Anhand der Analyse des Interviewmaterials aus der Befragung der deutschen und chinesischen Entsandten (vgl. Kap. 5) konnten typische *hierarchisierende und symmetrisierende Differenzbeschreibungen* herausgearbeitet werden, die mit Kultur als Mitgliedschaftskategorie korrespondieren. Differenzen zwischen Kulturen werden von den Befragten vorausgesetzt. Wodurch sich diese Kulturen im Einzelnen auszeichnen, steht in Zusammenhang mit historisch tradierten Wahrnehmungs- und Beschreibungsmustern (vgl. Kap. 6), die den Befragten diskursiv zur Verfügung stehen, und die sie im Austausch mit anderen, insbesondere mit anderen Entsandten, fortwährend konstruieren und reproduzieren. Anhand der Analyse der Interviews mit Entsandten deutscher und chinesischer Unternehmen konnten dazu die untenstehenden Differenzdarstellungen (s. Abbildung 8.1) herausgearbeitet werden:

Die Darstellung ‚der Chinesen' und ihrer Kultur steht in den Interviews mit den deutschen Entsandten in einem Spannungsfeld zwischen positiven und negativen Beschreibungen der *Anderen* und ihrer Andersartigkeit. Unabhängig davon, ob sie positiv oder negativ konnotiert sind, sind solche Beschreibungen der *Anderen* zwangsläufig pauschalisierend, weil sie die Anderen als Kollektive bzw. die Einzelpersonen als Mitglieder dieser Kollektive konzeptualisieren. Die positive Beschreibung der *Anderen* kann eine Symmetrie zwischen dem *Eigenen* und dem *Fremden* herstellen, während die negative Beschreibung der *Anderen* diese abwertet und die Beziehungsstruktur zwischen dem *Anderen* und dem *Eigenen* hierarchisiert.

Der positive und negative Pol der Differenzdarstellung stehen in Zusammenhang mit den Konzepten von *Kultur als Diversität* und *Kultur als Handicap.* Diese beiden Konzepte schließen sich theoretisch gegenseitig aus, werden aber praktisch parallel verwendet. Das Konzept der *Kultur als Diversität* betont Gleichwertigkeit trotz oder gerade wegen kultureller Alterität. *Kultur als Handicap* hingegen setzt die deutsche und die chinesische Kultur in ein Hierarchieverhältnis zueinander. Genauer gesagt beschreibt es die Mängel der *Anderen* aufgrund ihrer Kultur. Dabei ist den deutschen Befragten einerseits klar, dass sie die chinesischen Kollegen nicht pauschal herabsetzend beschreiben sollen. Der dazu passende ‚diskursive Rahmen' ist das interkulturelle Managementkonzept der „Kulturtoleranz" (Jungbluth 2014: 266). Dieses Konzept ist daher mit starken Imperativen wie „Man muss das akzeptieren" (DB7: 266) und „man darf

| Hierarchisierende Differenzbeschreibungen |
| --- |
| **Pauschale Attributionen:** Greifen in der Regel auf verbreitete Fremdbilder zurück und können positiv oder negativ sein. Zuschreibungen zu kulturellen Kollektiven sind immer pauschalisierend und beziehen Autostereotype mit ein. |
| **Unglaubliche Erlebnisse:** Die Schilderung konkreter Erlebnisse soll auffällige Differenzen beschreiben, die auf kollektive Mentalität zurückgeführt werden können, aber nicht müssen. |
| **Diffamierende und pejorative Fremdbeschreibungen:** Werten den Anderen implizit oder explizit und mitunter in offen beleidigender Form ab. |
| **Patronisierung und Erziehungsmaßnahmen:** Unerwünschte Verhaltensmuster bei der Arbeit werden als kulturelle Typiken entschuldigt und deren Träger werden im Sinne der Befragten ‚an die Hand genommen', um ihnen die präferierte (bessere) Arbeitsweise beizubringen. (DB2; DB7; CDB2) |
| *Distanz zu pauschalen und hierarchisierenden Äußerungen:* Durch das Darstellen von Distanz zu pauschalisierenden abwertenden Äußerungen zeigen die Befragten im Interview Sensibilität in Bezug auf den Umgang mit kulturellen Differenzen. Zugleich kann damit aber eine Hierarchisierung noch verstärkt werden. |
| *Hierarchisierung durch positive Fremdbeschreibung:* Das *Andere* wird in verschiedenen Aspekten dem Eigenen als überlegen beschrieben. |
| Symmetrisierende Differenzbeschreibungen |
| **Symmetrie durch Umdeutung:** Abwertende kulturelle Stereotype werden bestätigt aber ins Positive gewendet. |
| **Symmetrie durch Kategorievermeidung:** Bei hierarchisierenden Differenzbeschreibungen wird die Kollektivkategorie der *Anderen* gemieden und beispielsweise durch professionale Kategorien ersetzt. Die kollektive Gegenüberstellung bleibt aber als Hintergrundfolie bestehen. |
| **Symmetrie als Allgemeinplatz:** Die Symmetrie zwischen dem *Eigenen* und dem *Fremden* wird festgestellt (z.B. ‚wir sind alles Menschen'), Differenzen werden relativiert. |
| **Symmetrie als Ausnahme:** Einzelne Vertreter der Kategorie der *Anderen* werden in bestimmten, für das *Eigene* als charakteristisch empfundenen Aspekten als ebenbürtig anerkannt, und fallen damit (in diesem Punkt) aus der Kategorie der Anderen heraus. |
| **Symmetrie als Imperativ:** Die Gleichwertigkeit von unterschiedlichen Diskursen wird Verlangt mit Imperativen wie ‚man darf das nicht verurteilen' und ‚man muss das akzeptieren' |

**Abbildung 8.1** Ausprägungen hierarchisierender und symmetrisierender Differenzbeschreibungen

das nicht verurteilen" (ebd.: 261) und Appellen an Toleranz, Geduld und andere Fähigkeiten im Umgang mit kulturellen Unterschieden (interkulturelle Kompetenz) verbunden. Es gibt weitere Versuche symmetrischer Darstellungen der Beziehungsstruktur zwischen deutschen Expatriates und lokalen Mitarbeitern. Etwa die *positiven Umdeutungen* abwertender Beschreibungen (langsame Chinesen werden zu geduldigen Chinesen), die aber auf den hierarchischen Diskurs verweisen, oder Äußerungen mit dem Charakter von *Allgemeinplätzen* – etwa

„wir sind alle Menschen" – mit denen überhaupt keine Differenz hergestellt wird, oder Differenzen relativiert werden sollen. Dadurch entsteht das Paradox, dass kulturelle Unterschiede von den Befragten zugleich besonders betont („komplett andere Kultur" (DB7)) und relativiert („wir sind alle Menschen") werden. Der symmetrisierenden Differenzdarstellung gegenüber steht die hierarchisierende Differenzierung. Die Expatriates nehmen während ihrer Entsendung eine Vielzahl von Unterschieden zu ihrem gewohnten (Arbeits-)Alltag wahr. Das reicht von bestimmten Arbeitsweisen chinesischer Kollegen über Sicherheitsvorkehrungen am Arbeitsplatz bis zur Verkehrssituation auf der Straße. Diese Unterschiede werden häufig auf kulturelle Besonderheiten eines Kollektivs zurückgeführt. Da kulturelle Grenzen nicht festgelegt sind, muss es sich bei diesen Kollektiven nicht notwendig um Nationalkulturen handeln, genauso werden auch größere Räume als kulturell homogene Entitäten verwendet (etwa Europa und Asien). Diesen Kollektiven werden dann pauschal Eigenschaften zugeschrieben (etwa: ‚die Chinesen sind unkreativ' oder ‚die Deutschen sind gut im Teamwork', ‚die Asiaten haben Angst, ihr Gesicht zu verlieren').

Solche pauschalisierenden Fremdbeschreibungen sind in meinem Sample häufig pejorativ. Die Befragten drücken aber auf unterschiedliche Art und Weise auch ihre Distanz zu abwertenden und pauschalen Fremdbeschreibungen aus. Diese Strategie kann von den Befragten auch dazu verwendet werden, sich selber im Interview als sensibel im Umgang mit den *Anderen* zu präsentieren, oder hierarchisierende und pauschale Fremdbeschreibungen noch zu verstärken.

Die Differenzerfahrungen in China können, müssen aber nicht, auf gesamtgesellschaftliche Mentalität zurückgeführt werden. Wenn sie negative Erfahrungen in China in einem Konzept kollektiver Mentalität (das muss nicht explizit als Kultur benannt werden) ausdrücken wollen, stecken die Befragten in dem Dilemma, mit einer pauschalisierenden Beschreibung direkt alle Chinesen abzuwerten. Daher nehmen die Befragten ihre chinesischen Kollegen bzw. Mitarbeiter mit dem Kulturkonzept gleichzeitig auch in Schutz, denn *Kultur als Handicap* bietet eine Entschuldigung für die Rückständigkeit an. Diese Vorgehensweise wird hier mit dem Konzept der *Patronisierung* gefasst. Die Befragten drücken ihr Überlegenheit über die *Anderen* darin nur implizit aus. Das bedeutet, das z.B. in der Kategorie *Know-how* oder *Profession* eine Hierarchie etabliert wird, die in der Mitgliedschaftskategorie Kultur auf keinen Fall hergestellt werden darf. Die Patronisierungen bleiben in den Differenzbeschreibungen der Befragten dann aber nicht auf die jeweiligen konkreten praktischen (funktionalen) Konstellationen beschränkt, sondern werden auch auf die *Anderen* als Vertreter ihres kulturellen bzw. nationalen Kollektivs angewendet. Dadurch drücken sie dann eben doch eine kulturelle Überlegenheit der Sprechenden aus. Denn in den Argumentationen der Interviewten gibt es Annahmen über Zusammenhänge zwischen kultureller Mitgliedschaft und berufsbezogenen Fähigkeiten, die letztlich Bevormundung als Folge quasi natürlicher Dispositionen legitimieren. Eine Anpassung an die (deutschen/westlichen) ,Standards' geht dann einher mit einer Aufwertung der professionellen Kompetenzen der fraglichen Person. Die Zuschreibung der Leistungsfähigkeit der Mitarbeiter ist also gekoppelt an die Intensität der Wahrnehmung bzw. Zuschreibung ihrer kulturellen Mitgliedschaft.

Damit in Zusammenhang steht auch das Konzept der *Symmetrie als Ausnahme*. Einzelne chinesische Mitarbeiter entsprechen entweder von sich aus den kulturellen Standards westlicher Arbeitsweise oder werden durch ,Erziehung' auf dieses Level ,angehoben'. Sie fallen damit aus der kulturellen Typik ihrer national-kulturellen Mitgliedschaftskategorie heraus und werden zu Ausnahmen von einer Rückständigkeit, die weiterhin als chinesische Normalität betrachtet wird. Die Feststellung von Abweichungen von dem für eine Kategorie antizipierten Verhalten führt also nicht dazu, dass die Grundannahmen über diese Kategorie geändert werden, vielmehr fallen diese Abweichler aus der Rolle ihrer Mitgliedschaft, und ,Chinese sein' wird in diesem Aspekt dann nicht mehr zur relevanten Kategorie. Die Kategorien sind auf diese Weise relativ resistent gegenüber Veränderungen. Stattdessen können andere Mitgliedschaften (beispielsweise Profession) zur Kategorisierung herangezogen werden.

Die Verwendung der Begründungsfigur einer kulturellen Mitgliedschaft hat dabei für die Akteure einige Vorteile. Zum Ersten, weil Kultur von den mit der Verwendung von ,Rasse' verbundenen sozialen und ggf. rechtlichen Sanktionen entlastet. Die Differenzierung mit dem Kulturbegriff gilt als legitim und impliziert im Gegensatz zur Differenzierung nach ,Rassen' keine hierarchischen Unterschiede (Müller 2014: 413). Zum Zweiten, weil der Begriff durch seine Unbestimmtheit eine Vielzahl von Anwendungsmöglichkeiten eröffnet: Die Ausdehnung von Kulturen wird variabel gehandhabt (,die Chinesen', ,die Asiaten'), die Wirkungsweise kultureller Muster muss nicht konsistent zugeschrieben werden, um als gültig betrachtet zu werden (*Symmetrie als Ausnahme*), und durch die Er- oder Verlernbarkeit von Kultur können Personen trotz unterschiedlicher individueller Ausprägungen kultureller Charakteristiken bzw. deren vollständiger Abwesenheit als Mitglieder einer Kultur betrachtet werden. Auch in den Argumentationen der chinesischen Entsandten sind kulturelle Grenzen flexibel. Es finden sich sowohl national-kulturelle Gegenüberstellungen (etwa: China/Deutschland oder China/Japan) als auch die Unterscheidungen zwischen östlicher und westlicher Denkweise.

Kultur ist daher in der alltagspraktischen Verwendung auch keine naturalistische Kategorie (wie das etwa bei Geschlecht oder ,Rasse' der Fall ist). Es gehört durchaus (und nicht nur soziologisch) zum Commonsense anzunehmen, dass unterschiedliche ‚Kulturen' durch gesellschaftliche Prägung entstehen, Kultur also etwas ist, das erlernt wird. Trotzdem wird Kultur als natürlich vorhanden und gewissermaßen unausweichlich betrachtet: Jeder hat (mindestens) eine. In diesem Sinne unterscheidet sich das Set der Kulturkategorien von Kategorien-Sets wie Geschlecht oder ‚Rasse', deren alltagspraktischer Gebrauch in sozialkonstruktivistisch orientierter Forschung in der Regel gerade als naturalisierendes Konstrukt entlarvt wird (z.b. West/Zimmerman 1987; West/Fenstermaker 1995). Keiner der Befragten meines Samples hat bestritten, dass Kultur und kulturelle Muster *gesellschaftlich* hervorgebracht bzw. angeeignet werden. Dies verhindert freilich nicht, dass Kultur trotzdem eine implizite, totale und grundsätzlich determinierend gedachte Wirksamkeit für ihre jeweiligen Mitglieder zugeschrieben werden kann.

**Konkurrierende Kategorien**
Da Personen immer mehreren Mitgliedschaftskategorien (aus einer praktisch fast unbegrenzten Menge an möglichen Kategoriensets) zugeordnet werden können, steht Kultur als Differenzkategorie in Konkurrenz mit anderen Kategorien der Unterscheidung. In den Interviews mit den Entsandten deutscher Unternehmen ist die Darstellung von Differenz im Arbeitsalltag entlang den Kategorien Deutscher/ Chinese zwar dominant, aber nicht ungebrochen. Dabei ist nicht immer klar, ob mit einer Kategorienbezeichnung (z.B. Chinese) eigentlich eine *nationale* oder eine *kulturelle* Mitgliedschaft angezeigt wird (in vielen Fällen wahrscheinlich beides). Die Kategorienbezeichnungen für kulturelle Mitgliedschaft orientiert sich in der Regel an einem oder mehreren der Merkmale, die für die Eingrenzung einer Kultur ausgewählt werden (z.B.: Staatsgrenzen, ‚rassische' Merkmale oder religiöse bzw. philosophische Traditionen).[1]

Es gibt im Sample dieser Arbeit mehrere Fälle, in denen die Relevanz der kulturellen Kategorie zugunsten der professionalen Kompetenz des *Anderen* gewissermaßen heruntergefahren wird. In dem Maße, in dem die Zuschreibung beruflicher Kompetenz steigt, nimmt die Relevanz der kulturellen Zugehörigkeit für den Arbeitszusammenhang ab (vgl. *Patronisierung* und *Symmetrie als Ausnahme*).

---

[1]Die Kulturtaxonomien der kulturvergleichenden Forschung behelfen sich mit Kategorienkomposita. So setzt sich die Bezeichnung *Confucian-Asian Cluster* (House et al. 2004) aus der philosophisch-religiösen und der topographischen Kategorie zusammen.

Neben solchen Konkurrenzverhältnissen zwischen Mitgliedschaftskategorien kommt es aber auch zu Überlagerungen von Mitgliedschaftskategorien. Besonders deutlich wird das in der vorliegenden Arbeit am Beispiel der Mehrfachmitgliedschaften im Falle von Herrn Liu Er. Anhand von ethnosomatischen (Aussehen) aber auch kulturellen (Name, Sprache) Merkmalen läuft Liu permanent Gefahr, der Mitgliedschaftskategorie ‚Chinese' zugeordnet zu werden. Sich selbst positioniert Liu aber als Deutscher, und ‚beweist' diese Zugehörigkeit anhand typisch deutsch-kultureller Charakteristika, die er sich selber zuschreibt (bzw. durch abwesende Dritte zuschreiben lässt). Da Liu ‚die Chinesen' selbst als rückständig bezeichnet, wäre eine Fehlkategorisierung seiner Person für ihn unangenehm.

Die nationale Kategorie ist parallel zur kulturellen Kategorie alleine durch die Bezeichnung ‚Deutscher' bzw. ‚Chinese' zwangsläufig mit vertreten. Neben der kulturellen Prägung, die mit der Bezeichnung einer Nationalkategorie angesprochen werden kann, ist aber auch das Bezeichnen anderer, ebenfalls als national verstandener Eigenschaften damit vorstellbar, etwa das nationaler Ideologien. Die Vorstellung von einer nationalen ideologischen Prägung (‚maoistisch' oder ‚kommunistisch') deutet sich im Material mehrmals an („im Kopf noch total maoistisch" (DB3)).

Weitere begriffliche Überlagerungen bestehen auch zwischen Nationalkategorien, geographischen Raumbezeichnungen, Kulturkategorien und rassischen Kategorien. So kann die Mitgliedschaftskategorie ‚Asiate' auf die räumliche Herkunft, kulturelle Zugehörigkeit oder ethnosomatische Merkmale verweisen. Was in den Darstellungen der Befragten jedoch (erwartungsgemäß) ausbleibt, sind explizite Bezugnahmen auf oder Differenzierungen nach ‚Rasse', obwohl ethnosomatische Merkmale in den Alltagsinteraktionen der Entsandten permanent visuell präsent sind. Unter der Androhung des Rassismusvorwurfs dürfen diese Merkmale aber keine Rolle als soziale Teilungsdimension spielen, und ‚Rasse' bildet in den Differenzdarstellungen der Interviewten daher eine leere Stelle.

**Darstellungen chinesischer Entsandter**
Für die chinesischen Befragten spielt die Darstellung kultureller Mitgliedschaften als Begründung für Verhaltensweisen der deutschen Kollegen bzw. Schwierigkeiten bei der Arbeit eine weitaus geringere Rolle als bei den deutschen Befragten.

Bei den deutschen Entsandten meines Samples geht die Darstellung kultureller Überlegenheit mit einer (gewissen) organisationalen Überlegenheit einher. Das spiegelt sich bereits in den Aufgabenbeschreibungen (z.B. etablieren globaler Standards) oder dem Selbstverständnis (z.B. als überlegener Manager) wider. Die chinesischen Ingenieure der Firma YANGBO hingegen waren zu einem

„technischen Austausch" oder „Lernaufenthalt" entsendet. In beiden Fällen hierarchisiert der Entsendungsgrund bereits das Beziehungsverhältnis der deutschen und chinesischen Mitarbeiter. Die chinesischen Ingenieure befinden sich bei der hierarchisierenden Differenzbeschreibung aber nicht in der überlegenen, sondern in der unterlegenen Position. Wenn wir von der impliziten Annahme einer kulturellen Überlegenheit in den deutschen Entsendenarrativen ausgehen, könnte man für das chinesische Pendant dazu die Implikation einer kulturellen Unterlegenheit erwarten. Genau das passiert aber nicht. Die Zusammenarbeit wird in den chinesischen Entsendenarrativen nicht aufgrund kultureller Unterschiede, sondern vielmehr wegen der erfahrenen Ausgrenzung während der Entsendung als unangenehm und problematisch beschrieben.

Auch die chinesischen Entsandten changieren zwischen hierarchisierenden und symmetrisierenden Differenzdarstellungen. Dabei fällt auf, dass es bei ihren Darstellungen *positive* Fremdbeschreibungen der Deutschen gibt, die zugleich die Beziehungsstruktur hierarchisieren: Einige deutsche Arbeitsweisen und Techniken werden als dem *Eigenen* (chinesischen) überlegen beschrieben. Die hierarchisierende Differenzbeschreibung ist also eine von unten nach oben, anstatt (wie bei den deutschen Entsandten) eine von oben nach unten. So wird von den chinesischen Entsandten die gute Kommunikation über Hierarchieebenen hinweg im deutschen Unternehmen positiv hervorgehoben. Auch die Produktplanung und den Produktionsprozess beschreiben sie als der chinesischen Herangehensweise überlegen. Die hohe Qualität deutscher Produkte wird ebenfalls gelobt. Die Entsendung selbst ist durch die Erwartung an diese Differenz ja zum Teil begründet.

Diese Darstellungen der Anerkennung der Überlegenheit der *Anderen* gehen einher mit Begründungsfiguren für die daraus implizit folgende *eigene* Rückständigkeit. So begründet Herr Li Si (CB4) die empfundene Rückständigkeit Chinas in der Produktqualität mit der relativen sozialen Unsicherheit in China. Zhao Liu (CB6) macht neben strukturellen Aspekten der Arbeitsaufteilung in seinem Mutterkonzern einen nationalen Unterlegenheitsdiskurs für die Rückständigkeit und fehlende Innovationen in China verantwortlich. Diese Darstellungen greifen sowohl auf aktuelle gesellschaftliche Umstände (soziale Unsicherheit) als auch auf historische Wahrnehmungen (Chinas mangelndes Selbstbewusstsein gegenüber dem Westen) zurück, beschreiben die aktuelle Situation aber als vorübergehende Entwicklungsstufe, mit einer Aussicht auf Anschluss an den deutschen bzw. westliche Standards. Insbesondere wird die eigene Rückständigkeit nicht auf traditionelle Geisteshaltungen zurückgeführt.

Eine etwas andere Perspektive vertritt Manager Zhang. Er macht deutsche und chinesische Charakteristiken aus (deutsche Struktur und chinesische Flexibilität), die er auch in den beiden Unternehmen, zwischen denen er vermitteln soll, vertreten sieht. Er vermeidet aber hierarchisierende Beschreibungen anhand dieser Charakteristiken. Vielmehr sucht auch er die Ursache für Unterschiede im Entwicklungsstand der jeweiligen Märkte.

In den chinesischen Entsendungsnarrativen gibt es jedoch auch negative Fremdbeschreibungen. Beispielsweise werden die deutschen als arrogant und überheblich bezeichnet. Ausschlaggebend für die insgesamt eher negativen Darstellungen der Entsendung waren aber vor allem die Ausgrenzungserfahrungen während des Aufenthaltes im deutschen Unternehmen, die sich zuerst durch räumliche Ausgrenzung und später durch mangelnde Einbindung in die Arbeitsprozesse auszeichnete. Auch fehlende Sprachkenntnisse werden dabei als wichtiger Aspekt wahrgenommen. In Hinsicht auf die begrenzte Aufenthaltsdauer der Ingenieure kann man fragen, inwieweit die deutschen Mitarbeiter es als lohnend betrachteten, die chinesischen Entsandten stärker in die Arbeitsabläufe einzubinden. Böswillig könnte man dem deutschen Unternehmen vorwerfen, die chinesischen Ingenieure bewusst von sensiblen Know-how ferngehalten zu haben.

**Ausblick**

Die vorliegende Arbeit hat für den Bereich deutsch-chinesischer Zusammenarbeit aufgezeigt, welche Bedeutung Kultur als Dimension sozialer Teilung von den Beteiligten zugeschrieben wird. Dabei wurde deutlich, wie tradierte Vorstellungen über die Anderen zu einer Beschreibung der Anderen als Kulturmitglieder beitragen. Das Konzept von Kultur als Mitgliedschaftskategorie ermöglicht es, den Prozess der Herstellung von Differenzen mit der Kulturkategorie in den Blick zu nehmen.

Die interkulturelle Forschung sollte diese Perspektive stärker berücksichtigen, weil sie, nachdem sie sich kritisch mit einem essentialistischen Kulturverständnis und der „Container-Theorie" (Beck 1998) der Gesellschaft auseinandergesetzt hat, oft allzu schnell Akteure doch wieder als Ausführende (diesmal prozessual gedachter) kultureller Mikro- und Makrozusammenhänge (Bolten 2013) oder „Multikollektivitäten" (Hansen 2009) konzeptualisiert. Durch kulturelle Differenzierung wird die Relevanz kultureller Differenz durch die Akteure aber eben auch hergestellt.

In den Differenzdarstellungen deutscher Entsandter wird die Wahrnehmung einer westlichen, europäischen oder deutschen Überlegenheit über China in verschiedenen, u.a. in den so genannten kulturellen Aspekten, deutlich. Nach allem, was die wirtschaftliche Entwicklung z.B. verschiedener asiatischer Staaten seit den 1960er Jahren gezeigt hat (etwa Japan oder Süd-Korea), ist dies schon rein ökonomisch betrachtet keine empfehlenswerte Haltung.

Der Bereich deutsch-chinesischer Wirtschaftszusammenarbeit ist in einem sehr schnellen Wandel begriffen. Es wird interessant sein zu betrachten, ob sich Differenzdarstellungen dabei weiterhin entlang etablierter Beschreibungen des kulturell Anderen entwickeln und wie sie gegebenenfalls angepasst werden, um damit jeweils neue Entwicklungen zu erklären. Weiterführende Forschung könnte dazu auf dem hier dargestellten Ansatz aufbauen. Als Forschungsfeld bietet sich die Zusammenarbeit deutscher und chinesischer Mitarbeiter in der zunehmenden Zahl von deutschen Unternehmen mit chinesischer Beteiligung bzw. deutsch-chinesischen Mergern in Deutschland an: Alleine von 2015 bis Oktober 2016 waren das fast 70 Unternehmen (Jungbluth 2016: 8). Interessant wäre dabei eine ethnographische Vorgehensweise, um die Darstellungen von Differenzierung mit dem tatsächlichen Alltagsverhalten vergleichen zu können.

# Literaturverzeichnis

AA. 2016a. Beziehungen zu Deutschland. *Auswärtiges Amt*. http://www.auswaertiges-amt. de/DE/Aussenpolitik/Laender/Laenderinfos/China/Bilateral.html (Zugegriffen am 6. März 2017).

AA. 2016b. Beziehungen zwischen den USA und Deutschland. *Auswärtiges Amt*. http:// www.auswaertiges-amt.de/DE/Aussenpolitik/Laender/Laenderinfos/USA/Bilateral.html (Zugegriffen am 24. Februar 2017).

Abu-Lughod, Lila. 1991. Writing against culture. In *Recapturing anthropology*, Hrsg. Richard Gabriel Fox, 137–162. Santa Fe, NM: School of American Research Press.

Adler, Nancy J., und Allison Gundersen. 2008. *International dimensions of organizational behavior*. 5th ed. Mason, Ohio: Thomson/South-Western.

AHK, Delegation of German Industry and Commerce. 2017. German Company Directory Greater China. http://www.german-company-directory.com/de/ (Zugegriffen am 3. März 2017).

Alexander, Jeffrey C. 1988. The new theoretical movement. *Handbook of sociology* 77–101.

Alpermann, Björn. 2012. Qualitative Interviewforschung in China. In *Qualitative Interviewforschung in und mit fremden Sprachen. Eine Einführung in Theorie und Praxis*, Hrsg. Jan Kruse, 165–185. Weinheim: Beltz Juventa.

Alsayad, Sibylle, und Adelheid Seyler, Hrsg. 2006. *Ethnologen-Lexikon: Biographien, Werke, Theorien*. 2. Aufl. Berlin: Weissensee.

Anderson, Benedict R. 1988. *Die Erfindung der Nation: zur Karriere eines folgenreichen Konzepts*. Frankfurt a.M.: Campus Verlag.

Ankenbrand, Hendrik. 2012. Für ein neues Image: China kauft ein. *Frankfurter Allgemeine Zeitung*, 6. Juni. http://www.faz.net/aktuell/wirtschaft/wirtschaftspolitik/fuer-ein-neues-image-china-kauft-ein-11741168.html (Zugegriffen am 2. März 2017).

Appadurai, Arjun. 1996. *Modernity at large: cultural dimensions of globalization*. Minneapolis, Minn: University of Minnesota Press.

Aretz, Wera, und Christian Dries, Hrsg. 2015. *Zukunft denken - Gegenwart gestalten: Beiträge der Wirtschaftspsychologie zur Gestaltung des 21. Jahrhunderts; Tagungsband zur 18. Fachtagung der Gesellschaft für Wirtschaftspsychologie am 07. und 08.02.2014.* Lengerich: Pabst Science Publ.

© Springer Fachmedien Wiesbaden GmbH 2018            315
A. Dederichs, *Kulturelle Differenzierung in Wirtschaftskooperationen*,
https://doi.org/10.1007/978-3-658-20117-3

Asmuß, Birte. 2013. Zur interaktiven Aushandlung von Teilnehmerkategorien in interkultureller Kommunikation. *Linguistik online* 13.

Bamberger, Ingolf, und Michael Evers. 1994. Internationalisierungsverhalten von Klein- und Mittelunternehmen - Empirische Ergebnisse. In *Strategien für nationale und internationale Märkte. Konzepte und praktische Gestaltung: Eduard Gabele zum Gedenken*, Hrsg. Eduard Gabele, Johann Engelhard, Heinz Rehkugler und Ingolf Bamberger, 249–278. Wiesbaden: Gabler.

Barrow, John. 1804. *Reise durch China von Peking nach Canton im Gefolge der Großbritannischen Gesandtschaft in den Jahren 1793 und 1794*. [Deutsche Übersetzung: Johann Christian Hüttner]. Weimar: Landes-Industrie-Comptoir.

Barth, Fredrik, Hrsg. 1969. *Ethnic groups and boundaries: The social organization of culture difference*. Bergen: Universitetsforlaget.

Bastid-Bruguière, Marianne. 2003. Opiumkriege. In *Das große China-Lexikon*, Hrsg. Brunhild Staiger et al. Darmstadt: Primus.

Baumann, Gerd. 1996. *Contesting culture*. Cambridge: Cambridge University Press.

Bea, Franz Xaver, Roland Helm, und Marcell Schweitzer. 2009. *BWL-Lexikon*. Stuttgart: Lucius & Lucius.

Beck, Ulrich. 1998. *Was ist Globalisierung? Irrtümer des Globalismus, Antworten auf Globalisierung*. 5. Aufl. Frankfurt a.M.: Suhrkamp.

Beck, Ulrich, und Edgar Grande. 2010. Jenseits des methodologischen Nationalismus: außereuropäische und europäische Variationen der Zweiten Moderne. *Soziale Welt* 187–216.

Becker, Howard S. 2014. *Außenseiter: zur Soziologie abweichenden Verhaltens*. 2. Aufl. Hrsg. Michael Dellwing, Viola Abermeit und Monika Plessner. Wiesbaden: Springer VS.

Beier, Swantje. 2010. *Markteintritt in China*. Aachen: Shaker.

Benedict, Ruth. 2006. *Chrysantheme und Schwert*. Frankfurt a.M.: Suhrkamp.

Benedict, Ruth. 1932. Configurations of culture in North America. *American anthropologist* 34: 1–27.

Benedict, Ruth. 1934. *Patterns of culture*. Boston; New York: Houghton Mifflin company.

Benedict, Ruth. 1977. *The chrysanthemum and the sword*. London: Routledge and Kegan Paul.

Berg, Eberhard, und Martin Fuchs, Hrsg. 1999. *Kultur, soziale Praxis, Text: die Krise der ethnographischen Repräsentation*. 3. Aufl. Frankfurt a.M.: Suhrkamp.

Bergemann, Niels, und Andreas L. J. Sourisseaux, Hrsg. 1992. *Interkulturelles Management*. Heidelberg: Physica.

Berger, Peter L., und Thomas Luckmann. 2007. *Die gesellschaftliche Konstruktion der Wirklichkeit*. 21. Aufl. Frankfurt a.M.: Fischer Taschenbuch-Verl.

Bergmann, Jörg R. 2015. Harold Garfinkel und Harvey Sacks. In *Qualitative Forschung: Ein Handbuch*, Hrsg. Uwe Flick, Ernst von Kardoff und Ines Steinke, 51–62. Reinbek bei Hamburg: Rowohlt Taschenbuch Verlag.

Bettmann, Richard, und Michael Roslon, Hrsg. 2013. *Going the distance: Impulse für die interkulturelle qualitative Sozialforschung*. Wiesbaden: Springer VS.

Bieber, Linny. 2011. *China in der deutschen Berichterstattung 2008: Eine multiperspektivische Inhaltsanalyse*. Wiebaden: VS Verlag für Sozialwissenschaften.

Billioud, Sébastien. 2007. Confucianism, „Cultural Tradition," and Official Discourse in China at the Start of the New Century. *China Perspectives* 50–65.

Billioud, Sébastien, und Joel Thoraval. 2007. Jiaohua: The Confucian Revival in China as an Educative Project. *China Perspectives* 2007: 4–20.

Bitterli, Urs. 1976. *Die „Wilden" und die „Zivilisierten": Grundzüge e. Geistes- u. Kulturgeschichte d. europ.-überseeischen Begegnung*. München: Beck.

Blumer, Herbert. 2004. Der methodologische Standort des symbolischen Interaktionismus. In *Methodologie interpretativer Sozialforschung.Klassische Grundlagentexte*, Hrsg. Jörg Strübing und Bernt Schnettler, 321–385. Konstanz: UVK Verl.-Ges.

Boas, Franz. 1914. *Kultur und Rasse*. Leipzig: Veit & comp.

Boas, Franz. 1965. *The mind of primitive man*. Rev. ed. New York: Free Press [u.a.].

Boie, Steffen-Hinrich. 2014. *Age Diversity Management in China: eine Herausforderung für deutsche Auslandsunternehmen*. Wiesbaden: Springer Gabler.

Bolten, Jürgen. 2007. *Einführung in die interkulturelle Wirtschaftskommunikation*. Göttingen: Vandenhoeck & Ruprecht.

Bolten, Jürgen. 2013. Fuzzy Cultures: Konsequenzen eines offenen und mehrwertigen Kulturbegriffs für Konzeptualisierungen interkultureller Personalentwicklungsmaßnahmen. *Mondial: Sietar Journal für Interkulturelle Perspektiven* 4–10.

Bolten, Jürgen. 2016a. Interkulturelle Trainings neu denken. *Interculture Journal: Online Zeitschrift für interkulturelle Studien* 15: 75–92.

Bolten, Jürgen. 2011. Unschärfe und Mehrwertigkeit: „Interkulturelle Kompetenz" vor dem Hintergrund eines offenen Kulturbegriffs. *Perspektiven interkultureller Kompetenz. Festschrift zum 70*.

Bolten, Jürgen. 2016b. Vorwort des Herausgebers. *Interculture Journal: Online Zeitschrift für interkulturelle Studien* 15: 7–8.

Bolten, Jürgen, Alois Clermont, Wilhelm Schmeisser, und Dieter Krimphove. 2001. Interkulturelles Coaching, Mediation, Training und Consulting als Aufaben des Personalmanagements internationaler Unternehmen. In *Strategisches Personalmanagement in globalen Unternehmen*. München: Vahlen.

Bond, Michael Harris. 1991. *Beyond the Chinese face. Insights in Psychology*. Hong Kong; New York: Oxford University Press.

Bond, Michael Harris, und Peter W.H. Lee. 1981. Face Saving in Chinese Culture. In *Social life and development in Hong Kong*, Hrsg. Yao-Chi Chin und Rance Pui-leung Lee, 289–304. Hong Kong: Chinese University Press.

Breidenbach, Joana, und Pál Nyíri. 2002. Der kulturalistische Diskurs um „asiatische Werte" und die chinesische Diaspora in Ungarn. In *Interkulturelle Kommunikation in der Diaspora. Die kulturelle Gestaltung von Lebens- und Arbeitswelten in der Fremde, Münchener Beiträge zur interkulturellen Kommunikation*, Hrsg. Alois Moosmüller, 51–76. Münster; New York: Waxmann.

Breidenstein, Georg. 1997. Der Gebrauch der Geschlechterunterscheidung in der Schulklasse. *Zeitschrift für Soziologie* 26: 337–351.

Breidenstein, Georg, Stefan Hirschauer, Herbert Kalthoff, und Boris Nieswand, Hrsg. 2013. *Ethnografie: die Praxis der Feldforschung*. Konstanz: UVK-Verl.-Ges.

Broszinsky-Schwabe, Edith. 2011. *Interkulturelle Kommunikation*. 1. Aufl. Wiesbaden: VS, Verl. für Sozialwissenschaften.

Brown, Penelope, und Stephen C. Levinson. 1987. *Politeness: some universals in language usage*. Cambridge [Cambridgeshire]; New York: Cambridge University Press.

Brubaker, Rogers. 2007. *Ethnizität ohne Gruppen*. Hamburg: Hamburger Ed.

Brumann, Christoph. 1999. Writing for Culture. *Current Anthropology* 40: 1–27.

Brunner, James A., und Wang You. 1988. Chinese Negotiating and the Concept of Face. *Journal of International Consumer Marketing* 1: 27–44.

Bryant, Antony, und Kathy Charmaz, Hrsg. 2007. *The SAGE handbook of grounded theory*. London u.a.: SAGE.

Buche, Antje, Monika Jungbauer-Gans, Annekatrin Niebuhr, und Cornelius Peters. 2013. Diversität und Erfolg von Organisationen/Diversity and Organizational Performance. *Zeitschrift für Soziologie* 42: 483–501.

Buckley, Chris. 2016. Daimler Executive Is Removed After Accusations of Insulting Chinese. *The New York Times*, 22. November. https://www.nytimes.com/2016/11/22/world/asia/china-daimler-rainer-gartner.html (Zugegriffen am 14. Februar 2017).

Busch, Dominic. 2013. *Im Dispositiv interkultureller Kommunikation*. Bielefeld: Transcript.

Busch, Dominic, und Jana Möller-Kiero. 2016. Interkulturalität neu denken erfordert moralische Bekenntnisse. Die Analyse einer Debatte zwischen Vertreter* innen von Konvivialismus, Interkulturalismus, Kosmopolitismus sowie Autor* innen zur interkulturellen Kommunikation. *Interculture Journal: Online Zeitschrift für interkulturelle Studien* 15: 43–58.

Büschemann, Karl-Heinz. 2015. China: Kursbeben lässt deutsche Unternehmen zittern. *sueddeutsche.de*, 27. Juli. http://www.sueddeutsche.de/wirtschaft/china-kursbeben-laesst-deutsche-unternehmen-zittern-1.2583657 (Zugegriffen am 2. März 2017).

Çaglar, Ayse. 1990. Das Kultur-Konzept als Zwangsjacke in Studien zur Arbeitsmigration. *Zeitschrift für Türkeistudien* 1: 93–105.

Cardon, Peter W. 2006. Reacting to face loss in Chinese business culture: An interview report. *Business Communication Quarterly* 69: 439–443.

Cardon, Peter W., und James C. Scott. 2003. Chinese Business Face: Communication Behaviors and Teaching Approaches. *Business Communication Quarterly* 66: 9–22.

Carr, Michael. 1992. Chinese „Face" in Japanese and English (Part 1). *Renwen yanjiu* 39–77.

Carr, Michael. 1993. Chinese „Face" in Japanese and English (Part 2). *Renwen yanjiu* 69–101.

Chee, Harold, und Chris West. 2006. *China: Mythos und Realität: die Wahrheit über Geschäfte im Reich der Mitte*. Weinheim: Wiley-VCH.

Chen, Ming-Jer. 2004. *Geschäfte machen mit Chinesen*. Frankfurt a.M., New York: Campus-Verl.

Cheng, Tien-mu, und Fritz Pasierbsky. 2006. China / China. In *Sociolinguistics. An international handbook of the science of language and society, Handbücher zur Sprach- und Kommunikationswissenschaft Handbooks of linguistics and communication science*, Hrsg. Ulrich Ammon, Norbert Dittmar und Klaus Mattheier, 1998–2006. Berlin; New York: De Gruyter.

Chhokar, Jagdeep Singh, Felix C. Brodbeck, und Robert J. House, Hrsg. 2007. *Culture and leadership across the world*. Mahwah, N.J.: Lawrence Erlbaum Associates.

China Radio International online. 2012. Nü daxuesheng weihe juede bumai „Pingguo" jiu diulian? 女大学生为何觉得不买'苹果'就丢脸? [Warum denkt Uni-Studentin man verliert das Gesicht, wenn man nicht „Apple" kauft?]. *Cri.cn*. http://gb.cri.cn/27824/2012/08/14/882s3809682.htm (Zugegriffen am 5. November 2012).

Chinadaily. 2015. „Wulianri" shangban buzai kan lianse „无脸日"上班不再看脸色 [Beim Arbeiten am „No-face-day" nicht länger auf den Gesichtsausdruck achten]. *Chinadaily. com.cn*. http://language.chinadaily.com.cn/2015-07/16/content_21299020.htm (Zugegriffen am 17. Februar 2017).

Chinanews. 2015. Hangzhou yi gongsi jianya juxing „wulianri" yuangong dai mianju shangban 杭州一公司减压举行„无脸日" 员工戴面具上班 [Eine Firma in Hangzhou führt einen „No-Face-Day" zum Stressabbau durch, Mitarbeiter tragen Masken bei der Arbeit]. *Chinanews.com*. http://www.chinanews.com/tp/hd2011/2015/09-24/566270. shtml (Zugegriffen am 17. Februar 2017).

CHKD Berlin, Die chinesische Handelskammer in Deutschland e.V. 2017. *CHKD/Mitgliederzentrale*. http://chk-de.org/de/mitgeliederzentrale/ (Zugegriffen am 14. Februar 2017).

CHKD Berlin, Die chinesische Handelskammer in Deutschland e.V. 2014. *Handbuch für Invesititionen in Deutschland / Touzi Deguo zhinan* 投资德国指南. Berlin: Königsdruck Printmedien.

Clarke, Adele E. 2012. *Situationsanalyse*. Hrsg. Reiner Keller. Wiesbaden: Springer VS.

Clermont, Alois, Wilhelm Schmeisser, und Dieter Krimphove, Hrsg. 2001. *Strategisches Personalmanagement in globalen Unternehmen*. München: Vahlen.

Clifford, James, und George E. Marcus. 1986. *Writing culture*. Berkeley: University of California Press.

Cook-Gumperz, Jenny, und John Joseph Gumperz. 1976. Context in children's speech. In *Papers on language and context*. Berkeley, Ca: Language Behavior Research Laboratory, University of California.

Crapanzano, Vincent. 1996. *Das Dilemma des Hermes: Die verschleierte Unterwanderung der ethnographischen Beschreibung*. na.

Cray, David, und Geoff Mallory. 1998. *Making sense of managing culture*. Thomson Learning.

Dawson, Raymond. 1967. *The Chinese chameleon*. London: Oxford Univ. Press.

DCS. 2017. Mit dem Deutschen Club Shanghai ankommen, eingewöhnen und wohlfühlen! *Der Deutsche Club Shanghai*. http://www.schanghai.com/deutscherclub/?p=1 (Zugegriffen am 29. Januar 2017).

Demel, Walter. 1992a. Europäisches Überlegenheitsgefühl und die Entdeckung Chinas. In *Kolumbus' Erben. Europäische Expansion und überseeische Ethnien im ersten Kolonialzeitalter, 1415-1815*, Hrsg. Thomas Beck, Annerose Menninger und Thomas Schleich, 99–143. Darmstadt: Wissenschaftliche Buchgesellschaft.

Demel, Walter. 1992b. Wie die Chinesen gelb wurden. *Historische Zeitschrift* 255: 625–666.

Deppermann, Arnulf. 2013. Interview als Text vs. Interview als Interaktion. *FQS - Forum Qualitative Sozialforschung* 14: Art. 13.

Der Spiegel. 2007. Die Gelben Spione. Wie China deutsche Technologie ausspäht (Titelseite). *Der Spiegel* 35.

Der Spiegel. 2008. Die Herren der Ringe: Wie Chinas Regime sein Volk unterdrückt - und Olympia verrät (Titelseite). *Der Spiegel* 15.

Deuber, Lea u.a. 2017. Angelockt. Ausgequetscht. Abgedrängt. In *Wirtschafts Woche* 15: 20-24.

Diekmann, Edith, und Jieyan Fang. 2008. *China-Knigge: Business und interkulturelle Kommunikation*. Vahlen.

Dikötter, Frank. 1997. *The construction of racial identities in China and Japan*. London: Hurst.

DPA, Brüssel. 2016. Chinas Wirtschaft sendet neues Warnsignal. Manager Magazin, 13. Oktober. http://www.manager-magazin.de/politik/weltwirtschaft/fallende-exporte-in-china-schueren-angst-vor-konjunktureinbruch-a-1116382-2.html (Zugegriffen am 19. September 2017).

DPA, Brüssel. 2016. EU: „Frei von der Leber": Oettinger bittet um Verzeihung. *Die Zeit*, 3. November. http://www.zeit.de/news/2016-11/03/eu-frei-von-der-leber-oettinger-bittet-um-verzeihung-03153014 (Zugegriffen am 17. Februar 2017).

Dreher, Jochen. 2005. *Interkulturelle Arbeitswelten*. Frankfurt a.M.; New York: Campus.

Du Halde, Jean Baptiste. 1749. *Johann Baptista du Halde ausführliche Beschreibung des Chinesischen Reichs und der grossen Tartarey: aus dem Französischen übersetzet von Engelbrecht Kämpfer*. Rostock: Koppe.

Durdin, Peggy. 1955. „Face" Is a Basic Issue in Asia. *The New York Times*, Januar 23.

Durdin, Peggy. 1960. „Face" Still Matters–Everywhere. *The New York Times*, September 25.

Eberhard, Wolfram. 1987. Über das Denken und Fühlen der Chinesen: elfte Werner-Heisenberg-Vorlesung, gehalten in München-Nymphenburg am 21. Januar 1982. na.

Ehlich, Konrad, und Jochen Rehbein. 1976. Halbinterpretative Arbeitstranskriptionen (HIAT). *Linguistische Berichte* 45: 21–41.

Emons, Oliver. 2013. Ausverkauf der „Hidden Champions"? Wie und warum chinesische Investoren deutsche Weltmarktführer übernehmen. *Mitbestimmungsförderung* Mai.

Enzenhofer, E., und K. Resch. 2011. Übersetzungsprozesse und deren Qualitätssicherung in der qualitativen Sozialforschung. *Forum: Qualitative Sozialforschung* 12: Art. 10.

Enzenhofer, E., und K. Resch. 2013. Unsichtbare Übersetzung? Die Bedeutung der Übersetzungsqualität für das Fremdverstehen in der qualitativen Sozialforschung. In *Going the Distance. Impulse für die interkulturelle Qualitative Sozialforschung, SpringerLink: Bücher*, Hrsg. Richard Bettmann, 203–229. Wiesbaden: Springer Fachmedien Wiesbaden.

Equit, Claudia, und Christoph Hohage. 2016a. Ausgewählte Entwicklungen und Konfliktlinien der Grounded-Theory-Methodologie. In *Handbuch Grounded Theory. Von der Methodologie zur Forschungspraxis*, Hrsg. Dies. Weinheim Basel: Beltz Juventa.

Equit, Claudia, und Christoph Hohage, Hrsg. 2016b. *Handbuch Grounded Theory: von der Methodologie zur Forschungspraxis*. Weinheim Basel: Beltz Juventa.

Ettinger, Karl E. 1965. *International handbook of management*. New York: McGraw-Hill.

ETtoday dongsen xinwen yun. 2012. Mei „Pingguo sanjiantiao" hen diulian? Beijing nü dasheng qiku muqin 沒「蘋果三件套」很丟臉？ 北京女大生氣哭母親 [Verliert man das Gesicht, wenn man kein „dreiteiliges Apple-Set" hat? Studentin treibt Mutter zur Verzweiflung]. *Ettoday.net*. http://www.ettoday.net/news/20120813/86916.htm (Zugegriffen am 5. November 2012).

Fahrion, Georg. 2017. Chinas neuer Plan. In *Capital* 08: 28-39.

Fang, Tony. 2003. A critique of Hofstede's fifth national culture dimension. *International journal of cross cultural management* 3: 347–368.

Faust, Peter, und Gang Yang. 2012. *China-Sourcing*. Berlin, Heidelberg: Springer Berlin Heidelberg.

Fenstermaker, Sarah, und Candace West. 2001. „Doing Difference" Revisited. *Kölner Zeitschrift für Soziologie und Sozialpsychologie* 53 (Sonderheft 41): 237–249.

Fenstermaker, Sarah, und Candace West. 2002. *Doing gender, doing difference: Inequality, power, and institutional change*. Psychology Press.

Feuser, Florian. 2006. *Der hybride Raum: chinesisch-deutsche Zusammenarbeit in der VR China*. Bielefeld: Transcript.

Fichter, Nikolai, Horst von Buttlar, und Lorenz Wagner. 2013. Der Lange Marsch durch Deutschland. *Capital* 6: 30–53.

Fisch, Jörg. 1984. Der märchenhafte Orient. *Saeculum* 35: 246–266.

Flick, Uwe, Ernst von von Kardorff, und Ines Steinke, Hrsg. 2015. *Qualitative Forschung: ein Handbuch.* Originalausgabe, 11. Auflage. Reinbek bei Hamburg: rowohlts enzyklopädie im Rowohlt Taschenbuch Verlag.

Follath, Erich, und Wieland Wagner. 2012. Die ferrariroten Kommunisten. *Der Spiegel* 118–125.

Fox, Richard G., Hrsg. 1991. *Recapturing anthropology: working in the present.* Santa Fe, N.M: School of American Research Press: Distributed by the University of Washington Press.

Frohnen, Anja. 2005. *Diversity in Action.* Bielefeld: Transcript.

Fu, Ping Ping, Rongxian Wu, Yongkang Yang, und Jun Ye. 2007. Chinese Culture and Leadership. In *Culture, leadership, and organizations. The GLOBE study of 62 societies,* Hrsg. Robert J. House. Thousand Oaks; California: SAGE Publications.

Gabele, Eduard, Johann Engelhard, Heinz Rehkugler, und Ingolf Bamberger, Hrsg. 1994. *Strategien für nationale und internationale Märkte.* Wiesbaden: Gabler.

Gabriele Wagner. 2006. Expatriates als Netzwerkarchitekten. In *Transnationale Konzerne. Ein neuer Organisationstyp?,* Hrsg. Ursula Mense-Petermann und Gabriele Wagner, 225–248. Wiesbaden: VS Verlag für Sozialwissenschaften.

Ganter, Gundula. 2009. *Arbeitszufriedenheit von Expatriates Auslandsentsendungen nach China und Korea professionell gestalten.* Wiesbaden: Gabler.

Gao, Ge, und Stella Ting-Toomey. 1998. *Communicating effectively with the Chinese.* Thousand Oaks, California: SAGE Publications.

Garfinkel, Harold. 1984. *Studies in ethnomethodology.* Repr. Cambridge, UK: Polity Press.

Garms, Eckard, und Institut für Asienkunde, Hrsg. 1982. *Wirtschaftspartner China 81/82: Chancen nach der Ernüchterung; Erfahrungen und Fakten, Möglichkeiten und Grenzen, Praxis und Erfolg.* 2., veränd. Aufl. Hamburg: Inst. für Asienkunde.

Geertz, Clifford, Brigitte Luchesi, und Rolf Bindemann. 1983. *Dichte Beschreibung.* Frankfurt a.M: Suhrkamp.

Glaser, Barney G. 1998. *Doing grounded theory: Issues and discussions.* Mill Valley, California: Sociology Press.

Glaser, Barney G. 1992. *Emergence vs forcing: Basics of grounded theory analysis.* Mill Valley, California: Sociology Press.

Glaser, Barney G. 1965. The Constant Comparative Method of Qualitative Analysis. *Social Problems* 12: 436–445.

Glaser, Barney G. 1978. *Theoretical sensitivity.* Mill Valley, California: Sociology Press.

Glaser, Barney G., und Anselm L. Strauss. 2009. *The discovery of grounded theory: strategies for qualitative research.* 4. paperback printing. New Brunswick: Aldine.

Goffman, Erving. 1971. *Interaktionsrituale.* Frankfurt a.M.: Suhrkamp.

Goffman, Erving. 1955. On Face-Work. An Analysis of Ritual Elements in Social Interaction. *Psychiatry* 18: 213–231.

Goffman, Erving. 1977. *Rahmen-Analyse: ein Versuch über die Organisation von Alltagserfahrungen.* Frankfurt a.M.: Suhrkamp.

Gollwitzer, Heinz. 1962. *Die gelbe Gefahr.* Göttingen: Vandenhoeck & Ruprecht.

Grimm, Jacob, und Wilhelm Grimm. 1991. *Deutsches Wörterbuch von Jacob und Wilhelm Grimm.* Fotomechan. Nachdr. d. Erstausg. 1949-1984. Hrsg. Hans Neumann, Hermann Wunderlich, Theodor Kochs und Bernhard Beckmann. München: Deutscher Taschenbuchverlag.

Gruber, Valerie, und Eberhard Rothfuß. 2016. Interkulturelle Management-forschung–Reflexive Gedanken über eine unreflektierte Denkschule. *Interculture Journal: Online Zeitschrift für interkulturelle Studien* 15: 117–137.

Guder, Andreas. 2016. Chinesisch. In *Handbuch Fremdsprachenunterricht, UTB*, Hrsg. Eva Burwitz-Melzer, Grit Mehlhorn, Claudia Riemer, Karl-Richard Bausch und Hans-Jürgen Krumm, 490–494. Tübingen; Tübingen: A. Francke Verlag.

Gumperz, John J. 1982. *Discourse strategies*. Cambridge [Cambridgeshire], New York: Cambridge University Press.

Gumperz, John J., und Stephen C. Levinson, Hrsg. 1996. *Rethinking linguistic relativity*. Cambridge, New York, NY, USA: Cambridge University Press.

Gumperz, John Joseph. 1976. *Papers on language and context*. Berkeley, Ca: Language Behavior Research Laboratory, University of California.

Günthner, Susanne. 1993. *Diskursstrategien in der interkulturellen Kommunikation*. Tübingen: Niemeyer.

Gupta, Vipin, und Paul J. Hanges. 2004. Regional and climate clustering of societal cultures. In *Culture, leadership, and organizations. The GLOBE study of 62 societies*, Hrsg. Robert J. House, 178–218. Thousand Oaks; California: SAGE Publications.

Haas, Helene. 2009. *Das interkulturelle Paradigma*. Passau: Stutz.

Hahn, Hans P. 2014. *Ethnologie: eine Einführung*. 2. Aufl. Berlin: Suhrkamp.

Hall, Edward T. 1989. *Beyond culture*. Anchor Books ed. New York: Anchor Books.

Hall, Edward T. 1973. *The silent language*. Garden City; New York: Anchor Press/Doubleday.

Hall, Edward T., und Mildred Reed Hall. 1990. *Hidden differences: doing business with the Japanese*. New York: Doubleday.

Hall, Edward Twitchell. 1974. *Handbook for proxemic research*. Society for the Anthropology of Visual Communication.

Hamilton, Fyfe. 1940. The Illusion of National Character. *The Political Quarterly* 9: 254–270.

Hanemann, Thilo, und Mikko Huotari. 2015. Chinesische Direktinvestitionen in Deutschland und Europa Eine neue Ära chinesischen Kapitals. *Mercator Institute for China Studies*.

Hannerz, Ulf. 1992. *Cultural complexity*. New York: Columbia University Press.

Hansen, Klaus P. 2009a. Die Problematik des Pauschalurteils. *Interculture Journal: Online Zeitschrift für interkulturelle Studien* 8: 5–17.

Hansen, Klaus P. 2009b. *Kultur, Kollektiv, Nation*. Passau: Stutz.

Hansen, Klaus P. 2003. *Kultur und Kulturwissenschaft: eine Einführung*. 3., durchges. Aufl. Tübingen: Francke.

Hardy, Edward J. 1905. *John Chinaman at home: sketches of men, manners and things in China*. New York: C. Scribner's sons.

Harvey, Michael, und Milorad M Novicevic. 2002. The hypercompetitive global marketplace: the importance of intuition and creativity in expatriate managers. *Journal of World Business* 37: 127–138.

Hegel, Georg Wilhelm Friedrich. 1968. *Gesammelte Werke. Hrsg. im Auftrag der Deutschen Forschungsgemeinschaft*. Hamburg: F. Meiner.

Heinz, Walter R., Hermann Kotthoff, und Gerd Peter, Hrsg. 2000. *Soziale Räume, global players, lokale Ökonomien - auf dem Weg in die innovative Tätigkeitsgesellschaft?* Münster: LIT.

Helfferich, Cornelia. 2009. *Die Qualität qualitativer Daten: Manual für die Durchführung qualitativer Interviews*. 3., überarb. Aufl. Wiesbaden: VS Verlag für Sozialwissenschaften.

Helmolt, Katharina von. 2016. Perspektivenreflexives Sprechen über Interkulturalität. *Interculture Journal: Online Zeitschrift für interkulturelle Studien* 15: 33–42.

Helmolt, Katharina, Bernhard Zimmermann, und Friederike Barié-Wimmer, Hrsg. 2014. *Interkulturelle Arbeitskontexte*. Stuttgart: ibidem.

Helms, Gerd. 1986. *„Knigge" für den Umgang mit Chinesen: Chinesen in Europa, Europäer in China; ein Ratgeber*. Berlin: Vistas-Verlag.

Henze, Jürgen. 2016. Vom Verschwinden des (Inter)Kulturellen und Überleben der (Inter) Kulturalität. *Interculture Journal: Online Zeitschrift für interkulturelle Studien* 15: 59–74.

Herder, Johann G. von, und Hans-Georg Gadamer. 1967. *Auch eine Philosophie der Geschichte zur Bildung der Menschheit*. Frankfurt a.M.: Suhrkamp.

Herder, Johann Gottfried von. 1909 [1787]. *Herders Sämmtliche Werke*. Hrsg. Bernhard Suphan. Berlin: Weidmann.

Hildenbrand, Bruno. 2015. Anselm Strauss. In *Qualitative Forschung. Ein Handbuch*. Reinbek bei Hamburg: Rowohlt Taschenbuch Verlag.

Hirn, Wolfgang. 2013a. Neue Herren aus China: Wie sich Putzmeister und Sany die Welt aufteilen. *Manager Magazin*, 16. März. http://www.manager-magazin.de/unternehmen/artikel/a-900147.html (Zugegriffen am 6. März 2017).

Hirn, Wolfgang. 2013b. Übernahmen: Die neuen Herren aus China. *Manager Magazin*, 13. März http://www.manager-magazin.de/unternehmen/industrie/a-899424.html (Zugegriffen am 6. März 2017).

Hirschauer, Stefan. 2001. Das Vergessen des Geschlechts. *Kölner Zeitschrift für Soziologie und Sozialpsychologie 53 (Sonderheft 41)* 208–235.

Hirschauer, Stefan. 1993. *Die soziale Konstruktion der Transsexualität: über die Medizin und den Geschlechtswechsel*. Frankfurt am Main: Suhrkamp.

Hirschauer, Stefan. 2014. Un/doing Differences. Die Kontingenz sozialer Zugehörigkeiten. *Zeitschrift für Soziologie* 43: 170–191.

Hirschauer, Stefan, Anika Hoffmann, und Annekathrin Stange. 2015. Paarinterviews als teilnehmende Beobachtung. Präsente Abwesende und zuschauende DarstellerInnen im Forschungsgespräch. *FQS - Forum Qualitative Sozialforschung* 16.

Ho, David Yau-fai. 1976. On the Concept of Face. *American Journal of Sociology* 81: 867–884.

Hofmann, Martin L., Tobias F. Korta, und Sibylle Niekisch, Hrsg. 2006. *Culture Club II. Klassiker der Kulturtheorie*. Frankfurt a.M.: Suhrkamp.

Hofstede, Geert H. 1998. Attitudes, values and organizational culture: Disentangling the concepts. *Organization studies* 19: 477–493.

Hofstede, Geert H. 1980a. *Culture's consequences*. Beverly Hills, California: SAGE Publications.

Hofstede, Geert H. 1997. *Lokales Denken, globales Handeln: interkulturelle Zusammenarbeit und globales Management*. Aktual. Aufl. der dt. Übersetz. München: Deutscher Taschenbuch Verlag, Verlag C. H. Beck.

Hofstede, Geert H. 1980b. Motivation, Leadership and Organization: Do Amercian theories apply abroad? *Organizational Dynamics* 42–63.

Hofstede, Geert H. 1994. The business of international business is culture. *International business review* 3: 1–14.

Hofstede, Geert H., und Michael H. Bond. 1988. The Confucius connection: From cultural roots to economic growth. *Organizational dynamics* 16: 5–21.

Holcombe, Chester. 1909 [1895]. *The real Chinaman.* New York: Dodd, Mead.

Hopf, Christel, und Elmar Weingarten, Hrsg. 1979. *Qualitative Sozialforschung.* Stuttgart: Klett Cotta.

House, Robert J. 2004. Illustrative examples of GLOBE findings. In *Culture, leadership, and organizations. The GLOBE study of 62 societies,* Hrsg. Robert J. House, 3–8. Thousand Oaks; California: SAGE Publications.

House, Robert J., und Paul J. Hanges. 2004. Research design. In *Culture, leadership, and organizations. The GLOBE study of 62 societies,* Hrsg. Robert J. House, 95–101. Thousand Oaks; California: SAGE Publications.

House, Robert J., Paul J. Hanges, Mansour Javidan, Peter W. Dorfman, und Vipin Gupta, Hrsg. 2004. *Culture, leadership, and organizations.* Thousand Oaks; California: SAGE Publications.

Hsu, Chuansi Stephen. 1996. *Face.* Ann Abor: UMI.

Hu, Hsien Chin. 1944. The Chinese Concepts of „Face". *American Anthropologist* 46: 45–64.

Huang, Ning, Roman Retzbach, und Knut Kühlmann. 2012. *China-Knigge.* München: Oldenbourg R.

Hughes, Everett Cherrington. 1984. *The sociological eye: selected papers.* New Brunswick, U.S.A: Transaction Books.

Hwang, Kwang-kuo. 1987. Face and Favor: The Chinese Power Game. *American Journal of Sociology* 92: 944.

Hymes, Dell H. 1979. *Soziolinguistik: zur Ethnographie d. Kommunikation.* Hrsg. Florian Coulmas. Frankfurt a.M.: Suhrkamp.

Ippolito, Enrico. 2016. EU-Kommissar: Oettinger wettert über „Pflicht-Homoehe". *Spiegle Online,* Oktober 29 [http://www.spiegel.de/politik/deutschland/guenther-oettinger-angst-vor-pflichthomo-ehe-a-1118826.html] (Zugegriffen Februar 14, 2017).

Jefferson, Gail. 1972. Side sequences. *Studies in social interaction* 294: 338.

Jentsch, Markus. 2015. *Das „Gesichts"-Konzept in China.* Nomos.

Ji, Shaojun. 2000. „Face" and polite verbal behaviors in Chinese culture. *Journal of Pragmatics* 32: 1059–1062.

Jia, Wenshan. 2001. *The remaking of the Chinese character and identity in the 21st century: the Chinese face practice.* Westport, Conn.: Ablex Pub.

Jin, Xiufang. 1994. *Kontakte, Konflikte und Kompromisse.* Saarbrücken: Verlag für Entwicklungspolitik Breitenbach.

Jin, Xiuli, Hrsg. 2015. *Kritische Chinabilder aus der ersten Hälfte des 20. Jahrhunderts: zeitgenössische Essays und Vorträge von Chinesen mit Urteilen über ihr Heimatland.* Frankfurt a.M.: Peter Lang Edition.

Jing, Chunxiao. 2006. *30 Minuten für mehr China-Kompetenz.* Offenbach: GABAL Verlag.

Joas, Hans, und Wolfgang Knöbl. 2004. *Sozialtheorie. Zwanzig einführende Vorlesungen.* Frankfurt a.M.: Suhrkamp.

Jungbluth, Cora. 2016. *Chancen und Herausforderungen. Chinesische Direktinvestitionen in Deutschland.* Gütersloh: Bertelsmann Stiftung.

Kaixin001. 2012. Haizi panbi jinbi jiazhang! Shangxue mei „pingguo sanjiantiao", jiu hen diulian ma? 孩子攀比紧逼家长!上学没"苹果三件套",就很丢脸吗? [Kind übt mit unfairem Vergleich Druck auf Erziehungsberechtigte aus! Verliert man das Gesicht, wenn man ohne „dreiteiliges Apple-Set" zur Uni geht?]. *Kaixin001,* 13. August. http://www.kaixin001.com/huati/sanjiantao-760.html (Zugegriffen am 11. Mai 2012).

Kaske, Elisabeth. 2004. Mandarin, Vernacular and National Language: China's Emerging Concept of a National Language in the Early Twentieth Century. In *Mapping meanings: the field of new learning in late Qing China*, Hrsg. Natascha Vittinghoff und Michael Lackner, 265–304. Leiden; Boston: Brill.

Kelle, Udo. 1994. *Empirisch begründete Theoriebildung: zur Logik und Methodologie interpretativer Sozialforschung*. Weinheim: Deutscher Studien Verlag.

Kelle, Udo. 2007. Theoretisches Vorwissen und Kategorienbildung in der „Grounded Theory ". In *Qualitative Datenanalyse: computergestützt: methodische Hintergründe und Beispiele aus der Forschungspraxis*, Hrsg. Udo Kuckartz, Heiko Grunenberg und Thorsten Dresing, 32–49. Wiesbaden: Springer.

Keller, Eugen von. 1981. *Die Kulturvergleichende Managementforschung*. Bern: St. Gallen.

Keller, Reiner. 2012. *Das Interpretative Paradigma*. Wiesbaden: VS Verlag für Sozialwissenschaften.

Keller, Reiner. 2005. *Wissenssoziologische Diskursanalyse: Grundlegung eines Forschungsprogramms*. Wiesbaden: VS Verlag für Sozialwissenschaften.

Kessler, Suzanne J, und Wendy McKenna. 1978. *Gender: An ethnomethodological approach*. University of Chicago Press.

Kirkman, Bradley L., Kevin B. Lowe, und Cristina B. Gibson. 2006. A quarter century of Culture's Consequences. *Journal of International Business Studies* 37: 285–320.

Kleist, Sebastian. 2006. *Management kulturübergreifender Geschäftsbeziehungen: eine Untersuchung am Beispiel der Zusammenarbeit zwischen deutschen und chinesischen Unternehmen*. Wiesbaden: Deutscher Universitäts-Verlag.

Kley, Edwin J. Van. 1971. Europe's „Discovery" of China and the Writing of World History. *The American Historical Review* 76: 358.

Knoblauch, Hubert. 2007. Kultur, die soziale Konstruktion, das Fremde und das Andere. In *Zur Unüberwindbarkeit kultureller Differenz. Grundlagentheoretische Reflexionen, Sozialtheorie*, Hrsg. Jochen Dreher und Peter Stegmaier, 21–42. Bielefeld: Transcript.

Knorr-Cetina, Karin. 1989. Spielarten des Konstruktivismus: Einige Notizen und Anmerkungen. *Soziale Welt* 40: 86–96.

Kohli, Martin, und Günther Robert, Hrsg. 1984. *Biographie und soziale Wirklichkeit: neue Beiträge und Forschungsperspektiven*. Stuttgart: Metzler.

Kosko, Bart. 2001. *Die Zukunft ist fuzzy: unscharfe Logik verändert die Welt*. München u.a.: Piper.

Kosko, Bart. 1992. *Neural networks and fuzzy systems: a dynamical systems approach to machine intelligence*. Englewood Ciffs, NJ: Prentice-Hall.

Kotte, Jacqueline, und Wie Li. 2008. Geschäftlich in China. 2. Aufl. Wissner, Augsburg.

Kotthoff, Hermann. 2000. Globalisierung und sozialer Raum Hrsg. Walter R. Heinz, Hermann Kotthoff und Gerd Peter. *Soziale Raume, global players, lokale Okonomien-Auf dem Weg in die innovative Tatigkeitsgesellschaft* 85–99.

Kowal, Sabine, und Daniel C. O'Connell. 2015. Zur Transkription von Gesprächen. In *Qualitative Forschung. Ein Handbuch*. Reinbek bei Hamburg: Rowohlt-Taschenbuch-Verl.

Kroeber, Alfred L. 1917. The superorganic. *American Anthropologist* 19: 163–213.

Kroeber, Alfred L., und Clyde Kluckhohn. 1978. *Culture*. Millwood, NY: Kraus Reprint Co.

Kroeber, Alfred L., und Talcott Parsons. 1958. The concepts of culture and of social system. *American Sociological Review* 23: 582–583.

Kruse, Jan. 2015. *Qualitative Interviewforschung: ein integrativer Ansatz.* 2., überarbeitete und ergänzte Auflage. Weinheim und Basel: Beltz Juventa.

Kruse, Jan, Stephanie Bethmann, Debora Niermann, und Christian Schmieder, Hrsg. 2012. *Qualitative Interviewforschung in und mit fremden Sprachen: eine Einführung in Theorie und Praxis.* Weinheim: Beltz Juventa.

Kruse, Jan, und Christian Schmieder. 2012. In fremden Gewässern. In *Qualitative Interviewforschung in und mit fremden Sprachen. Eine Einführung in Theorie und Praxis*, Hrsg. Jan Kruse, 248–295. Weinheim: Beltz Juventa.

Kruse, Jan, Christian Schmieder, und Biesel, Kay. 2011. *Metaphernanalyse.* Springer VS.

Kuckartz, Udo, Heiko Grunenberg, und Thorsten Dresing, Hrsg. 2007. *Qualitative Datenanalyse: computergestützt: methodische Hintergründe und Beispiele aus der Forschungspraxis.* 2., überarb. und erw. Aufl. Wiesbaden: VS Verlag für Sozialwissenschaften.

Kuhn, Dieter, Angelika Ning, und Hongxia Shi. 2001. *Markt China: Grundwissen zur erfolgreichen Marktöffnung.* München; Wien: Oldenbourg Verlag.

Kumoll, Karsten. 2006. Clifford Geertz. Von der „dichten Beschreibung" zur Heterogenität kultureller Systeme. In *Culture Club II. Klassiker der Kulturtheorie*, vol. 2, *Suhrkamp-Taschenbuch Wissenschaft*, 271–292. Frankfurt a.M.: Suhrkamp.

Kupfer, Peter. 2003. Sprache. In *Das grosse China-Lexikon*, Hrsg. Brunhild Staiger et al., 699–703. Hamburg: Primus.

Kutschker, Michael, und Stefan Schmid. 2011. *Internationales Management: mit 100 Textboxen.* 7., überarb. und aktualisierte Aufl. München: Oldenbourg.

Lackner, Michael, und Natascha Vittinghoff, Hrsg. 2004. *Mapping meanings: the field of new learning in late Qing China.* Leiden; Boston: Brill.

Lackner, Michael, Hrsg. 2008a. *Zwischen Selbstbestimmung und Selbstbehauptung. Ostasiatische Diskurse des 20. und 21. Jahrhunderts.* Baden-Baden: Nomos.

Lackner, Michael. 2008b. Zwischen Selbstbestimmung und Selbstbehauptung. Versuch einer Typologie chinesischer Diskurse. In *Zwischen Selbstbestimmung und Selbstbehauptung. Ostasiatische Diskurse des 20. und 21. Jahrhunderts*, Hrsg. Michael Lackner, 17–28. Baden-Baden: Nomos.

Langenberg, Eike A. 2007. *Guanxi and business strategy.* Heidelberg; London: Physica-Verlag.

Lederer, William J., und Eugene Burdick. 1962. *Der häßliche Amerikaner.* 6. Aufl. Hamburg: Nannen.

Lederer, William J., und Eugene Burdick. 1958. *The Ugly American.* WW Norton & Company.

Lee, Eun-Jeung. 2003a. *Anti-Europa: die Geschichte der Rezeption des Konfuzianismus und der konfuzianischen Gesellschaft seit der frühen Aufklärung; eine ideengeschichtliche Untersuchung unter besonderer Berücksichtigung der deutschen Entwicklung.* Hamburg: LIT.

Lee, Eun-Jeung. 2003b. „Asien" und seine „asiatischen Werte". *bpb: Aus Politik und Zeitgeschichte* 3–6.

Lee-Wong, Song Mei. 2000. *Politeness and face in Chinese culture.* Frankfurt a.M.; New York: P. Lang.

Lentz, Carola. 2009. Der Kampf um die Kultur. *Soziale Welt* 60: 305–323.

Lepsius, Mario R. 1990. *Interessen, Ideen und Institutionen.* Opladen: Westdeutscher Verlag.

Leutner, Mechthild, und Dagmar Yü-Dembski. 1990a. „Die Gelbe Gefahr hat rote Hände". Rotchina 1949-1972. In *Exotik und Wirklichkeit. China in Reisebeschreibungen vom 17-Jahrhundert bis zur Gegenwart*, 89–100. München: Minerva Publikation.

Leutner, Mechthild, und Dagmar Yü-Dembski, Hrsg. 1990b. *Exotik und Wirklichkeit: China in Reisebeschreibungen vom 17. Jahrhundert bis zur Gegenwart*. München: Minerva Publikation.

Levitt, Theodore. 1983. The Globalization of Markets. *Harvard Business Review* 92–102.

Lewis, Richard D. 2005. *Leading across cultures*. 3rd ed. Boston, Mass.: Brealey.

Li Jingmei 李敬梅. 2007. Mianzi baoquan lun yu guoji shangwu huodong zhong de mianzi wenti 面子保全论与国际商务活动中的面子问题 [Die Face-Saving Theorie und die Gesichtsproblematik bei internationalen Geschäftsaktivitäten]. *Jiangsu shanglun* 江苏商论 71–72.

Liang, Yong. 1998. *Höflichkeit im Chinesischen: Geschichte-Konzepte-Handlungsmuster*. München: Iudicium.

Liang, Yong, und Stefan Kammhuber. 2003. Ostasien: China. In *Handbuch Interkulturelle Kommunikation und Kooperation. Band 2: Länder, Kulturen und interkulturelle Berufstätigkeit*, vol. 2, 171–185. Göttingen: Vandenhoeck & Ruprecht.

Lin, Yutang. 1939 [1935]. *My Country and My People*. rev. ed. New York: John Day.

Lin-Huber, Margrith A. 2001. *Chinesen verstehen lernen*. Bern; Seattle: Huber.

Lippert, Wolfgang. 1979. *Entstehung und Funktion einiger chinesischer marxistischer Termini: der lexikalisch-begriffliche Aspekt der Rezeption des Marxismus in Japan und China*. Wiesbaden: Steiner.

Lu, Xun. 1980a. On „Face". In *Selected Works of Lu Hsun*, Hrsg. Xianyi Yang und Gladys Yang, 129–132. Beijing: Foreign Languages Press.

Lu, Xun. 1980b. *Selected Works of Lu Hsun*. 3rd ed., 1st ed. 1960. Beijing: Foreign Languages Press.

Lu Xun 鲁迅. 1998. *Lu Xun quanji* 鲁迅全集 *[Lu Xun Complete Works]*. Beijing: Renmin wenxue chubanshe.

Luhmann, Niklas. 1995. *Gesellschaftsstruktur und Semantik: Studien zur Wissenssoziologie der modernen Gesellschaft. Bd. 4*. Frankfurt a.M.: Suhrkamp.

Lutz, Catherine A, und Lila Ed Abu-Lughod. 1990. *Language and the politics of emotion*. Editions de la Maison des Sciences de l'Homme.

Ma, Xiaojuan, und Florian Becker. 2015. *Business-Kultur in China*. Wiesbaden: Gabler.

Macgowan, J. 1912. *Men and manners of modern China*. London: T.F. Unwin.

Malotki, Ekkehart. 1983. *Hopi time: a linguistic analysis of the temporal concepts in the Hopi language*. Berlin; New York: Mouton Publishers.

Mandelbaum, David G. 1953. On the study of national character. *American Anthropologist* 55: 174–187.

Marcus, George E., und Michael M. J. Fischer. 1986. *Anthropology as cultural critique*. Chicago: University of Chicago Press.

Martyn, Howe. 1964. *International business: principles and problems*. London: The Free P. of Glancoe.

Marx, Karl, und Engels, Friedrich. 1960. *Werke / Karl Marx; Friedrich Engels, Bd. 9. [März 1953 bis Dezember 1953]*. Berlin: Dietz.

Mason, Mary Gertrude. 1939. „Western concepts of China and the Chinese, 1840-1876". New York: Columbia University Press.

Matter, Christine L. 2012. „Die Rolle von Gesicht im Kontext deutsch-chinesischer Geschäftsverhandlungen". Tübingen: Masterarbeit an der Eberhard Karls Universität Tübingen.

Mattheis, Philipp. 2012. Übernahmen: Deutschlands Mittelstand verabschiedet sich nach China. *Wirtschafts Woche*, 28. November. http://www.wiwo.de/unternehmen/mittelstand/uebernahmen-deutschlands-mittelstand-verabschiedet-sich-nach-china/7439266.html (Zugegriffen am 2. März 2017).

Matthes, Joachim. 2005a. *Das Eigene und das Fremde. Gesammelte Aufsätze zu Gesellschaft, Kultur und Religion*. Würzburg: Ergon-Verlag.

Matthes, Joachim. 2005b. „Das Gesicht wahren": eine kulturelle Regel im interkulturellen Vergleich. In *Das Eigene und das Fremde. Gesammelte Aufsätze zu Gesellschaft, Kultur und Religion, Religion in der Gesellschaft*, Hrsg. Rüdiger Schloz, 451–464. Würzburg: Ergon-Verlag.

Matthes, Joachim. 1992. „Zwischen" den Kulturen? *Soziale Welt, Sonderband 8: Zwischen den Kulturen? Die Sozialwissenschaften vor dem Problem des Kulturvergleichs*: 3-12.

Matthes, Joachim. 1984. Über die Arbeit mit lebensgeschichtlichen Erzählungen in einer nicht-westlichen Kultur. In *Biografie und soziale Wirklichkeit. Neuere Beiträge und Forschungsperspektiven*, Hrsg. Martin Kohli und Günter Robert, 284–295. Stuttgart: Metzler.

Matthes, Joachim. 1985. Zur transkulturellen Relativität erzählanalytischer Verfahren in der empirischen Sozialforschung. *Kölner Zeitschrift für Soziologie und Sozialpsychologie* 37: 310–326.

McSweeney, Brendan. 2002. Hofstede's Model of National Cultural Differences and their Consequences. *Human Relations* 55: 89–118.

Mead, Margaret. 1946. *...Und haltet euer Pulver trocken!* München: Desch.

Meissner, Hans G. 1997. Der Kulturschock in der Betriebswirtschaftslehre. In *Interkulturelles Management. Theoretische Fundierung und funktionsbereichsspezifische Konzepte*, Hrsg. Johann Engelhard, 1–14. Wiesbaden: Gabler.

Meissner, Werner. 2006. China's Search for Cultural and National Identity from the Nineteenth Century to the present. *China Perspectives* 41–54.

Meissner, Werner. 2003. Nationalismus. In *Das große China-Lexikon*, Hrsg. Brunhild Staiger et al., 530–533. Darmstad: Primus.

Mense-Petermann, Ursula, und Matthias Klemm. 2009. Der „Globalmanager" als neuer Managertypus? Eine Fallstudie zu Transnationalisierungsprozessen im Management. *Zeitschrift für Soziologie* 38: 477–493.

Mense-Petermann, Ursula, und Gabriele Wagner, Hrsg. 2006. *Transnationale Konzerne*. 1. Aufl. Wiesbaden: VS Verlag für Sozialwissenschaften.

Mey, Günter, und Katja Mruck, Hrsg. 2011. *Grounded theory reader*. 2., aktual. und erw. Aufl. Wiesbaden: VS Verlag.

Mittag, Achim. 2000. Der Andere aus chinesischer Sicht. In *Das Bild „des Anderen". Politische Wahrnehmung im 19. und 20. Jahrhundert, Historische Mitteilungen, Beiheft*, Hrsg. Birgit Aschmann und Michael Salewski, 184–202. Stuttgart: F. Steiner.

Mitteldeutsche Zeitung. 2015. „No-Face-Day" in China: Mitarbeiter tragen Masken, damit sie nicht lächeln müssen. *Mitteldeutsche Zeitung*, 15. Juli. http://www.mz-web.de/wirtschaft/finanzen/karriere/-no-face-day–in-china-mitarbeiter-tragen-masken–damit-sie-nicht-laecheln-muessen-22611878 (Zugegriffen am 17. Februar 2017).

Moermann, Michael. 1975. Accomplishing Ethnicity. In *Ethnomethodology: selcted readings*, 54–68. Harmondsworth: Pinguin Edition.

Moosmüller, Alois. 2014. Interkulturalität in multinationalen Unternehmen. Organisationsethnographische Beispiele aus Japan und Deutschland. In *Interkulturelle Arbeitskontexte. Beiträge zur empirischen Forschung.*, 43–62. Stuttgart: Ibidem-Verlag.

Moosmüller, Alois, Hrsg. 2007a. *Interkulturelle Kommunikation*. Münster; New York: Waxmann.

Moosmüller, Alois. 2007b. Interkulturelle Kommunikation als Wissen und Alltagspraxis. In *Ethnizität und Migration. Einführung in Wissenschaft und Arbeitsfelder*, Hrsg. Brigitta Schmidt-Lauber, 235–256. Berlin: Reimer.

Moosmüller, Alois. 2007c. Interkulturelle Kommunikation aus ethnologischer Sicht. In *Interkulturelle Kommunikation. Konturen einer wissenschaftlichen Disziplin, Münchener Beiträge zur interkulturellen Kommunikation*, Hrsg. Alois Moosmüller, 14–65. Münster; New York: Waxmann.

Moosmüller, Alois, Hrsg. 2009. *Konzepte kultureller Differenz*. Münster; New York, NY; München; Berlin: Waxmann.

Moosmüller, Alois. 2007d. Lebenswelten von „Expatriates". In *Handbuch interkulturelle Kommunikation und Kompetenz. Grundbegriffe, Theorien, Anwendungsfelder*, Hrsg. Jürgen Straub, Arne Weidemann und Doris Weidemann, 480–488. Stuttgart: J.B. Metzler.

Moosmüller, Alois, und Ders. 2009. Kulturelle Differenz. In *Konzepte kultureller Differenz*, 13–45. Münster; New York, NY; München; Berlin: Waxmann.

Mosse, George L., Elfriede Burau, und Hans Günter Holl. 1997. *Die Geschichte des Rassismus in Europa*. 15.-17. Tsd., vom Autor durchges. und erw. Ausg. Frankfurt a.M.: Fischer-Taschenbuch-Verlag.

Mühlmann, Wilhelm Emil, und Ernst Wilhelm Müller. 1966. *Kulturanthropologie*. Berlin: Kiepenheuer u. Witsch.

Müller, Claudius C. 1980. Die Herausbildung der Gegensätze: Chinesen und Barbaren in der frühen Zeit (1. Jahrtausend v. Chr. bis 220. n. Chr.). In *China und die Fremden. 3000 Jahre Auseinandersetzung in Krieg und Frieden.*, 44–76. München: Beck.

Müller, Marion. 2003. *Geschlecht und Ethnie: historischer Bedeutungswandel, interaktive Konstruktion und Interferenzen*. Wiesbaden: Westdeutscher Verlag.

Müller, Marion. 2014. „The evils of racism and the wealth of diversity" - Zum Bedeutungswandel der Rassenkategorie bei den UN-Weltkonferenzen gegen Rassismus. *Zeitschrift für Soziologie* 43: 402–420.

Naisbitt, John. 1982. *Megatrends*. New York, NY: Warner Books.

NDRC, National Development and Reform Commission 国家发展和改革委员会. 2007. Zhonghua renmin gongheguo guomin jingji he shehui fazhan die shi ge wunian jihua gangyao 中华人民共和国国民经济和社会发展第十个五年计划纲要 [10ter Fünfjahresplan der Volksrepublik China]. http://ghs.ndrc.gov.cn/ghwb/gjwngh/200709/P020070912634253001114.pdf (Zugegriffen am 3. Mai 2017).

Nevius, John L. 1869. *China and the Chinese*. New York: Harper & Brothers.

Niekisch, Sibylle. 2006. Margaret Mead (1901-1985). Auf der Suche nach dem Paradies. In *Culture Club II. Klassiker der Kulturtheorie*, vol. 2, *Suhrkamp-Taschenbuch Wissenschaft*, 110–124. Frankfurt a.M.: Suhrkamp.

Oberg, Kalervo. 1960. Cultural shock: Adjustment to new cultural environments. *Practical Anthropology* 7: 177–182.

Ooi, Can-Seng. 2007. Un-Packing Packaged Cultures. *East Asia* 24: 111–128.

Osterhammel, Jürgen. 1989. *China und die Weltgesellschaft: vom 18. Jahrhundert bis in unsere Zeit.* München: C.H. Beck.

Osterhammel, Jürgen. 2013. *Die Entzauberung Asiens: Europa und die asiatischen Reiche im 18. Jahrhundert.* 2. Auflage. München: Verlag C.H. Beck.

Osterhammel, Jürgen. 1987. Forschungsreise und Kolonialprogramm. *Archiv für Kulturgeschichte* 69: 150–195.

Osterhammel, Jürgen. 1984. Imperialism in Transition. *The China Quarterly* 98: 260.

Ouchi, William G. 1981. *Theory Z.* Reading, Mass.: Addison-Wesley.

Park, Robert E. 1928. Human migration and the marginal man. *American Journal of Sociology* 33: 881–893.

Parsons, Talcott. 1952. *The social system.* 2. print. Glencoe Ill.: Free Press.

Parsons, Talcott, und Edward Shils. 1959. *Towards a general theory of action.* New York: Harper Row.

Pascale, Richard T, und Anthony G Athos. 1986. *The art of Japanese management.* London: Sidgwick & Jackson.

Pasierbsky, Fritz. 1977. Zur Sprachreform in China. *Studium Linguistik* 8–19.

Patzelt, Werner J. 1987. *Grundlagen der Ethnomethodologie.* München: W. Fink.

People.com. 2015. Hangzhou yi gongsi jianya juxing „wulianri" yuangong dai mianju shangban 杭州一公司减压举行„无脸日" 员工戴面具上班 [Eine Firma in Hangzhou führt einen „No-Face-Day" zum Stressabbau durch, Mitarbeiter tragen Masken bei der Arbeit]. *Renmingwang*, 24. September. http://pic.people.com.cn/n/2015/0924/c1016-27629177-3.html (Zugegriffen am 17. Februar 2017).

Perridon, Louis. 1981. Bedeutung der Vergleichenden Betriebswirtschaftslehre für die Führung internationaler Unternehmen. In *Internationale Unternehmensführung*, Hrsg. Wilhelm Hermann Wacker, 157–169.

Pohlmann, Markus. 2000. Max Weber und der „konfuzianische Kapitalismus". PROKLA Zeitschrift für kritische Sozialwissenschaft 119 (2): 281–300.

Polfuß, Jonas. 2016. Konfuzius rät? Deutsche Ratgeberliteratur mit altchinesischen Weisheiten. *Interculture Journal: Online Zeitschrift für interkulturelle Studien* 14: 49–74.

Pörner, Michael. 2009. China-Knigge für deutsche Geschäftsleute? Die Darstellung Chinas in interkultureller Ratgeberliteratur. *Interculture Journal: Online Zeitschrift für interkulturelle Studien* 8: 111–130.

Pörner, Michael. 2011. *Chinesisch in der Fremde.* Münster u.a.: Waxmann.

Preyer, Gerhard, und Reuß-Markus Krauße. 2014. *Chinas Power-Tuning.* Wiesbaden: Springer VS.

Przyborski, Aglaja. 2004. *Gesprächsanalyse und dokumentarische Methode: qualitative Auswertung von Gesprächen, Gruppendiskussionen und anderen Diskursen.* Wiesbaden: Springer.

Psathas, George. 1999. Studying the organization in action. *Human Studies* 22: 139–162.

PwC. 2016. Chinesische M&A-Aktivitäten in Deutschland. *Pricewaterhouse Coopers.* https://www.pwc.de/de/deals/assets/chinesische-m-und-a-investitionen-in-deutschland-juni-2016.pdf (Zugegriffen am 3. März 2017).

PwC. 2013. Erfahrungen deutscher Unternehmen mit chinesischen Investoren. *Pricewaterhouse Coopers.* http://www.pwc.de/de/internationale-maerkte/assets/erfahrungen-deutscher-unternehmen-mit-chinesischen-investoren-2013.pdf (Zugegriffen 23. April 2014).

Radcliff-Brown, Alfred Reginald. 1961. *Structure and function in primitive society*. 4. impress. London: Cohen & West.

Rathje, Stefanie. 2003. Ist wenig kulturelles Verständnis besser als gar keins? Problematik der Verwendung von Dimensionsmodellen zur Kulturbeschreibung. *Interculture Journal: Online Zeitschrift für interkulturelle Studien* 2.

Reckwitz, Andreas. 2009. (Ent-)Kulturalisierung und (Ent-)Soziologisierung: Das Soziale, das Kulturelle und die Macht. *Soziale Welt* 60: 411–418.

Reckwitz, Andreas. 2008. *Unscharfe Grenzen*. Bielefeld: Transcript.

Reckwitz, Andreas. 2004. Die Kontingenzperspektive der „Kultur". Kulturbegriffe, Kulturtheorien und das kulturwissenschaftliche Forschungsprogramm. *Handbuch der Kulturwissenschaften* 3: 1–20.

Reckwitz, Andreas. 2001. Multikulturalismustheorien und der Kulturbegriff. *Berliner Journal für Soziologie* 11: 179–200.

Reckwitz, Andreas. 2000. *Die Transformation der Kulturtheorien*. Weilerswist: Velbrück Wissenschaft.

Rehbein, Jochen, Thomas Schmidt, Bernd Meyer, Franziska Watzke, und Annette Herkenrath. 2004. *Handbuch für das computergestützte Transkribieren nach HIAT*. Universität Hamburg: Sonderforschungsbereich 538.

Reichertz, Jo. 2015. Abduktion, Deduktion und Induktion in der qualitativen Forschung. In *Qualitativer Forschung: Ein Handbuch*, Hrsg. Uwe Flick, Ernst von Kardoff und Ines Steinke. Reinbek bei Hamburg: Rowohlt Taschenbuch Verlag.

Reichertz, Jo. 2013. *Gemeinsam interpretieren: die Gruppeninterpretation als kommunikativer Prozess*. Wiesbaden: Springer VS.

Reichertz, Jo. 2016. *Qualitative und interpretative Sozialforschung: eine Einladung*. Wiesbaden: Springer VS.

Reisach, Ulrike, Andre Tauber, und Xueli Yuan. 2009. *China - Wirtschaftspartner zwischen Wunsch und Wirklichkeit*. 4. Aufl. München: Redline Verlag.

Renn, Joachim. 2002. Einleitung: Übersetzen, Verstehen, Erklären. In *Übersetzung als Medium des Kulturverstehens und sozialer Integration*, 13–35. Frankfurt a.M.: Campus.

Renn, Joachim, Shingo Shimada, und Jürgen Straub, Hrsg. 2002. *Übersetzung als Medium des Kulturverstehens und sozialer Integration*. Frankfurt a.M.: Campus.

Ricci, Matteo, und Nicolas Trigault. 1953. *China in the Sixteenth Century*. New York: Random House.

Richthofen, Ferdinand von. 1907. *Ferdinand von Richthofen's Tagebücher aus China*. Berlin: Reimer (Vohsen).

Röhrich, Lutz. 1973. *Lexikon der sprichwörtlichen Redensarten*. Freiburg: Herder.

Rothlauf, Jürgen. 1999. *Interkulturelles Management*. München u.a.: Oldenbourg.

Rothlauf, Jürgen. 2012. *Interkulturelles Management: mit Beispielen aus Vietnam, China, Japan, Russland und den Golfstaaten; [Prof. Dr. Geert Hofstede im Exklusivinterview]*. 4., überarb. und aktualisierte Aufl. München: Oldenbourg.

Sacks, Harvey. 1992. *Lectures on Conversation*. Oxford: Blackwell.

Sacks, Harvey, Emanuel A. Schegloff, und Gail Jefferson. 1974. A Simplest Systematics for the Organization of Turn-Taking for Conversation. *Language* 50: 696–735.

Said, Edward W. 2003. *Orientalism*. Reprinted with a new preface. London New York: Penguin Books.

Samovar, Larry A., Richard E. Porter, und Edwin R. McDaniel, Hrsg. 2009. *Intercultural communication: a reader*. 12th ed. Boston, Mass.: Wadsworth Cengage Learning.

Sapir, Edward. 1924. Culture, genuine and spurious. *American Journal of Sociology* 29: 401–429.

Sausmikat, Nora. 2004. Gibt es eine chinesische Moderne mit konfuzianischen Charakteristika? Variatonen zum Thema.

Schegloff, Emanuel A. 2001. Accounts of Conduct in Interaction. In *Handbook of sociological theory, Handbooks of sociology and social research*, Hrsg. Jonathan H. Turner, 287–321. New York: Kluwer Academic/Plenum Publishers.

Scheuer, Stefan. 2016. Chef der Trucksparte: Daimler-Manager in China am Pranger. *Handelsblatt*, November 21 [http://www.handelsblatt.com/unternehmen/industrie/chef-der-trucksparte-daimler-manager-in-china-am-pranger/14870626.html] (Zugegriffen Februar 14, 2017).

Schlamelcher, Ulrike. 2003. *Kultur und Management*. München: Hampp.

Schmidt-Glintzer, Helwig. 2007. Sinologie und das Interesse an China: [vorgetragen in der Plenarsitzung am 3. November 2006 …]. Stuttgart: Steiner [u.a.].

Schoenhals, Miachael. 2003. Kulturrevolution. In *Das große China-Lexikon*, Hrsg. Brunhild Staiger et al., 410–414. Darmstadt: Primus.

Schondelmayer, Sanna. 2008. *Stereotypisierung am Arbeitsplatz: zur Handlungsrelevanz von Selbst- und Fremdbildern in der deutsch-polnischen Interaktion*. Münster: Waxmann.

Schreiter, Anne. 2015. *Deutsch-Chinesische Arbeitswelten*. Bielefeld: Transcript.

Schröer, Norbert. 2009. Hermeneutic Sociology of Knowledge for Intercultural Understanding. *FQS - Forum Qualitative Sozialforschung* 10: Art. 40.

Schuchardt, Christian A. 1994. *Deutsch-chinesische Joint-ventures: Erfolg und Partnerbeziehung*. München: Oldenbourg.

Schugk, Michael. 2014. *Interkulturelle Kommunikation in der Wirtschaft*. 2., aktual. und erw. Aufl. München: Vahlen.

Schütz, Alfred. 1974. *Der sinnhafte Aufbau der sozialen Welt*. Frankfurt a.M.: Suhrkamp.

Schütz, Alfred, und Thomas Luckmann. 2003. *Strukturen der Lebenswelt*. Utb.

Schwartz, Shalom H. 1992. Universals in the Content and Structure of Values: Theoretical Advances and Empirical Tests in 20 Countries. In *Advances in experimental social psychology*, vol. 25, *Advances in Experimental Social Psychology*, Hrsg. Mark P. Zanna, 1–65. San Diego; London: Academic Press.

Schwarz, Norbert. 1999. Self-reports: How the questions shape the answers. *American Psychologist* 54: 93.

Sciencenet. 2012. Meiyou „Pingguo sanjiantiao", zaidaxueli hen diulian ma? 没有"苹果三件套",在大学里很丢脸吗? [Verliert man in der Universität das Gesicht, wenn man kein „dreiteiliges Apple-Set" hat?]. *Sciencenet.cn*, 18. August. http://blog.sciencenet.cn/blog-55745-603368.html (Zugegriffen am 5. November 2012).

Shi, Hongxia. 2003. „Kommunikationsprobleme zwischen deutschen Expatriates und Chinesen in der wirtschaftlichen Zusammenarbeit". Würzburg: Julius-Maximilian-Universität.

Shibata Masao 柴田雅生. 2016. „Bunka" toiu gono imi wo megutte - gogi no henka wo toraeru to iukoto'文化'という語の意味をめぐって——語義の変化を捉えるということ. *Meisei University, Department of Japanese and Comparative Culture*, März. http://www.hino.meisei-u.ac.jp/nihonbun/lecture/098.html (Zugegriffen am 27. Februar 2017).

Siemons, Mark. 2012. Apple in China: Ohne iPad verliert man das Gesicht. *Frankfurter Allgemeine Zeitung*, November 1 [http://www.faz.net/aktuell/feuilleton/apple-in-china-ohne-ipad-verliert-man-das-gesicht-11946302.html] (Zugegriffen Februar 17, 2017).

Smelser, Neil J., Hrsg. 1988. *Handbook of sociology*. Newbury Park, California: Sage Publications.

Smith, Arthur H. 1894 [1890]. *Chinese Characteristics*. 2. Aufl. New York: Fleming H. Revell.

Smith, Arthur H. 1900. *Chinesische Charakterzüge*. Würzburg: A. Stubers Verlag (C. Kabitzsch).

Soeffner, Hans-Georg. 1979. Interaktion und Interpretation - Überlegungen zu Prämissen des Interpretierens in Sozial- und Literaturwissenschaft. In *Interpretative Verfahren in den Sozial- und Textwissenschaften*, Hrsg. Hans-Georg Soeffner, 328–351. Stuttgart: Metzler.

Sökefeld, Martin. 2007. Problematische Begriffe: „Ethnizität", „Rasse", „Kultur", "Minderheit. In *Ethnizität und Migration. Einführung in Wissenschaft und Arbeitsfelder*, Hrsg. Brigitta Schmidt-Lauber, 31–50. Berlin: Reimer.

Sösemann, Bernd. 1976. Die sog. Hunnenrede Wilhelms II. *Historische Zeitschrift* 222: 342–358.

Special Service Division, Army Service Forces, United States Army. 1943. *A Pocket Guide to China*. War and Navy Departments, Washington DC: U.S. Government Printing.

Spencer-Oatey, Helen, Hrsg. 2000. *Culturally speaking: managing rapport through talk across cultures*. London; New York: Continuum.

Staiger, Brunhild, Stefan Friedrich, Hans-Wilm Schütte, und Reinhard Emmerich, Hrsg. 2003. *Das grosse China-Lexikon: Geschichte, Geographie, Gesellschaft, Politik, Wirtschaft, Bildung, Wissenschaft, Kultur: eine Veröffentlichung des Instituts für Asienkunde Hamburg*. Darmstadt: Primus.

Stepan, Matthias. 2014. Soziale Sicherheit mit chinesischen Besonderheiten. *China Monitor*.

Stoppok, Reiner. 2002. *Pinyin-Schreibung: Rechtschreibung der amtlichen chinesischen Latein-Umschrift; Regeln und Beispiele*. Bochum: MultiLingua.

Straub, Jürgen, Arne Weidemann, und Doris Weidemann, Hrsg. 2007. *Handbuch interkulturelle Kommunikation und Kompetenz*. Stuttgart: J.B. Metzler.

Strauss, Anselm, und Juliet Corbin. 2010. *Grounded Theory: Grundlagen qualitativer Sozialforschung*. Unveränd. Nachdr. der letzten Aufl. Weinheim: Beltz.

Strauss, Anselm L. 1998. *Grundlagen qualitativer Sozialforschung: Datenanalyse und Theoriebildung in der empirischen soziologischen Forschung*. 2. Aufl. München: Fink.

Strübing, Jörg. 2007a. *Anselm Strauss*. Konstanz: UVK.

Strübing, Jörg. 2014. *Grounded Theory: zur sozialtheoretischen und epistemologischen Fundierung eines pragmatistischen Forschungsstils*. 3., überarb. und erw. Aufl. Wiesbaden: Springer VS.

Strübing, Jörg. 2002. Just do it? *KZfSS Kölner Zeitschrift für Soziologie und Sozialpsychologie* 54: 318–342.

Strübing, Jörg. 2005. *Pragmatistische Wissenschafts- und Technikforschung: Theorie und Methode*. Frankfurt a.M.; New York: Campus.

Strübing, Jörg. 2013. *Qualitative Sozialforschung*. München: Oldenbourg.

Strübing, Jörg. 2007b. Research as Pragmatic Problem-solving: The Pragmatist Roots of Empirically-grounded Theory. In *The SAGE Handbook of Grounded Theory*, Hrsg. Antony Bryant und Kathy Charmaz, 580–602. London u.a.: SAGE.

Strübing, Jörg, und Bernt Schnettler, Hrsg. 2004. *Methodologie interpretativer Sozialforschung: klassische Grundlagentexte*. Konstanz: UVK Verl.-Ges.

Süddeutsche Zeitung, München. 2016. Günther Oettinger: China reagiert empört auf Oettingers „Schlitzaugen"-Äußerung. *Süddeutsche Zeitung*, 2. November. http://www.sueddeutsche.de/politik/guenther-oettinger-china-reagiert-empoert-auf-oettingers-schlitzaugen-aeusserung-1.3232454 (Zugegriffen 14. Februar 2017).

Tan Xianjun 谭贤军. 2011. Mianzi lilun zai hanyu wenhua zhong de jiazhi 面子理论在汉语文化中的价值 [Der Stellenwert von Gesicht in chinesisch-sprachigen Kulturen]. *Yuwen xuekan: Waiyu jiaoyu he jiaoxue* 51–52.

Taube, Markus. 2014. Wirtschaftliche Entwicklung und ordnungspolitischer Wandel in der Volksrepublik China seit 1949. In *Länderbericht China.*, Hrsg. Doris Fischer und Christoph Müller-Hofstede. Bonn: Bundeszentrale für politische Bildung.

Tauber, Andre. 2016. Günther Oettinger äußert sich zu umstrittener „Schlitzaugen"-Rede. *Die Welt*, 29. Oktober. https://www.welt.de/politik/article159135452/Warum-sprachen-Sie-von-Schlitzaugen-Herr-Oettinger.html (Zugegriffen am 14. Februar 2017).

Tauber, Theresia. 2009. Erfolgsfaktor Kommunikation. In *China - Wirtschaftspartner zwischen Wunsch und Wirklichkeit: Ein Handbuch für Praktiker*, Hrsg. Ulrike Reisach, Theresia Tauber und Xueli Yuan, 369–396. München: Redline Verlag.

Teiwes, Frederick C. 2003. Großer Sprung nach vorn. In *Das große China-Lexikon*, Hrsg. Brunhild Staiger et al., 274–276. Darmstadt: Primus.

Terry, Edith. 1984. *The executive guide to China*. New York: Wiley.

Thøgersen, Stig. 2006. Beyond Official Chinese: Language Codes and Strategies. In *Doing fieldwork in China*, Hrsg. Maria Heimer und Stig Thøgersen, 110–152. Copenhagen; Abingdon: NIAS.

Thomas, Alexander, Hrsg. 1996. *Psychologie interkulturellen Handelns*. Göttingen; Seattle: Hogrefe.

Thomas, Alexander. 1993. Psychologie interkulturellen lernens und handelns. In *Kulturvergleichende Psychologie: Eine Einführung*, Hrsg. Alexander Thomas und Lutz H. Eckensberger, 377–424. Göttingen; Seattle: Hogrefe.

Thomas, Alexander, und Lutz H. Eckensberger, Hrsg. 1993. *Kulturvergleichende Psychologie: eine Einführung*. Göttingen ; Seattle: Hogrefe.

Thomas, Alexander, und Katja Hagemann. 1992. Training interkultureller Kompetenz. In *Interkulturelles Management*, Hrsg. Niels Bergemann und Andreas L. J. Sourisseaux, 173–199. Heidelberg: Physica-Verlag HD.

Thomas, Alexander, Eva-Ulrike Kinast, und Sylvia Schroll-Machl, Hrsg. 2003. *Handbuch interkulturelle Kommunikation und Kooperation*. Göttingen: Vandenhoeck & Ruprecht.

Thomas, Alexander, und Eberhard Schenk. 2001. *Beruflich in China*. Göttingen: Vandenhoeck & Ruprecht.

Thomas, William Isaac, und Florian Znaniecki. 1958. *The Polish peasant in Europe and America*. Repr. of 2. ed. New York: Dover Publ.

Thurm, Frieda. 2016. EU-Kommissar: Günther Oettinger entschuldigt sich für „Schlitzaugen"-Rede. *Die Zeit*, November 3 [http://www.zeit.de/politik/ausland/2016-11/guenther-oettinger-eu-kommissar-entschuldigung-aeusserung-chinesen] (Zugegriffen Februar 14, 2017).

Thurn, Hans P. 1976. *Soziologie der Kultur*. Stuttgart; Berlin; Köln; Mainz: Kohlhammer.

Ting-Toomey, Stella et al. 1991. Culture, face maintenance, and styles of handling interpersonal conflict: A study in five cultures. *International Journal of conflict management* 2: 275–296.

Ting-Toomey, Stella et al. 2001. Face and facework in conflict: a cross-cultural comparison of China, Germany, Japan, and the United States. *Communication Monographs* 68: 235–258.

Ting-Toomey, Stella, Hrsg. 1994. *The Challenge of facework*. Albany: State University of New York Press.

Ting-Toomey, Stella, und Beth-Ann Cocroft. 1994. Face and Facework: Theoretical and Research Issues. In *The Challenge of facework. Cross-cultural and interpersonal issues, SUNY series in human communication processes*, Hrsg. Stella Ting-Toomey, 307–340. Albany: State University of New York Press.

Ting-Toomey, Stella, und Atsuko Kurogi. 1998. Facework competence in intercultural conflict. *International Journal of Intercultural Relations* 22: 187–225.

Ting-Toomey, Stella, und John G Oetzel. 2001. *Managing intercultural conflict effectively*. Thousand Oaks, California: Sage Publications.

Triandis, Harry C. 1975. Culture training, cognitive complexity, and interpersonal attitudes. *Cross-cultural perspectives on learning* 1.

Trompenaars, Alfons, und Charles Hampden-Turner. 2000. *Riding the waves of culture*. 2nd ed. London: Nicholas Brealey Pub.

Trouillot, Michel-Rolph. 2002. Adieu Culture: A New Duty Arises. In *Anthropology beyond culture, Wenner-Gren international symposium series*, Hrsg. Richard G. Fox und Barbara J. King, 23–36. Oxford; New York: Berg.

Turner, Roy, Hrsg. 1975. *Ethnomethodology: selected readings*. Repr. Harmondsworth: Penguin Education.

Tylor, Edward B. 1873. *Die Anfänge der Cultur: Untersuchungen über die Entwicklung der Mythologie, Philosophie, Religion, Kunst und Sitte*. Leipzig: Winter.

Tylor, Edward B. 1889. *Primitive culture researches into the development of mythology, philosophy, religion, language, art, and custom. Vol. 1 3rd American ed. from 2nd English ed*. New York: Hold.

UNCTAD, United Nations Conference on Trade and Development. 2008. *World investment report. Transnational cooperations and the infrastructural challange*. New York & Geneva: United Nations.

United Nations, Human Rights Office of the High Commissioner. 1989. Convention on the Rights of the Child. Adopted and opened for signature, ratification and accession by General Assembly resolution 44/25 of 20 November 1989 entry into force 2 September 1990, in accordance with article 49. [http://www.ohchr.org/en/professionalinterest/pages/crc.aspx] (Zugegriffen Februar 14, 2017).

Volkswagen AG. 2016. Der Volkswagen Konzern in China. *Volkswagen AG*. https://www.volkswagenag.com/de/news/2016/4/t_Volkswagen_Group_in_China.html (Zugegriffen März 3, 2017).

Wacker, Wilhelm Hermann, Hrsg. 1981. *Internationale Unternehmensführung*.

Wacquant, Loïc J. D. 2001. Für eine Analytik rassischer Herrschaft. In *Klasse und Klassifikation. Die symbolische Dimension sozialer Ungleichheit*, Hrsg. Anja Weiß und et al., 79–108. Wiesbaden: Westdt. Verl.

Wan Guocui 万国崔. 2011. „Mianzi" xinshi "面子" 新释 [A New Interpretation of Face].
    *Jiangnan daxue xuebao* 10.

Weber, Max. 1991. *Die Wirtschaftsethik der Weltreligionen Konfuzianismus und Taoismus:
    Schriften 1915 - 1920.* Hrsg. Helwig Schmidt-Glintzer. Tübingen: Mohr.

Weber, Wolfgang, Hrsg. 1998. *Internationales Personalmanagement.* Wiesbaden: Gabler.

Weiß, Anja, und Cornelia Koppetsch, Hrsg. 2001. *Klasse und Klassifikation.* Wiesbaden:
    Westdeutscher Verlag.

Wenxuecity.com. 2015. Hangzhou yi gongsi jianya juxing „wulianri" yuangong dai mianju
    shangban 杭州一公司减压举行,无脸日" 员工戴面具上班 [Eine Firma in Hangzhou
    führt einen „No-Face-Day" zum Stressabbau durch, Mitarbeiter tragen Masken bei der
    Arbeit]. *wenxuecity.com.* http://www.wenxuecity.com/news/2015/09/24/gossip-107567.
    html (Zugegriffen Februar 17, 2017).

Werlen, Benno. 2008. *Sozialgeographie Eine Einführung.* 3. Aufl. Stuttgart: UTB GmbH.

Werner, Richard A. 2003. *Princes of the Yen: Japan's central bankers and the transforma-
    tion of the economy.* Armonk, NY: Sharpe.

West, Candace, und Don H. Zimmerman. 1987. Doing Gender. *Gender & Society* 1: 125–151.

Wettemann, Ulrich. 2012. Übersetzung qualitativer Interviewdaten zwischen Translati-
    onswissenschaft und Sozialwissenschaft. In *Qualitative Interviewforschung in und mit
    fremden Sprachen. Eine Einführung in Theorie und Praxis,* Hrsg. Jan Kruse, Stepha-
    nie Bethmann, Debora Niermann und Christian Schmieder, 101–120. Weinheim: Beltz
    Juventa.

Whorf, Benjamin L., und Peter Krausser. 2008. *Sprache - Denken - Wirklichkeit: Beiträge
    zur Metalinguistik und Sprachphilosophie.* 25. Aufl. Reinbek bei Hamburg: Rowohlt-
    Taschenbuch-Verl.

Wieder, D. Lawrence. 1977. Ethnomethodology and Ethnosociology. *Mid-American
    Review of Sociology* 2: 1–18.

Williams, Raymond. 1976. *Keywords.* London: Fontana.

Wimmer, Andreas. 2008. The Making and Unmaking of Ethnic Boundaries: A Multilevel
    Process Theory. *American Journal of Sociology* 113: 970–1022.

Wimmer, Andreas. 1996. Kultur. *Kölner Zeitschrift für Soziologie und Sozialpsychologie*
    48: 401–425.

Wittkop, Thomas. 2006. *Interkulturelle Kompetenz deutscher Expatriates in China.* Wiesbaden:
    Deutscher Universitäts-Verlag; GWV.

Wohlrab-Sahr, Monika, und Aglaja Przyborski. 2008. *Qualitative Sozialforschung.* München:
    Oldenbourg.

Wolf, Eugen. 1901. *Meine Wanderungen I.* Stuttgart: Deutsche Verlags-Anstalt.

Wright, Arthur F. 1953. Struggle vs. harmony: Symbols of competing values in modern
    China. *World Politics* 6: 31–44.

Wu Tiejun 吴铁钧. 2004. „Mianzi" de dingyi ji qi gongneng de yanjiu zongshu „面子" 的
    定义及其功能的研究综述 [A Review on the Study of the Concept of Mianzi and its
    Function]. *Xinli kexue* 27: 927–930.

Xinhua Net, News. 2016. Daimulei hui yingwei jigao guanli ruhua: Yuangong yanlun bu
    daibiao gongsi lichang 戴姆勒回应外籍高管辱华:员工言论不代表公司立场. *Xinhu-
    anet,* 21. November. http://news.xinhuanet.com/fortune/2016-11/21/c_129372203.htm
    (Zugegriffen am 14. Februar 2017).

Yan Liangshi 燕良轼, Yao Shuqiao 姚树桥, Xie Jiashu 谢家树, und Ling Yu 凌宇. 2007. Lun zhongguoren de mianzi xinli 论中国人的面子心理 [On the Chinese People's sensitivity of Face]. *Hunan shifan daxue jiaoyu kexue xuebao* 6: 119–123.

Yang, Martin Maochun. 1968 [1945]. *A Chinese village*. New York: Columbia University Press.

Yu, Ming-chung. 2003. On the universality of face: evidence from Chinese compliment response behavior. *Journal of Pragmatics* 35: 1679–1710.

Zadeh, Lotfi A. 1973. Outline of a new approach to the analysis of complex systems and decision processes. *IEEE Transactions on systems, Man, and Cybernetics* 28–44.

Zinzius, Birgit. 2006. *China Business*. 2., vollständig überarbeitete und erw. Aufl. Berlin; New York: Springer.

Zinzius, Birgit. 2007. *China-Handbuch für Manager*. Berlin: Springer.

Printed by Printforce, the Netherlands